客户世界管理—运营—技能基准系列

客服域人工智能训练师

| 第2版 |

赵溪 苏钰 石云 著

清华大学出版社
北京

内容简介

本书基于作者多年对智能客服领域的理论探索和实践编写而成，对"人工智能训练师"这一新兴职业给予了清晰的描述，为传统业务人员提供"智能+"的职业发展路径。第 2 版针对人工智能训练师的新标准，在篇章结构、内容等方面做了调整，系统地整合了与"人工智能训练师"这一职业相关的行业知识和管理方法，以更好地满足读者需求，培养人工智能时代下的复合型人才。全书共分 4 个单元：第 1 单元为智能服务的准备工作，从技术原理、职业、顶层设计等层面介绍 AI 技术在客户服务域的应用；第 2 单元主要介绍智能服务训练的实施工作；第 3 单元主要介绍智能服务系统的上线工作；第 4 单元为人工智能训练师的进阶与提升，重点讲述了人工智能训练师团队管理、智能服务项目管理、智能服务产品管理等内容。

本书适合客服行业的从业者，以及对服务领域智能化发展感兴趣的人士阅读。

本书封面贴有清华大学出版社防伪标签，无标签者不得销售。

版权所有，侵权必究。举报：010-62782989，beiqinquan@tup.tsinghua.edu.cn。

图书在版编目(CIP)数据

客服域人工智能训练师 / 赵溪，苏钰，石云著. —2 版. —北京：清华大学出版社，2023.8
（客户世界管理—运营—技能基准系列）
ISBN 978-7-302-64118-6

Ⅰ.①客⋯　Ⅱ.①赵⋯②苏⋯③石⋯　Ⅲ.①人工智能—应用—企业管理—销售管理—商业服务　Ⅳ.①F274-39

中国国家版本馆 CIP 数据核字(2023)第 131047 号

责任编辑：高　屾
装帧设计：孔祥峰
责任校对：马遥遥
责任印制：杨　艳

出版发行：清华大学出版社
　　　　网　　址：http://www.tup.com.cn，http://www.wqbook.com
　　　　地　　址：北京清华大学学研大厦 A 座　　邮　编：100084
　　　　社 总 机：010-83470000　　邮　购：010-62786544
　　　　投稿与读者服务：010-62776969，c-service@tup.tsinghua.edu.cn
　　　　质 量 反 馈：010-62772015，zhiliang@tup.tsinghua.edu.cn

印 装 者：三河市东方印刷有限公司
经　　销：全国新华书店
开　　本：170mm×240mm　　印　张：20　　字　数：438 千字
版　　次：2021 年 1 月第 1 版　　2023 年 9 月第 2 版　　印　次：2023 年 9 月第 1 次印刷
定　　价：88.00 元

产品编号：101876-01

第2版序言

寂静的楼道里,一间灯火通明的房间,传来了一名女子疲惫的声音,"哎,早点休息吧,材料明天再写吧。"随着一声叹息,灯光熄灭了。

"要是未来有一天能够克隆出另一个自己,帮自己学习、帮自己工作、帮自己敲代码、帮自己写文章、帮自己写报告,那该有多好啊!"这位女子一边幻想,一边进入了梦乡。

2022年11月30日,一个应用悄然出世。两个月后,"他"成为人类有史以来最快完成一亿级别用户的应用,从学术界到工业界,从媒体报道到朋友聚会,从街头到巷尾的话语中,总能听到一个关键词"ChatGPT[①]"。比尔·盖茨近日甚至公开表示,ChatGPT的历史意义重大不亚于PC或互联网的诞生。面临巨大挑战的Google和百度公司都于近期宣称要全力投入类似的应用开发(all-in GPT)。

"请写一首包含白雪与树林的(英文)诗歌""请帮我写一篇碳中和的分析文章""请帮我写一个二叉树的程序代码",一个又一个的指令在OpenAI[②]平台被发出,得到了一个又一个近乎完美的答案。这样的人工智能(AI)技术的出现意味着机器可以更加自然地与人类进行交流,而人们也不再需要旷日费时地编写复杂的程序。

从技术所属逻辑上来看,ChatGPT是AIGC[③]"数字内容编辑"中的一个重要模块,其意味着AIGC领域相关技术打破预定及规则的局限性,使得快速便捷且智慧地输出多模态的数字内容成为可能。近些年,人工智能技术的迅猛发展与落地,让许多企业都主动或者被动地加入这场数字化浪潮。但企业面对人工智能技术所带来的新应用、新商业模式、新管理范式尚未完全吃透,新技术的迭代却再次让企业的数字化转型道路越发困难。如今,各类人工智能商业应用几乎可以完美地嵌入企业整个运营、分析和决策的管理链条,提高生产力和效率,打造完美的客户体验。

[①] ChatGPT 即 Chat Generative Pre-trained Transformer,是美国人工智能研究实验室研发的聊天机器人程序,于2022年11月30日发布。ChatGPT是人工智能技术驱动的自然语言处理工具,能够通过理解和学习人类的语言来进行对话,还能根据聊天的上下文进行互动和聊天交流,甚至能完成撰写邮件、视频脚本、文案、代码、翻译,写论文等任务。

[②] OpenAI是2015年在美国成立的人工智能研究公司,其核心宗旨是"实现安全的通用人工智能(AGI)",使其有益于人类。

[③] AIGC 即 AI Generated Content,是指利用人工智能技术来生成内容,AIGC也被认为是继UGC、PGC之后的新型内容生产方式,AI绘画、AI写作等都属于AIGC的分支。

如何将人工智能应用更好地与企业内部业务场景结合？如何构建相应的人才梯队？如何通过训练提升 AI 产品的使用竞争力？这些都是摆在数字化企业面前的老大难问题。为了解决人工智能产品在应用的最后一公里，2020 年国家将人工智能训练师这一 AI 应用背后的灵魂人物设立为新职业并纳入国家职业分类目录，2021 年发布了人工智能训练师国家职业技能标准。

恰逢其时，本书的再版，旨在为企业提供一个完整的人工智能训练解决方案，帮助企业更好地利用人工智能技术，提高生产力和效率；帮助人工智能训练师们进一步理解 AI 训练的基本原理，并学习如何使用 AI 技术来提高企业的生产力和效率。本书以简单易懂的语言介绍了 AI 训练的基本概念，并介绍了一些有用的 AI 训练技术，如机器学习、深度学习和自然语言处理等；尝试通过将 AI 训练项目的实施路径梳理出一条适合绝大多数 AI 产品的主线逻辑，其包括智能服务的准备工作、智能服务训练的实施工作、智能服务系统的上线工作、人工智能训练师的进阶与提升等模块，让读者对训练工作的认知更加清晰；此外，本书还介绍了一些实用的人工智能训练案例，以帮助读者更好地理解人工智能训练的实际应用。

感谢您选择本书，我们希望您能够从中受益！

苏　钰

2023 年 3 月于北京

第2版前言

欢迎来到客服域人工智能训练师的世界。这是一个充满机遇和挑战的领域,人工智能技术正在快速改变我们的生活和工作方式。作为客户管理人员,我们每天都需要面对各种各样的客户问题和挑战,而人工智能技术可以帮助我们更好地应对这些挑战。但是,要充分发挥人工智能技术的优势,我们需要请经验丰富的人工智能训练师进行指导。

下面介绍两个实际案例,帮助读者朋友们更好地了解客服域人工智能训练师的工作。

第一位是李女士。她在一家大型跨国公司担任人工智能训练师,负责指导客户管理人员使用人工智能技术处理客户问题。在她的帮助下,客户管理人员学会了如何使用自然语言处理技术快速识别客户问题,并给出准确的解决方案。这不仅提升了客户满意度,还提高了客户管理人员的工作效率。李女士的工作取得了很大的成功,得到了公司和客户的一致好评。

第二位是张先生。他在一家在线教育公司担任人工智能训练师,帮助客户管理人员使用人工智能技术处理学生问题。他的工作不仅包括培训客户管理人员使用人工智能技术,还包括监督和改进训练过程。他使用各种方法来评估客户管理人员的技能水平,并根据评估结果提供定制的培训计划。这种定制化的培训方法非常成功,不仅提高了学生的满意度,还显著提高了客户管理人员的工作效率。

以上两个实际案例说明,客服域人工智能训练师的工作可以帮助提升客户满意度,提高工作效率,同时可以为企业带来更多的收益。

对比第1版的内容,第2版在脉络方向上与中华人民共和国人力资源和社会保障部2021年发布的人工智能训练师国家职业技能标准相契合,聚焦于客户服务领域,顺应国内外人工智能发展的主流趋势。因此,笔者团队将本书脉络重新梳理,按人工智能训练师实际开展训练工作的时间顺序进行串联,即:"智能训练一途,乃明定位,找场景,挑兵器,理流程,采数据,编知识,监数据,应勤于迭代,善于反思,敏于行动。"

针对这一路径,本书从智能产品在客户服务行业落地的周期着手,共分4个单元:

- 第1单元关注智能服务的准备工作,具体介绍人工智能技术的发展与未来趋势、智能服务的相关技术、智能服务场景与产品选择、人工智能训练师的职业要求、

智能服务需求挖掘与转化、智能服务产品选择与 ROI(投资回报率)的核算等内容;
- 第 2 单元面向智能服务产品在采购或完成研发后企业端的实施工作,具体介绍训练场景与训练计划的选择、数据采集、数据清洗、知识管理、知识测试、知识答案的客户化等内容;
- 第 3 单元聚焦智能服务系统的上线工作,包括在线机器人模型训练、智能系统上线前的工作、智能系统使用推广及品牌塑造等内容;
- 第 4 单元主要介绍人工智能训练师的进阶与提升,包括面向智能服务的岗位体系建设、人工智能训练师团队人员考核、产品与项目管理等内容。

除了对图书脉络、整体结构上有所更新,在内容上笔者团队更新了一些全新的智能服务产品,并对相关的技术原理知识进行补充,对不同的人工智能训练师角色所重点关注的内容(如顶层设计蓝图、实施路径里程碑、智能服务产品在服务全生命周期中的定位、智能服务产品在客户服务体系中的应用模式等)做出更加体系化和路径化的阐述,以期更好地为人工智能训练师指明工作方向;同时,针对数据采集、数据清洗、数据训练、知识管理、知识客户化等内容,亦更新包括具体的做法、常见的错误示范、实施路径、注意事项等内容;在撰写各项技能与实施内容的同时,也适当对笔者团队当时的心态变化进行复盘总结,力求场景还原得更加贴近现实;最后,从人工智能训练师个人视角切换至整个人工智能训练师团队乃至整个客户服务中心视角,尝试将管理的普适性理论与方法应用于客户中心产业这个特定领域,提出一套系统的人工智能运营管理规范与指标体系(见附录),是为客户中心相关机构进行自我评估、标准认证、标杆测评、国际业务、产业交流等而制定的国际性标准规范与指导建议。

上述内容单独拎出任一小节都是非常庞大的话题,并需要长久的实践认知,笔者团队将结合多年行业实践经验,竭尽全力为各位读者描绘出清晰的路径。

如果读者朋友对这个领域感兴趣,并且有志于成为一名人工智能训练师,则找对了路径。让我们一起开启人工智能训练师的旅程吧!

石 云
2023 年 3 月于上海

目　　录

第 1 单元　智能服务的准备工作

第 1 章　导论：客户服务的智能时代来临 ··················3
1.1　客户服务行业的发展历程回顾 ····················4
1.2　人工智能技术在客户服务域的价值 ··················6
1.2.1　人工智能技术对客户服务行业的优化 ··············6
1.2.2　提升客户满意度与客户体验 ·················7
1.3　人工智能技术下客户服务的转型 ···················8
1.4　智能服务转型的关键要素 ·····················10
1.4.1　智能服务运营训练体系 ··················10
1.4.2　人工智能训练师 ····················11

第 2 章　AI 技术在客户服务域的应用之技术原理篇 ············13
2.1　人工智能技术发展的前世今生 ···················13
2.1.1　人工智能是什么 ····················13
2.1.2　AI 发展史上的三个阶段 ·················14
2.1.3　当前 AI 技术的算法突破及创始人传奇 ············16
2.2　人工智能的研究流派与学习模式 ··················20
2.2.1　人工智能的研究流派 ···················20
2.2.2　人工智能的学习模式 ···················20
2.3　人工智能技术概览 ·······················22
2.3.1　自然语言处理的发展 ···················23
2.3.2　自然语言处理的重要应用场景 ···············25
2.3.3　机器学习与深度学习 ···················26
2.3.4　评价算法模型的好坏 ···················28
2.4　在线机器人关键技术 ······················30
2.4.1　关键词机器人 ·····················30
2.4.2　语义识别机器人 ····················30
2.4.3　意图识别机器人 ····················31

2.5 中文 NLP 的基本操作 ... 31
2.5.1 正则表达式 ... 32
2.5.2 中文分词 ... 32
2.5.3 词性标注 ... 33
2.5.4 问答相似度计算 ... 35
2.5.5 关键词抽取 ... 37
2.6 中文 NLP 处理的重要模型 ... 38
2.6.1 感知机模型 ... 38
2.6.2 概率模型 ... 41
2.6.3 多层感知机模型 ... 44
2.6.4 Transformer 模型 ... 48
2.6.5 BERT 模型 ... 55
2.6.6 知识图谱 ... 57
2.7 本章小结 ... 59

第 3 章 AI 技术在客户服务域的应用之职业篇 ... 60
3.1 人工智能训练师的出现 ... 61
3.2 人工智能训练师职业浅析 ... 62
3.3 人工智能训练师的能力画像 ... 64
3.3.1 人工智能训练师的发展由来 ... 64
3.3.2 人工智能训练师的一天 ... 65
3.3.3 人工智能训练师的能力特征 ... 66
3.4 人工智能训练师的职业能力要求 ... 68
3.5 人工智能训练师的职业前景 ... 69
3.6 本章小结 ... 71

第 4 章 AI 技术在客户服务域的应用之顶层设计篇(上) ... 72
4.1 智能服务顶层设计 ... 72
4.1.1 智能服务顶层设计蓝图 ... 72
4.1.2 智能服务价值与目标浅析 ... 73
4.1.3 智能服务产品的发展历程 ... 78
4.2 智能服务产品在服务全生命周期中的定位 ... 80
4.3 智能服务产品在客户服务建设体系中的应用模式 ... 81
4.4 智能服务全景图 ... 89
4.5 本章小结 ... 92

第 5 章 AI 技术在客户服务领域的应用之顶层设计篇(下) 93

5.1 在线机器人简介 94
5.1.1 在线机器人定义 94
5.1.2 在线机器人的分类 94
5.1.3 在线机器人的交互逻辑 95
5.1.4 在线机器人的内部运行逻辑 96

5.2 智能服务产品需求研究 97
5.2.1 智能服务价值链 98
5.2.2 需求调研指导 100
5.2.3 调研框架 101

5.3 需求调研流程 101
5.3.1 流程设计 101
5.3.2 测评调优 102

5.4 调研脚本设计 103
5.4.1 调研脚本设计方法 103
5.4.2 调研脚本设计注意事项 105
5.4.3 调研脚本实例参考 106

5.5 客服中心三个维度的需求分析 108
5.5.1 VOC 调研 109
5.5.2 VOE 调研 111
5.5.3 VOB 调研 114

5.6 需求开发与管理 115
5.6.1 需求开发 116
5.6.2 需求管理 117

5.7 智能服务的边界 118
5.7.1 智能服务边界的价值 118
5.7.2 服务边界实践 120

5.8 智能服务价值的核算 123
5.8.1 从软件系统视角计算 123
5.8.2 从服务场景所产生的价值计算 124

5.9 在线机器人应用场景梳理 125
5.9.1 客户旅行地图 126
5.9.2 触点图 128

5.10 智能服务实施方案的选择与注意事项 129
5.10.1 系统实施的血与泪 129
5.10.2 系统实施实践—自身情况 130

5.10.3　系统实施实践—厂商情况 133
　5.11　本章小结 135
本单元讨论与小结 136

第2单元　智能服务训练的实施工作

第6章　语料的训练与管理 138
　6.1　训练场景与计划 138
　　6.1.1　训练场景细化 138
　　6.1.2　训练场景验证 140
　　6.1.3　训练场景迭代与优化 140
　　6.1.4　训练计划制订 141
　6.2　AI生产的原始资料：数据 143
　6.3　原始语料的处理 144
　　6.3.1　原始语料清洗 145
　　6.3.2　语料归档 146
　6.4　语料标准化 147
　　6.4.1　服务场景问题标准化 147
　　6.4.2　服务场景相似问题补充 149
　　6.4.3　语料检查与确认 153
　6.5　本章小结 154

第7章　在线机器人知识客户化 155
　7.1　智能服务的知识客户化浅析 156
　　7.1.1　知识客户化的原因及错误示范 156
　　7.1.2　机器人知识客户化的编撰原则 158
　7.2　在线机器人风格设计 160
　　7.2.1　在线机器人风格设计的基础要素 160
　　7.2.2　在线机器人的两种风格类型 161
　7.3　在线机器人知识客户化实践 163
　　7.3.1　在线机器人开场白客户化 163
　　7.3.2　知识客户化的几种常见做法 164
　　7.3.3　基于知识答案类型下的客户化 169
　　7.3.4　在线机器人知识客户化能力提升 170
　7.4　本章小结 172

第8章 在线机器人的知识管理 173

8.1 在线机器人知识概述 173
- 8.1.1 在线机器人知识的类型 173
- 8.1.2 语料到知识的进化 174

8.2 在线机器人知识管理一览 175
- 8.2.1 在线机器人知识的生命周期 175
- 8.2.2 在线机器人全局知识管理 176

8.3 在线机器人知识整理 179
- 8.3.1 知识分类 179
- 8.3.2 知识库分类 181
- 8.3.3 知识库管理的五要素 182

8.4 业务文档知识库管理 183
- 8.4.1 机器阅读的应用范围 183
- 8.4.2 机器阅读的实现方式 184

8.5 业务图谱知识库管理 185
- 8.5.1 知识图谱简介 185
- 8.5.2 知识图谱构建 186

8.6 多轮对话知识库管理 188
- 8.6.1 多轮对话简介 188
- 8.6.2 多轮对话知识管理方法 188

8.7 本章小结 190

本单元讨论与小结 190

第3单元 智能服务系统的上线工作

第9章 在线机器人模型训练 192

9.1 模型训练的基础——标注 192
- 9.1.1 标注概述 192
- 9.1.2 标注方式的选择 193

9.2 在线机器人标注实践 195
- 9.2.1 标注流程全景 195
- 9.2.2 标注规则 196
- 9.2.3 标注团队管理 199
- 9.2.4 标注质量控制 201

9.3 在线机器人训练结果测试 203

9.4 在线机器人 badcase 处理 203

9.4.1　badcase 基础知识 203
　　9.4.2　badcase 常见分类及修改 204
9.5　本章小结 205

第 10 章　智能系统上线前的工作 206
10.1　在线机器人入口与界面设计 206
　　10.1.1　在线机器人入口设计 206
　　10.1.2　在线机器人界面设计 208
　　10.1.3　界面设计的测试 211
10.2　在线机器人上线前的思维转变 212
　　10.2.1　过程控制 212
　　10.2.2　问题解决与分析 213
　　10.2.3　思维调整 214
10.3　在线机器人上线实践 214
　　10.3.1　上线的前置工作 214
　　10.3.2　灰度发布策略 216
　　10.3.3　投放渠道选择 218
10.4　本章小结 218

第 11 章　智能系统使用推广及品牌塑造 219
11.1　移动互联网产品推广与在线机器人推广 219
　　11.1.1　移动互联网产品推广 219
　　11.1.2　在线机器人推广与移动互联网产品推广的异同 221
11.2　在线机器人的推广基础 222
　　11.2.1　构造在线机器人的用户心智 222
　　11.2.2　借助新 4C 理论寻找推广契机 223
11.3　在线机器人推广实践——拉新 223
　　11.3.1　拉新的基础 223
　　11.3.2　从自身的角度出发 224
　　11.3.3　借助传播的力量 226
11.4　在线机器人推广实践——留存 227
　　11.4.1　持续优化 227
　　11.4.2　扩大使用范围 229
　　11.4.3　让用户参与其中 229
11.5　在线机器人推广实践——价值转化 231
11.6　本章小结 232
本单元讨论与小结 232

第4单元 人工智能训练师的进阶与提升

第12章 人工智能训练师团队管理 234
12.1 人工智能训练师团队人员选拔 234
- 12.1.1 组织架构概述 235
- 12.1.2 常见的人工智能训练师团队组织架构 236
- 12.1.3 人工智能训练师团队岗位设置 237

12.2 人工智能训练师团队人员培养 245
- 12.2.1 培养原则 245
- 12.2.2 团队培养计划 246
- 12.2.3 培训的类别和内容 247
- 12.2.4 培训考核管理工具 248
- 12.2.5 培训积分获取 250

12.3 人工智能训练师团队人员考核 252
- 12.3.1 常见在线机器人评价指标 252
- 12.3.2 在线机器人的指标分类 253
- 12.3.3 在线机器人的指标一览 254
- 12.3.4 在线机器人指标管理 256

12.4 人工智能训练师团队优化 256
- 12.4.1 建立人工智能训练师团队知识共享及沉淀管理机制 256
- 12.4.2 人工智能训练师负责人管理建议 257

12.5 本章小结 258

第13章 智能服务项目管理 259
13.1 智能项目立项 259
- 13.1.1 立项建议阶段 260
- 13.1.2 立项评审阶段 263
- 13.1.3 项目筹备阶段 263

13.2 智能服务项目沟通模型 263
- 13.2.1 沟通管理 264
- 13.2.2 沟通模型 264
- 13.2.3 应避免的沟通方式 265

13.3 干系人管理 266
- 13.3.1 制作干系人登记册 266
- 13.3.2 干系人分析 267

13.3.3　干系人分类 268
　　　13.3.4　确保干系人参与项目 268
　13.4　系统外包与采购管理 269
　　　13.4.1　外包管理 269
　　　13.4.2　采购管理 270
　13.5　本章小结 271

第14章　智能服务产品管理 272

　14.1　产品生命周期 272
　　　14.1.1　系统规划阶段 272
　　　14.1.2　系统开发阶段 272
　　　14.1.3　系统上线阶段 273
　　　14.1.4　系统训练阶段 273
　14.2　智能服务产品开发概述 274
　　　14.2.1　智能服务项目开发周期 274
　　　14.2.2　智能服务产品开发模型 274
　14.3　智能服务产品风险管理 277
　14.4　智能服务产品测试 280
　　　14.4.1　测试基础 281
　　　14.4.2　测试流程 282
　　　14.4.3　测试标准及绩效管理 282
　　　14.4.4　测试用例的撰写方法 283
　14.5　智能服务产品验收 284
　14.6　本章小结 285
　本单元讨论与小结 285

附录　人工智能运营管理规范与指标体系 286

　附录A　人工智能运营管理规范 286
　附录B　人工智能运营管理指标体系 300

第 1 单元

智能服务的准备工作

古语有云："有备无患。"针对智能服务产品这一新鲜事物，其在产品的上线前工程量巨大，尤其是人工智能训练师团队的负责人，准备得是否充足，将会直接影响整个智能服务产品的落地与应用成效，但因人工智能训练师们缺乏对整个智能服务产品的全生命周期的了解，往往准备得不充分，只能头痛治头、脚痛医脚。其准备工作一般包括但不限于：AI 技术在客户服务域应用的技术原理、人工智能训练师职业认知、智能服务产品的需求与挖掘、定位与目标、产品选择与 ROI 的核算等。

智能服务产品与传统软件产品的区别

很多企业的人工智能训练师往往是从传统服务岗位或者传统软件开发模块转岗至智能服务产品端，沿用的训练思维是传统软件开发思维。事实上，智能服务软件与传统软件开发存在较大的差异，我们以龟兔赛跑中的乌龟和兔子为例对这种差异进行描述。

传统软件更像是龟兔赛跑中的兔子，在规定的路线上设置好终点和起点，朝着目标奔跑，至于过程中兔子是前 3 公里冲刺，还是中间 2 公里走走停停，都无所谓。

智能服务软件更像是龟兔赛跑中的乌龟，无论是采购成熟的智能服务产品，还是自己企业开发专属的服务产品，开发周期完成的那一刻才是新工作的开始。因为智能服务产品需要不断地进行训练，不断地投入语料、编写相似问题、管理对话流、设计对话方案、编写应答答案、收集监控服务数据，更要随着企业服务业务的变化及时调整知识内容，一刻都不能停歇，小步迭代，持续奔跑。

如果不能正确理解它们的区别，人工智能训练师负责人将会对训练过程失控，并且在没有充足人力、完备预案的情况下，使智能服务产品的能效大打折扣。

智能服务产品阶段式的提升逻辑

智能服务产品阶段式的提升逻辑应该是一个连续并且相互依赖和迭代的过程，我们都期望智能服务产品最终能够完全替代人(虽然目前这一目标还有很长的路要走)，即智能服务产品的终点其实是人工客户服务。人工客户服务从普通一线座席成长到高级服务专员，技能会得到阶段性的升级，每一个阶段的技能画像都不相同，智能服务既然作为人工客户服务的替代品，也应如此。

针对在线服务机器人，我们定位其技能提升应该是答得上、答得准、答得好三个阶段(见图 I-1)。

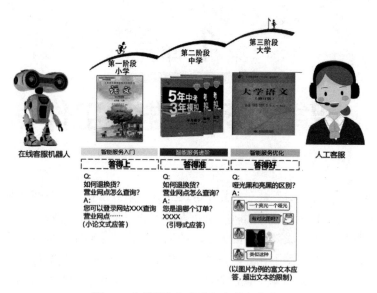

图 I-1 在线服务机器人服务的三个阶段

- 答得上阶段。训练重心是想尽一切办法提升在线机器人应答能力,增加机器人的知识场景覆盖,考核的首要指标是"场景/服务覆盖率"。
- 答得准阶段。针对答得上阶段机器人漏答的问题,思考更加精准的应答方案和策略,包括使用新的知识结构方案(如引入多轮对话、知识图谱等),解决业务知识缠绕的问题等。
- 答得好阶段。在此阶段,不仅要考虑答案本身,还要考虑用户的交互、服务成本、服务目标等多个问题。

智能服务产品的训练技法

人工智能的核心是什么?被大众广泛接受的说法是,人工智能是"算法、数据、知识"三者的有机结合。从人工智能的底层算法技术出发,我们会发现绝大多数人工智能项目几乎能够归档为三大类,即文字类、语音类、图像类(视频类的人工智能其实是图像数据的几何倍增的结果呈现)。相应地,数据可分为文字数据、语音数据、图像数据;知识可分为文字业务知识、语音知识、图像知识;人工智能训练师可划分为文字类人工智能训练师、语音类人工智能训练师、图像类人工智能训练师。同一类型的人工智能训练师会因为产品的不同,其训练技法及运营逻辑有所区别,例如:在线服务机器人的训练师与智能质检产品的训练师在工作内容上可能会存在差异。在线服务机器人的训练师会因为训练过程中的业务需求的主要矛盾而担负不同的训练任务和内容,例如:在运营迭代优化过程中发现客户情绪变化的痛点时,可引入情绪识别系统作为在线服务机器人的插件[①]之一进行产品的迭代训练。

---

① 插件是一种遵循一定规范的应用程序接口编写出来的程序。安装相关的插件后,主软件程序能够直接调用插件程序,用于处理特定类型的文件和任务。

第 1 章

导论：客户服务的智能时代来临

自人工智能技术诞生至今，关于以上问题的争论从未间断，人工智能技术被称为新一轮的工业革命，而近期 ChatGPT 的横空出世更是将这些争论再一次推上高潮。从学术界到工业界，从媒体报道到朋友聚会时的闲聊，我们都能听到关于它的只言片语。比尔·盖茨近日公开表示，ChatGPT 的历史意义重大不亚于 PC 或互联网的诞生。面临巨大的挑战，Google 和百度公司都于近期宣称要全力投入类似的应用开发(all-in GPT)。

如果把目光放在笔者所属的客户服务行业，争论更甚。作为人工智能技术落地较为成熟的行业之一，近些年人工智能技术已经将客户服务行业搅得天翻地覆，从文字人工智能衍生出的智能文字服务机器人，从语音智能衍生出的智能语音呼入服务、智能外呼营销，从图像、视频人工智能衍生出的数字人、多模态服务已经彻底颠覆了整个服务行业，客户服务行业正在面临自诞生以来最大的生产力革命。在革命的背后，无数宏观、微观的问题正在一次又一次地考验客户服务行业从业者们的服务规划与设计：

人工智能技术会让基层人工客户服务失业吗？

人工智能技术在客户服务行业都能有哪些应用？

哪些应用是真实有效的，哪些应用是昙花一现的技术炫耀？

客户服务如何与智能相结合？

如何为人工智能技术搭班子、建团队、定流程？

应如何思考人工智能技术对于客户服务效率和客户服务公平的影响？

人工智能技术在客户服务行业落地、应用、再到成熟，其背后是否有一个关键角色，是否有一种较为成熟通用的思维方式，是否有一条万变不离其宗的实施路径。

在无数次的行业交流和碰撞当中，笔者团队深深明白，我们没有那么大的能力提供让所有读者满意的答案，也知道，无论是什么样的著作，都无法穷尽一个事物所蕴含的全部道理。走近山，才知道山的巍峨，靠近海，才感受海的广阔，唯有不断对已知的知识总结凝练，对未知的知识追求与探索，才能持续进步。因此，笔者团队与时代同频，与行业共呼吸，试图找到一个视角来重新审视以上问题。

本书的一系列内容将着眼于人工智能训练师这一关键的灵魂人物——人工智能技术在客户服务行业落地的关键，以具象人物视角对上述问题提出自己的看法与见解。

1.1 客户服务行业的发展历程回顾

"您好，很高兴为您服务"，相信大家都不会对这句话感到陌生，它时常出现在我们的生活中。这句话背后所代表的服务与人们的利益息息相关，这些服务以文字、语音、图像、动作为载体帮助人们解决和处理问题，故它常被冠以企业与客户之间沟通的桥梁的形象。对于最早的客户服务概念，至今已经无法追溯，但是只要有交易的发生、有协同的存在，那么就有服务的存在。在人类早期的时代，没有语言、文字，原始人类通过肢体语言动作相互交流解决问题，比如：打猎的协作、食物的分配、分配过程中的矛盾等。由于肢体语言的限制，原始人类开始通过语言尝试更加高效地解决问题；但若不同的地域、不同部落的人们因发音的不同导致交流障碍，文字与统一的文体则很好地解决了这个问题。如今，我们所见到的几种成熟的载体也与上述轨迹有着千丝万缕的联系：在最早的面对面服务中，客户服务人员以演示为主要方式为客户解决问题；到语音联络中心时代，客户服务人员以语音为主要方式为客户解决问题；到互联网时代，客户服务人员以文字为主要方式为客户解决问题；再到智能时代，技术不断升级与迭代，客户服务人员能够根据不同的业务场景特点选择不同渠道解决客户问题。例如：家用电器的排障问题，通过视频客户服务的方式远程为客户演示来解决问题；即时服务的问题(如户外车辆抛锚)，通过语音方式联系客户进行救援服务；网络购物问题(如开具发票，咨询相关材质、尺码等)，通过文本方式联系客户，以文字、图片的方式为客户解决问题。

纵观上述服务的发展，对于客户层面，可称作"客户体验"的发展；对于企业层面，则可称作"服务效率"的发展。从面对面服务到语音服务再到文本服务，每次服务模式的改变，服务效率都极大提升，但依然是通过人力进行堆积，边际效应曲线告诉我们："其他投入固定不变时，连续地增加某一种投入，所新增的产出或收益反而会逐渐减少。也就是说，当增加的投入超过某一水平之后，新增的每一个单位投入换来的产出量会下降。"想要打破这一困境，光靠传统人力增量投入显然不是最佳方式，唯有选择变量，才能寻找新的契机。如今，人工智能技术正是那个变量因素的存在。

服务是产品与交易的延长线，只要存在交易，就存在顾客方，就存在服务。真正意义上的服务大概源于农耕文明，人类由于农业上的进步而产生了富余的物资，产生了以物易物的行为，这时候就产生了交易与服务，这也是最早的服务形态，即面对面服务。这类服务形态一直持续到了今天，它的特点是需要顾客或者客户到特定的地方，在特定的时间获得服务。而对于服务的提供方，则同样需要在特定的时间与地点由专门的客户服务人员提供服务，受限制于成本问题，客户的服务规模并不会太大，且很多客户更加习惯自助式服务，即尽可能自己解决自己的问题；而企业方则是受制于服务效率与成本的问题，在同一单位时间内，一个客户服务人员仅能给一个客户提供服务。

20世纪50年代末期，得益于通信技术的大力发展，泛美航空公司建成世界上第一个提供7×24小时服务的呼叫中心，开启了热线电话服务时代。在这一时代，电话开始逐步走进企业，走进千家万户，客户寻找服务的成本被极大降低了，不再需要花费时间和精力去到特定的地方，甚至都不需要等到特定的时间，随时随地只要身边有部电话都能联系到企业。在技术的进步之下，服务的需求量激增，为了应对远超面对面服务时期的服务量，企业不得不在一些适宜的城市建立企业自己的呼叫服务中心，以达到更好的服务体验与服务效率、服务成本之间的平衡。此时，服务开始进入精细化运营的时代，构建出了二线服务、不同技能组服务，并成立了支持服务的排班、质检、知识管理等职能型部门。

伴随现代科技的发展，特别是在互联网技术的推动下，以人工语音服务为主要服务方式的传统呼叫中心逐渐演变为当下多媒体、全渠道的，以在线服务为主要服务方式的客户服务中心。对于企业端，在线服务的工作人员能够在同一单位时间内同时为多个客户提供服务，服务效率与产能远远超出语音服务，且因为在线服务的特点，很多数字、条款、说明等语音难以解释、难以理解记录的内容都能够以非常直白的方式发送给客户，大大减少了因服务理解困难而增加服务时间的情形。在上述的服务变迁过程中，我们可以发现客户获取服务的成本变得越来越低，在网络时代客户甚至随时随地能够打开手机联系企业寻求服务，同时服务的触点也变得更加多样化，从渠道角度来说有柜面客户、电话语音客户、网络在线客户，因此客户服务中心服务渠道需要不断扩展。同时，企业服务客户的数量更是逐年呈指数级增长，传统客户服务中心面临巨大的发展瓶颈，在客户服务中心内部，人员短缺、招聘难、培训效率低、企业运营成本越来越高；在客户服务中心外部，客户个性化服务需求不断增加，如何帮助企业建立持续稳定的客户关系，并探知客户需求反哺产品迭代、推动运营升级已成为众多客户服务中心的首要难题。

随着第四次工业革命的到来，科技和创新进入拐点式爆发，从"互联网+"到移动互联网时代，再到现今的人工智能，技术在不断影响各行各业，而服务行业作为技术最佳的试验田更是首当其冲。客户服务行业兴起于20世纪80年代，作为一个劳动密集型行业，在随后的几十年发展中，一直在通过流程优化、技术更新等手段来实现客户中心成本与客户体验的双赢。对于客户服务群体来说，随着"准千禧一代(00后)"成为客户服务的主力军，员工管理与日常运营的难度日益增加；对于客户来说，随着消费升级的影响，传统单一售前、售后的服务模式和服务理念已经不再满足其日益增加的个性化需求；对于客户中心来说，如何彰显客户价值，从成本中心向价值中心转型的难题一直困扰着管理者。恰逢其时，AI技术在客户服务行业的深度落地，悄然给客户服务行业带来诸多变化和实践，从最初的电话时代的呼叫中心到基于PC互联网的在线客户服务系统，再到如今的基于AR、云计算、视频、社交网络、互联网+、大数据、人工智能等新技术的智能客户服务中心，人工智能技术势必成为客户服务中心行业革新的主战场。

1.2 人工智能技术在客户服务域的价值

随着人工智能技术的发展和广泛应用，客户服务域的人工智能技术不断地开花落地，不断有新的场景在人工智能技术的帮助下焕发新生，有的客户服务中心甚至全员进行智能武装，其背后的原因是现代企业及客户服务中心在期望给客户提供更加优质服务的同时，不断提升自我效能，不断优化服务生产力和服务生产的关系。就目前来看，人工智能技术确实能够最大程度上帮助客户服务中心提升服务效率，释放服务生产力。

1.2.1 人工智能技术对客户服务行业的优化

人工智能技术对于客户服务行业的优化体现在如下两个方面。

1. 客户服务侧

随着移动互联网的普及和消费升级带来的用户数量激增，传统服务体系的人海战术已经很难满足现今数量庞大的用户需求。人工智能技术中，包括自然语言处理、数据挖掘、语音识别、图像识别、机器学习等在内的感知智能技术的高度成熟，为语音和文本交互方式带来全新的改变。服务前端的电话和语音这两个渠道，已经逐渐被智能语音门户和在线客户服务机器人所代替，在线客户服务机器人直接回答客户问题或者辅助人工客户服务智能应答。在智能 IVR 系统中，智能语音系统通过识别理解用户意图，将客户的需求进行合理分类、传递，不仅能使效率倍增，更能提升客户的体验。解放人工客户服务的劳动力，使人工客户服务从以往单一、重复的服务向更有价值、更应该由人工解决的服务转型，从而为客户提供个性化、多样化、有"温度"的服务。而在服务后端，人工智能技术带来更高的处理效率，如对人力有非常高要求的质检工作被智能质检替代；人工现场监控、人力安排、舆情监控、知识库等后台运营环节都能与人工智能技术结合，极大提升系统效率，降低人力成本。在一些特殊服务场景，如金融服务中的身份识别、欺诈风险问题都能随着人工智能技术下的人脸识别等功能的应用得到解决，为客户带来极佳的服务体验。通过前、中、后端的有机融合，双向赋能更多的客户服务渠道触达，减少人工压力，释放生产力，更加专注于高价值服务的同时，智能质检还能提供更加快速、及时的风险控制，减少风险发生，同时反哺智能机器人服务场景建设，形成正向智能化服务体系闭环，助力数智化转型，帮助线上、线下服务有机统一。

2. 客户侧

大数据和人工智能技术的发展不仅能为客户带去更加便捷的服务和更加优化的服务体验，还能帮助决策者进行更全面的分析，做出更准确的商业判断。客户服务部门是客户和企业沟通的桥梁，是企业的窗口和门面，也是直接接触用户的机构，拥有第一手的客户资料，比如客户是谁、从哪来、收入多少、喜欢什么、关心什么、常遇到什么问题，等等。这些对于企业来说都是非常重要的数据，但以往因为数据的复杂性使得企业很难从这些数据中获得有效信息，而现在通过 AI 技术对客户数据进行分析，不仅让客户服务更加了解用户，也让企业掌握了用户的需求。通过对数据的分析，可以为企业优化经营策略，指明调整方向，支撑商业决策。

1.2.2 提升客户满意度与客户体验

智能服务产品较之人工服务能够最大限度地给客户带来最佳的体验与高满意度。客户满意是指客户对产品和服务的特征或产品和服务本身满足自身需要程度的一种判断。换句话说，客户满意是客户对所接受的产品或服务过程进行评估，以判断是否能达到他们所期望的程度。客户体验是一种纯主观的、在客户使用产品过程中建立起来的感受，良好的客户体验有助于公司不断完善产品或服务。所有客户接触的感受差异，构成了客户对一家公司独特的体验认知。

客户体验与客户满意度非常相似，本质都是关心客户在被服务过程中的潜在需求，但在实际服务管理中却有着非常大的差别。客户满意度更多的是针对服务质量的考虑，什么样的服务才是有质量的服务，答案毋庸置疑："解决客户问题的服务"。因此，如何解决客户问题，采取什么样的方式、途径，都是客户满意的关键因素。

随着移动互联网带来信息接收的零门槛和人类社会角色分工的日渐精细，客户很难深入了解企业的每个产品、每个规则。客户每天都会接触大量的信息，而一个人每一天只有 24 小时，在这 24 小时中有工作、学习、社交等事情要处理，已经没有更多的精力和时间投入在企业产品信息的了解上。在这种情况下，迫切需要客户服务中心提供更加优质的服务方案，帮助其优化、节省在信息上投入的时间。当客户遇到问题时，会马上寻找客户服务，要求客户服务能在第一时间解决问题，如在金融行业，客户的账户被盗取后，会立刻寻求客户服务，希望其能帮助他在第一时间挽回损失。对于客户服务中心来说，快速解决客户的问题，避免客户流失属于被动价值创造。在客户服务中心的服务体系中，客户满意是其立身之根本。若客户满意度低，则代表客户对其服务不满，会降低客户心中的客户服务中心甚至企业的服务价值。

如今，企业与客户接触的机会越来越少，时间越来越短，需要客户服务中心把握住服务每一位客户的机会。针对客户体验来说，至关重要的是要解决客户的痛点问题。对于客户服务中心来说，这属于主动创造服务价值，通过给予客户良好的服务体验，提高客户黏性。例如，同样是客户发现账户被盗，此时用户进行截图操作并寻求客户服务帮助，如果用户需要进行多次重复的返回操作才能进入服务咨询界面，这对于用户来说一定是非常糟糕的体验。假设系统在用户进行截图操作的场景预设了客户服务咨询的入口，当客户截图后客户服务入口第一时间弹出，用户即能以最少的交互次数、最短的时间找到客户服务，这将极大提升客户对此次服务的体验度和满意度，从而带来更高的客户黏性和更大的客户价值提升可能。

客户满意注重的是服务结果，体现在客户对客户服务提供的服务方案是否满意；客户体验则注重服务过程，体现在对客户服务全流程的分析与控制。客户满意是服务的根本；客户体验则是服务的目标。服务过程加服务结果才能构成完整的服务全流程，才能提升服务的价值，才能提高客户的满意度和忠诚度。

1.3 人工智能技术下客户服务的转型

著名作家斯宾塞·约翰逊曾经说过，"唯一不变的是变化本身。"变革是当下时代的关键词，对于客户服务行业来说更是如此。因技术的发展与变化，客户寻找到服务的成本与代价变得微乎其微，同时客户对于服务的期望与个性化需求逐渐增加。从数据来看，2010—2018年中国客户服务中心座席规模的年复合增长率保持15%以上的增速。增速的不断提升一方面是企业对于客户服务的重视，另一方面则是企业服务成本的不断增加，人工智能技术有望帮助企业客户服务中心达成降本增效，但客户服务中心的转型之路到底有哪些需要重点关注的因素呢？我们可以从以下三个维度中来探寻答案。

1. 站在现在看过去

总结历史经验，吸取教训。

人工智能的实质是技术的迭代和变革。以发生在18世纪60年代至19世纪中期的第一次工业革命为例，在此之前，英国的棉纺织产量是4000万码/年，经历过第一次工业革命后，也就是1850年，英国的棉纺织产量达到了20亿码/年，这可以说是非常大的跨越，整整50倍产量的提高在当时看来简直是一件不可思议的事情，但是工业革命确实做到了。

回到客户服务行业来看，第一阶段的服务称为面对面服务，服务的质量和效率极大地受制于空间、时间，客户想要接受服务，就必须去柜台，即使是上门服务，也需要客户服务人员花费时间到具体的空间中提供。得益于通信技术的发展，第二阶段的服务，客户在特定的服务时间内就可以通过电话等通信工具享受到服务帮助，这个阶段的约束条件只剩下了时间。第三阶段的服务，由于互联网尤其是移动互联网技术、人工智能技术的发展，客户可以随时随地享受便捷的服务，几乎不受任何约束。

从上面的回顾可以知道，每一轮新的技术变革都将带来新的服务模式及过往工作体系的更替。如果再把眼光聚焦到时间维度，还能发现每一轮技术更替的时间间隔在不断缩小，也就是说留给企业适应变革的时间也将越来越少。

2012年的客户服务中心还只能依靠纯人工服务，但到了2020年，已经大范围应用了人工智能技术。以质控为例，10年前客户服务中心的质控人员是以1%～10%的比例在做抽样质检，如果想要做全检的话，质控人员的数量将与客户服务人员的数量呈线性正相关的比例，这是不现实的。但是 10 年后的今天，在人工智能技术的帮助下实现全检不再是梦想。

同样地，原来人工客户服务每天最多就是 100 多通在线服务和电话服务的产能，但加上了人工智能辅助后，产能得到指数级的增长，并且客户满意度也得到很大提升。例如，在线服务中，客户短时间多次进线咨询的情境下，客户服务会重复向客户发问："您好，请问您需要什么帮助？"如果让客户多次重复描述自己的问题，其服务体验就会很差。但是有了机器人后，当客户再次进线时，机器人会将客户之前的问题整理摘要发送给客户服务，避免客户服务重复向客户发问，这种智能摘要目前已经在很多系统中实现了。

如果我们将过去的历史发展规律进行抽象和总结，可以发现，无论是工业生产还是服务的变化，核心都是围绕产能供给的变化，社会、企业进步对产能的供给要求越来越高，原有的技术不再能够维持新的产能需求，如果单纯通过人力堆积只能短期解决问题，想要从根本上解决，唯有技术变革和突破。

2. 站在现在看未来

立足当前，谋划未来。

现在的客户服务机器人不再只是机械地完成重复工作的机器，很多智能客户服务机器人能够识别人类情感，判断客户是高兴还是愤怒，并且识别的准确率在某些方面甚至远超人工客户服务。

2020 年突如其来的一场疫情，给很多行业造成非常大的影响，作为劳动密集型产业的客户服务行业首当其冲，但这一外部环境变化的压力也迫使很多企业开始接受和使用智能服务产品，并且在缓解服务压力、控制服务成本上都取得了不错的成效。可以预见，在未来的客户服务中心，人工智能势必成为运营体系的中坚力量。

3. 站在未来看现在

立足未来，谋划当前。

人工智能浪潮已经席卷客户服务中心，在智能时代，旧的行业将会在新技术的驱动下发生天翻地覆的改变。由此总结出一个改变公式为

$$旧的行业+新的技术=新产业$$

而客户服务行业应用新的技术后也将得到质的提升，用公式表现为

$$客户服务+人工智能=智能客户服务$$

$$质检+人工智能=智能质检$$

$$客户关系管理(CRM)+人工智能=智能事件生成$$

$$客户服务人员+人工智能=智能机器辅助$$

$$客户服务中心+人工智能=智能客户服务中心$$

智能服务的转型升级趋势不可逆，但在此过程中是否会导致部分人工客户服务从业

者失业？历史已经给了我们答案，每一轮的工业革命都会带来失业。比如马车和汽车，当汽车刚刚出现的时候，最愤怒的一定是马车行业的从业者，汽车的诞生导致他们失业。但汽车的诞生其实造就了更多的岗位，比如道路施工、汽车设计、汽车制造、汽车美容等。计算机的发明也同样导致了一些职业的消失，同时也创造出了更多新的职业。因此，人工智能时代客户服务行业的转型势必带来体系与人员的转型，从而产生更多新的岗位。

通过三个维度的分析，站在现在看过去，我们从历史发展的轨迹去总结社会、行业的变化和发展规律；站在现在看未来，我们将总结的规律抽象出来推测未来社会、行业的发展趋势；站在未来看现在，社会、行业的进步离不开技术的发展，每一次技术的变革都将为行业提供解决问题的新思路。谁能够提前规划和布局，谁就将在未来 10 年的竞争中拔得头筹。

1.4 智能服务转型的关键要素

1.4.1 智能服务运营训练体系

智能客户服务中心迅速发展的同时，带动了智能服务产品的发展和成熟，使人工智能技术在各个细分领域都落地开花。现在流行的智能服务产品包括：智能在线机器人、智能语音机器人、人机辅助、智能预判、智能质检等。

但是，在智能服务产品市场如日中天的时候，却出现了一个怪异的现象：客户服务中心或使用智能服务产品的企业对产品的满意度日益降低。我们往往将这一现象的原因归咎于智能服务产品没有开发到位，技术还不够先进，这样的认知带来的决策和行为自然就变成了不断去升级智能产品装备，不断更换系统、加大采购。事实上，真正的原因是我们忽略了产品背后的运营体系搭建与运营人员能力的提高。

智能服务产品就像一把绝世宝刀，运营训练体系搭建流程就是学习招式的过程，运营训练人员能力提高的过程就是修炼内功心法的过程。光有锋利的宝刀，却没有与之对应的招式，使用者也没有足够的"内功"支持，那么宝刀只是一把刀，所以招式和内功心法，缺一不可。

对于智能服务训练运营体系的搭建，我们可以从客户服务中心的运营体系中借鉴一二。

(1) 搭建具有全局观的训练、运营体系。其包括：①智能服务的定位，即根据智能服务现状、业务场景及客户服务中心的智能服务定位状态等，确定智能服务定位，并明确未来智能服务将在哪些渠道和哪个业务中替代客户服务中心人工服务。②业务流程梳理与优化，根据分析与梳理出的当前业务流程中存在的问题点，引入智能服务能力匹配合适的业务场景，将业务流程进行拆分，并针对每个环节进行优化。确保智能服务与传统服务能够无缝衔接，提高整体效率和用户体验。③智能客户服务知识库优化，即梳现有知识库目录及答案，整理知识库逻辑、运营体系智能客户服务知识架构，结合业内优秀智能客户服务知识库构建体系，有针对性地设计和优化智能服务知识库。④关键绩效指标体系建立，即根据深度调研结果及业务场景梳理成果，调整智能服务团队人员分工。⑤体验优化质控体系建立，主要是收集用户聊天日志、用户轨迹、应答节点等信息，整理用户体验流程，梳理用户触点及应答节点逻辑，制定长期有效的体验优化质控体系。但这里需要注意的是智能服务的每一个环节和模块都应该与成熟的规则原理相结合，而非凭空创造，就如智能服务流程梳理工作，应当遵循：先写我们所做的事情，再做我们所写的事情，不断往复优化，最终得到真正可用的流程；应当遵循相应的流程创作基础知识，先正确理解流程、规划相应的流程、创建流程清单、对流程进行分级分类、明确流程的优先等级、绘制对应的流程地图，再进入具体的流程梳理工作，梳理完成后高效严格执行流程，不断检查流程，使流程持续优化。

(2) 需要结合不同的智能服务产品的特点，规划对应的智能服务产品的训练流程。对于在线文本机器人的训练核心在于对其知识覆盖及知识可读性的规划，我们可以将其训练技能提升简单划分为"答得上""答得准""答得好"三个阶段，阶段不同，训练重心、考核重心也不同。

(3) 抛开不同智能服务产品的因素，从智能服务本身角度评价其运营训练效果，构建一套智能服务业务能力成熟度模型。其包括：设计与规划部分，如文化与战略、管理体系、系统支持、应急管理、持续改善机制；运营与管理部分，如流程管理、人员管理、人员能力模型、培训与认证、沟通与协调机制、考核与激励；数据与绩效部分，如数据体系、数据管理、绩效体系、绩效管理；客户体验部分；创新与提高部分。

1.4.2 人工智能训练师

体系正如武侠小说中的武功招式，再好的招式最终还得有人使出来才行，而相同的兵器和招数，不同的人却能够发挥出天差地别的作用。对于智能服务来说，人工智能训练师就是那个最为关键的角色。2020 年 2 月 25 日，中华人民共和国人力资源和社会保障部、市场监督管理总局、国家统计局联合向社会发布了人工智能训练师这一新职业，这是自 2015 年版《中华人民共和国职业分类大典》颁布以来发布的第二批新职业。2021 年末，中华人民共和国人力资源和社会保障部、工业和信息化部联合发布人工智能训练师国家职业技能标准。人工智能训练师这个职业既不是智能服务产品的算法或者工程开发者，也不能完全算是智能服务业务运营者，他是随着人工智能服务行业发展带来的精细化分工而诞生的新劳动者。

中国的智能服务是在 2010 年左右开始萌芽的，而人工智能训练师的出现则是在 2020 年，中间的 10 年正是人工智能技术在客户服务领域应用从模糊到清晰，从最早单纯购买个机器人第二天服务数据就能得到很大改善，到现在购买系统之前需要详细论证、POC 测试(验证性测试)、部署调整、灰度上线，第二天服务数据甚至基本没有任何变化的深水期。

人工智能训练师并非单纯的业务或者技术，而是二者有机结合的产物，其能够从更加专业的角度进行训练与运营，大大降低智能服务的应用成本。

多数的人工服务往往都是客户向客户服务中心寻求服务，即客户寻找企业，但客户在寻找服务的过程中自然而然会选择成本最低的服务渠道，所以往往导致客户服务中心不同渠道上的服务队列数量不同，电话队列经常爆线、在线队列的用户却寥寥无几。为解决这一问题，企业往往选择上线智能语音或者智能文本机器人进行分流，但成效甚微，单纯从技术或者业务角度难以改善。从人工智能训练师的角度和视角来看，应先思考用户寻求服务的成本问题。如：对于语音排队客户，引导其去企业 App 咨询在线机器人，绝大多数客户都是选择继续等待直到电话断线为止，背后的原因在于服务成本，大多数企业的 App 是日常低频 App，客户可能一个月使用一次，这就导致很多用户不会下载这个 App。企业期望引导客户去接受在线服务，对于客户来说就需要：下载企业 App—输入账号密码登录 App—绑定个人信息使用 App。这实在过于烦琐。换个角度，如果引导用户去企业的公众号端或者通过短信发送机器人 H5 链接，上述步骤可省略。除此以外，还可以延伸至到底是企业找客户，还是客户找企业？以网络电商为例，客户有了问题主动寻找客户服务，如果他不能很轻松地找到客户服务机器人端口，那么客户还是会以惯性思维找到人工客户服务。要解决这个问题，可通过数据收集客户是以什么样的端口进入服务场景的，是手机 App、电脑网页、微信公众号，还是微博；然后在客户最喜欢的端口嵌入客户服务机器人，这将大大提升客户选择客户服务机器人服务的概率。而在客户使用机器人的过程中，人工智能训练师们还需要判断智能客户服务机器人的服务好不好？对于客户来说，客户服务机器人好不好用，最重要的是能不能解决客户的问题。判断智能客户服务能否解决客户的问题，可以假设一个服务场景：客户向机器人提问，如果机器人能够解答客户的问题，且客户感到满意，就不会再去寻求人工客户服务的帮助了。因此我们可以用"解决率"去衡量客户服务机器人的服务质量。

从上述案例中我们可以看到人工智能训练师的工作不仅仅是为机器人添加知识和语料，他们更像是人工智能训练，像一位经验丰富的服务前辈，指导人工智能服务流程，帮助设计服务话术，制定和辅助制定服务策略。人工智能训练师不仅仅要具备一定的业务知识，还要懂技术，唯有两者兼备，方能正确理解、高效执行智能服务运营训练体系，方能帮助智能服务产品走完企业落地的"最后一公里"。

第 2 章

AI技术在客户服务域的应用之技术原理篇

从专业协作的角度来说，接近的认知水平是高效沟通的基础。

——笔者

智能服务产品是以人工智能技术解决客户服务行业痛点的产物。从创意到设计，再经过算法编程及研发调试，到最终产品上线运营，智能产品的推广是一个从 0 到 1 并持续迭代到 100 的过程。在这个过程中，人工智能技术与服务场景的结合是最重要的。除此之外，客户服务人员对技术的掌握和了解也是关键因素之一。智能服务产品的研发过程就像是在打造一把宝刀，选对业务场景，就像选对了材料一样直接影响刀刃是否锋利。而人工智能技术是具体方法，就像锻造过程中的熔炼、淬火、浇铸环节，这些要素同样重要。

由于在人工智能产品打造的全流程中需要不同岗位、不同知识背景的人员相互配合，因此沟通的有效性是工作协同的前置条件，这就要求团队成员具备相关的基础知识，对人工智能技术的适用场景、利弊、可行性等有较为一致的认知，最终打造出或选择最佳的智能服务产品。

2.1 人工智能技术发展的前世今生

2.1.1 人工智能是什么

人工智能（artificial intelligence，AI）目前在医疗、电力、经济政治决策、工业控制系统、仿真系统等领域得到了广泛的应用。总部位于伦敦的 DeepMind 公司制造的 AlphaGo 阿尔法围棋机器人在 2017 年击败了 GoRatings 围棋世界排名榜单位居第一的棋手柯洁，成为人工智能发展史上的里程碑事件。这一消息震惊了全世界，AI 技术的成长举世瞩目。随着 AI 技术的日新月异，AI 步入了全方位商业化阶段，并对传统行业产生不同程度的影响，改变了各行业的生态。

我们可将人工智能分为"人工"和"智能"两部分来解读。"人工"表示由人来主导设计和创造；而"智能"则是人类探求真理、明辨是非、深刻理解世界本质、指导自身生存和生活的一种能力，涉及自我意识、自我认知与价值观等问题，可以说，人类智能是最难以模仿的一个领域。例如，如果我们要开发一个能够像人类一样走路的机器人，首先要了解人走路的原理，可人走路的方式因人而异，不可能通过一套既定的规则来完成走路过程的设计。人的很多表现并非都来自有意识的控制，大脑在不断地、有意识地分析和控制时需要耗费大量的能量，而人体的摄入是无法支持这些能量供给的，很多人自身的行为都来自大脑的潜意识行为，依样画葫芦的机械记忆和应用不能使人真正学会某项知识或技能，许多生存技能和专业知识是在人的潜意识中存储和发展的，而潜意识的工作原理和存储机制还在探索研究中。所以，对于人工智能的发展前景说法不一，具有较大的争议性。

目前人工智能领域比较流行的说法是，人工智能可分为强人工智能和弱人工智能。1956年，被称为"人工智能之父"的约翰·麦卡锡(John McCarthy)在达特茅斯会议上提出，人工智能要让机器的行为好像人所表现出来的智能行为一样，但这种说法忽略了强人工智能的可能性。强人工智能的观点认为，人类有可能制造出能进行自我推理和解决问题的智能机器，这样的人造机器是具有知觉的，有自我意识的。在强人工智能的观点中，机器有可能像人类一样思考问题，也有可能产生和人类完全不同的知觉和意识，自创一套不同于人类思维的推理方式。相较于强人工智能，弱人工智能的观点则认为机器看起来很"聪明"，其实并不具有真正的智能，也不会有自我意识。

人工智能的研究自20世纪创立以来，几度遇到瓶颈，止步不前，研究者们对人工智能的定义也是争论不休，人们对人工智能比较普遍的认同是人类本身的智能，但我们对自身智能的理解非常有限，对其构成的必要元素也知之甚少，因此就很难说什么是"人工"制造的"智能"，从当下人工智能领域的研究成果来看，研究者们制造了大量看起来比较智能的机器，弱人工智能在神经网络的推动下发展神速，这正应验了拉斐尔(Raphael)的说法：人工智能是一门科学，这门科学让机器能做人类需要智能来完成的事。

综上，在现阶段人工智能的研究领域中，主要涉及对人的智能本身的研究，而对智能人造系统和动物行为的研究同样属于人工智能的研究范畴。

2.1.2 AI发展史上的三个阶段

AI发展史大致可分为三个阶段。

第一阶段是1956—1980年，该阶段是人工智能技术诞生及探索应用的起步阶段。1956年美国达特茅斯会议聚集了最早的一批人工智能领域的研究者，确定了人工智能的名称与任务，被称为AI诞生的标志。

第二阶段是1980—2000年，该阶段是人工智能技术不断发展步入产业化的阶段。

1997年,"深蓝"计算机战胜国际象棋冠军卡斯帕罗夫,成为 AI 历史上的里程碑事件。受摩尔定律的影响,计算性能开始大幅提升。

第三阶段是 2000 年至今,AI 技术逐渐成熟并且迎来了爆发式成长。2006 年,谷歌大脑人工智能团队首席科学家杰弗里·希尔顿(Geoffrey Hinton)在权威学术期刊《科学》(Science)上提出基于深度信念网络使用无监督学习的训练算法,使得深度学习在学术界持续升温;2016 年,英国人工智能公司 DeepMind 开发的 AlphaGo 击败前世界围棋冠军李世石,使得人工智能广泛进入普通人的视野。深度学习从某种意义来说就是人工智能的引擎,大数据则是它的生产原料,截至目前,人工智能的大部分技术都是由深度学习算法来支撑的。

目前人工智能发展的主要方向分为运算智能、感知智能、认知智能。

1. 运算智能

运算智能即快速计算和记忆存储的能力。人工智能各项技术的发展是不均衡的,运算能力和存储能力是现阶段计算机最主要的优势能力。1997 年 IBM 的"深蓝"计算机战胜了当时的国际象棋冠军卡斯帕罗夫,从此,人类在强运算型的比赛中就无法战胜机器了。

2. 感知智能

感知智能即视觉、听觉、触觉等能力。人和动物都具备感知能力,能够驾驭感知与自然界进行交互。人工智能也是如此,在充分利用 DNN(deep neural network,深度神经网络)和大数据成果的基础上,通过激光雷达、微波雷达和红外雷达等手段可以进行主动感知。机器在感知智能方面已越来越接近于人类,如自动驾驶技术就是通过激光、雷达等感知设备和人工智能算法来实现感知智能的。

3. 认知智能

通俗地讲,认知智能就是"能理解,会思考"。人类有了语言,才产生概念,能够进行推理,所以概念、意识、观念等都是人类认知智能的表现。以人工智能技术为核心的产品也是基于这样的认知层次,具体如下。

- 第一层:处理信息输入和输出。在这一层次中,机器得到信息输入后,就可以准确地进行相应的输出。例如,人脸识别、图像识别等技术,只需输入正确的信息即可保证达到近乎完美的识别效果。在这一领域,机器将来可以完全替代人工。
- 第二层:基于知识进行思维判断。这一层次代表了目前人机耦合的协同工作状态,如智能在线机器人辅助人工客户服务。

- 第三层：从事富有创意和想象力的工作。目前，机器可以进行作图、作曲、作诗等具有创意性的工作，不过这些仅仅依靠编码生成的工艺，尚未达到真正的艺术水准。

人工智能未来可以从算法理论、基础数据集、计算平台与芯片定制、人机协同机制4个方面持续优化改进上述三个认知层次，具体如下。

(1) 算法理论。算法理论的优化发展从深度学习模型完善的角度看，主要是提升可靠性、可解释性等方面的研究，而零样本学习(Zero-Shot learning)、无监督学习、迁移学习等方面的研究会逐渐成为主流研究，这是发展深度学习算法所必须经历的，也是行业发展的必要条件。

(2) 基础数据集。基础数据集的发展应由政府牵头、行业龙头配合，搭建标准化训练数据集，逐步形成各行业应用领域内算法评价性能的事实标准，使服务行业领域人工智能技术快速落地。除此之外，还可以联合学术界与产业界，共同合作构建语音、图像、视频等通用数据集和各行业的专业数据集，以满足实施需求。实施需求包括企业能有序完成数据集的自建、清洗、规范、标注等工作，开发大量能提升效率的辅助智能化数据标注系统。

(3) 计算平台与芯片定制。人工智能企业内部数据信息和平台都有其特殊性，出于自身发展和数据安全性考虑，会自主研发构建计算框架与平台，定义领域专用智能芯片。从开源生态建设看，人工智能计算框架及相关技术尚未出现一家独大的格局，各领先企业自建深度学习计算平台，并大力构建对应的开源生态，这些对企业构建利益相关的商业闭环具有重大意义。

(4) 人机协同机制。当前，人工智能长期处于以计算机为中心的发展模式，而非以人为中心，在很多场景下，还出现了大量违背人类认知规律的情况。因此，需要构建将人类的认知模型有效注入计算机智能技术的方法，使其在推理决策方面符合人类世界认知规律，这种结合人机协同的机制将是未来人工智能系统的发展趋势，研究者们预测未来人工智能将进入人类意识系统开发的阶段，建构抽象是1956年达特茅斯会议中列出的人工智能关键能力之一，这项能力能够使机器形成类似于人类的概念化抽象能力。为了达成人类知识注入，让机器具备常识，包括很多在人类潜意识中的隐性知识，学术界、产业界共同追求建立FreeBase、WikiData等通用领域知识库和与专业领域相关的专用知识库，将人类基础认知与人工智能技术相结合，以期在预期时间内取得理想的成果，如果能达成，人工智能技术将实现真正的进步。

2.1.3　当前AI技术的算法突破及创始人传奇

2012年至今，人工智能技术发展迅速，排名前三的应用方向计算机视觉、语音、自然语言处理分别占据中国人工智能市场规模的34.9%、24.8%和21%。人工智能的发展需要高级数据分析、大数据应用等的发展，其中数据、算法、算力都是人工智能取得成就和突破的必备条件。现阶段人工智能技术发展主要是深度学习在各领域的应用。深度学习借助搭建多隐藏层神经网络模型，加之海量训练数据集，可以利用机器学习到隐层特征，在各类型的学习任务上取得最优算法性能。这种在海量数据集上进行有监督学习，并提取隐藏层特征的方法，能实现对特征端到端的高效学习，尤其适用于大规模标注数据集。

2019 年 3 月，美国计算机协会(ACM)宣布，人工智能科学家杰弗里·辛顿(Geoffrey Hinton，后称 Hinton)、杨立昆(Yann LeCun，后称 LeCun)和约书亚·本吉奥(Yoshua Bengio，后称 Bengio)被授予 2018 年的图灵奖(Turing Award)，借此来表彰他们为人工智能的繁荣发展所奠定的基础，这三人被称为人工智能领域的三大奠基人。

深度学习的鼻祖 Hinton 被称为"神经网络之父"，他始终坚持：机器可以像人类一样思考，依靠直觉而不是规则。在人工智能规则盛行的时代，他一直处于人工智能研究的边缘，主要研究使用神经网络进行机器学习、记忆、感知和符号处理，发表论文 200 多篇，将反向传播(back propagation，BP)算法应用到了神经网络和深度学习中，还提出分布式表示(distributed representation)、时延神经网络、专家混合系统、亥姆霍兹机等，联合发明了玻尔兹曼机(Boltzmann machine)。

Hinton 高中时期接触到 3D 全息图是大量地记录入射光被物体多次反射后得到的结果，将这些信息存储在海量数据库中。他预感到大脑的存储机制和全息图原理类似，海量的细胞由无尽的神经元图谱连接起来，信息在整个神经网络中传播，并沿着十多亿条路径传输。他早年进入克利夫顿学院，毕业后去剑桥大学国王学院攻读物理和化学。1973 年，他到爱丁堡大学攻读人工智能博士学位，他的导师支持人工智能的传统观点，而 Hinton 却坚持探索神经网络，他坚信大脑绝对不会以类似于某种规则编程的方式进行工作。获得博士学位后，他游历了美国多所大学，因不满人工智能为军方服务，在接受了加拿大高等研究院对其人工智能的研究资助后，于 1987 年他作为特聘教授来到多伦多大学。2012 年，他获得了加拿大的最高国家科学奖——基廉奖(Killam Prizes)。2013 年，谷歌收购了 Hinton 和他的两个学生创办的公司 DNN Research 后，他便加入了传奇人物杰夫·狄恩(Jeff Dean)带领的谷歌大脑(Google Brain)，并担任要职，将深度学习从边缘发展成为万众瞩目的核心技术。Hinton 相信人工智能能够在医疗或教育等领域给人类带来福音，现在他将一半工作时间安排给多伦多大学，另一半工作时间安排给谷歌大脑。他带过的学生分别在苹果(Apple)、脸书(Facebook)、谷歌(Google)等科技巨头公司里担任人工智能研发工作，推动了人工智能的快速发展。

Hinton 的学生 LeCun 提出的手写数字辨识模型 LeNet，证实了 Hinton 的想法是可行的，这也是 BP 算法的首次实践，还是计算机视觉中常见的卷积神经网络(convolutional neural networks，CNN)的原型。他 9 岁那年看了电影《2001 太空漫游》(*2001：A SPACE ODYSSEY*)，在电影中看到了"有智能"的机器，这在他心中埋下了好奇的种子。他的父亲是航空机械工程师，母亲是家庭主妇，从小他就和哥哥一起建造飞机模型和电子玩具。1983 年，LeCun 毕业于巴黎高等电子与电气工程师学校，获得电机工程专业工程师学位。在大学期间，LeCun 开始阅读可学习机器方面的大量文献，还尝试开发一些人工智能领域的简单项目。他在学习期间读到《语言与学习》(Language and Learning)和《感知器：计算几何学概论》(Perceptrons: an introduction to computational geometry)这两本书，前者提到的学习机器(learning machine)，让 LeCun 心驰神往，后者提出了"感知器"(perceptron)的概念，使他心中涌现出一股冲动，就是打造一台"可学习"的机器；受到这两本书的影响，他坚定了自己的兴趣和未来的研究方向。LeCun 除了想打造"可学习的机器"，也希望神经网络感知器的方法论能在人工智能领域内再掀波澜。1983 年，LeCun 在法国加入了研究 Automata(自动机)的研究团队，通过这个团队，他发现了全球性的研究社区。LeCun 读了约翰·霍普菲尔德(John Hopfield)写的关于 Hopfield 网络[①]的论文，还读了关于玻尔兹曼机的论文，期待与作者 Hinton 和特瑞·索诺斯基(Terry Sejnowski)见面。LeCun 在巴黎第六大学就读博士期间，提出了多层神经网络及反向传播学习算法的原型，突破了单层神经网络感知器的限制，1986 年，现代人工神经网络开始重见天日。1987 年，获得博士学位的 LeCun 离开法国去了加拿大，在 Hinton 的指导下开启多伦多大学的博士后研究生涯。同年，LeCun 在蒙特利尔的一场学术研究中听到一位年轻人不断提出聪明的问题。他好奇地结识了这位未来研究路上极为重要的伙伴——约书亚·本吉奥(Yoshua Bengio)。20 世纪 80 年代末，LeCun 和 Bengio 等人去了当时美国电信巨头 AT&T 公司所属的 AT&T 贝尔实验室。LeCun 及其工作伙伴很快将 BP 算法应用在 CNN 上。这种进阶版的人工神经网络，可以自动寻找数据中的模式和表征，后来应用在图像与文字的识别上。LeCun 用 CNN 网络快速且精准地识别出了手写的贝尔实验室的电话号码：201-949-4038。LeNet 后来成功商业化，被金融和邮政机构拿来读取信件或支票上的数字与条码，这不仅是 LeCun 在业界赚到的第一桶金，也证明了他当初与他的导师 Hinton 共同研究基于 BP 算法的 CNN 是正确的选择。可惜好景不长，资本和市场很快对 LeCun 失去了耐心，神经网络再次被打入冷宫，LeCun 在贝尔实验室的研发受限，大约有 6 年时间没有再碰神经网络。正如摩尔定律的预测，计算硬件设备的性能逐年递增，特别是图形处理单元(graphics processing unit，GPU)崭露头角，展现出取代 CPU 的巨大潜力。自此之后，神经网络凭借 GPU 的支持，逐步走出低谷。后来卷积神经网络(CNN)成为科学领域的研究热点之一。ImageNet 竞赛一晃十载，历年来霸榜的神经网络模型如 AlexNet、Inception、ResNet 等无一不是以 CNN 为基础架构，最近出现的 Transformer 模型在视觉模型上的成功应用可以说对 CNN 的垄断地位构成了威胁。2002 年 LeCun 来到了日本电气公司(Nippon Electric Company，NEC)的美国普林斯顿研究中心，后因为研究合作者的相继离开，转战来到了纽约大学。LeCun 等人在纽约大学成立了数据科学中心，并担任共同主任；2013 年，LeCun 获聘担任 Facebook 人工智能实验室的主任，他和他的团队为 Facebook 与 Instagram 的人脸识别与自动标注功能贡献了主要力量。此外，LeCun 还认为开放研究是人工智能发展的基石。现在，Facebook AI 背后的基础研究 FAIR

---

① Hopfield 网络是一种循环的神经网络，从输出到输入有反馈连接。

公开了绝大部分工作,开放了大部分代码、数据集和工具的资源,例如,经典机器学习框架 PyTorch,促使工业界和学术界的相互交流。LeCun 在产学合作制度基础上还主张研究成果的开放,他认为,要和大学实验室保持良好关系,为企业或机构输送各类人才,进行各种可能的研究,这就必须开放项目和研究成果。科研人员的地位主要在于学术影响,故公开发表自己的研究成果是非常重要的。2018 年,LeCun 与 Hinton、Bengio 三人共同获得了图灵奖(此为计算机科学界的诺贝尔奖)。

LeCun 表示,在人工智能的商业化方面,基础研究的影响需要比较长的时间才能体现。不能幻想种下一颗种子,马上就有了实体产品线,商业模式立刻就发生彻底改变,这是一种长期投资,需要有远见的人做支持。

2020 年,LeCun 主讲纽约大学"深度学习"课程,即使在疫情期间,LeCun 也坚持亲自在网上授课,他最想实现的成果,就是找到一个普遍适用的好方法来做自监督学习,而目前机器距离真正的"智能"还有很长一段路要走。

Bengio 是加拿大蒙特利尔大学计算机科学系的教授,他是仅存的几位仍然全身心投入学术界的深度学习教授之一,被认为是学术纯粹主义者。其主要研究贡献是对循环神经网络(recurrent neural networks,RNN)起到很大的推动作用,还包括细致讨论了经典的神经语言模型(neural language model,NLM)、RNN 出现的梯度消失(gradient vanishing)、产生词向量的相关模型 Word2Vec 的雏形,以及机器翻译。被誉为深度学习领域的权威教科书——《深度学习》(*Deep Learning*)一书就是他和谷歌的研究科学家伊恩·古德费洛(Ian Goodfellow)、蒙特利尔大学计算机科学系助理教授亚伦·库维尔(Aaron Courville)合著的。他开创了神经网络语言模型的先河,该模型的思路影响了之后的很多基于神经网络做自然语音处理的研究。

目前,深度学习已经逐步从实验阶段进入应用阶段,在各方面取得了令人瞩目的成就,例如,计算机视觉技术在智慧安防、人脸识别等领域的应用;自然语言处理技术在机器翻译、语音识别及自动问答等领域的应用。随着这股热潮的袭来,在中华人民共和国科学技术部、中国科学院控股有限公司、地方财政及经济和信息化委员会等机构的支持下,互联网巨头们也开始着手未来的战略布局,它们顺应潮流,选择投资的项目均为未来产业战略布局的上下游,这些获投项目推动了国家人工智能的落地。例如,阿里巴巴主要投资在安防和基础组件,获投的公司包括商汤科技、旷视科技和寒武纪科技等;腾讯主要投资在智慧健康、教育、智慧汽车等,获投的公司包括蔚来汽车、碳云智慧等;百度主要投资在汽车、零售和智慧家居等;京东主要投资在汽车、金融和智慧家居等;依托中国科学院体系的国科系则涉足芯片、医疗、教育等人工智能应用领域。

预计随着深度学习技术与各行业应用的不断深入结合发展,不久的将来,在教育、医疗健康、智能制造、无人驾驶等领域会有越来越多的人工智能应用落地,届时将呈现更为灿烂的人工智能世界。

深度学习要进行大面积深入推广,需以数据集建设作为基础,这已经成为研究者们的基本共识。早在 2010 年,斯坦福大学发布了一个包含 2 万多类别、超过 1400 万图像的图像标注数据集 ImageNet。ImageNet 数据集的发布标志着图像处理领域已经建成了大规模的基础数据集测量基准,此数据集逐渐成为业界图形图像相关算法性能的实际衡量标准。在 ImageNet 之后,有不少企业和大型研究机构也认识到大规模基础数据集对提升 AI 在领域内应用效果的价值,开始逐步建立属于自己的数据集,全球领先的人工智能公司都已构建了亿级人脸识别数据集,例如,商汤科技与 300 多家企业进行了合作,有 18 类、十几亿的各种图像和多媒体的数据;同时,还建立一些大型的用于新研究方向和课题的学术数据库,科大讯飞构建了大规模语音识别数据集,百度发布了多场景无人驾驶数据集等,这些都为行业 AI 应用奠定了很好的基础,极大推进了 AI 与行业的深度融合。

2.2 人工智能的研究流派与学习模式

2.2.1 人工智能的研究流派

众所周知,图灵对于人工智能的发展及影响至关重要,甚至可以说图灵定义了人工智能的学习模式及底层基础理论。其在 1950 年提出的图灵测试,至今仍然是各个企业对于人工智能技术及算法评估的核心原理。

随着人工智能的发展与研究,科学家们为了能够实现像人脑一样的人工智能计算,慢慢演化出了符号计算学派和神经学派两个流派。符号计算学派认为,所谓人工智能就是大量的计算,"万物皆可计算"是他们的信条,而被大家熟知的贝叶斯理论和专家模型也是该学派的研究成果。神经学派认为,要想让机器像人类一样思考,最重要的就是机器要有人一样的大脑,并且要像人类大脑一样运作。于是,他们开始研究人脑的结构,最终发明了类神经元结构的人工智能神经网络。无论是哪一个流派,在人工智能的发展历程中都做出了巨大的贡献。

2.2.2 人工智能的学习模式

作为人工智能训练师,我们的核心任务就是要教会计算机像人一样计算。所谓的人工智能机器学习可以类比我们人类的教学过程。

人工智能的学习模式可以简单分为:监督学习、半监督学习、无监督学习、强化学习和迁移学习。

1. 监督学习

监督学习,即通过已有的训练样本(已知数据及其对应的输出)对智能产品进行训练,从而得到一个最优模型,再利用这个模型将所有新的数据样本映射为相应的输出结果,对输出结果进行简单的判断,从而达到分类的目的,那么这个最优模型也就具有了对未知数据进行分类的能力。

用人类的学习方式进行类比，监督学习就像是老师给学生讲错题，每一道题老师都会告诉学生要选择什么答案，并且帮助学生一一订正。而在人工智能的模型中，则是人工智能训练师帮助机器人将错误的题目逐一改正，即进行人工标注，并且需要全量标注。

2. 半监督学习

半监督学习，是在监督学习的基础上，对部分数据进行调整和优化，并将部分数据调整优化的结果交给机器人，让它进行未教学数据的学习。

用人类的学习方式进行类比，半监督学习就像是老师给学生上课，讲解理论知识，再结合理论进行例题的讲解，下课后给学生们布置作业，以此来检验学习效果。

3. 无监督学习

无监督学习，即事先没有任何训练数据样本，需要直接对数据进行建模。

用人类的学习方式进行类比，无监督学习就像是学生上自习，老师在没有任何讲解的前提下直接给学生布置作业，让学生自己学习新的知识。

上述三种学习方式是人工智能学习的基础，在最初从0到1研究智能服务产品的时候，一般都是采用无监督学习方式直接让机器人通过对应的算法进行初步分析，先给机器人导入几百万条人工客户服务与客户的对话日志，在不经过人工干预的情况下，让机器人自发进行分析与研究。针对学习过程中的难点，由人工进行部分标注，再让机器人对已标注数据进行学习并扩展认知未标注数据。监督学习往往发生在智能服务产品已经成型的阶段，需要进行更加精细化的训练，如在线机器人的识别能力优化，就需要人工智能训练师将机器人上线应答过程中出现的问题进行标记，并提供正确答案。即针对扩展认知结果表现较差的部分问题，由人工进行全量标注。综上可以看出，人工智能的学习过程是监督、无监督、半监督共同作用的结果。

4. 强化学习

中国有句俗话："师傅领进门，修行在个人。"当学生接触一个老师也不懂的领域时，就需要引入强化学习的概念，即在没有任何标签的情况下，先尝试做出一些行为得到一个结果，通过这个结果是对还是错的反馈，调整之前的行为，在不断的调整中，机器通过算法能够学习到在什么情况下选择什么样的行为可以得到最好的结果。这个过程好比训练一只宠物犬，每当它把屋子弄乱，就进行惩罚，而表现不错时，就加倍奖励美味食物，那么小狗最终会学到一个知识，就是把房间弄乱是不好的行为。

无论是监督学习还是强化学习，都能让智能服务从输入到输出建立一个映射。监督式学习建立的是输入、输出之间的关系，告诉算法什么样的输入对应什么样的输出，而强化式学习得到的是反馈回报函数，可以用来判断下一个行为是好是坏。强化学习的结果反馈有延时，可能需要走很多步以后才知道之前的某一步选择是好是坏，而监督式学习中每一步选择都会立刻反馈给算法。监督式学习的输入是独立分布的，强化式学习面对的输入总是不断变化的,每当算法做出一个行为,就会影响下一次决策的输入。

5. 迁移学习

以上提及的学习模式通俗来说都是"种瓜得瓜,种豆得豆"的过程,但迁移学习则是举一反三。人工智能竞争,从算法模型的研发竞争,转向数据和数据质量的竞争,这些成功的模型和算法主要是由监督学习推动的,而监督学习对数据极度饥渴,需要海量的数据支撑来达到应用的精准要求。在一些智能服务产品当前未涉足的领域,如在线机器人在进行业务能力提升,判断是否需要让机器人具备自动转人工的能力时,由于人工智能训练师手上没有那么多的数据,但又希望训练出来的模型在最开始就具备一定的精准度,因此基于"小规模"数据的研究是人工智能学习模式的新热点。

迁移学习,是把已经训练好的模型参数迁移到新的模型来帮助新模型训练。考虑到大部分数据或任务存在相关性,所以通过迁移学习,可以将已经学到的模型参数通过某种方式分享给新模型,从而加快并优化模型的学习效率。迁移学习的基本动机是试图将从一个问题中获取的知识应用到另一个不同但是相关的问题中。例如,一个熟练应用C++语言编程的程序员能很快地学习和掌握Java语言。在某种程度上,迁移学习跟心理学上的"学习能力迁移"有一定的相似度。在人类进化中,迁移学习能力非常重要,比如人们在学会骑自行车后,再骑摩托车就很容易了。人们能把过去的知识和经验应用到不同的新场景中,从而发展出一种越来越强的适应能力。

迁移学习应用于在线机器人可以解决两个问题。第一,数据量不足的问题。虽然现在是数据大爆炸的时代,但在某些领域数据量还是比较少的,并且将大数据处理成为优质的可供机器训练用的数据还需要花费很多的人力投入,迁移学习通过类似知识的转移套用解决了数据不充足的问题。第二,个性化问题。每个人的兴趣喜好、行为习惯都不同,通过用户的已有数据可以分析该用户的画像。例如,为一个没有买书记录的人推荐书,可以通过迁移学习,根据他的兴趣爱好,结合其在其他领域的购物行为等给出个性化推荐。

2.3 人工智能技术概览

人工智能模型,又称算法模式,是解决每一个具体问题所采用的具体方法。例如,要想求解直角三角形三条边长的关系,有非常多的方法,但最为经典且高效的计算方法就是勾股定理。人工智能的基础要素为"算法、数据、算力",这就好比烹饪,数据就如同食材,是待加工的产品,天然气灶具等就如同算力,菜谱则是算法,根据算法的操作步骤,在灶具上加工处理输入的数据,并加入调料,最后输出上桌,供需要的人群使用。自然语言是人类区别于其他动物的根本标志,没有语言,人类的思维也就无从谈起,所以自然语言处理体现了人工智能的最高任务与境界。也就是说,只有当计算机具备了处理自然语言的能力，机器才算实现了真正的智能，故人工智能中最为经典的技术就是自然语言处理(natural language processing，NLP)。

2.3.1 自然语言处理的发展

自然语言处理技术可以说是在线机器人的核心灵魂，也被认为是认知智能的技术基石。简单地说，自然语言处理的过程主要是将人类交流沟通的语言经过处理转化为机器所能理解的语言，其中需要研究语言表达的模型和算法，因此它是一门包含着语言学、计算机科学和数学的交叉学科，作为人工智能技术的重要分支，在数据处理领域占据重要地位。

根据朱夫斯凯(Jurafsky)和马丁(Martin)对自然语言处理发展历史的划分，自然语言处理的发展主要可以分为 6 个阶段，分别是基础期、符号与随机方法期、4 种范式期、经验主义和有限状态期、大融合期和机器学习兴起期。

1. 基础期

自然语言处理的历史可以追溯到图灵机的发明，图灵将数学的逻辑符号和实体世界建立了关联，奠定了现代计算机科学发展的基础，自然语言处理就是计算机科学其中的一个子领域。

20 世纪四五十年代，自然语言处理处于基础期，图灵机的计算算法模型催生了其他计算模型的产生，如 McCulloch-Pitts 人工神经元模型，该神经元对人类神经元的工作原理进行建模，具备多输入，当组合输入超过阈值后产生输出。在计算模型之后，史蒂芬·科尔·克莱尼(Stephone Cole Kleene)提出了有限自动机和正则表达式，推动了计算语言学和理论计算机科学的发展。

香农(Shannon)在有限自动机中引入概率，使得计算模型在语言模糊表达方面变得更加强大，马尔可夫模型在自然语言处理的下一阶段中发挥了重要作用。他还提出了噪声通道模型，基于该模型，可使用概率方法得到输入和可能词之间的最佳配对，这对语言处理中概率算法的发展产生了重大影响。

麻省理工学院的语言学教授诺姆·乔姆斯基(Noam Chomsky)革新了语言的概念，使用有限自动机描述形式语法，按照生成语言的语法定义了语言，即语言可被看作一组字符串，每个字符串又是由有限自动机产生的符号序列，这些工作最终形成了计算语言学。

香农和乔姆斯基并肩作战，推动了自然语言处理基础期的形成发展。

2. 符号与随机方法期

符号与随机方法期是在 1957 年至 1970 年，该阶段从符号和随机这两个不同角度来考虑自然语言处理，符号方法注重语言结构及对输入的解析，而随机方法关注使用概率来表示语言中的模糊性。研究者们发展了解析算法，泽里格·哈里斯(Zelig Harris)推动了解析系统的早期代表——转换和话语分析项目(transformations and discourse analysis project，TDAP)。后来的解析算法使用动态规划来求取最佳可能结果。布莱索(Bledsoe)和布朗尼(Browning)建立了文本识别雏形系统，该系统给定一部字典，通过将字母序列里每个字母的似然值进行相乘，可计算得到字母序列的似然值。

自然语言处理研发耗资巨大，在1966年，美国国家研究委员会(NRC)和自动语言处理咨询委员会(ALPAC)停止了对自然语言处理和机器翻译相关项目的资金支持，自然语言处理发展陷入停滞期。

3. 4 种范式期

4 种范式期阶段是在 1970 年到 1983 年。4 种范式主要是指随机方法、符号方法、基于逻辑的系统和话语建模范式。

随机方法应用在语音识别和解码的噪声通道模型中，马尔可夫模型被修改为隐马尔可夫模型(HMM)，以改进模糊性和不确定性的表达。其中贝尔实验、IBM 的托马斯·J. 华生实验室、华盛顿研究中心、普林斯顿大学国防分析研究所都发挥了重要作用。在这个阶段中，随机方法也开始逐步占据主要地位。

符号方法在这一时期的主要贡献是注重使用基本推理和逻辑，使得系统通过语言来"理解"问题，这样自然语言处理就成为能让系统通过识别输入问题来进行文本回答的应用部分。

基于逻辑的系统使用形式逻辑方式来表示语言处理中的计算问题。这一阶段诞生了维诺格拉德(Winograd)的 SHRDLU 系统，该系统可以让机器人响应用户命令来选择适合的积木块移动到目标位置，该系统的命令解析已不仅仅关注语法，还关注意义和话语层面，从而保证更好地理解命令。耶鲁大学的罗杰·尚克(Roger Schank)及其同事利用脚本和框架来组织系统中的可用信息，从而建立了有关意义的概念知识。回答月亮岩石问题的 LUNAR 使用谓词逻辑为语义表达式，将自然语言理解与逻辑方法相结合。这些系统通过语义知识，将符号方法的能力从语法规则提升到语义理解。

话语建模范式由格罗兹(Grosz)提出，重点研究话语和话语焦点的子结构；西德纳(Sidner)提出了首语重复法；在该领域里还有一些其他研究者也做了很多贡献，推动了这一范式的发展。

4. 经验主义和有限状态期

经验主义和有限状态模型期是在 20 世纪 80 年代到 90 年代初期，有限状态模型等符号方法在早期流行后再次复苏并继续发展。卡普兰(Kaplan)和凯依(Kay)在有限状态语音学和词法学方面和丘奇(Church)在有限状态语法模型的研究都有了突破进展，从而带来了符号方法的复兴。这一时期称为"经验主义的回归"，IBM 的托马斯·J. 华生(Thomas J. Watson)研究中心在语音和语言处理中采用与数据驱动方法结合的概率模型，重点研究词性标注、解析、附加模糊度、语义学等，经验方法为模型评估开发了量化指标，使得研究进展可以和先前的研究成果进行性能对比。

5. 大融合期

大融合发生在 20 世纪 90 年代中后期，在这一时期，计算机速度和内存快速增长，Web 兴起并快速发展，前者的增长可以推动各种语音和语言处理子领域在商业中的应用，而后者的发展则提出了基于语言的检索和信息抽取的发展需求。早期的自然语言处理研究中，研究的主流融合了语言学和统计学，大多数自然语言处理系统使用复杂的"手写"逻辑规则，但随着时代的发展，技术不断革新，机器性能快速增长，早期机器翻译的研究思路被推翻，统计学取而代之，概率和数据驱动方法的融合成为自然语言处理的标准。

6. 机器学习兴起期

机器学习的兴起发生在 21 世纪初，在语言数据联盟(LDC)等组织牵头下，Penn Treebank 等语料集合标注了具有句法和语义信息的可用的书面和口头材料，这样的资源为自然语言处理系统的开发提供了训练集合，有力支持了自然语言处理的发展，监督机器学习逐渐成为解决语义分析等传统问题的主力军。

随着高性能计算机系统的加速发展，语音和语言处理在商业领域也高歌猛进，Web 的快速发展积累了海量数据，信息检索和抽取成为 Web 应用的关键点，开发可靠、已标注的语料库成为制约监督学习的瓶颈，于是研究者们将研究转向半监督和无监督学习，这些机器学习研究成果有效应用到了机器翻译。

经过长期发展，自然语言处理已被定义为人工智能的子领域。除了机器翻译外，自然语言处理还包括语音识别、网络搜索、自动问答等多个主题。而机器学习中神经网络方法的研究深入，催生了深度学习，它已成为自然语言处理领域最新进展背后的驱动力。当前，理解和使用自然语言仍是人工智能面临的最困难的挑战之一。

2.3.2 自然语言处理的重要应用场景

自然语言处理是人工智能领域中的重要方向之一，它主要研究人与计算机之间用自然语言进行有效交流的各种理论和方法，也就是让计算机能理解人类说的话，然后按照人类话语中的指令去执行。自然语言处理中相对容易的工作包括拼写检查、关键词提取搜索、同义词查找和替换等；再难一点的研究内容包括从各类文档中抽取有用的信息，如价格、日期、地址、人名或公司名等；难度大的研究包括机器翻译、情感分析、共指消解和自动问答等。NLP 的难点就在于情境多样，自然语言充满歧义性。例如，"进口汽车"可以理解为从国外进口了一批汽车，也可以理解为从国外进口的汽车；"做手术的是她的爸爸"可以理解为她爸爸生病了需要做手术，也可以理解为她爸爸帮别人做手术。NLP 涉及与语言处理相关的数据挖掘、机器学习、知识获取、知识工程、人工智能研究和与语言计算相关的语言学研究等。这两年深度学习的快速发展，在 NLP 的一些重要应用领域上有显著的效果,如自动语音识别、问答系统和机器翻译等应用领域。

在中文领域,同样一个单词甚至同样一句话,基于不同的理解也会表示多种可能的语义,如果不能解决好各级语言单位的歧义问题,我们就无法正确理解语言要表达的意思。想要解决这个问题,消除歧义是关键。但由于语言处理的复杂性,合适的语言处理方法和模型难以设计,在试图理解一句话的时候,即使不存在歧义,我们也往往需要考虑上下文的影响。所谓的"上下文"指的是一句话当前所处的语言环境,如客户表示"你家的奶茶水太多了""你们的衣服不是纯棉的",结合语境和上下文都是客户在表达商品质量不行的意图。因此,如何考虑上下文的影响将是自然语言处理中的主要困难之一。

目前,在线机器人主要通过规则和数据两种思路进行自然语言处理。基于规则的思路认为,人类语言主要是由语言规则产生和描述的,因此只要能够用适当的形式将人类语言规则表示出来,就能够理解人类语言,并实现语言之间的翻译等各种自然语言处理任务。但规则的处理方式受限于扩展,只要新的场景中与规则稍有偏离便无法处理。而基于数据的思路则认为,可以从语言数据中获取语言统计知识,有效建立语言的统计模型。因此,只要有足够多的用于统计的语言数据,就能够理解人类语言,其只受制于数据的数量大小和质量高低。目前的在线机器人大多通过规则和数据结合,发挥各自优势、相互补充以达到识别客户意图的目的。

2.3.3 机器学习与深度学习

在解决了输入的问题后,紧接着就需要解决计算的问题。即在线机器人正确识别了客户的问题之后,需要在茫茫的知识库中找到最正确的答案。这一过程往往也与输入、识别紧密相连,其中最经典的就是机器学习与深度学习。

1. 机器学习

用专业术语来说,计算机用来学习的、反复看的图片叫作"训练数据集"。在训练数据集中,一类数据区别于另一类数据的不同属性或特质,称为"特征";计算机在"大脑"中总结规律的过程,称为"建模";计算机在"大脑"中总结出的规律,就是我们常说的"模型";而计算机通过反复看图,总结出规律,然后学会认字的过程,就叫作"机器学习"。

如果以教导小朋友识字为例,我们告诉小朋友"一""二""三"这三个字,一笔写成的字是"一",两笔写成的字是"二",三笔写成的字是"三"。这个规律非常简单,但是应用于其他字的学习可能就不是那么管用。"口"也是三笔,可它却不是"三",那么我们会在原有规则的基础上补充,"口"也是三笔,可它却不是"三"。在扩展的时候,我们发现"田"也是个方框,可它不是"口",这个时候我们需要再进行规则的补充,方框里有个"十"的是"田","田"上面出头是"由",下面出头是"甲",上下都出头是"申"。随着规则的补充,小朋友就能在特征的指引下慢慢总结规律,学会很多汉字。

这些规则应用到在线机器人的学习过程中，可以成为一棵"决策树"，即不断给在线机器人建立新的规则，通过规则的补充，让在线机器人能够识别到的内容越来越丰富，计算的精度也越来越高。

在机器学习 70 余年的发展中，主要有两种不同的做法：一种是注重探索人类学习机制的传统机器学习研究，另一种是注重从海量数据中挖掘出隐藏的有效信息并加以利用。深度学习是从人脑多层结构、神经元的连接交互来逐层分析的处理机制中获取启发，在近段时间有了突破性进展，成为后起之秀。

2. 深度学习

随着云计算和大数据时代的来临，计算机的计算能力已今非昔比，计算能力的提高可缓解训练的低效性，面对海量的训练数据，可以降低模型过拟合的问题，硬件的革新让深度学习(deep learning)备受瞩目。

从根本上来说，深度学习也是机器学习的一种，典型的深度学习模型是对神经网络模型的再扩充，即神经网络增加了隐藏层的数量，虽然单隐层的多层前馈网络有较好的学习能力，但从增加复杂度的角度看，随着隐藏层的增加，相应的神经元连接权、阈值等参数也会随之增加，模型复杂度可通过增加隐藏层数量来提升。类似于小朋友通过识字卡片学习认字。认字时，小朋友的大脑在接受了许多遍相似图像的刺激后，为每个汉字总结出了规律，下次再看到符合这种规律的图案就知道这个字念什么。教计算机认字也是同样的道理，计算机也要先把每一个字的图案反复看很多遍，然后在计算机的"大脑"(处理器和存储器)里总结出一个规律，以后再看到类似的图案，只要符合之前总结的规律，计算机就能知道这些图案到底是什么字。

3. 深度学习与机器学习的关联与差异

机器学习更多是基于规则进行，当需要识别的字越来越多，范围也越来越广时，其不够精准的弊端也就显露出来了。而深度学习则是让机器人在大规模的学习过程中不断尝试和寻找，自己总结规律，直至找到符合真实世界的特征。

从数学本质上说，深度学习与机器学习没有实质的差别，但深度学习的学习能力却远远高于机器学习。简单地说，深度学习就是把计算机要学习的东西看成是一大堆数据，把这些数据丢进一个复杂的、包含多个层级的数据处理网络(深度神经网络)，然后检查经过处理得到的结果数据是不是符合要求——如果符合，就保留这个网络作为目标模型；如果不符合，就一次次地、锲而不舍地调整网络的参数设置，直到输出满足要求为止。

有一种经典的说法：假设机器学习要处理的数据是信息的"水流"，那么深度学习就是一个由管道和阀门组成的巨大的水管网络。网络的入口是若干管道开口，网络的出口也是若干管道开口。这个水管网络有许多层，每一层有许多个可以控制水流流向与流量的调节阀。根据不同任务的需要，水管网络的层数、每层的调节阀数量可以有不同的变化组合。对复杂任务来说，调节阀的总数可以成千上万，甚至更多。水管网络中，每一层的每个调节阀都通过水管与下一层的所有调节阀连接起来，组成一个从前到后逐层完全连通的水流系统(不同的深度学习模型，在"水管"的安装和连接方式上是有差别的)。同样，在汉字的识别过程中，深度学习模式下，机器人看到"田"字，就将组成元素全都变成信息的"水流"，从入口灌进水管网络。我们预先在水管网络的每个出口都插一块字牌，对应每一个想让机器人认识的汉字。这时，因为输入的是"田"字，等水流流过整个水管网络，计算机就会跑到管道出口位置去看一看，是不是标记有"田"字的管道出口流出来的水最多。如果是这样，就说明这个管道网络符合要求。如果不是，就给计算机下达命令：调节水管网络里的每一个流量调节阀，让"田"字出口"流出"的"水流"最多。对于其他字的识别也同样是这个逻辑，直到机器人具备识别和计算所有字的能力。

由此可见，多隐藏层网络训练主要通过无监督逐层训练(unsupervised layer-wise training)，它的做法是每次训练一层隐节点，一般是将上一层隐节点的输出作为这一层的输入，而这一层隐节点的输出作为下一层隐节点的输入，这样的过程称为预训练(pre-training)；在预训练完成后，再对整个网络进行微调(fine-tuning)。这种"预训练+微调"的方式可以将大量参数分组，每组先找到局部较好的结果，然后基于这些局部较好的结果联合起来进行全局寻优。这样的做法能够节省不少训练开销，同时很好地利用了模型大量参数的自由度。

2.3.4 评价算法模型的好坏

机器学习主要通过计算手段，转化人类经验来改善计算机系统处理问题的能力。在计算机的世界中，前文所说的规则是以海量数据的形式储存在生活中，机器需要从数据中挖掘出它能理解的模式来进行计算，找出解决问题的规律和法则。从数据里挖掘出蕴含的内在规律的算法，就是研究者们通常所说的"学习算法"(learning algorithm)。机器如果有了学习算法，就可以在数据中总结"经验"，从数据中总结出算法模型后，在面对生活中的新问题时就可以做出相应的判断，当然这个判断不一定是百分之百成功，哪怕是人利用经验来判断也不能保证这一点。

算法模型就是为了解决具体问题而采用的具体办法。每个办法都是存在即合理，正如无论是勾股定理还是余弦定理，甚至使用直尺直接测量边长，我们都不能简单地说这个方法好或者不好，而应结合每种方法耗用的时间、计算步骤的多少、计算结果的精准度等综合评价。类比智能服务产品的场景更是如此，我们不能单纯评判深度学习和知识图谱技术哪个更好，两种技术都能够解决特定场景下提高客户意图识别，从而推送更加精准答案的问题，但是二者的技术原理不同，应用场景不同，训练运营方法规则也都不同。站在人工智能训练师的角度如何才能以业务视角为基本出发点，结合技术原理精准判断智能服务产品算法模型的好坏呢？下面推荐一种常用的思路与测算评价指标。

- 准确率(accuracy)，是指对于给定的测试数据集，分类器正确分类的样本数与总样本数之比。
- 精确率(precision)，是指正确分类的数量占实际被分类的数量之比。
- 召回率(recall)，是指正确被分类的数量占应该被分类的数量之比。
- F1-Measure 可综合评价精确率和召回率，也可看作模型精确率和召回率的一种加权平均，它的最大值是 1，最小值是 0。

案例：邮箱中垃圾邮件分类场景

运用不同的分类模型对邮箱中的所有邮件进行分类，有 A、B 两种分类模型和分类方法。

分类模型 A：根据邮件标题中的垃圾邮件关键词(如营销、购物等)进行分类。

分类模型 B：运用统计学计算方式(如贝叶斯)进行垃圾邮件概率计算并分类。

现在将 100 封垃圾邮件导入两种分类模型中，每种模型得出的垃圾邮件数量是不同的，想要测算出上述 4 个评价指标，人工智能训练师首先需要定义分类可能出现的情况。

- 真阳性(true positive，TP)：预测为正，实际也为正。实际为正常邮件，算法模型分类为正常邮件。
- 假阳性(false positive，FP)：预测为正，实际为负。实际为垃圾邮件，算法模型分类为正常邮件。
- 假阴性：(false negative，FN)：预测为负，实际为正。实际为正常邮件，算法模型分类为垃圾邮件。
- 真阴性(true negative，TN)：预测为负，实际也为负。实际为垃圾邮件，算法模型分类为垃圾邮件。

根据评价指标和上述分类情况，各指标计算公式为

$$准确率(accuracy) = (TP+TN)/总样本$$
$$精确率(precision) = TP/(TP+FP)$$
$$召回率(recall) = TP/(TP+FN)$$
$$F1 = 2 \times 精确率 \times 召回率 / (精确率 + 召回率)$$

现在，人工智能训练师们需要对两种分类模型得出的具体分类结果以真实场景下的业务视角进行人工二次标注核对，如分类方法 A 中得出结果为 40 封垃圾邮件，60 封正常邮件。人工智能训练师二次核对后得出以下结果。

在模型分类结果的 40 封垃圾邮件中：
- 30 封邮件是正确分类的垃圾邮件，即模型分类正确，TN=30；
- 10 封邮件是错误分类的正常邮件，即模型分类错误，FN=10。

在模型分类结果的 60 封正常邮件中：
- 40 封邮件是正确分类的正常邮件，即 TP=40；
- 20 封邮件是错误分类的垃圾邮件，即 FP=20。

为了更加方便理解，人工智能训练师可以参考表 2-1 进行理解。

表 2-1　邮件分类结果

	分类：正常邮件	分类：垃圾邮件
实际：正常邮件	TP	FN
实际：垃圾邮件	FP	TN

根据上述公式能得出关于垃圾邮件分类方法 A 的各个评价指标的测算结果：

准确率(accuracy) = (TP+TN)/总样本=(40+30)/100=0.7

精确率(precision) = TP/(TP+FP)=40/(40+20)=0.67

召回率(recall) = TP/(TP+FN)=40/(40+10)=0.8

F1=2×精确率×召回率/(精确率+召回率)=2×0.67×0.8/(0.67+0.8)=0.73

以同样方法计算出算法模型 B 各个评价指标的测算结果，并将二者进行对比后即可得出聚焦于该场景下哪种算法模型的适应性更佳。

对于人工智能训练师来说，学会测算算法模型的评价指标并清楚每个指标的实际含义只是第一步，因为大多时候算法工程师都会直接给出计算结果，人工智能训练师更多需要学会如何从业务和场景角度去定义模型的调整方向。

2.4　在线机器人关键技术

在介绍了智能服务底层技术的相关知识后，接下来我们结合智能在线机器人发展的几大阶段，分别叙述各个阶段的核心功能及主要技术。

2.4.1　关键词机器人

众所周知，在线服务机器人最早就是关键词机器人。这类机器人目前最常见的应用就是微信公众号上的关键词回复，即客户发送一个问题，机器人在知识库进行检索，推送对应的答案。例如：

关键词——我要退货

答案——退货的流程

系统要求客户发送的问题必须与知识库中预设的关键词完全一致，否则就无法检索到正确的答案。如果客户只说"退货"，机器人就无法识别客户的问题。

2.4.2　语义识别机器人

由于使用关键词机器人必须严格要求客户的关键词指令正确，因此实际应用效果反倒不如帮助中心。机器人页面给客户的感觉始终是对话状态，而对话状态实质上是一个问答的过程。客户在与在线机器人交互的时候是一个问答发散的状态，他们会将问题按照自己的语言习惯进行描述，而帮助中心提供的是选择题的交互方式，提前将客户的思维意图收拢到预先设置的答案策略中。因此，很多使用关键词技术的在线机器人必须要做"正确实例"和"用户引导"，即告诉用户如何与机器人进行交流，让用户按照机器人设定的逻辑进行交互。这一训练技巧也可以运用到其他智能服务产品上。

既然客户与机器人的交流是个问题解答的过程，识别客户语义就是解答的前提。在语义识别阶段，在线机器人正式走上了正轨。为便于理解语义识别，下面用客户退货的场景举例：

客户提出"我想要退货怎么办？"这时机器人识别出客户的真正意图是"如何办理退货"。然后，语义识别机器人便采用关键核心技术进行操作。

2.4.3 意图识别机器人

我们经常会发现客户的问题往往不是一句话能够表达清楚的，尤其是在任务型对话的过程中。回到人工对话场景来看，如客户说："我要开发票。"人工客户服务会问："请问您是哪个订单？开个人抬头还是企业抬头？"等，这个时候如果还是按照客户单句话的语义去识别，机器人就会不知所措。因此，机器人必须具备能够结合上下文识别客户意图的能力。

意图识别机器人的核心技术是深度学习，即让计算机学习样本数据的内在规律和表示层次。对于人工智能训练师来说，这个阶段最大的工作量就是训练数据的标注。

2.5 中文 NLP 的基本操作

自然语言处理(natural language processing, NLP)是人工智能领域中的重要方向之一，它主要研究人与计算机之间用自然语言进行有效交流的各种理论和方法，也就是让计算机能理解人类说的话，然后按照人类话语中的指令去执行。

自然语言处理中相对容易的工作包括拼写检查、关键词提取搜索、同义词查找和替换等，再难一点的研究内容包括从各类文档中抽取有用的信息，例如，价格、日期、地址、人名或公司名等，难度大的研究包括机器翻译、情感分析、共指消解和自动问答等，NLP 的难点就在于情境多样，自然语言充满歧义性。随着深度学习的快速发展，在 NLP 的一些重要应用领域上有显著的效果，例如在自动语音识别、问答系统和机器翻译等应用领域。

目前，对人类处理自然语言的假设是我们已拥有记载着整个人类文明的知识库，可以用很少的话语表达很多信息，这种信息的压缩率是目前的机器无法完成的。自然语言处理过程还没有很好的理论指导，但我们可以通过一些技术来帮助机器理解自然语言。

2.5.1 正则表达式

正则表达式是专门设计好用来检索、匹配符合某种规则的形式语言语法，许多程序语言都支持使用正则表达式来进行字符串操作。它由字符(如"A-Z")及被称为"元字符"的特殊字符(如^)组成的特定表达模式。正则表达式的组成可以是单个字符、字符集合、字符范围、字符间的选择或以上这些组成元素的任意组合，可以用多种元字符与运算符将小的表达式组合起来，构成更大的表达式。利用正则表达式的模式进行描述，可以在搜索文本时匹配一个或多个字符串，在这个搜索过程中，正则表达式被当作匹配字符串的工具，利用这个工具可以找出所有符合要求的字符串。

例如，正则表达式"[A-Za-z0-9]"，中括号表达式主要用来匹配字符，方括号里的"A-Z"可以匹配大写字母 A 到 Z，"a-z"表示小写字母 a 到 z，"0-9"表示数字 0 到 9，所以该表达式可以匹配任何大写字母，或者小写字母，或者数字。

2.5.2 中文分词

分词就是将连续的字序列按照一定的规范重新组合成词序列的过程。分词实际上是自然语言的处理范畴，主要包括理解法和统计法两种。

理解法是通过让计算机模拟人对句子的理解进而达到识别词的效果。其基本思想就是在分词的同时进行句法、语义分析，利用句法信息和语义信息来消除歧义。理解法需要使用大量的语言知识和信息。

而统计法的分词原理是：从形式上看，词是稳定的字的组合，在上下文中，相邻的字同时出现的次数越多，就越有可能构成一个词。因此，字与字相邻共现的频率或概率能够较好地反映成词的可信度。系统可以对语料中相邻共现的各个字的组合频度进行统计，计算它们的互现信息。互现信息体现了汉字之间结合关系的紧密程度。当紧密程度高于某一个阈值时，便可认为此字组可能构成了一个词。这种方法只需对语料中的字组频度进行统计，不需要切分词典，因而又叫作无词典分词法或统计取词方法。但这种方法也有一定的局限性，会经常抽出一些贡献频度高但并不是词的常用字组，例如，"这一""之一""有的""我的""许多的"等，并且对常用词的识别精度差，时空开销[①]大。实际应用的统计分词系统都要使用一部基本的分词词典(常用词词典)进行串匹配分词，同时使用统计方法识别一些新词，即将串频统计和串匹配结合起来，既发挥匹配分词切分速度快、效率高的特点，又利用了无词典分词结合上下文识别生词、自动消除歧义的优点。

在分词过程中还有一个关键技术不得不提，那就是命名实体技术，即以人名、机构名、地名及其他所有以名称为标识的技术。命名实体技术主要基于规则、词典和统计方法来识别一些特定的词语，以确保在线机器人在识别语义过程中的准确率。例如，我们常见的一些不雅词、敏感词都是通过命名实体技术来识别的。

---

① 时空开销：指时间和空间两个维度算法的复杂度。

中文分词有现成的工具，而 jieba 分词是国内使用人数最多的中文分词工具。jieba 分词支持三种模式。

(1) 精确模式：试图将句子最精确地切开，适合文本分析。

(2) 全模式：把句子中所有的可以成词的词语都扫描出来，速度非常快，但是不能解决歧义。

(3) 搜索引擎模式：在精确模式的基础上，对长词再次切分，提高召回率，适合用于搜索引擎分词。

jieba 分词工具的使用示例如下。

```
import jieba

#全模式
test1 = jieba.cut("杭州西湖风景很好，是旅游胜地！", cut_all=True)
print("全模式: " + "| ".join(test1))

#精确模式
test2 = jieba.cut("杭州西湖风景很好，是旅游胜地！", cut_all=False)
print("精确模式: " + "| ".join(test2))

#搜索引擎模式
test3= jieba.cut_for_search("杭州西湖风景很好，是旅游胜地，每年吸引大量前来游玩的游客！")
print("搜索引擎模式: " + "| ".join(test3))
```

输出结果如下。

全模式：

杭州|西湖|风景|很|好|||是|旅游|旅游胜地|胜地|！

精确模式：

杭州|西湖|风景|很|好|，|是|旅游胜地|！

搜索引擎模式：

杭州|西湖|风景|很|好|，|是|旅游|胜地|，|旅游胜地|，|每年|吸引|大量|前来|游玩|的|游客|！

2.5.3 词性标注

词性是词在上下文中所属的属性，比如形容词、名词、连词、副词、方位词和叹词等。词类为语言学术语，是某种自然语言中词的语法分类，它以句法功能、形态变化等语法特征为主要依据，并兼顾词汇意义对词进行划分的结果。从组合和聚合关系来看，在某个自然语言中，词类是众多具有相同句法功能、能在同样的组合位置中出现的词，聚合在一起形成的范畴。词类划分具有层次性，比如在汉语中，词可以分成实词和虚词两种，实词中又包括体词、谓词等，体词中又可以分出名词和代词等。

词性标注(Part-Of-Speech tagging，POS tagging)是指将语料库内单词的词性按照其具体含义和上下文的相关内容进行标记的文本数据处理技术,这是自然语言处理中一项非常重要的基础性工作。将语料库中的单词按词性分类,一个词的词性由其所属语言的含义、形态和语法功能决定。以汉语为例,汉语的词类系统有 18 个子类,包括 7 类体词,4 类谓词、5 类虚词、1 类代词和 1 类感叹词。对于客户问题的主谓宾划分就是词性标注的一种。词频计算是一种统计方法,用来计算字或词对于一个问题或者文档的重要程度,实质是统计词语对于整个信息语义的贡献程度。

词袋模型是一种基于词频对文档进行特征提取的方法。词袋将句子看作词的集合,对文档中出现的所有词进行词频统计,用词频向量来表示。

词性标注可以由特定算法或者人工来完成,关于词性标注的算法比较多,目前有基于规则的词性标注方法、基于统计模型的词性标注方法和基于深度学习的词性标注方法等。

1. 基于规则的词性标注方法

基于规则的词性标注方法是提出较早的一种词性标注方法,其基本思想是按兼类词搭配关系和上下文语境构建词类消歧规则。早期的词性标注规则一般由人工构建。但是随着标注语料库规模扩大,可利用的资源也变得越来越多,如果还是用人工标注的方法,工作量巨大,不可能完成,因此提出了基于机器学习的规则自动提取的方法。

2. 基于统计模型的词性标注方法

基于统计模型的词性标注方法是将词性标注看作一个序列标注问题,该方法通过给定的带有各自标注的词序列,预测下一个词所属最可能的词性。常见的做法是隐马尔可夫模型(HMM)、条件随机域(CRF)等统计模型使用有标记数据的大型语料库进行训练,此处有标记的数据是指每一个词都分配了正确的词性标注的文本。

3. 基于深度学习的词性标注方法

基于深度学习的词性标注方法是将词性标注当作序列标注的任务来做。现阶段深度学习解决序列标注的常用方法有 LSTM+CRF、BiLSTM+CRF 等,相关的算法已经达到了人工标注的水准。

以下是以 jieba 工具为例进行的词性标注。

```
import jieba.posseg as pseg
words =pseg.cut("我爱北京天安门")
for w in words:
 print (w.word,w.flag)
```

输出结果如下。

```
我 r
爱 v
北京 ns
天安门 ns
```

2.5.4 问答相似度计算

问答相似度计算实质是文本相似度分析技术。文本相似度分析技术是自然语言处理中非常重要的技术，它的任务是指给定两段不同文本，通过某个语言模型判断出这两段文本的相似匹配程度。文本相似度识别模型可以从海量文本中计算出与检索语句最相似的部分，帮助用户找到最需要的信息。

对于客户来说，智能在线机器人的问答貌似是根据输入的问题在 n 个候选答案中选取一个最佳的答案，而实际上是在已有的问题中选取一个语义最相似的问题，并将该问题的答案作为最终的答案返回。问题相似度有一个最低限值，例如 70%，如果在线机器人检索到所有的问题相似度都低于 70%，这个时候机器人就会发送预设的兜底答案。

计算问答相似度时，需要将客户问句中的多个特征进行组合，分析问句中的词频、词性，并考虑句子的结构和相同词语的数量等因素对于相似度的影响。在语义方面，还要建立同义词词库来解决词语的同义替换。最终将客户问题 Q1 与知识库预设标准问法 Q2~Q10 中的每一个问题进行相似度比较，当相似度阈值达到预设上线的时候，选择 Q2~Q10 中相似度最高的问题输出，同时输出该问题下面的预设答案。所以，文本相似度分析技术的研究具有重要的理论价值，并且可以广泛地应用于生活中。

传统的文本相似度分析算法通常为无监督算法，即通过计算文本中字词的相似度代表文本的相似度，其中最有代表性的方法有基于模式匹配的方法和基于语料库的方法。基于模式匹配的方法是将两段文本看作两个字符串，将字符串的相似度作为最终的结果。这种方法虽然在一定程度上解决了文本对比问题，但并没有考虑字词间的前后顺序问题，更没有对文本上下文进行分析。基于语料库的文本相似度识别方法是用于识别两段文本在语义表达上是否相近的度量方法。基于语料库的文本相似度分析模型一般分为特征提取和构造分类器两个阶段，其中典型的模型有运用 Wikipedia(维基百科)网站中的文本数据建模的 Explicit Semantic Analysis(ESA)语言模型、运用于谷歌搜索引擎的 Normalized Google Distance(NGD)语言模型等。

随着深度学习算法的兴起，越来越多的研究者使用深度学习算法来进行文本语义相似度分析，文本匹配模型 Deep Structured Semantic Model(DSSM)是其中的典型代表。DSSM 模型可以分为三层结构：输入层使用 word-hashing 方法将向量空间进行压缩，提高模型计算的性能；表示层使用的是词袋的方式，即将所有词语无顺序地存放到一个词袋中，但是这样无法学习文本的上下文信息，后来便出现了 LSTM-DSSM、CNN-DSSM 等改进模型；匹配层则是使用某种相似度算法得出最终结果，如余弦相似度、曼哈顿距离等。除了经典的 DSSM 模型，还有许多针对不同任务所提出的表现优秀的模型，如 DRCNN 模型、ESIM 模型、BiMPM 模型等。

以下给出一段 SparseMatrixSimilarity(稀疏矩阵相似度)的实现代码如下。

```python
# -*- coding: utf-8 -*-
import jieba
from gensim import corpora, models, similarities
from collections import defaultdict
work_dir = "D:workspace/PythonSdy/data"
f1 = work_dir + "/t1.txt"
f2 = work_dir + "/t2.txt"
c1 = open(f1, encoding=utf-8).read()
c2 = open(f2, encoding=utf-8).read()
data1 = jieba.cut(c1)
data2 = jieba.cut(c2)

data11 = ""
for i in data1:
    data11 += i + " "
data21 = ""
# 获取分词内容
for i in data2:
    data21 += i + " "

doc1 = [data11, data21]
# print(doc1)

t1 = [[word for word in doc.split()]
      for doc in doc1]
# print(t1)


# # frequence 频率
freq = defaultdict(int)
for i in t1:
    for j in i:
        freq[j] += 1
# print(freq)

# 限制词频
t2 = [[token for token in k if freq[j] >= 3]
      for k in t1]
print(t2)

# corpora 语料库建立字典
dic1 = corpora.Dictionary(t2)
dic1.save(work_dir + "/yuliaoku.txt")

# 对比文件
f3 = work_dir + "/t3.txt"
c3 = open(f3, encoding=utf-8).read()
# jieba 进行分词
```

```
data3 = jieba.cut(c3)
data31 = ""
for i in data3:
    data31 += i + " "
new_doc = data31
print(new_doc)

# doc2bow 把文件变成一个稀疏向量
new_vec = dic1.doc2bow(new_doc.split())
# 对字典进行 doc2bow 处理,得到新语料库
new_corpor = [dic1.doc2bow(t3) for t3 in t2]
tfidf = models.TfidfModel(new_corpor)

# 特征数
featurenum = len(dic1.token2id.keys())

# similarities 相似之处
# SparseMatrixSimilarity 稀疏矩阵相似度
id = similarities.SparseMatrixSimilarity(tfidf[new_corpor], num_features=featurenum)
sims = idx[tfidf[new_vec]]
print(sims)
```

2.5.5 关键词抽取

关键词抽取是将有用的信息从文本等信息中抽取出来,也是文本检索、文档比较、摘要生成等文本挖掘研究的基础性工作。从算法的角度来看,关键词提取算法主要有两类:无监督关键词抽取方法和有监督关键词抽取方法。

1. 无监督关键词抽取方法

不需要人工标注的语料,利用某些方法发现文本中比较重要的词作为关键词,进行关键词提取。该方法是先抽取候选词,然后对各个候选词进行打分,然后输出 top k 个分值最高的候选词作为关键词。根据打分的策略不同,有不同的算法,如 TF-IDF、TextRank、LDA 等算法。

2. 有监督关键词抽取方法

将关键词抽取过程视为二分类问题,先抽取候选词,然后对每个候选词划定是否为关键词的标签,再训练关键词抽取分类器。

接下来我们以基于 sklearn 的卡方检验为例,来看一下抽取关键词的实现代码:

```
from sklearn.feature_selection import SelectKBest
from sklearn.feature_selection import chi2
```

```
# 训练集和训练标签
x_train = [[1, 2, 3, 4, 5],
           [5, 4, 3, 2, 1],
           [3, 3, 3, 3, 3],
           [1, 1, 1, 1, 1]]
y_train = [0, 1, 0, 1]
# 测试集和测试标签
x_test = [[2, 2, 2, 2, 2], [2, 1, 1, 2, 1]]
y_test = [1, 1]

# 卡方检验选择特征
chi2_model = SelectKBest(chi2, k=3)  # 选择 k 个最佳特征
# 该函数选择训练集里的 k 个特征,并将训练集转化所选特征
x_train_chi2 = chi2_model.fit_transform(x_train, y_train)
# 将测试集转化为所选特征
x_test_chi2 = chi2_model.transform(x_test)

print('各个特征的得分: ', chi2_model.scores_)
print('各个特征的 p 值: ', chi2_model.pvalues_) #p 值越小,置信度越高,得分越高
print('所选特征的索引: ', chi2_model.get_support(True))
print('特征提取转换后的训练集和测试集.')
print('x_train_chi2:', x_train_chi2)
print('x_test_chi2:', x_test_chi2)
```

2.6 中文 NLP 处理的重要模型

2.6.1 感知机模型

感知机(perceptron)也可以被称为感知器,就职于 Cornell 航空实验室(Cornell Aeronautical Laboratory)的弗兰克·罗森布拉特(Frank Rosenblatt)在 1957 年发明的一种人工神经网络。我们可将它视作一种形式最简单的前馈式人工神经网络,是一种二元线性分类模型。这里我们以 sigmoid 函数来讲解感知机模型。

感知机的输入为实例的特征向量,输出为实例的类别,取值为 1 和 0。感知机需要求出输入空间中将实例划分为两类的分离超平面,可利用梯度下降法对损失函数进行极小化,求出将训练数据进行线性划分的分离超平面,从而求得感知机模型。

感知机是结构简单的模型,可以这样理解,比如在一个平台上有很多的小朋友,在二维空间中,感知机模型就是尝试找到一条直线,这条直线可以把所有小朋友按照男孩和女孩隔离开;如果在三维空间或者更高维度的空间中,感知机模型就是尝试找到一个超平面,这个超平面能把所有的个体按照二元类别隔离开。当然,也存在诸如找不到这么一条分离直线的情况。如果找不到,那就意味着类别是线性不可分的,换句话说,使

用的数据集不适合使用感知机模型。使用感知机模型的最大前提是数据必须线性可分。

用数学的语言来说，如果有 m 个样本，每个样本对应于 n 维特征和一个二元类别输出，如下：

$$(x_1^{(0)}), (x_2^{(0)}), ..., (x_n^{(0)}), y_0$$
$$(x_1^{(1)}), (x_2^{(1)}), ..., (x_n^{(1)}), y_1$$
$$......$$
$$(x_1^{(m)}), (x_2^{(m)}), ..., (x_n^{(m)}), y_n$$

我们的目标是找到这样一个超平面，即

$$\theta_0+\theta_1 x_1+...+\theta_n x_n=0.5$$

让其中一类别的样本都满足 $\theta_0+\theta_1 x_1+...+\theta_n x_n>0.5$，另一类满足 $\theta_0+\theta_1 x_1+...+\theta_n x_n<0.5$。

假设输入空间(特征向量)是 $x\in R^n$，输出空间是 $Y\in(0,1)$，输入 $x\in X$ 表示实例的特征向量，对应于输入空间的点，输入 $y\in Y$ 表示实例的类别，则由输入空间到输出空间的表达式为

$$f(x)=\text{sigmoid}(w\times x+b)$$

上面的函数称为感知机模型，其中 w 与 b 称为模型的参数，$w\in R^n$ 称为权值，b 称为偏置，$w\times x$ 称为 w 与 x 的内积。

这里的表达式为

$$\text{sigmoid}(x)=\begin{cases}1, & x>0.5\\ 0, & x<0.5\end{cases}$$

在之前的定义中，我们了解到感知机的任务是解决二分类问题，以及其用于分离的超平面，接下来要解决如何学习超平面的参数 w 与 b，这就需要用到我们的学习策略。

机器学习模型需要找到损失函数，然后转化为最优化问题，用梯度下降等方法进行更新，最终学习到模型的参数 w，b。因此，应先找到感知机的损失函数。我们会先想到用误分类点的数目来表示损失函数，但我们无法使用函数形式来表达出误分类点的个数，并且这样的损失函数不可导，无法进行更新，所以我们使用另外一种方法，即求误分类点到超平面的距离，通过损失函数优化目标来使误分类的所有样本到超平面的距离之和最小。

假设直线方程为 $A_x+B_y+C=0$，点 P 的坐标为 (x_0, y_0)。点到直线的距离公式为

$$d=\frac{A_{x_0}+B_{y_0}+C}{\sqrt{A^2+B^2}}$$

我们假设超平面是 $h=w\times x+b$，样本点 (x_i, y_i) 到超平面的距离为

$$d=\frac{w\times x_i+b}{\|w\|}$$

这里的 $\|w\|$ 是 w 的 L_2 范数。

对于误分类的数据(x_i, y_i)来说，表达式为

$$-y_i(w \times x_i + b) > 0$$

因此，误分类点x_i到超平面 S 的距离为

$$-\frac{1}{\|w\|} y_i(w \times x_i + b)$$

不考虑$\frac{1}{\|w\|}$，就得到感知机的损失函数为

$$L(w,b) = -\sum_{x_i \in M} y_i(w \times x_i + b)$$

这个损失函数就是感知机学习的经验风险函数。有了损失函数，我们就可以定义感知机的学习策略，具体步骤如下。

(1) 任取一个超平面(w_0, b_0)。

(2) 在训练集中选取数据(x_i, y_i)，采用梯度下降法不断地极小化目标函数。

(3) 对于所有y_i为 1 的样本，如果$y_i(w \times x_i + b) < 0$，说明是误分类点，需要更新参数。参数更新方式为

$$w \leftarrow w + \eta y_i x_i$$
$$b \leftarrow b + \eta y_i$$

(4) 参数更新完毕后，转到上述第(2)步，继续进行重复操作，直到训练集中没有误分类点，则模型训练完毕。

感知机算法的 Python 实现代码如下。

```python
def learn(X, label):
    sess = tf.Session()

    A = tf.Variable(tf.random_normal(shape=[3, 1]))
    x_data = tf.placeholder(shape=[1, 3], dtype=tf.float32)
    label_data = tf.placeholder(shape=[1, 1], dtype=tf.float32)

    loss = tf.reduce_mean(tf.matmul(tf.matmul(x_data, A), label_data))
    my_opt = tf.train.GradientDescentOptimizer(learning_rate=0.01)
    train_step = my_opt.minimize(loss)

    init = tf.global_variables_initializer()
    sess.run(init)
    steps = 3000
    for i in range(steps):
        flag = True
        idx = 0
        # 找一个错误分类样本
        for j in range(len(X)):
            t = sess.run(loss, feed_dict={x_data: [X[j]], label_data:
```

```
[[label[j]]]})
                if t > 0:
                    idx = j
                    flag = False
                    break
        if flag:
            print('all classed correctly!')
            break
        else:
            if (i + 1) % 10 == 0:
                print('loss:', sess.run(loss, feed_dict={x_data: [X[idx]],
label_data: [[label[idx]]]}))
            sess.run(train_step, feed_dict={x_data: [X[idx]], label_data:
[[label[idx]]]})

    A_ = sess.run(A)
    plot_data(X, label, -A_[0, 0] / A_[1, 0], - A_[2, 0] / A_[1, 0])
    print('a_ = ', -A_[0, 0] / A_[1, 0], ' b_ = ', - A_[2, 0] / A_[1, 0])
```

2.6.2 概率模型

概率模型(probabilistic model)是机器学习算法中的大家族，概率模型将学习任务归结于计算变量的概率分布。概率模型的作用：

(1) 对不确定性进行建模；
(2) 分析变量之间的依赖关系；
(3) 实现因果推理；
(4) 能够生成随机样本数据。

概率模型先假定模型<X, Y>具有某种确定的概率分布形式，再基于训练样本对概率分布的参数进行估计。这实质就是计算出在特征 X 出现的情况下标记 Y 出现的后验概率 $P(Y|X)$，之后 $P(Y|X)$ 最大的类别就是最终预测的类别，公式为

$$Y = \arg\max_{Y \in \{-1, 1\}} P(Y|X)$$

计算 $P(Y, X)$ 有两种方式，一是直接对 $P(Y, X)$ 建模；二是对联合概率分布 $P(X, Y)$ 进行建模，公式为

$$P(Y|X) = \frac{P(X, Y)}{P(X)}$$

对比一下就会发现，这种方法与生成模型一样，都是学习联合概率分布 $P(X, Y)$。

一般情况下，$P(X, Y)$ 无法直接获得，会通过贝叶斯公式将其拆解为类先验概率 $P(Y)$ 和类条件概率 $P(X|Y)$ 来计算，公式为

$$P(Y|X) = \frac{P(X,Y)P(Y)}{P(X)}$$

常见的概率模型包括逻辑回归模型、朴素贝叶斯模型等。

1. 逻辑回归模型

逻辑回归(Logistic Regression，LR)又称逻辑回归分析，是一种广义的线性回归分析模型，用于处理因变量为分类变量的回归问题，常见的是二分类或二项分布问题，也可以处理多分类问题，它实际上是属于一种分类方法。通常面对分类问题的做法是，建立代价函数，通过优化方法迭代求解出最优的模型参数，然后测试验证这个求解的模型的好坏。LR 常用于数据挖掘，例如探讨引发疾病的危险因素，并根据这些危险因素预测疾病发生的概率等。以胃癌病情分析为例，选择两组人群，一组是胃癌组，一组是非胃癌组，两组人群具有不同的体征与生活方式等。因此，因变量就为是否胃癌，值为"是"或"否"，自变量可以包括如年龄、性别、饮食习惯、幽门螺杆菌感染等。自变量既可以是连续的，也可以是离散的，然后通过逻辑回归分析，得到自变量的权重，从而大致了解到底哪些因素是胃癌的危险因素，并据此预测一个人患癌的可能性。

逻辑回归模型在 sklearn.linear_model 子类下，调用 sklearn 逻辑回归算法的步骤比较简单，具体如下。

(1) 导入模型，调用逻辑回归 Logistic Regression()函数。
(2) fit()训练，调用 fit(x, y)的方法来训练模型，其中 x 为数据的属性，y 为所属类型。
(3) predict()预测，利用训练得到的模型对数据集进行预测，返回预测结果。

Python 实现代码如下。

```
from sklearn.linear_model import LogisticRegression  #导入逻辑回归模型
clf = LogisticRegression()
print clf
clf.fit(train_feature,label)
predict['label'] = clf.predict(predict_feature)
```

输出结果如下。

```
LogisticRegression(C=1.0,class_weight=None,dual=False,
    fit_intercept=True,intercept_scaling=1, max_iter=100,
multi_class='ovr', n_jobs=1,penalty='l2', random_state=None,
solver='liblinear', tol=0.0001,verbose=0, warm_start=False)
```

2. 朴素贝叶斯模型

贝叶斯方法是以贝叶斯原理为基础，使用概率统计的知识对样本数据集进行分类。由于其有着坚实的数学基础，贝叶斯分类算法的误判率是很低的。贝叶斯方法的特点是结合先验概率和后验概率，既避免只使用先验概率的主观偏见，又避免单独使用样本信息的过拟合现象。贝叶斯分类算法在数据集较大的情况下表现出较高的准确率，并且算法比较简单。

朴素贝叶斯算法(Naive Bayesian Algorithm，NBA)是目前应用最为广泛的分类算法之一。朴素贝叶斯算法是在贝叶斯算法的基础上进行了相应的简化，即假定给定目标值时属性之间相互条件独立。也就是说，没有哪个属性变量对于决策结果占有较大的比重，也没有哪个属性变量对于决策结果占有较小的比重。虽然这个简化方式在一定程度上降低了贝叶斯分类算法的分类效果，但是在实际的应用场景中，极大地降低了贝叶斯算法的复杂度。

朴素贝叶斯分类(Naive Bayes Classifier，NBC)是以贝叶斯定理为基础并且假设特征条件之间相互独立的方法，先通过已给定的训练集，以特征词之间独立作为前提假设，学习从输入到输出的联合概率分布，再基于学习到的模型，输入 X 求出使后验概率最大的输出 Y。

设有样本数据集 D={$d_1, d_2, ..., d_n$}，对应样本数据的特征属性集为 X={$x_1, x_2, ..., x_d$} 类变量为 Y={$y_1, y_2, ..., y_m$}，D 可以分为 y_m 类别。其中 $x_1, x_2, ..., x_d$ 相互独立且随机，则 Y 的先验概率 $P_{prior}=P(Y)$，Y 的后验概率 $P_{post}=P(X|Y)$。由朴素贝叶斯算法可得，后验概率可以由先验概率 $P_{prior}=P(Y)$、证据 $P(X)$ 及类条件概率 $P(X|Y)$ 计算得出：

$$P(X|Y) = \frac{P(Y)P(X|Y)}{P(X)}$$

朴素贝叶斯基于各特征之间相互独立，在给定类别 y 的情况下，上式可以进一步表示为

$$P(X|Y=y) = \prod_{i=1}^{d} P(x_i|Y=y)$$

由以上两式可以计算出后概率为

$$P_{post} = P(X|Y) = \frac{P(Y)\prod_{i=1}^{d} P(x_i|Y)}{P(X)}$$

由于 $P(X)$ 的大小是固定不变的，因此在比较后概率时，只比较上式的分子部分即可。因此，可以得到一个样本数据属于类别 y_i 的朴素贝叶斯计算公式为

$$P(y_i|x_1, x_2, ..., x_d) = \frac{P(y_i)\prod_{j=1}^{d} P(x_j|y_i)}{\prod_{j=1}^{d} P(x_j)}$$

朴素贝叶斯的 Python 实现代码如下。

```
# 朴素贝叶斯训练过程
    def nb_fit(self, X, y):
        classes = y[y.columns[0]].unique()
        class_count = y[y.columns[0]].value_counts()
```

```
# 类先验概率
class_prior = class_count / len(y)
# 计算类条件概率
prior = dict()
for col in X.columns:
    for j in classes:
        p_x_y = X[(y == j).values][col].value_counts()
        for i in p_x_y.index:
            prior[(col, i, j)] = p_x_y[i] / class_count[j]

return classes, class_prior, prior

# 预测新的实例
def predict(self, X_test):
    res = []
    for c in classes:
        p_y = class_prior[c]
        p_x_y = 1
        for i in X_test.items():
            p_x_y *= prior[tuple(list(i) + [c])]
        res.append(p_y * p_x_y)
    return classes[np.argmax(res)]
```

2.6.3 多层感知机模型

多层感知机(Multi-Layer Perceptron，MLP)含有至少一个隐藏层的由全连接层组成的神经网络，其每个隐藏层的输出通过激活函数进行变换。多层感知机的层数和各隐藏单元格数都是超参数，包含单个输入层、输出层及隐藏层的多层感知机神经网络，如图 2-1 所示。

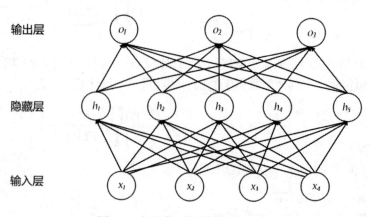

图 2-1　多层感知机神经网络

假设有 m 个样本，n 个特征，则输入为 $X \in R^{m \times n}$，若多层感知机只有一个隐藏层，

且隐藏层有 h 个神经元,则隐藏层的权重及偏差可用 $W_h \in R^{n \times h}$、$b_h \in R^{1 \times h}$ 表示。设最终输出的分类标签值共有 q 个,则输出层的权重及偏差参数分别为 $W_0 \in R^{h \times q}$、$b_h \in R^{1 \times q}$。隐藏层与输出层的输出可用以下公式(1)与公式(2)计算。

$$H = XW_h + b_h \qquad 式(1)$$

$$O = HW_0 + b_0 \qquad 式(2)$$

将两式联立起来,可以得到

$$O = (XW_h + b_h)W_0 + b_0 \qquad 式(3)$$

从公式(1)(2)(3)中可以看出,后一层的输入就是前一层的输出,上述公式仅仅是对数据进行了线性变换,为了使用神经网络来解决一个非线性问题,还要引入激活函数对每一层(输入层除外)进行非线性变换,使得神经网络可以任意逼近任何非线性函数。此过程用到的激活函数需具备以下几点性质。

(1) 连续并可导的非线性函数。可导的激活函数可以直接利用数值优化的方法来学习网络参数(允许少数点上不可导)。

(2) 激活函数及其导函数要尽可能简单,有利于提高网络计算效率。

(3) 激活函数的导函数的值域要在一个合适的区间内,不能太大也不能太小,否则会影响训练的效率和稳定性。

目前,常见的激活函数有 sigmoid 函数、tanh 函数及 ReLU 函数。

1. sigmoid 函数

sigmoid 函数的公式为

$$\mathrm{sigmoid}(x) = \frac{1}{1 + e^{-x}}$$

sigmoid 函数图,如图 2-2 所示。

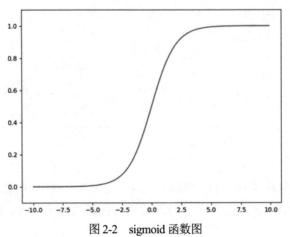

图 2-2　sigmoid 函数图

sigmoid 函数可有效地将实数域的线性问题映射为[0,1]区间的类别概率问题,从而实现分类，其 Python 实现代码如下。

```python
import numpy as np
import matplotlib.pyplot as plt

def sigmoid(x):
    return 1.0 / (1.0 + np.exp(-x))

def plot_sigmoid():
    x = np.arange(-10, 10, 0.1)
y = sigmoid(x)

    ylim = (-0.1, 1.1)
    plt.plot(x, y)
    plt.ylim(ylim)    # y轴范围
plt.show()

plot_sigmoid()
```

2. tanh 函数

tanh 函数的公式为

$$\tanh(x) = \frac{e^x - e^{-x}}{e^x + e^{-x}}$$

tanh 函数图，如图 2-3 所示。

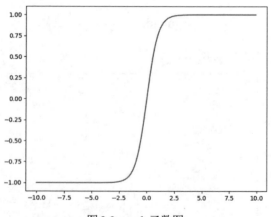

图 2-3　tanh 函数图

tanh 函数的取值范围为[-1,1]，单调连续，一般用于隐藏层和二分类的输出层，相较于 sigmoid 函数，tanh 函数由于在 0 附近的线性区域内斜率更大，因此，其收敛速度更快。

Python 代码实现如下。

```
def tanh(x):
    return (np.exp(x) - np.exp(-x)) / (np.exp(x) + np.exp(-x))

def plot_tanh():
    x = np.arange(-10, 10, 0.1)
    y = tanh(x)
    plt.plot(x, y)
plt.show()

plot_tanh()
```

3. ReLU 函数

ReLU 函数的公式为

$$\text{ReLU}(x) = \begin{cases} 0 & x < 0 \\ x & x \geq 0 \end{cases}$$

ReLU 函数是一种分段线性函数，其函数值大于等于 0，相较于前面所讲的 sigmoid 函数和 tanh 函数，ReLU 函数的计算速度更快，且克服了梯度消失问题。ReLU 函数图，如图 2-4 所示。

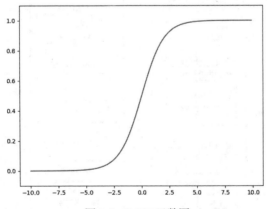

图 2-4　ReLU 函数图

Python 代码实现如下。

```
def relu(x):
return np.maximum(0, x)

def plot_relu():
    x = np.arange(-10, 10, 0.1)
    y = relu(x)
    plt.plot(x, y)
plt.show()
plot_relu()
```

2.6.4 Transformer 模型

1. Transformer 模型概述

Transformer 模型是 Google 团队在 2017 年 6 月提出的自然语言处理(NLP)中的经典之作,由 Ashish Vaswani 等人在 2017 年发表的 *Attention is All You Need*(《注意力是你所需要的全部》)论文中提出。Transformer 模型不同于以往的深度学习任务里使用到的卷积神经网络,采用的是编码器和解码器的结构,并结合 Attention(注意力)机制达到一个较好的效果,模型可以高效地进行并行化。"编码器[①]—解码器[②]" Transformer 模型架构如图 2-5 所示,左半部分是编码器结构,右半部分是解码器结构,旨在解决序列到序列的任务,同时轻松处理长距离依赖关系。在不使用序列对齐的 RNN 情况下计算输入和输出表示,它完全依赖于自注意力。目前比较热门的 BERT 模型就是基于 Transformer 模型来构建的,该模型广泛用于处理机器翻译、文本摘要、问答系统等问题。

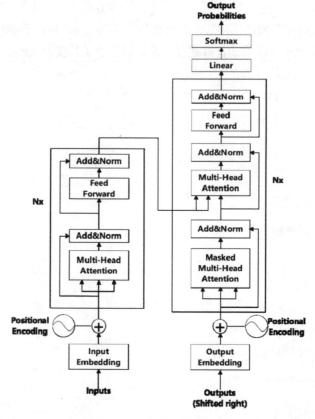

图 2-5　Transformer 模型架构

[①] 编码器:负责逐步执行输入时间步长,并将整个序列编码成一个固定长度的向量,称为上下文向量。

[②] 解码器:负责在读取从上下文向量时逐步执行输出时间步长。

2. Transformer 模型的编码器

在编码器部分，输入数据通过 Embedding 后，要和位置编码(Positional Encoding)进行相加操作，之后经过一个多头注意力机制(Multi-Head Attention)，再经过一个前向传播(Feed Forward)，每个子层之间都有残差连接和层标准化操作，模型每层的功能如下。

(1) Input Embedding 层：将输入的数据通过嵌入算法转换成词向量，之后将这些输入嵌入传入并进行位置编码。

(2) Positional Encoding 层：Transformer 模型的架构不包含任何递归或卷积，因此没有词序的概念。Positional Encoding 是一种考虑输入序列中单词顺序的方法，位置编码被添加到模型中，可以帮助关注句子中单词的相对或绝对位置的信息。位置编码与输入嵌入具有相同的维数，因此可以将二者相加。

(3) Multi-Head Attention 层：Transformer 模型使用多个注意力头，而不是单一的注意力函数，即由实际的单词本身来控制注意力，这不仅是初始化一组 Q、K、V 的矩阵，而是初始化多组，Transformer 模型使用了 8 组，所以最后得到的结果是 8 个矩阵。每个注意头都有一个不同的线性变换应用于相同的输入表示，多头注意力允许模型在不同的位置关注来自不同表示子空间的信息。

(4) Add & Norm 层(残差连接层)：允许梯度通过网络而不通过非线性激活函数做残差连接。残差连接有助于避免消失或爆炸的梯度问题。为了使剩余的连接起作用，模型中每个子层的输出应该是相同的。Transformer 模型中所有的子层产生维度为 512 的输出。

(5) Feed Forward 层：该层包含的是两个线性变换的全连接层，并且每层后面接上一个 ReLU 激活函数。

(6) 层标准化：对每个特征的输入进行层标准化，并且与其他样本无关。在层标准化中，针对单一的训练样本，计算所有层神经元的累加输入的平均值和方差。

3. Transformer 模型的解码器

在解码器部分，其中的一些结构和编码器部分大同小异，不过在最下面额外多了一个 Masked Multi-Head Attention，其中使用到的 Mask 也是 Transformer 模型中的一个关键技术。Mask 表示掩码，它对某些值进行掩盖，使其在参数更新时不产生效果，Transformer 模型里面涉及两种 Mask，分别是 Padding Mask 和 Sequence Mask。其中，Padding Mask 在所有的 Scaled Dot-Product Attention 中都需要用到，而 Sequence Mask 只在解码器的自注意中用到。

(1) Padding Mask：因为每个批次输入序列长度是不一样的，所以我们要对输入序列进行对齐。具体来说，就是给较短的序列后面填充 0。但是如果输入的序列太长，则截取左边的内容，把多余的直接舍弃，这些填充的位置没什么意义，故注意力机制不需要把注意力放在这些位置上，可提前进行一些处理，把这些位置的值加上一个非常大的负数(负无穷)，这样经过 softmax，这些位置的概率就会接近 0。而 Padding Mask 实际上是一个张量，每个值都是一个 Boolean 类型的，接下来我们需要处理值为 false 的地方。

(2) Sequence Mask：Sequence Mask 是为了阻止解码器看到未来的信息。也就是说对于一个序列，在时间为 t 时刻的时候，解码输出应该只能依赖于 t 时刻之前的输出，而不能依赖 t 时刻之后的输出。因此，需要把 t 时刻之后的信息隐藏起来。一般会产生一个下三角矩阵，把这个矩阵作用在每一个序列上，就可以达到上述目的。

对于解码器中的自注意里面使用到的 Scaled Dot-Product Attention，应同时将 Padding Mask 和 Sequence Mask 作为 attn_mask，实现方法是两个 Mask 相加作为 attn_mask。在其他情况下，attn_mask 一律等于 Padding Mask。

4. 编码器和解码器堆栈的工作机制

编码器和解码器堆栈的工作机制，如图 2-6 所示。
- 输入序列的词嵌入被传递到第一个编码器。
- 然后将其转换并传播到下一个编码器。
- 编码器堆栈中最后一个编码器的输出被传递到解码器堆栈中的所有解码器。

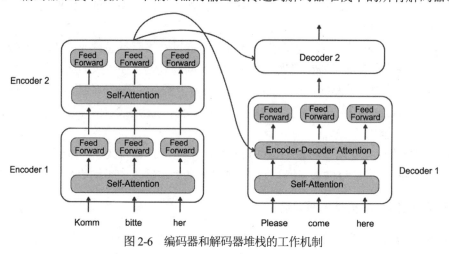

图 2-6　编码器和解码器堆栈的工作机制

5. Transformer 模型的核心技术

Transformer 中最核心的技术内容来自注意力机制(Attention)。Transformer Architecture 中的 Attention 及其工作原理具体如下。

(1) 第一种是 Encoder 和 Decoder Attention 层。对于这种类型的层，查询取自解码器之前的层，键和值取自编码器输出。这使得解码器的每个位置都可以关注输入序列中的每个位置。

(2) 第二种是 Encoder 中包含的 Self-Attention 层。该层从编码器之前的层的输出接收键、值和查询输入。编码器上的任何位置都可以从编码器前面的层上的任何位置接收注意力值。

(3) 第三种是 Decoder 中包含的 Self-Attention 层。这类似于编码器自注意力，其中所有查询、键和值都从上一层检索。自感知解码器可以在该位置之前的任何位置使用。使用(-Inf)屏蔽未来位置。这称为掩蔽自注意力。

(4) 解码器的输出最终通过全连接层及 Softmax 层，为输出序列的下一个单词生成预测。

编码器的 Python 代码实现如下。

```python
class EncoderLayer(tf.keras.layers.Layer):
    def __init__(self, d_model, num_heads, dff, rate=0.1):
        super(EncoderLayer, self).__init__()
        self.mha = MultiHeadAttention(d_model, num_heads)
        self.ffn = point_wise_feed_forward_network(d_model, dff)
        self.layernorm1 = tf.keras.layers.LayerNormalization(epsilon=1e-6)
        self.layernorm2 = tf.keras.layers.LayerNormalization(epsilon=1e-6)
        self.dropout1 = tf.keras.layers.Dropout(rate)
        self.dropout2 = tf.keras.layers.Dropout(rate)

    def call(self, x, training, mask):
        attn_output, _ = self.mha(x, x, x, mask)
        attn_output = self.dropout1(attn_output, training=training)
        out1 = self.layernorm1(x + attn_output)
        ffn_output = self.ffn(out1)
        ffn_output = self.dropout2(ffn_output, training=training)
        out2 = self.layernorm2(out1 + ffn_output)

        return out2
```

解码器的 Python 代码实现如下。

```python
class DecoderLayer(tf.keras.layers.Layer):
    def __init__(self, d_model, num_heads, dff, rate=0.1):
        super(DecoderLayer, self).__init__()
        self.mha1 = MultiHeadAttention(d_model, num_heads)
        self.mha2 = MultiHeadAttention(d_model, num_heads)
        self.ffn = point_wise_feed_forward_network(d_model, dff)
        self.layernorm1=tf.keras.layers.LayerNormalization(epsilon=1e-6)
        self.layernorm2 = tf.keras.layers.LayerNormalization(epsilon=1e-6)
        self.layernorm3 = tf.keras.layers.LayerNormalization(epsilon=1e-6)
        self.dropout1 = tf.keras.layers.Dropout(rate)
        self.dropout2 = tf.keras.layers.Dropout(rate)
        self.dropout3 = tf.keras.layers.Dropout(rate)

    def call(self, x, enc_output, training, look_ahead_mask, padding_mask):
        attn1, attn_weights_block1 = self.mha1(x, x, x, look_ahead_mask)
        attn1 = self.dropout1(attn1, training=training)
        out1 = self.layernorm1(attn1 + x)
        attn2, attn_weights_block2 = self.mha2(enc_output, enc_output, out1, padding_mask)
        attn2 = self.dropout2(attn2, training=training)
```

```
        out2 = self.layernorm2(attn2 + out1)
        ffn_output = self.ffn(out2)
        ffn_output = self.dropout3(ffn_output, training=training)
        out3 = self.layernorm3(ffn_output + out2)

        return out3, attn_weights_block1, attn_weights_block2
```

6. Transformer 模型的优点

与 RNN 相比，Transformer 架构基于自注意力机制，其编码器和解码器可以处理多个序列位置，更高效地处理长序列。它具有难以置信的并行性并且易于计算。

Transformer 并非在所有应用中都优于传统的 RNN，RNN 在某些情况下仍然胜出，但在那些它可以与传统 RNN 匹敌或击败的应用中，它的计算成本更低。

Transformer 模型的优点：
- 可以理解彼此相距很远的顺序元素之间的关系；
- 文本表达更准确；
- 对序列中的所有元素给予同等的关注；
- 在更短的时间内处理和训练更多的数据；
- 几乎可以处理任何类型的顺序数据；
- 有助于异常检测。

由上述技术部分内容可见，Transformer 模型是一种新型的"编码器－解码器"模型，它使用自我注意来理解语音序列。其允许并行处理，并且比具有相同性能的任何其他模型快得多。这使其为现代语言模型(如 BERT 和 GPT)及最近的生成模型铺平了道路。

7. ChatGPT 与 Transformer 模型

人类有史以来最快完成一亿级别用户的应用就在最近诞生了，那就是 ChatGPT，仅仅用了两个月的时间(注：上一个这类杀手级的应用是"抖音"及其国际版"TikTok")，ChatGPT 诞生于 2022 年 11 月 30 日，但媒体把 2023 年视为 ChatGPT 元年，2023 年人们将不得不面对 ChatGPT 所带来的变革。

1) ChatGPT 的相关概念

从最直观的使用感受来看，ChatGPT 能够智能生成文本，比如文章、散文、笑话、诗歌、求职简历，甚至活动方案、论文、代码，你只要向它提出要求，它几乎都能给出一份满意的答卷。

ChatGPT 是由 OpenAI 公司开发的一种大型语言模型，其具有高度的自然语言处理能力(如类人对话、文字总结、文本任务完成等)。ChatGPT 的目的是提供人类般的自然语言回答，并在接收到输入后，生成相应的文本输出。它是通过预训练大量的文本数据，学习语法和语义，来实现对自然语言问题的回答。ChatGPT 可用于多种应用，如问答系统、对话机器人、文本生成等。它的语言生成能力和准确性得到了广泛的认可，并成为自然语言处理领域中的重要参考。

2) ChatGPT 的由来

ChatGPT 由 OpenAI 公司开发实现。该企业为非营利性研究机构，旨在帮助人类更好地理解和控制人工智能。OpenAI 的目标是开发机器学习技术，以帮助人类更好地理解和控制机器学习系统，从而改善人类生活。OpenAI 的研究项目涉及计算机视觉、自然语言处理、强化学习和机器人等领域。

大家需要知道的一个基本事实是：ChatGPT 绝非一个平地起高楼式的算法。实际上 OpenAI 一直在研究未来的 AI 范式，即未来的人工智能应该做什么？该公司创立之初就是由一群受过严格学术训练的团队来从事工程模型开发；既非科学家，也非商业组织，但同时具备以上特质。这一类型的组织比较罕见。

以下是笔者总结的 ChatGPT 发展的几个重要里程碑。

2015 年，OpenAI 由埃隆·马斯克(Elon Musk)、美国创业孵化器 Y Combinator 总裁山姆·阿尔特曼(Sam Altman)、全球在线支付平台 PayPal 联合创始人彼得·蒂尔(Peter Thiel)等硅谷科技大亨创立。

2016 年 6 月 21 日，OpenAI 宣布了其主要目标，包括制造"通用"机器人和使用自然语言的聊天机器人。2016—2017 年间，NLP 中的大杀器 Transformer 还没有出现，当时 OpenAI 主要研究的是与 AlphaGo(DeepMind 公司开发的阿尔法围棋)一样的领域，即强化学习。

2017 年，Google 率先提出了 Transformer 的相关论文，Open AI 开始转型。

2018 年 6 月，OpenAI 提出了第一代 GPT 模型(非人为标准，以自回归的方式大量学习互联网上已有的语言文本数据)，此时该模型只有 1.17 个参数，预训练量为 5GB。

2019 年 2 月，OpenAI 提出了第二代 GPT 模型 GPT2，参数量达 15 亿，预训练量为 40GB。2019 年 7 月 22 日，微软投资 OpenAI 10 亿美元，双方将携手合作为 Azure 云端平台服务开发人工智能技术。

2020 年 6 月，OpenAI 提出了第三代 GPT 模型 GPT3，参数量为 1 750 亿(规模比 GPT2 扩大了上百倍)，预训练量为 45TB。GPT3 是划时代的产品，笔者在高校实验室第一次看到 GPT3 的研究成果和学术论文时所受到的震撼程度甚至超过了现在的 ChatGPT。生成式 AI(generative AI)的现象与 GPT3 是直接相关的。微软于 2020 年 9 月 22 日取得独家授权。

2021 年 OpenAI 推出了图画生成器 Dalle 和 Dalle 2。

2023 年 OpenAI 宣布推出人工智能聊天机器人 ChatGPT(实际上是 GPT 的第四代模型)。

3) ChatGPT 的应用

整体而言，目前的 ChatGPT 主要是延续了 GPT3 技术路线，依然使用了 Transformer 技术框架，这是一种基于注意力机制(Attention)的模型。Transformer 架构允许模型并行地处理序列中的每个位置，并通过注意力机制来学习关于整个序列的依赖关系。这使得 Transformer 架构非常适合于自然语言处理，因为它可以有效地处理语言中的上下文和语义信息。Transformer 模型可以用来替代传统的 RNN 模型，用于解决语言模型中的序列到序列(Seq2Seq)任务。

Transformer 模型基于注意力机制，可以有效地捕捉句子中的依赖关系，它是一种基于深度神经网络的学习和推断输入序列和输出序列之间的映射。Transformer 模型的结构主要由两部分组成：编码器和解码器。编码器的作用是将输入序列编码为一个固定长度的向量，解码器的作用是将向量解码为输出序列。Transformer 模型还采用了多头注意力机制，可以同时从多个位置查看输入序列，从而捕捉更复杂的依赖关系。Transformer 模型的优点是比 RNN 模型计算得更快，而且可以捕捉更复杂的依赖关系，因此在自然语言处理任务中表现更好。

ChatGPT 通过预训练大量的文本数据来学习语法和语义，并通过一个预测循环来生成文本。在接收到输入后，模型使用注意力机制将从预先训练的语言数据中学到的信息生成相应的文本输出。这种架构的优势在于，它可以根据输入的语言上下文和语义生成高质量的自然语言文本，并且可以很好地适应各种不同的任务。

NLP 预训练技术是一种使用大型语料库训练深度学习模型的技术，以提高 NLP 模型的性能。它的目的是提取一些通用的模型参数，以便在任何其他任务上使用。预训练技术已经成为 NLP 中的一种重要技术，因为它可以减少模型训练所需的数据量，并且可以在不同的任务上复用模型参数。常见的预训练技术包括词嵌入(如 Word2Vec)、语言模型(如 BERT)和序列标注模型(如 CRF)。

那么，目前 ChatGPT 能做什么？不能做什么？

注：以下内容均来自笔者团队的单独测试结果，时间截至 2023 年 2 月 5 日，不可视作任何官方或者机构的正式评估反馈。

目前可以高质量完整的文本应答(生成)任务举例：

如何说服让家人做家务？

如何告知客户功能无法实现？

用鲁迅的口吻对某主题写一篇短文。

将一篇文章汇总成 4 个核心词语。

在某 Excel 表格中，如何实现在每行的末尾形成汇总。

生成一个 Kmeans 的 Python 代码并做出示意图。

目前无法高质量实现的文本应答(生成)功能：

很难处理需要运用逻辑推理来完成的任务。回答很大程度上取决于描述这些任务的格式(如：顺序，主谓宾的构成特点，是否有倒桩，等等)。

在长文本提问时无法准确过滤无关的信息。

进行上下文的聊天式对话依然有困难。

有时处理数字或者数学运算有问题。

对于主观类型的问题回答取决于互联网上公开的内容，因此可能会带有各种政治、道德、公序良俗等先验的偏向性问题，在私有话题中需要进行后验性的检验。

ChatGPT 是一种基于自然语言处理和机器学习技术的新型聊天机器人系统，从原则上来看，其可以模拟任何有意义或者逻辑自洽的对话。它可以自动识别用户输入的意图，并基于预先训练的模型生成对话响应，以满足用户的需求。它可以帮助企业提高客户服务水平，提升营销效果，为用户提供简单快捷的查询服务。所以，对于客户中心产业来说，智能应答机器人、智能知识库、智能语音路由、智能质量管理等业务领域都可以徜徉在想象的空间里。

2.6.5 BERT 模型

BERT 是 Bidirectional Encoder Representation from Transformer 的缩写，它是 Google 以无监督的方式利用大量无标注文本炼成的语言模型，其架构为 Transformer 模型中的 Encoder(BERT=Encoder of Transformer)，是一个预训练的语言表征模型。

应该先明确的是，BERT 本身是一个基于精加工(fine-tuning)语言预训练模型，通过精加工可以应用到很多的下游任务，比如问答问题、命名实体识别和语言推理等任务。目前阶段，特别是对于精加工来说，预训练模型的表征能力受到了一定的限制，主要是因为标准的语言模型都是通过单向训练来完成的，这样的设计方法限制了用于预训练的架构选择。因此，BERT 提出了双向 Transformer 框架，这样可以很大程度上解决单向训练过程中不能很好体现上下文的问题，比如下游任务中的问答任务的微调。为了解决单向训练中存在的问题，BERT 不再像之前那样采用单向的语言模型(从左向右预测或从右向左预测)或把两个单向的语言模型进行浅层的拼接，而是采用全新设计的遮蔽语言模型 (mask language model，MLM)，并生成深度的双向语言表征。另外，BERT 还添加了"下一句预测"的任务，该任务是用于和 MLM 共同训练文本对的表示。BERT 的出现已经刷新了目前 11 项自然语言处理任务的最新纪录。

BERT 从设计思路上来看，参考来自 ELMo 和 GPT 两个预训练模型。ELMo 模型主要的设计原理是采用了双向的 LSTM，但是并非严格意义上的双向设计，只是有两个方向上的 LSTM，即从左向右和从右向左的两个模块，而 GPT 的设计则是采用了从左到右的 Transformer 模型架构。BERT 结合了两种预训练模型的设计想法，采用了双向的 Transformer 来作为自己的框架，与 ELMo 预训练模型相比，BERT 的双向设计是将所有层里的 Transformer 进行连接，而不是将从左向右和从右向左两个方向分开设计。

在 BERT 中，输入的表示是能在一个 Token 序列中明确地表示单个文本句子，因此对于给定的 Token，BERT 规定要逐句输入的第一个 Token 是一个[CLS]标志，用于表示句子的分类任务，对于非分类任务可以将此忽略；由于在 BERT 中，输入的要求是一个句子，或者是一个句子对(从句子的角度上来看的话，本质上还是一个句子)，因此对于一个句子对<A,B>，BERT 在句子 A 和句子 B 之间使用了[SEP]标志来分隔两个句子，紧接着会在每个 Token 上添加一个 learned embedding，用来表示 Token 是输入句子 A 还是句子 B；对于单个句子，则只使用句子 A。

BERT 有很多版本可以使用，这里的版本指的是 BERT 的体量大小，官方给出了 24 种小型的版本供使用者做不同的下游任务时使用，支持包括中文、英文在内共 104 种语言，并且 BERT 的使用比较简单，可以使用 Tensorflow 提供的方法来加载 BERT 模型，Tensorflow 加载模型的核心代码如下。

```
import tensorflow as tf
from bert import modeling
tf.compat.v1.disable_eager_execution()
def convert_ckpt_to_saved_model(bert_config, init_checkpoint):
    # BERT 配置文件
    bert_config = modeling.BertConfig.from_json_file(bert_config)

    # 创建 BERT 的输入
    input_ids = tf.compat.v1.placeholder(shape=(None, None), dtype=tf.int32, name='input_ids')
    input_mask = tf.compat.v1.placeholder(shape=(None, None), dtype=tf.int32, name='input_mask')
    segment_ids = tf.compat.v1.placeholder(shape=(None, None), dtype=tf.int32, name='segment_ids')

    # 创建 BERT 模型
    model = modeling.BertModel(
        config=bert_config,
        is_training=True,
        input_ids=input_ids,
        input_mask=input_mask,
        token_type_ids=segment_ids,
        use_one_hot_embeddings=False, # 使用 TPU 时，设置为 True，速度会快；使用 CPU/GPU 时，设置为 False，速度会快。
    )

    # 获取模型中所有的训练参数
    tvars = tf.compat.v1.trainable_variables()

    # 加载 BERT 模型
    (assigment_map, initialized_variable_names) = modeling.get_assignment_map_from_checkpoint(tvars=tvars, init_checkpoint=init_checkpoint)
    tf.compat.v1.train.init_from_checkpoint(init_checkpoint, assigment_map)

    # 打印加载模型的参数
    tf.compat.v1.logging.info("  **** Trainable Variables ****")
    for var in tvars:
        init_string = ""
        if var.name in initialized_variable_names:
```

```
            init_string = '', *INIT_FROM_CKPT*"
        tf.compat.v1.logging.info("  name = {}, shape =
{}{}".format(var.name, var.shape, init_string))

    with tf.compat.v1.Session() as sess:
        sess.run(tf.compat.v1.global_variables_initializer())
```

2.6.6 知识图谱

构建大规模的知识库一直是人工智能、自然语言处理等领域需要解决的重要任务，Cyc、WordNet 等是早期的知识库项目，随着互联网的发展，涌现出如 Freebase、WikiData 等以互联网资源为基础的新一代知识库，构建这类知识库的途径主要是互联网众包、专家协作和互联网挖掘等。

2012 年 5 月 17 日，Google 正式提出了知识图谱(Knowledge Graph)的概念，其初衷是优化搜索引擎返回的结果，提高用户搜索质量及体验。知识图谱是一种基于图的数据结构，由节点(Point)和边(Edge)组成，每个节点表示一个"实体"，每条边表示实体与实体之间的"关系"，通过将应用数学、信息可视化技术、信息科学、图形学等多学科的理论与方法，同引文分析、共现分析等计量学方法相结合，再利用可视化的图谱形式形象化地展示整体知识架构，它能体现多学科的融合，为学科的研究提供有价值的切实参考。

知识图谱中包含的节点如下。

- 实体：它可以是现实世界中的事物，比如人、地名、公司、电话、动物等；世界万物由具体事物组成，皆为实体。实体是知识图谱中的最基本元素，不同的实体间存在不同的关系。
- 语义类(概念)：具有同种特性的实体构成的集合，如国家、民族、书籍、电脑等。概念主要指集合、类别、对象类型、事物的种类，例如人物、地理等。
- 内容：通常作为实体和语义类的名字、描述、解释等，可以通过文本、图像、音视频等来表达。
- 属性(值)：从一个实体指向它的属性值。不同的属性类型对应于不同类型属性的边。属性值主要指对象指定属性的值。
- 关系：形式化为一个函数，它把 k 个点映射到一个布尔值。在知识图谱上，关系则是一个把 k 个图节点(实体、语义类、属性值)映射到布尔值的函数。

OpenKG 是面向中文的开放知识图谱项目，该项目是要促进中文领域知识图谱的开放与互联。它对主要百科数据进行了链接计算和融合，并且提供开放访问 API，完成的链接数据集也是完全免费开放的。OpenKG 还对一些重要的知识图谱开源工具进行了收集和整理，其中包括知识抽取工具 DeepDive、知识建模工具 Protégé、知识融合工具 Limes 等。

除了之前提到的 DBPedia、Wikidata 等通用知识图谱以外，还有一类知识图谱是领域知识图谱，它面向特定领域，如金融、医疗等。领域知识图谱相对通用知识图谱来说，知识来源更多，知识结构更复杂，知识质量要求更高，规模化扩展要求更迅速，知识应用形式更广泛些。

知识图谱为了更加规范地表达高质量数据，在其构建过程中，方法论涉及知识表示、知识获取、知识处理和知识利用等多个方面，一般流程为确定知识表示模型，根据数据来源选择知识抽取的手段获取知识，再综合利用知识推理、融合、挖掘等技术对构建的知识图谱进行优化，最后根据场景需求设计出不同的知识访问和呈现形式，如知识问答、图谱可视分析、语义搜索等，其中最主要的一个步骤就是把数据从结构化和非结构化的数据源中抽取出来，然后按一定的规则加入知识图谱中，这个过程称为知识抽取。结构化的数据是比较好处理的，难点在于处理非结构化的数据。而处理非结构化数据通常需要使用自然语言处理技术：实体命名识别、关系抽取、实体统一、指代消解等。

知识抽取主要是面向开放的链接数据，通过自动化的技术抽取出可用的知识单元，知识单元主要包括实体、关系及属性3个知识要素，并以此为基础，形成一系列高质量的事实表达，为上层模式层的构建奠定基础。知识抽取的主要工作如下。

(1) 实体抽取：也称命名实体识别，指的是从原始语料中自动识别出命名实体。由于实体是知识图谱中的最基本元素，其抽取的完整性、准确率、召回率等将直接影响知识库的质量。因此，实体抽取是知识抽取中最为基础与关键的一步。

(2) 关系抽取：目标是解决实体间语义链接的问题，早期的关系抽取主要是通过人工构造语义规则及模板的方法识别实体关系。随后，实体间的关系模型逐渐替代了人工预定义的语法与规则。

(3) 属性抽取：属性抽取主要是针对实体而言的，通过属性可形成对实体的完整勾画。由于实体的属性可以看成是实体与属性值之间的一种名称性关系，因此可以将实体属性的抽取问题转换为关系抽取问题。

在知识抽取的基础上还要进行知识推理，推理能力其实就是机器模仿人的一种重要的能力，可以从已有的知识中发现一些隐藏的知识。常用的知识补全和推理方法有基于描述逻辑的推理、基于图结构和关系路径特征的方法、基于表示学习和知识图谱嵌入的链接预测，等等。

智能机器人知识问答技术的发展不仅能提高人们检索信息的效率，还能提升产品的用户体验。试想当你开着福特车去新开的超市购物，由于你对路线不熟悉，此时你可以说"你好，福特"来唤醒语音助手，然后要求导航去新开的超市，语音助手识别出你的语音和意图后，打开百度地图，规划出路线，让你进行路线选择，导航开启后，在导航的指引下开车去超市的路上，你还可以继续唤醒福特的语音助手，要求"播放蓝牙音乐"，此时福特会自动识别语音后转换为指令，指挥福特车自带的车联网系统播放手机蓝牙连接的音乐。

通过以上场景可知，智能机器人已经深入我们的日常生活，而且在我们无法用眼睛和手进行交互的时候，以语音识别这种自然交互的手段来发出命令，指挥车载计算机系统辅助我们开车。刚才的场景要求机器人能跟人自然和谐地打交道。要用自然语言向机器人提问并得到反馈，要让机器理解并解析用户提出的自然语言问句，这不仅需要自然语言处理、信息检索、逻辑推理等多领域技术，还需要依托知识库。这些相关工作已经在最近几年得到国内外学者的广泛关注，研究主要可以分为基于语义解析的方法、基于信息检索的方法和基于概率模型的方法这三大类。大部分知识问答是基于语义解析，将自然语言问句解析成结构化查询语句，再通过知识库执行查询得到相关回答。在基于语义解析方法的训练过程中需要耗费大量的人力物力进行数据标注，基于信息检索的方法就回避了这个问题，一般通过粗粒度信息检索在知识库里筛选出候选答案，再根据问句里抽取的特征，对候选答案进行排序，这就要求模型对问句的语义有充分理解，而自然语言中的词语同义等语言现象加大了理解难度，为了实现有效的信息检索，研究就聚焦在问题与知识库之间的匹配规律上，一般会通过集成更多的文本信息、提出更多更复杂的网络结构、联合训练实体链接和关系检测两个模块等可行性高的方法来实现，也有部分研究者会将知识问答看作一个条件概率问题。大部分已有的知识问答方案都停留在回答单知识点事实型问答上，相信在后面的研究中会更多地解决复杂的知识点问答问题，在理解问题、回答问题的过程中，除了获取知识和检索知识外，还应具备更强的推理和更好的解释性，以便于用户理解和传达信息。

互联网堆积了海量的数据，而海量大数据的挖掘和应用促进了人工智能的发展，这些为规模化知识图谱构建提供了技术基础和发展条件，知识图谱作为自然语言理解等人工智能技术的底层支持，已经逐渐成为研究热点，相信会随着 AI 的发展愈演愈烈。

2.7 本章小结

所有的智能服务应用本质上都是将人工智能技术与服务场景相结合，其中最关键的一点是如何将合适的技术应用到适合的场景。本章从人工智能技术的发展历史出发，回顾了 AI 技术的关键阶段，并对其中一些在服务领域产品中所涉及的关键技术(如中文自然语言处理)进行解释。同时，我们剖析了三个最具代表性的在线服务机器人的技术原理，并列举了在线机器人的核心中文 NLP 处理的重要模型，并给出了对应模型的实现代码。

对于人工智能训练师来说，学习相关的技术原理可以帮助他们识别并解决在训练 AI 模型时可能遇到的问题，提升与人工智能产品上下游相关人员的沟通效率，从而更高效地提升训练效率和质量。此外，这也能增强 AI 技术在相应的服务场景落地过程中的适应性。通过对相关技术原理的思考，人工智能训练师可以理解 AI 的潜力和限制，从而更有效地利用 AI。同时，鉴于人工智能的应用可能存在一些隐私和伦理挑战，他们能更好地规避训练风险，提前采取优化措施。最后，只有通过持续学习和掌握最新的 AI 技术和知识原理，人工智能训练师才能保持他们训练出的产品在技术知识上的新颖性和竞争力。

第 3 章

AI技术在客户服务域的应用之职业篇

人既尽其才，则百事俱举。

—— 孙中山

科技改变生活，随着人工智能的发展及广泛应用，智能服务产品已经成为各客户服务中心的标配。而随着智能服务产品的加速发展，在近几年的服务市场上我们观察到一些现象——在各种各样的服务行业交流会上，各家服务部门分享的内容多是以智能应用为主的服务产品和技术，更像是科技成果展，聚焦服务人员的内容则少之又少。当大家的关注点都集中于智能产品的时候，服务市场就如同军备竞赛，你有智能质检，我就研发个智能预判，你有人机辅助，我就买个智能外呼……然而，在客户服务部门成为各厂商主战场和展览馆的同时，绝大部分智能应用难以收获客户满意。对此，客户服务部门往往归因于智能产品做得还不够好，技术不够牛，很少从业务运营能力角度考虑，这样的认知带来的决策和行为自然就变成了不断地去升级智能产品装备，不断采购，不断变换系统。

而客户服务部门之所以出现类似这样的情况，根本原因还是在于人。绝大多数企业对于人工智能训练师的工作职责与能力界定都存在模糊化的困境，很多客户服务部门一把手甚至长期不知道应该如何评定人工智能训练师团队工作绩效的优劣。其甚至存在误区，认为智能服务训练的好坏绝大多数由技术能力的高低而定，这往往导致一些小型企业不敢引入智能化系统。殊不知，经过一个甲子的发展，人工智能的底层技术和底层算法已经非常成熟。服务产品的好坏不再单纯强调算法的优劣，而是来自产品定位的准确。企业对于人工智能训练师岗位的模糊认知，在很大程度上导致了从业人员的锐减和流失。

在既往多年智能服务项目的经验中，对于人工智能训练师人才消逝的感知尤为明显，以个人的亲身经历来说，最开始一起从事智能服务产品训练的同事，往往是从一线服务部门中抽调出来的业务精英，而最初的分工其实并不明确，也不知道能够做些什么工作，一切由算法专家进行内容分配，今天标注，明天质检，后天编写应答对，大后天写产品调研。更不知道应该去哪里学习相关的理论知识,只能靠个人摸索。随着工作量的增加及每个人能力表现的不同,开始慢慢地有了区分,有的同事擅长与人沟通和交流,就由他来负责编写机器人的应答话术,有的同事擅长数据分析,就由他来负责机器人的数据分析研究。工作内容逐渐精细化,按理来说是好事,但在这个过程中离职的人员非常多。当时作为团队负责人,笔者也曾和很多离职的同事面谈过,其中印象最深的一句话就是:"原来在服务部门,我知道自己可以 O1、O2、O3、O4(人工客户服务升职的职级)往上升,有不会的也知道去请教哪位前辈,现在做人工智能训练师,真不知道自己以后的路该怎么走。"现在回过头来看,会发现其他的岗位的升职道路,像是一场马拉松,奔跑前你能在各个开放论坛学习到奔跑知识,规划自己的配速,过程中还有医护人员提供实时康护保障,只要按照既定的路线奔跑,你就一定能够到达终点,区别无非就是到达时间的早晚而已。而人工智能训练师是在摸黑前行。有的同事在奔跑过程中摸到了产品经理的方向,就成了产品经理;有的同事看到了标注,慢慢地也就离开企业去从事与标注相关的事业。从业人员的迷茫和数量的减少也是间接导致智能服务产品体验下降的原因之一。

作为新兴职业,人工智能训练师主要解决的是人与机器思维模式的偏差问题,即让机器处理问题的方式更加像人。从用户的角度来看,用户拥有的是人类的行为模式,人工服务讲究的是"人—人",即用人的思维去解决人的问题,但是智能服务产品拥有的是机器思维,处理问题的过程是"人—机—人",当用户与机器进行交互时,两者的思维方式有较大差异,理解偏差在所难免,从而导致服务效果达不到预期。所以把用户与机器的对应关系,转化为用户与客户服务人员,让客户服务人员从业务的角度对机器加以调试和训练,让机器变得越来越聪明、人性化,就能够在很大程度上提升智能服务产品的体验度。

综上所述,无论是从企业的业务、客户服务的诉求,还是智能服务产品的进步、从业者的迷茫来说,客户服务部门都需要回归本职轨道,重点关注智能时代客户服务人员的成长及能力发展,才能让人工智能技术发挥出应有的价值。这意味着,既要让智能服务产品本身体验越来越好——智能服务产品能够充分传达客户服务人员的服务水平,也要注意帮助传统客户服务人员在人工智能时代进行升级转型。前者的实现前提是人工智能训练师体系的搭建和人员培养,后者是客户服务人员专业化能力升级。这也是我们编写本书的初衷。

3.1 人工智能训练师的出现

人工智能技术经过数十年的发展,无论是理论还是算法的实现技术,都已非常成熟,但在场景应用方面还缺乏一定的成熟体系,要真正将人工智能技术与行业实际生产场景融合,技术与场景痛点的结合缺一不可,技术运营人员和算法专家人员的配合也缺一不可。从目前行业现状来看,以往人工智能部门只重视技术人员补充,缺少对业务场景的关注，造成人工智能训练师这一职位的大量空缺，往往只能从内部运营岗位人员中进行转岗或外部招聘培养，对应的岗位细化也一直处于独自摸索之中，而缺乏定性定量的标准，这导致客户服务中心或者企业在人员招聘时摸不着头脑，定不了指标。因此，当前迫切需要将人工智能训练师职业岗位细化明确，解决各个客户服务中心智能服务产品业务发展相对滞后的行业困境，真正让人工智能应用在各行业模拟人工思维模式。

把人工智能训练师比作智能服务产品背后的灵魂人物，一点也不为过。随着智能服务产品的成熟应用，越来越多的企业甚至连政府机构都开始认可这一新兴职业，结合自身行业的特色和服务部门现状尝试对人工智能训练师进行培训、考核，组建各具特色的人工智能训练师团队。例如：2017 年 10 月 12 日，浙江省杭州市人力资源和社会保障局关于公布《杭州市专项职业能力考核项目(六)》的通知，明确了人工智能训练(初级、高级)的职业能力考核项目。2019 年 1 月 21 日，中央人民广播电台报道了关于浙江成立全国首支政务人工智能训练师队伍的新闻。近 200 位来自浙江省 42 个省直机关和省、市、县(市、区)信访局的工作人员，成为全国首个"政务人工智能训练师培训班"的学员。他们接受了阿里巴巴客户体验事业群(阿里 CCO)人工智能科学家和技术人员的系统性培训，并在接受统一考核后，正式成为全国首批"政务人工智能训练师"。

3.2 人工智能训练师职业浅析

1. 人工智能训练师的相关定义

到底什么是人工智能训练师？一些行业专家给出了如下定义。

"人工智能训练师是近年随着 AI(Artificial Intelligence，即人工智能)技术广泛应用产生的新兴职业，他们的工作内容有解决方案设计、算法调优、数据标注等。"[①]

"人工智能训练师，是通过分析产品需求和相关数据，完成数据标注规则的制定，最终实现'提高数据标注工作的质量和效率'及'积累细分领域通用数据'的价值，从工作流和工作难度等角度看，它介于数据标注和 AI 产品经理之间。"[②]

"机器人训练师是一个全新的职业，也是一个极具挑战的岗位。机器人自身具备所在行业专业知识，并有很强的逻辑性、情商、数据分析能力，同时，我们需要提供一个专业的机器人训练师平台，让整个语音机器人更加快速地接近人的理解能力。机器人训练师平台基于人工智能、深度学习、大数据处理等技术，在快速打造最人性化语音机器人的道路上必能成为机器人训练师的最佳搭档。"[③]

中国就业培训技术指导中心于 2019 年 12 月 30 日发布了《关于拟发布新职业信息公

---

① 摘自中央人民广播电台的《浙江成立全国首支政务人工智能训练师队伍》。
② 摘自朱明德的深度报告《AI 新职位"工智能训练师"》。
③ 摘自客户世界的文章《"洞察者"话题：机器人训练师，如何为智能服务产品注入灵性？》。

示的通告》(以下简称通告)①。通告指出，经人力资源和社会保障部同意，拟发布的 16 个新职业中便包括了人工智能训练师。其还对人工智能训练师的职业定义、主要工作任务进行了说明。此外，2020 年中华人民共和国人力资源和社会保障部也正式发布了人工智能训练师职业信息。②

人工智能训练师的职业定义为：使用智能训练软件，在人工智能产品实际使用过程中进行数据管理、算法参数设置、人机交互设计、性能测试跟踪及其他辅助作业的人员。

按照《中华人民共和国职业分类大典》的描述，人工智能训练师的主要工作任务包括如下几项。

(1) 使用智能训练软件，在人工智能产品实际使用过程中进行数据库管理、算法参数设置、人机交互设计、性能测试跟踪及其他辅助作业工作。

(2) 为人工智能产品模型采集、清洗模型训练所必需的相关业务数据。

(3) 为完成采集与清洗的业务数据进行分类、归档、统计、审核相关工作。

(4) 对已经上线的人工智能产品进行基础操作，定期对系统维护与优化。

(5) 开展数据采集、清洗、标注等业务流程梳理工作，协助开展业务场景挖掘，数据处理规范制定、算法测试等工作。

(6) 开展人工智能系统设计，协助进行智能系统监控、设计人机交互流程、产品功能设计、应用设计等工作。

(7) 采用理论与实操方式对相关训练人员进行培训与指导等工作。

通告中，人工智能训练师职业下设数据标注员、人工智能算法测试员两个工种。

建立新职业信息发布制度是国际通行做法，也是职业分类动态调整机制的重要内容。首先，有利于促进人工智能训练师相关的就业创业。通过发布新职业信息对新职业进行规范，加快开发就业岗位，扩大就业容量，强化职业指导和就业服务，促进劳动者就业创业。其次，有利于促进职业教育和职业培训改革。推动专业设置、课程内容与社会需求和企业生产实际相适应，促进职业教育培训质量提升，实现人才培养培训与社会需求紧密衔接。最后，有利于完善国家职业分类和职业标准体系。将新职业纳入国家职业分类统一管理，并根据产业发展和人才队伍建设需要，加快职业技能标准开发工作，有利于建立动态更新的职业分类体系，完善职业标准体系。人工智能训练师职业的确定和发布意味着人工智能训练师职业将逐步建立统一的规范，相关的培训教育体系也会日益完善。可以预见，未来人工智能训练师这一职业势必迎来长足的发展和壮大。

2. 解读人工智能训练师

人工智能产品，是运用人工智能相关技术结合具体业务场景为实现某一业务目标而设计出的感知层的工具；智能训练软件，指通过业务数据训练、模型参数调整等帮助达

---

① 摘自中国就业培训技术指导中心《关于拟发布新职业信息公示的通告》。
② 摘自中华人民共和国人力资源和社会保障部官网的《人力资源社会保障部办公厅 市场监管总局办公厅 统计局办公室关于发布智能制造工程技术人员等职业信息的通知》。

成提升人工智能产品准确性等业务目标的工具；人工智能训练师，指结合具体行业业务场景与特性使用训练软件发挥出智能产品业务价值的工作人员，该职业的特点是承担辅助性、协助性的设计工作。

(1) 工作职责范围。主要包括以下几个方面。

- 协助数据采集与处理相关工作，负责业务数据采集、数据处理、数据质量检测、数据处理方法优化等。
- 协助开展标注数据审核工作，梳理标注业务流程，对业务流程进行优化及实现；
- 负责对应业务架构与流程设计、业务模块效果优化、业务挖掘与业务场景创新等。
- 负责制定数据处理规范、算法测试流程、测试规范，梳理训练流程，对训练流程进行优化。
- 参与训练功能优化设计、智能系统的监控与优化、产品功能设计与实现项目管理等。
- 负责人机交互流程设计、交互界面设计、智能产品应用解决方案设计、智能产品应用推广等。
- 负责设计人工智能训练师团队培训体系，整理与制作相关培训文件，通过指导等方式帮助人工智能训练师提升训练能力等。
- 协助人工智能产品训练运行体系、制度、流程、技术、算法等研究工作。

(2) 关联职业。密切相关的职业有人工智能工程技术人员。人工智能工程技术人员是指从事与人工智能相关算法、深度学习等多种技术的分析、研究与开发，且主要是人工智能技术和产品的开发。而人工智能训练师注重人工智能产品在具体业务场景中的落地应用，属于产品后端的实践场景；负责对人工智能产品进行数据分析、问题诊断、模型调优、效果改进等工作。

(3) 相应岗位。相应岗位有数据标注员、人工智能算法测试员、知识管理员、产品经理、VUI(语音用户界面)设计师、系统实施员、数据库管理员等。

3.3 人工智能训练师的能力画像

3.3.1 人工智能训练师的发展由来

笔者从智能服务产品的刀耕火种阶段就开始扎根智能服务产品的训练，在这一阶段，各企业都是将智能服务产品或在线机器人当作一个软件系统，开发工作由算法和软件工程师团队配合进行，人工智能训练师以项目经理的角色参与其中，整体把控在线机器人项目的开发进度，协调和管理团队资源，确保项目按照规定时间上线。在软件时代，企业没有太多触达用户的渠道，用户以游客居多，人工智能训练师在做产品调研时只能小规模地对用户进行面谈、问卷调研，甚至通过一些简单报表和服务数据表现来挖掘需求，如通过阅读报表数据发现电商行业用户日常咨询中物流查询占比很高，初期的在线机器人扮演着物流查询机器人的角色。另外，这一阶段智能客户服务产品需大于供，基本没有竞争对手，企业对于人工智能训练师的要求是在规定的时间确保系统上线，解放系统占用企业资源，人工智能训练师的核心能力就是项目管理能力。

第二阶段，随着移动互联网的大爆发，大量用户涌入企业应用，给企业大量调研用户需求创造了契机，在线机器人开始了技术上的跨越，智能服务产品的开发要求和精度也都越来越高。在原有项目管理的基础上，人工智能训练师开始更多地承担产品经理的工作，对特定智能服务产品进行深耕，甚至出现在线机器人有多个产品经理负责不同模块的情形。该阶段人工智能训练师的核心能力就是客户需求挖掘能力，因为需求往往不是凭空产生的，它来自用户一个又一个的服务痛点，但往往用户不会直接说出他的需求，只会说他有什么样的问题。人工智能训练师应该做的是寻找问题，发现问题，转化需求，分析开发使用人工智能技术满足这个需求的可行性，并考虑用户问题的最大交集，列出需求开发清单的重要程度，最快地完成智能服务产品的迭代。

智能服务产品降低成本、提高用户体验的价值也在移动互联网时期得到验证，各个企业都开始围绕在线机器人打造自己的智能服务体系，这也意味着人工智能训练师的工作由原来的草台班子向成建制的正规军转化。在此之前，整个行业对于人工智能训练师的认知主要来源于数据标注师，而数据标注确实是人工智能训练师职业能力构成的元素。人工智能算法的优化主要依靠海量数据来完成。数据对于算法就像汽油对于发动机，从车辆自动化驾驶到 AI 聊天机器人，从医学诊断到农作物监测，数据在其中扮演着"幕后英雄"角色，发挥着重要作用。数据越多、越精准，算法训练后获得的模型也就越智能、越好用，对于商业端落地的价值也就越大。

例如：企业从客户(用户)那里获取到的原始数据一般无法直接用于模型训练，需要由算法专家提出训练需求，再由相应模块的数据产品经理交付出对应的原始数据，交给数据标注人员进行数据清洗与标注工作，但因为标注人员对数据的理解和标注质量差异很大，导致整体标注工作的质效不高，最终影响智能服务产品落地应用的效果。同时，企业在发展过程中积累了大量行业细分领域的数据，但这些数据在使用后无法沉淀和复用，而人工智能产品不同于其他服务软件程序开发的特性：其他软件程序在开发完成后，产品一旦交付，工程研发团队的工作基本上就告一段落了，即使需要迭代升级，也可以缓慢收集需求，而人工智能产品开发完成后才意味着学习的开始。这些都对原有训练师的岗位、能力提出了更高要求：在知识背景方面兼具行业知识和 AI 思维；岗位有更加清晰明确的划分，如数据标注、知识管理、对话设计、流程设计等多种岗位划分。人工智能训练师正是基于这一发展背景而产生的新职业。

3.3.2 人工智能训练师的一天

为了探寻人工智能训练师的职业内容、主要工作任务、工作流程及真实工作场景，找到解决人工智能技术在业务场景实践的基本路径与方法,我们来了解一下某科技公司人工智能训练师罗某轩在 2022 年 5 月 24 日这一天的工作情况(见图 3-1)。

记录时间:2020 年 5 月 24 日　　　　　　　记录人:罗某轩

上午工作情况

8:00

1. 采集人工智能模型训练所需数据(数据采集)。
2. 根据数据质量要求对已采集数据进行清洗(数据清洗)。
3. 根据标注规则对已清洗数据进行标注(数据标注)。
4. 根据标注质检规则对已标注数据编制审核输出报告(数据审核)。
5. 统计审核完成数据,不合格部分返回修改(统计与管理)。
6. 与工程师讨论并编写数据标注规范(数据规范制定)。

11:00

1. 根据人工智能技术要求和业务特征对业务全景流程进行设计(业务流程设计)。
2. 发现业务流程中存在的问题,设计对应业务优化方案(业务模块效果优化)。

下午工作情况

14:00

1. 将训练数据与测试数据投入算法模型中,完成训练与测试工作(训练与测试)。
2. 分析测试结果,编写测试报告,总结错误结果产生原因并纠正(错误纠正)。
3. 对其他上线的智能化产品使用的数据进行分析,输出分析报告,提出优化需求与解决方案(监控与优化)。

16:00

1. 与产品经理分析与评估系统待优化的需求,制订系统升级计划(系统设计)。
2. 根据人工智能训练团队能力情况,编写培训计划,准备对应的培训知识(培训准备)。
3. 对人工智能训练师团队成员进行训练业务培训(培训讲座)。
4. 指导人工智能训练师团队成员正确开展训练工作(训练指导)。

图 3-1　人工智能训练师的一天

3.3.3　人工智能训练师的能力特征

从人工智能技术应用领域来看,市场上的人工智能训练师可以分为三大类别:文本训练师、音频训练师、图像训练师。在客户服务领域,前两类的受众面较为广阔,尤其是我们所熟知的在线机器人,其主要由文本训练师和音频训练师完成训练。本书主要从在线服务机器人的人工智能训练师出发,对读者进行介绍。

所谓人工智能训练师,简单来说,就是智能服务产品的老师或者教练,是依据智能服务产品的技术特点和产品特点,结合产品落地的业务场景实际情况,能够独立部署、调优智能产品的工作人员。严格意义上来说,人工智能训练师是一类职业而非一个具体的岗位,这一职业类别中每个岗位的工作人员既可在企业中负责全流程人工智能服务产品的训练运营,也可以专注于流程中某一小块工作。每一个小块,按照职业的定义,可以称之为人工智能训练师下属的不同工种,只有不同工种的工作内容衔接流畅,方能保障客户服务中心的智能服务产品更好、更优地持续运营。不同工种的工作内容要求不尽相同，但从客户服务中心整体智能服务产品的运营来说，有些能力是通用的。在本章接下来的内容中，将重点介绍人工智能训练师的底层能力特征，本书后面的章节中将会从智能服务产品顶层出发，实地探讨智能服务产品每个环节中不同工种的运营技巧的关键核心。

图 3-2 描绘了人工智能训练师需要具备的 6 大核心关键能力模型，这些能力使人工智能训练师在从事 AI 相关工作时能够胜任多个方面的任务，并有效地将 AI 技术应用到实际业务中。

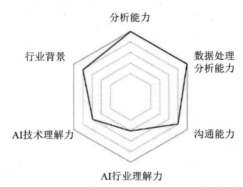

图 3-2　人工智能训练师 6 大核心关键能力模型

(1) 行业背景：对于人工智能训练师来说，具备深刻的行业背景是非常重要的。了解所在行业的发展趋势、特点和需求，有助于更好地理解业务问题，并能够针对行业特点定制 AI 解决方案。

(2) AI 技术理解力：人工智能训练师需要对 AI 技术有深入的理解，包括机器学习、深度学习、自然语言处理等各种 AI 技术的原理和应用场景。这有助于人工智能训练师能够选择最适合业务需求的 AI 技术，并进行相应的调整和优化。

(3) AI 行业理解力：除了了解 AI 技术，人工智能训练师还需要对 AI 在不同行业中的应用有一定的理解。不同行业的业务场景和需求差异很大，因此人工智能训练师需要能够将 AI 技术与具体行业结合，找到最佳匹配点。

(4) 分析能力：分析能力是人工智能训练师必备的核心能力之一。能够分析业务问题和数据，挖掘潜在的价值和机会，并基于分析结果做出相应的决策和优化方案。

(5) 沟通能力：沟通能力对于人工智能训练师来说也非常重要。他们需要与业务人员、技术团队及其他利益相关者进行有效的沟通，确保各方都能理解和支持 AI 项目的目标和进展。

(6) 数据处理分析能力：数据是人工智能训练的基础，因此人工智能训练师需要具备良好的数据处理和分析能力。这包括数据清洗、特征工程、模型训练等，以确保 AI 模型的质量和准确性。

行业背景、AI 技术理解力、AI 行业理解力、分析能力的表现：基于对于业务的熟悉和了解，正确地分析 AI 技术、产品的能力优势和不足，才能准确将 AI 与业务进行匹配,最终才能最大限度发挥其价值。

沟通能力、数据处理分析能力的表现:能在 AI 产品上线运营期间,以数据驱动产品运营与迭代,与不同的技术人员流畅沟通,准确高效持续升级迭代产品。

这 6 大核心关键能力模型涵盖了人工智能训练师在不同阶段所需具备的技能和素养,此外对于一些复杂业务场景,人工智能训练师还需具备一些其他的通用能力。人工智能训练师的通用能力特征,如表 3-1 所示。

表 3-1 人工智能训练师的通用能力特征

	非常重要	重要	一般
业务理解	√		
数据分析		√	
智能应用	√		
模型优化	√		
学习能力		√	
总结复盘			√
沟通协调			√
算法原理			√
行业认知		√	
问题解决			√
流程优化			√
项目管理			√
创新能力		√	
行业影响			√

无论是在线、语音还是图像的人工智能训练师,最重要的通用能力是业务理解能力,唯有对企业、客户服务中心、业务知识、用户熟悉,方能构建出范围全面、框架清晰明了,且能够直达用户痛点的智能服务产品。这也是很多企业智能服务运营团队往往从一线业务精英中招聘人工智能训练师的最主要的原因。

3.4 人工智能训练师的职业能力要求

人工智能训练师作为数字经济时代下结合人工智能技术在各行业落地所诞生的新职业,为了更好地支持新职业就业,积极响应国家"十四五"规划和 2035 年远景目标纲要,促进新职业发展,提高职业教育培训针对性、有效性、专业性,支持和规范新职业发展新就业形态,中华人民共和国人力资源和社会保障部于 2021 年 11 月发布了《人工智能训练师国家职业技能标准(2021年版)》，其将从数据采集和处理、数据标注、智能系统运维、业务分析、智能训练、智能系统设计等维度划分了 L5~L1 的 5 个等级，并对各个等级的职业能力给出了具体的描述和要求，为人工智能训练师这一新职业提供职业发展指引，5 个等级分别为：五级/初级工、四级/中级工、三级/高级工、二级/技师、一级/高级技师。5 个等级的职业技能要求依次递进。对于 5 个不同等级的职别，人工智能训练师需要掌握的理论知识及技能要求是不一样的。

对于五级/初级工和四级/中级工来说，重点是考查"数据标注"和"数据采集和处理"这两方面的能力；五级/初级工的技能要求是"原始数据清洗与标注"和"标注后数据分类与统计"，而四级/中级工的技能要求是"数据归类和定义"及"标注数据审核"。

而对于三级/高级工、二级/技师、一级/高级技师来说，重点是考查"智能系统设计""智能训练"这两方面的能力；其中三级/高级工的技能要求是"智能系统监控和优化"及"人机交互流程设计"，二级/技师的技能要求是"智能产品应用解决方案设计"及"产品功能设计以及实现"；而一级/高级技师需要重点掌握的智能系统设计，已经上升到了智能产品应用的问题，并且能够跨多业务领域设计出智能产品应用方案。

可扫描右侧二维码阅读《人工智能训练师国家职业技能标准(2021 年版)》。

人工智能训练师
国家职业技能标准
(2021 年版)

3.5 人工智能训练师的职业前景

1. 薪酬水平

据中华人民共和国人力资源和社会保障部公布数据显示，从 2020 年工资价位[①]高位数来看，人工智能所属的信息传输、软件和信息技术服务人员位居第四，年工资为 173 400 元。分行业分岗位看，人工智能训练师根据企业所属行业不同，从事不同行业的智能产品训练工作，其中金融人工智能训练师、医疗人工智能训练师、教育人工智能训练师等行业工资较高。从区域看，一线城市和经济发展快的城市如北京、上海、广州、深圳、杭州等为 4 000~30 000 元/月(包吃包住，部分拥有 13 薪)，其薪酬水平高于其他城市(如合肥为 3 000~12 000 元/月，成都为 3 000~10 000 元/月等)。

2. 主要就业单位

人工智能训练师就业适用于各个应用人工智能技术的行业及单位机构，以下为一些典型的吸纳人工智能训练师就业较多的用人单位。

---

① 工资价位：指企业从业人员在报告期内的工资水平，包括基本工资、奖金、津贴和补贴、加班加点工资和特殊情况下支付的工资等。

- 互联网机构：如阿里巴巴、京东、百度、腾讯、科大讯飞、美团、平安、拼多多等。
- 金融机构：如工商银行、交通银行、建设银行、重庆银行、中国银联、中国人寿、太平洋人寿、泰康人寿等。
- 能源公司：如国家电网、南方电网、中海油、中石化、中石油等。
- 政务服务机构：如中国移动、中国联通、中国电信、政府服务热线部门等。

注：以上城市及机构排名不分先后，不代表相关实力排名。

3. 职业发展方向

(1) 职业转型。该新职业领域目前存在巨大人才缺口，且接受过专业培训，具备扎实技能的从业人员较少，就业竞争压力较小。很多职业可以转型成为人工智能训练师，如计算机程序设计员、计算机软件测试员、呼叫中心服务员、建筑信息模型技术员、银行服务员、其他金融服务人员、健康服务员等其他工作中使用人工智能产品人员皆可转型成为人工智能训练师。

(2) 贯通发展。该职业发展路径主要有 4 条：①复合人才路线，即向其他行业或职业跨越、转换，如通过学习相关知识和技能转型为人工智能工程技术人员、大数据工程技术人员、算法工程师、人工智能产品经理、人工智能运维工程师、人机交互设计师、人工智能硬件工程师等，与专业技术岗位横向贯通；②专家路线，即不断深化技能水平，在职业等级上不断晋升，成为人工智能训练领域专家；③管理路线，即从普通员工晋升到主管/单位中层，再晋升到经理/单位领导层，甚至往更高的领导职务发展；④创业路线，即基于个人兴趣爱好进行创新创业。

4. 未来发展前景

(1) 从市场供需看。我国人工智能行业人员存在巨大的缺口，据 2020 年人力资源和社会保障部不完全统计，随着人工智能在各领域的广泛应用，人工智能训练师的规模将迎来爆发式增长，人数达到 500 万人。

(2) 从产业发展看。在我国，随着人工智能技术发展的重要性日益凸显，党和国家高度重视人工智能的发展，从产业发展、教育等各个方面支持人工智能的发展。艾媒咨询《2020 中国人工智能产业白皮书》显示，2020 年人工智能行业核心产业市场规模将超过 1 500 亿元，预计在 2025 年将超过 4 000 亿元，中国人工智能产业在各方的共同推动下进入爆发式增长阶段，市场发展潜力巨大，未来中国有望发展成为全球最大的人工智能市场。在交通、医疗、教育、金融、智能制造、智能家居、智能终端、机器人和客户服务等行业中，人工智能技术将在短期内得到广泛应用并取得重大突破。

在交通领域，人工智能可用于优化交通流量和减少交通事故。智能车辆和交通控制系统可以通过 AI 技术实现自主决策，提高路况预测准确性和交通流畅度。

在医疗领域，人工智能可用于医学影像诊断、精准医疗、健康管理等方面。AI 技术可以快速识别病理图像、辅助医生制定治疗方案，提高医疗效率和治疗效果。

在教育领域，人工智能可用于个性化教学、智能评估和在线教育等方面。通过 AI 技术可以根据学生的兴趣和能力进行定制化的学习计划和资源推荐，同时评估学生的学习状况和学习效果。

在金融领域，人工智能可用于风险控制、客户服务和金融投资等方面。AI 技术可以帮助金融机构快速识别风险和欺诈行为，并提高客户服务的质量和效率。

在智能制造领域，人工智能可用于智能物流、智能生产和智能维护等方面。通过 AI 技术可以优化生产计划和资源分配，提高生产效率和产品质量。

在智能家居领域，人工智能可用于智能家居控制和智能家居安防等方面。AI 技术可以通过语音和图像识别技术，实现智能家居的自主控制和智能安防功能。

在智能终端领域，人工智能可用于智能手机、智能音箱和智能电视等终端设备中。AI 技术可以提高终端设备的智能化程度，实现更加智能化和便捷的用户体验。

在机器人领域，人工智能可用于智能机器人的开发和应用。AI 技术可以实现机器人的自主决策和智能化服务，提高机器人的运作效率和准确性。

在客户服务领域，人工智能可用于自然语言处理和智能客服等方面。通过 AI 技术，可以实现更加自然流畅的语音交互和文字交流，提高客户服务的质量和效率。

(3) 从政策红利看。2020 年，国家大力推进并强调要加快 5G 网络、人工智能、数据中心等新型基础设施建设进度。人工智能技术被视为新一轮产业变革的核心驱动力量。此外，教育部、国家发展改革委、财政部联合发布了《关于"双一流"建设高校促进学科融合加快人工智能领域研究生培养的若干意见》，提出要构建基础理论人才与"人工智能+X"复合型人才并重的培养体系，探索深度融合的学科建设和人才培养新模式。2020 年 7 月，国家标准化管理委员会、中央网信办、国家发展改革委、科技部、工业和信息化部联合印发《国家新一代人工智能标准体系建设指南》(国标委联〔2020〕35 号)，以加强人工智能领域标准化顶层设计，推动人工智能产业技术研发和标准制定，促进产业健康可持续发展。

3.6 本章小结

人工智能训练师职业的产生是人工智能技术与各个行业融合落地并成功应用的产物，人工智能训练师作为智能服务产品背后的关键人物之一，该职业的定义、相关工具使用、相关工作流程、具体实施内容、考核标准逐渐清晰明朗，对于人工智能训练师们来说百益无害，也将势必推动人工智能技术与客户服务行业更深入地结合和发展，于国家社会将会带动大批的相关就业岗位，于企业将节约大量服务成本，同时给客户带来更好的服务体验。

第 4 章

AI技术在客户服务域的应用之顶层设计篇(上)

> 既要埋头拉车,更要抬头看路。
>
> ——笔者

人工智能训练工作是一项长期的系统工程,顶层设计与规划非常重要。很多人工智能训练师发现,随着智能化建设工作的开展,很多东西并没有在做顶层设计时考虑进来,比如:对于智能客户服务机器人来说,只考虑到了客户与机器人之间的衔接,忽略了未来机器人无法解决客户的问题后,需要将客户转接至人工座席队列;对于转接的客户群体来说,人工客户服务则需要其能够具备查看历史聊天记录及历史聊天记录摘要等功能。否则容易出现客户被转接至人工后,人工客户服务仍然以"您好,有什么可以帮助您?"作为开场,而非直接解决客户的问题,大大降低客户体验的同时,也会增加人工客户服务对于机器人的抗拒性。但当项目进行到这一阶段时,人工智能训练师又会因为受制于企业招标流程周期、项目规划与安排等情况导致补漏的重要功能引入被搁浅,最终导致智能化的建设出现问题。

出现上述问题的原因,其一是因为智能化项目建设的生命周期问题:智能化项目建设随着建设时间增加,建设的全貌也就更加清晰,智能化改造成本增加,甚至有些成本是将智能化推倒重来。其二是人工智能训练师团队没有在开展项目时做详细的产品、项目、训练、费用等必要要素论证,甚至有的都没有明确什么样的智能化产品适合自己,更没有进行详细的沙盘模拟。

4.1 智能服务顶层设计

4.1.1 智能服务顶层设计蓝图

智能服务的实施是一项系统工程,既然是系统工程,那么最忌讳毫无计划,随缘实施,干完就撤。系统工程的实施一定是以时间段为划分,而不是某个时间节点,想要干好,应先设计一张清晰的设计蓝图,并明确其中的里程碑节点。笔者团队根据既往智能项目实施及企业咨询经验,大致将设计蓝图(见图 4-1)分为智能服务全景定位、智能服务需求挖掘与转化、智能服务价值核算、智能服务实施方案选择、智能服务边界确认等 5 个大的里程碑。

图 4-1　智能服务顶层设计蓝图

(1) 智能服务全景定位包含对智能服务价值的理解、应用目标的理解、智能服务发展的理解、智能服务产品在服务全生命周期定位的理解、智能服务产品在服务应用体系规划的理解,最终产出智能服务全景图。

(2) 智能服务需求挖掘与转化包含如何使用调研工具、调研技巧,深入挖掘智能服务价值链各个对象对于智能服务的诉求与目标,将其转化为产品需求。

(3) 智能服务价值核算则是根据预期要采购的智能服务产品目标进行智能服务上线后对企业端、客户中心所产生的价值换算。

(4) 智能服务实施方案选择则是根据企业情况正确选择自研、外采及选择过程中所要重点监测的内容。

(5) 智能服务边界确认则是了解智能服务应用服务边界的作用及内容,并建立出一套边界控制计划。

需要注意的是,价值的核算、实施方案选择、服务边界确认这三个大的里程碑并非需要严格按照图示的逻辑顺序执行,不同的企业因为数字化、人工智能基础的背景不同,在选择上可能会多个里程碑并行,或在项目开始前就已经具备了某个里程碑的实施基础,这些都会影响实施顺序。

4.1.2　智能服务价值与目标浅析

所谓人工智能服务,即人工智能技术与服务模式叠加,那么我们应先了解服务的本质,服务在企业中是产品的延长线,即产品未能够满足客户诉求的时候,需要由服务来进行延伸;同时服务也是客户在企业体验产品时,当体验不完美的时候,帮助体验顺畅进行下去的首要解决思路。

人工智能技术的成熟并应用于客户服务行业,大大解决了客户服务数量供应与客户需求日益增长之间的矛盾,而智能服务产品的价值也被越来越多的企业认可。所谓智能服务,其本质也是一种价值交换,企业使用技术交换人工劳动力,再用智能产品与客户交换时间,最终企业获得了利益价值,客户获得了服务体验价值。

1. 智能服务产品在企业侧的价值体现

俞军曾经在《俞军产品方法论》一书中提及:企业以产品为媒介,与用户进行价值交换。智能服务产品也是如此,评价一个产品的好坏时,关键在于这个产品的价值。服务的本身其实就是价值的交换,客户交互时间,企业交换成本和盈利,产品则是承载交换的载体,所以想要探究一个产品是不是好产品,关键是对其价值的研究分析。需要注意的是,进行价值分析的过程中,需要将目光放在场景和人物上面,场景是产品使用依存的环境,人则是使用产品的人。任何产品都需要结合特定的场景和特定的人物进行分析,就好像一双皮鞋,它的制作工艺再顶级,价格再昂贵,如果让运动员穿上它去跑马拉松,那么这双皮鞋的价值也比不上一双普通的运动鞋。

此外,智能服务产品的用户对象不应该局限于客户服务中心服务的客户,企业、客户服务人员本身也是智能服务产品的用户。所以,我们还需要聚焦于智能服务产品的使用者——企业与客户服务人员。

因此,在企业侧,智能服务产品能够从两个角度帮助企业提升服务能力:扩展企业的服务宽度——在成本较低的情况下增加多种服务渠道;延长单一渠道的服务深度——消除服务痛点,提升服务体验。

1) 全渠道服务能效提升

随着中国互联网领域的高速发展和移动应用的普及,用户逐渐从计算机互联网向移动互联网迁移,使得客户服务中心的传统语音电话服务向移动互联网服务转型,进入全渠道的数字化时代。基于IT技术的发展,原来单渠道模式下"一对一"的语音客户服务转变为现在全渠道模式下"一对多"的网站在线客户服务,交互渠道包括微信、微博、网页、传真、E-mail、App等。

全渠道服务平台既包含了传统的客户服务渠道,又融入了新兴的社交媒体,并且将客户服务中心原有的用户数据、知识数据进一步整合,既提升了服务效率,又提升了客户的体验,因此成为新一代客户服务中心的主流模式。在这一转变的影响下,服务领域的运营思维和运营路径都在悄然改变。

在互联网技术发展和消费升级的背景下,客户往往希望能通过最便捷的方式与企业建立沟通,全渠道服务的目的在于丰富客户接触企业的方式,满足其对服务便捷性、一致性的需求。当然用户的行为都是随着意图的变化在不断改变,比如在用户生命周期的不同阶段,其需求都会呈现不同的特点。客户虽然来自不同的渠道,但他们都希望在每一个渠道上获取一致且高质量的服务。

全渠道服务不等于将所有的服务渠道进行叠加,全渠道服务运营的最大核心点在于运营思维的转变,即充分利用全渠道后台中的用户数据、渠道数据为用户提供良好的服务体验。

在全渠道运营思维的指导下，智能服务产品可以根据各个服务渠道的特点、企业业务的特点，以及用户的偏好特点，判断用户的来源、意图，将渠道、用户、业务动态匹配，同时避免各个渠道信息孤立，让客户的咨询数据在全渠道中互通、流转。同时，传统的服务渠道扩增，需要客户服务中心匹配大量的服务人力。如一个渠道原来需要配备 100 人，在不考虑边际管理成本的条件下，每多增加一个渠道需要额外增配 100 人，但如果各个渠道的服务都统一由人工智能训练师部门进行协同管理，不仅可以极大降低服务成本，还能够给客户带去 1+1>2 的服务效果。

全渠道协同服务体系可以通过如下几个案例来理解。

案例一

在客户账户被盗场景中，先由在线机器人确认被盗账户的基本情况，综合考量账户被盗场景中的关键因素，如账户金额、账户属性、欺诈、系统问题等，综合评出该服务案件的紧急程度。然后，收集服务的关键信息，如客户的手机号码、客户方便接听电话的时间。最后，通过智能工单路由至账户安全服务小组，由高级人工服务专员提供更加及时、精准的服务。

案例二

在物流配送场景中，尤其是商务活动聚集的配送区域，我们经常看到快递小哥需要挨个给客户拨打电话或者发送短信通知他们下楼取快递，这个过程将会极大降低快递的投送时效，很多时候也容易引起用户的投诉。使用人工智能技术后，当快递小哥到达派件区域后，通过企业配发的工作手机终端，对该区域内的收件人批量智能外呼，这样可以极大提升投递效率，同时也能有效降低因为投递慢而引发的线上投诉和服务压力。

案例三

在社交媒体投诉场景中，全媒体时代用户的行为较之以往发生了很大的变化，以往用户对于产品不满意会通过在线客户服务进行投诉，但现如今很多用户往往都喜欢发布在大众点评、微博、抖音等平台，表达自己的不满。因此，通过构建全渠道的服务体系，当有高风险案件的投诉发布在社交媒体时，能够与投诉解决、风控部门建立联系，第一时间安排服务专员致电客户，将问题和影响降到最低。

针对全渠道服务运营，企业应以相应渠道中的用户动态行为变化数据为基准，通过人工智能技术，对各个服务渠道协同链接，为用户提供质量高、体验佳的服务。所以，移动互联网时代的智能服务能够极大提升企业的服务宽度，同时节约大量人力。

2) 单一渠道服务体验优化

对于单一渠道来说，智能服务产品聚焦的对象是客户服务与客户。在企业侧的服务前端，智能服务产品主要包括智能语音门户和在线客户服务机器人。智能语音门户，也称智能 IVR 系统，即通过识别、理解用户意图，将客户的需求进行合理分类，传递到不同服务渠道并进行信息组合。在线客户服务机器人可直接回答客户问题或者辅助人工客户服务提供智能应答。在服务后端，主要的智能服务产品包括智能质检、现场智能监控、智能排班、智能舆情监控、智能知识库等。

单一渠道智能化产品的核心价值在于将渠道的服务能力做强、做深。当我们评价在线智能服务机器人的时候，往往先看它能够替代多少人力。但在实际情况中，在线机器人处理的业务范围是远远小于人工客户服务的，所以想要将服务做深，就需要转变思维，将智能产品的价值定位从替代人力转化为覆盖更多的业务场景，这样才能把单一渠道的服务能力做得更精准有效，带来更多服务效能和客户体验的双向提升。

2. 智能服务产品在客户侧的价值体现

对于客户侧来说，智能服务产品的主要价值体现在客户体验与服务价值转化两个方面。

1) 智能服务产品在客户体验方面的价值

要想使客户获得好的客户体验，首先要了解其对于服务的基本需求。

随着移动互联网带来信息接收的零门槛和社会化分工的日渐精细，客户很难深入了解企业的每个产品、每项规则，对于讲求效率和生活质量的现代人来说，迫切需要客户服务中心提供优质的服务方案，帮助其优化、节省在产品上投入的时间。客户服务能在第一时间帮助挽回损失，这种"雪中送炭"式的服务需求，当前已经迎来了爆发式的增长，而对于传统客户服务中心来说，通过快速解决客户问题来避免客户流失，这属于被动价值创造。

在客户服务中心的服务体系中，客户满意是其立身之根本。客户满意度是客户在实际服务过程中获得的体验与其在服务前预期的差异。若客户满意度低，则一定会导致客户对服务的不满，降低客户心中的服务价值。现在客户链接客户服务的机会越来越少，时间越来越短，需要客户服务中心把握住服务每一个客户的机会。

客户体验更多的是对服务全过程中所有体验因素的综合考虑，其本质是客户服务在服务过程中，客户满意度的更深层次体现。好的客户体验，至关重要的一点是要解决客户在服务过程的痛点问题。对于客户服务中心来说，这属于主动提供服务价值，通过给客户提供良好的服务体验，提高客户黏性。如上述案例中，客户发现账户被盗，此时用户进行截图操作后，需要第一时间寻求客户服务帮助。而对于现阶段多渠道的服务来说，尤其是在移动互联网设备上寻求服务帮助的用户，往往需要进行多次重复的返回操作才能进入服务咨询界面，这样的用户体验一定非常糟糕。假设系统在用户进行截图操作的场景预设了客户服务咨询的入口，当客户截图后，客户服务入口第一时间弹出，用户便能以最少的交互次数、最短的交互时间找到客户服务。这将极大提升客户对此次服务的体验度和满意度，会带来更强的客户黏性和更高的客户价值提升。

客户满意度注重的是服务结果，要求客户服务中心提供的服务方案从客户需求出发，不仅回答客户想知道的问题，还要对客户不知道但是需要知道的信息进行适时提示，变被动服务为主动服务;客户服务体验则注重服务过程,要求客户服务中心对客户服务全流程进行分析和管理,及时发现服务中的裂痕与痛点,进行优化改进,提升客户的体验感知。客户满意度为服务的根本,客户体验既是过程也是目标,服务过程和服务结果构成完整的服务全流程,只有做好满意度和客户体验管理,才能真正彰显服务的价值。

2) 智能服务产品在服务价值转化方面的探索

过去,付费服务在国内发展相较于欧美一直比较缓慢。相比之下,美国的开市客(Costco)超市通过会员付费服务获取盈利,让顾客享受更好的服务,这种服务方式在国外被广泛接受。但不同的国情下,过往这种服务模式却不太能够被国内用户接受,大多数国内的企业为了快速获取用户,不仅提供免费服务,还附赠大量优惠券,导致国内用户已经习惯于免费服务,不愿意付费。随着中国经济的不断发展,消费者消费能力的提升,移动互联网支付的优化,以及互联网企业对用户消费习惯的培养,如今的客户已经不再抵触网络付费,他们开始乐于为听歌、看电影、打车、点外卖等服务充值会员,以享受普通用户无法享受到的服务,这为付费服务的发展提供了机会。

以前,"成本中心"是客户服务中心无法摆脱的标签,但是从"成本中心"到"价值中心"的转型已经成为各个客户服务中心都需要面对的任务。付费服务的核心在于将服务环节中的价值转化为盈利。这种转化可以从客户层、客服人员层和客户服务生态层三个维度进行探索。

(1) 客户层。企业的客户可以按照年、季度、月等不同时间周期进行增值付费,成为 VIP、PLUS 等级的客户。付费客户可以享受到智能路由系统匹配的高星级客户服务,一些客户服务中心还能通过大数据和人工智能等技术对客户进行服务类型标签分析,以分析客户价值、年龄、消费偏好和沟通偏好等内容,匹配不同类型的服务人员。例如,为时尚潮流的客户匹配擅长使用时尚语言的客户服务,为理智沟通型的客户匹配语言简洁、思路清晰的客户服务。通过付费方式将客户与客户服务从兴趣爱好、沟通思维等多个角度进行大数据匹配,最终实现什么性格的客户能够由相似性格的客户服务人员提供服务,即所谓"千人千面"式的服务。客户层的付费服务应用,如图 4-2 所示。

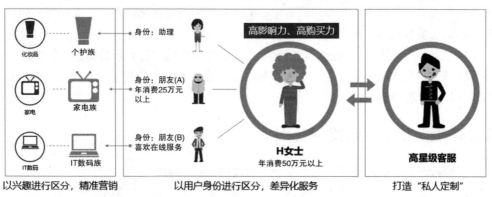

图 4-2 客户层的付费服务应用

(2) 客服人员层。可以借鉴餐饮服务行业中的"打赏"和"小费"等激励措施。客户服务中心可在客户服务页面提供服务人员的专业技能、服务满意度和当前排队人数等多个维度的信息，并配以专业的形象照片，让客户自行选择喜欢的服务人员；当服务结束后弹出服务评价页面，并增加对服务人员的打赏功能，客户可根据此次服务的效果与满意度自行选择礼品、适当金额等激励方式对服务人员进行打赏。客服人员层的付费服务应用，如图4-3所示。

图4-3　客服人员层的付费服务应用

(3) 客户服务生态层。所谓客户服务生态层是指对除客户与客服人员以外的所有服务价值链上的参与者进行服务价值探索与转化，如：智能服务产品可以通过个性化推荐和精准营销来提升服务价值。通过对用户行为和偏好的分析，智能服务产品可以向用户推荐最符合其需求的产品和服务，提高用户满意度和忠诚度。同时，智能服务产品还可以通过对用户行为和消费习惯的分析，进行精准营销，推广相关产品和服务，实现服务价值的转化。

此外，智能服务产品可以通过提高服务质量和效率来提升服务价值。智能服务产品可以采用人工智能技术，对客户服务中心的服务流程进行优化和升级，提高服务质量和效率，降低服务成本，进而提升服务价值。

智能服务产品还可以通过构建多元化的服务生态系统来提升服务价值。智能服务产品可以整合各类优质服务资源，打造服务生态系统，为用户提供全方位、一站式的服务体验，从而实现服务价值的最大化。

4.1.3　智能服务产品的发展历程

了解智能服务的应用发展需要从三个维度出发：认知层，系统层，运营层。认知决定行动，在客户中心发展的不同阶段，人们对于智能服务的理解是不一样的，特别在不同需求的背景下，客户中心对智能服务要求的侧重点也会不同。例如在智能服务发展的初期，人们通常会认为拥有自助服务系统就实现了智能化的服务。因此，系统就是实现认知的工具。而任何一个工具和系统都是需要运营的，例如在线IM(即时通信)系统在客户服务行业中是一个相当成熟的系统，几乎每家客户中心都有应用，但对于客户来说，体验却有好有坏，决定其差别的是各家运营能力的高低。所以当我们看待智能应用发展时，这三个维度是缺一不可、相辅相成的，智能服务体系的搭建精髓就在于此。

最初阶段的智能服务被定义为自助服务工具。传统的服务模式是客户服务一对一解决客户的问题，这样的模式需要将大量的人力投入到简单重复的服务当中去，不仅耗费大量人力，而且当客户的数量增加后，人工客户服务效率与服务质量的矛盾便凸显出来。如果能将这些简单重复的业务场景整理出来，由客户自助填写信息通过自主系统工具自动推送到相应小的服务组，则整个服务过程将如同工厂的流水线一般，复杂简单重复的内容交给机器，人工客户服务只处理关键的部分。自主系统能够极大提升人工客户服务的服务效率和客户满意度，而自主系统是否智能的关键点则在于自主系统中的业务流程是否能梳理为机器听得懂的1和0的逻辑？是否按照用户的习惯，是否从用户的维度去拆解业务而不是从客户服务的角度？这也是这一阶段智能服务运营人员的首要工作。

在智能服务的下一阶段，客户数量迅速增加，这给人工客户服务带来了巨大的服务压力，特别是在压力爆发点时，巨大的客户流量同时进线咨询，这时对于客户中心首要的目标就是保证效率和接听率。所以在这一阶段，客户中心对智能服务的诉求点是降低运营、人力成本，分担人工客户服务咨询流量。在这一需求背景下诞生的智能客户服务机器人主要为问答型机器人，客户进线咨询时，简单重复的问题由客户服务机器人回答，对于复杂的客户需求，则引导到人工服务，让人工从单一重复的基础劳动中解放出来去做更多有价值化的工作。问答机器人的工作原理是通过识别客户的问题，选取知识库里对应的答案给到客户。在答案选取的过程当中，运营人员对知识库的运营管理能力就决定了智能客户服务机器人给客户的体验好坏。知识库的运营管理可以按照下述的6个步骤来进行：第一，划分机器人的业务处理范围，简单重复的业务场景可以由机器人应答，例如政策解释，而复杂交互的流程则由人工应答，例如投诉。第二，业务场景拆解，即制定客户服务机器人的应答规则。第三，用户日志分析，从客户角度出发，探索客户对服务的诉求，使得客户服务机器人更加贴近于客户的咨询习惯。第四，业务场景划分，整理客户咨询的问题，归入到具体的业务场景中，同时客户服务机器人对业务场景的覆盖率也是机器人的一个重要管理指标。第五，业务知识管理，通过前4个步骤，我们整理出了客户服务机器人的应答知识，那么智能客户服务机器人如何将知识发送给客户呢？就需要对具体的知识板块做分析和管理，比如一问一答的问题需要使用FAQ，自助服务类需要客户填写自助表单等。最后是全流程的动态运营。知识库的运营管理核心是要从客户的角度出发，客户在不同时代对服务的要求是不一样的，所以知识库的管理一定是需要不断迭代，不断更新完善的。

在当前的智能服务阶段，通信工具从电话、短信、QQ、邮件到飞信、微博、微信等日新月异地演化，在给沟通带来便捷的同时更给客户服务行业带来了巨大的挑战，全渠道多媒体的客户服务运营应运而生,在这一阶段下的智能服务将不再是一个单独的系统,而是全流程的人工智能+的应用。例如,人工智能+质检的智能质检,人工智能+知识库的智能知识库。除了认知和系统外,智能服务的运营也发生了巨大的变化,例如人工智能+在线系统的智能人机结合系统。在一线客户服务接线的过程中,后台的智能服务系统会实时读取客户的咨询内容,实时从知识库选取合适的答案推送给一线客户服务。如果一线客户服务觉得答案合适,直接通过鼠标点选答案发送给客户。如果一条答案在应答过程中,有很多的客户服务都选择了,后台系统会自动记录下来,这条答案会做相应的高频率推荐,相反如果一条答案,很少有客户服务选择的话,系统将会自主优化迭代答案。

在这一阶段,整个服务领域向 AI 深度发展的今天,人工智能在客户中心的应用将不像以往那样以单独的系统或者单独的运营形式出现。智能服务将以产品的形式渗透到客户服务中心的方方面面,以产品的视角和思维规划、设计、运营智能服务。其如同庞大的神经网络,伸展着,探索着触达到各端,帮助客户服务中心在一波又一波的浪潮中屹立。

4.2 智能服务产品在服务全生命周期中的定位

智能服务产品首先要架构在人工服务之上,人工服务又源自企业服务全生命周期各个分支环节,从其生命周期视角来看包括服务前、服务中、服务后。将整个生命周期与服务模式进行整合后可得出各个分支中所主要涵盖的服务内容。

- 服务前:包括客户服务的培训与服务入口。
- 服务中:包括机器人接待、人工接待。
- 服务后:包括服务质检、服务回访、员工考核等。

然后,将人工智能技术与服务周期的各个分支环节进行叠加赋能改造,便可建设出智能服务在服务全生命周期中的应用矩阵图,如图4-4所示。

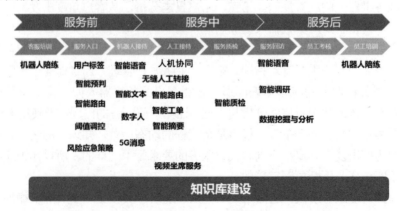

图 4-4　智能服务在服务全生命周期中的应用矩阵图

各服务环节的智能服务应用,如图4-5所示。

图4-5 各服务环节的智能服务应用

4.3 智能服务产品在客户服务建设体系中的应用模式

随着人工智能技术在客户服务行业深度落地,以及新成果的不断出现,客户服务中心从劳动密集型向科技密集型转型已然成为趋势。而人工智能在服务领域对人工的替代将是一个漫长且逐步演进的过程。现阶段,人工智能给客户服务行业带来的更多的是解放人工劳动力,机器来承担原本属于人工的机械重复性工作,而让人工客户服务承担更多、更有价值的工作。目前,在客户服务建设体系中,智能服务产品较为成熟的应用模式有以下两种。

1. "一即是多"的智能服务应用模式

"一即是多"的应用模式,常见于企业较早应用智能服务产品或者企业业务较为单一的情形中,即在客户服务中心全生命周期服务体系中的各个环节,选择一种或多种较为成熟的智能服务产品直接应用于实践,但各个智能化产品之间互不打通,不产生直接联系。"一即是多"的应用模式(见图4-6)根据应用目的大致分为问题解决体系、主动服务体系、异常监控体系、体验改进体系、口碑保障体系。

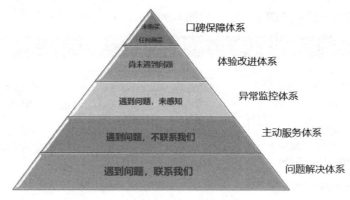

图 4-6 "一即是多"的应用模式

(一) 问题解决体系

客户遇到问题向客户服务中心寻求帮助，客户服务中心可以通过智能工具(如文本机器人、智能 IVR 语音导航等)为客户提供服务。

1) 文本机器人

工作强度大、工资待遇低、负面情绪多、晋升路线不明确、工作内容枯燥乏味，是大多数客户服务从业人员职业前景黯淡的主要原因。而招人难、培训成本高、工作效率低、数据质检绩效太耗时等问题，更是客户服务中心日常工作中挥之不去的阴影。

文本机器人结合自然语言处理技术和语义理解，实现文本机器人对自然语言的理解与输出，识别用户需求，为用户提供自助在线服务。文本机器人的核心在于听懂用户的语言，其主要面临语言多样性、语义多样性、上下文情景复杂性、文法错误、知识图谱构建、交互技术、深度学习优化等几大核心挑战，这也是未来在线文本机器人技术的重点优化方向，这一核心技术领域更多地面向于底层技术，突破的核心在于高质量、大规模的数据提供与算法的深度优化，这需要通用型厂家(如阿里巴巴、百度等)。

如：某电商企业利用文本机器人为客户提供售前服务环节中的商品及折扣咨询信息，通过大促活动来吸引更多的用户。在大促活动当天，针对当天进线咨询的客户，提供了商品及折扣咨询信息。这些信息是通过文本机器人自动回复的，为客户提供了高效、快速的服务体验，据统计机器人的服务量达到了 632 万人次，占整体服务总量的 95%。

2) 智能 IVR 语音导航

交互式语音应答(interactive voice response，IVR)，是一种功能强大的电话自动语音导航服务系统。它用预先录制或文本转语音(text to speech，TTS)技术合成的语音进行自动应答，为客户提供菜单导航功能，主要应用于呼叫中心系统。伴随着客户服务中心的诞生，IVR 系统便一直存在。IVR 系统又分为前置和后置两种：前置 IVR 是语音先进入系统进行处理，在无法解决客户问题的情况下才转入人工座席；后置 IVR 是指 IVR 与人工座席处在平等的位置，人工数量无法满足客户入话时转入 IVR，主要是为了在客户服务处于忙碌状态时延缓接入时间。多年来，由于用户"转人工"的使用习惯及 IVR 流程使用的复杂性，这种单一地应对业务增长的模式越来越跟不上时代的步伐。同时，传统客户服务虽然不断地对 IVR 的菜单路径及层级进行优化，但随着企业业务越来越庞大，这种优化也遭遇了"天花板效应"，用户面对日益臃肿的 IVR 菜单，越来越没有耐性跟随语音提示走到最终的功能节点，这也导致用户更加愿意直接转到人工座席来完成自己的服务诉求。直到"人工智能+IVR"的出现，使得 IVR 技术迎来重生。

智能 IVR 语音导航(人工智能+IVR)，是通过语音识别和语义理解技术的综合应用，让客户不用传统按键模式而是用语音的方式完成需求的交互，然后系统实现客户需求的最优分发或问题解决。智能 IVR 语音导航的核心在于客户语音转为文本，其主要面临语音通信过程中的多噪声、复杂环境音、方言等围绕语音技术的挑战。语音转文本技术领域更多需要聚焦于语音技术本身，突破的核心虽同样是高质量、大规模数据提供与算法的深度优化，但垂直领域专业厂商都更加适合，如科大讯飞提供的语音转文本引擎等。

如某通信公司，通过将传统 IVR 导航升级成智能语音导航，逐步扩大智能应答/导航服务范围的同时，用户满意度开始快速提升，业务的上线时间也相应地缩短，极大地提升了效率。而且智能化产品训练与运营速度突飞猛进，目前已经具备了自主训练语音模型的能力。

(二) 主动服务体系

客户遇到了问题，但未与客户中心取得联系，客户中心可借助智能外呼机器人，帮助该类客户及时处理问题。

智能外呼语音机器人，是综合应用语音识别(ASR)、语音合成(TTS)、语义处理(NLP)、自然语言理解(NLU)等一系列技术，基于特定语音服务渠道打造出的机器人。如果说在线服务机器人最终追求的是服务场景的覆盖率，那么它覆盖越多的场景，回答的问题就越多，相应带来的成效也就越大。而智能语音机器人聚焦的是颗粒度较大的场景，如营销回访、满意度调查，或者特定场景的交互。通过对整个服务场景的服务内容进行拆分，预估客户在此服务场景中所有会问的问题，提前设置相应的回复。如果是外呼机器人，该服务场景需要根据以往人工客户服务的服务流程及人工客户服务服务话术进行设计，如满意度随访、产品营销等，在外呼机器人与客户交互的过程中，针对客户每一句话的实际意图去匹配属于该服务场景中的哪一段流程，再用语音合成技术将预先设置好的对应流程的回复内容以固定话术进行拟人化播报。外呼语音机器人与智能语音系统/智能 IVR 的技术架构一致，其核心技术一方面受限制于 ASR 语音转文本的能力，另一方面因其自动化外呼服务的特性，还受限于跨系统之间的互通。

如某银行，针对信用卡大额刷卡异常行为，运用智能语音外呼机器人实现即时动态提醒，实现日呼出上万通提醒服务，信用卡盗刷投诉率同比大幅下降。

(三) 异常监控体系

使用智能质检或智能舆情工具实时监控将客户问题解决在萌芽时期。

1) 智能质检

服务质量是传统客户服务中心考核客户体验的关键指标,这一指标不仅能衡量服务结果的好坏,而且对运营管理也具有重要意义。

传统的质量管理方式存在效率低、成本高、录音抽检比例低、质检结果统计难、质检公平难以保障等问题,一直是客户服务中心质检环节的痛点。在企业中,质控人员一般是以 1%～10% 的比例在数据池中随机抽取服务案例进行质检,但是有问题的服务抽不到,抽到的大都没有问题,这是质控人员常常遇到的尴尬境况。对于一线客户服务来说,即使在服务过程中辱骂了客户,但只要客户不主动投诉,一线客户服务只会有很小的概率被质控人员抽查到,这些当下被忽略的服务问题,很可能成为今后的口碑隐患。

在智能质检系统的帮助下,质控服务迎来了质的变化。客户服务在服务客户的过程中,人工智能系统会在背后监督整个服务过程,如果客户发怒或者情绪发生了变化,人工智能系统会主动监控到这一情况,并把该服务列为疑似有问题的服务。而质控人员的工作则是每天将人工智能系统推送的疑似有问题的服务抽取出来,根据质检标准进行二次复盘,发现确实有问题的就交给专家型人工客户服务跟进处理。在这种模式下,质控人员的抽检范围从全局中的少量案例变为全局中所有疑似有问题的服务,无论是质控人员的处理效率还是客户问题的处理进度都将得到极大提高。

对于语音质检来说,只要先把文字质检的系统及插件打磨完善,在文字质检的插件上增加一个语音转文字的系统,无论是服务结束后的全量质检,还是服务过程中的语音质检,都先由语音转文字的系统将对话内容实时转化成文字,再由文字质检系统进行实时的分析。需要注意,语音质检不是单纯的文字质检应用,除语音识别能力外,还可以考虑业务场景或者一些通用的规则,如情绪识别,可以通过对客户及客户服务语音波纹的波谷和波峰进行大数据分析比对,分析出客户发怒的波谷和波峰,当声纹触碰到这个波谷或波峰的时候,系统就认为客户的情绪已经发生了极大的变化,甚至处于愤怒的状态中,发出警告提醒服务人员或者班组长注意。

从质检角度来说,智能质检可以用在服务过程中及服务过程后。从质检的范围来讲,它既可以涵盖客户情绪监测,又可以基于客户服务中心对服务质量的要求,把质检规则固化到系统当中。从服务的渠道上来说,智能质检既可用于在线又能用于语音。对于智能巡检来说,将质检系统作为插件导入人工客户服务的座席工作台当中,当人工客户服务与客户实时进行沟通交流时,每一条话语都会经过质检系统的筛查,当客户的情绪出现波动,或者客户服务的话语触碰了质检机制时,巡检系统以标红的形式进行提示。同时,还可以将质检规则按照严重程度进行分级,当巡检系统检查到客户服务触碰高等级质检规则时,质检系统可以将该人工座席工作台账户名称发送至对应的班组长处,让班组长及时进行服务干预,将严重投诉扼杀在摇篮中。

如：某保险公司基于座席和客户对话，实现语音流的情绪、语速、敏感词等多维度内容的实时质检，检测座席和用户之间的通话，提醒座席相关对话是否违规。通过归档录音、ASR 转译后的文字实现全量 AI 质检，质检规则高度可配置，质检问题与工单系统对接，AI 质检与人工质检双分制。同时，结合人工质检平台，实现传统的申述、查询等业务对接。

2) 智能舆情系统

智能舆情系统，在本质上与智能质检系统相似，不同点在于智能质检的对象是服务人员，其目标是提升服务质量。而舆情监控的对象主要是客户，其目标是将可能影响企业形象的内容处理在萌芽之中，防止影响扩大。

智能舆情系统需要将舆情规则泛化在系统中，通过自然语言技术对客户中心在全媒体渠道上的内容进行搜索。例如，在贴吧、微博、微信公众号、论坛等平台中，将涉及违反规则的内容检索出来，将其对应的渠道信息及内容信息发送至舆情团队，让舆情团队能够在负面事态还未发酵的时候做出反应，及时处理对企业不利的舆情。

如某视频播放企业通过智能舆情技术监测流量作弊行为，有效减少因流量作弊带来的经济损失、正常用户对产品的判定标准失衡、企业信誉受损舆情案例发酵带来的影响。

又如某电商企业通过智能舆情系统发现客户购买正品显卡后，通过调包的方式将假的显卡退货至企业，在事后通过贴吧将整个调包过程记录进行炫耀，引起其他购买显卡客户的恐慌，并引发小规模的投诉，舆情系统监控发现之后客户服务中心迅速采取措施，避免舆情扩大。

(四) 体验改进体系

使用智能工单系统、智能聊天历史记录摘要挖掘原有服务过程中的服务痛点，改进服务体系。

1) 智能工单系统

对于人工座席来说，最怕遇到的问题就是需要在后台操作多个系统进行组合式查询后才能得到答案。例如，客户进线要求开具发票，客户服务需要先进行第一轮交互，确定客户所需要的发票类型——个人发票、企业普通发票、企业专用发票；核对客户需要开具发票的订单，核对成功后，将客户开具发票需要的所有信息以话术方式返回至客户；客户填写后，客户服务人员操作工单系统进行咨询升级。对客户服务来说，这样的操作非常耗时，而且任何一处核对不仔细就容易出现问题；对于客户来说，等待时间长，而且必须联系人工座席，赶上业务高峰期，等待时间会更加难以忍耐。智能工单系统可以对客户与客户服务交互过程中所有涉及工单或者升级服务的流程打通，应用人工智能技术对需要的信息进行自动匹配与校准，彻底解放客户服务，让客户在最省力的情况下迅速完成开票过程。

有了智能工单系统，客户进行咨询时，只要提及需要工单服务，系统就会根据工单服务的规则验证该订单能否进行工单操作。若验证失败，直接返回错误原因；若验证成功，则自动将预先设置好的工单场景规则信息推送至客户，客户按照规则填写个人信息，在同一个页面进行校准，确认无误后系统直接完成推送，同步告知客户工单申请结果与工单产生内容结果的时效，以及结果信息的查阅位置。对于客户服务来说，能够解放劳动力，也不用再进行多个后台系统的切换操作，让服务流程变得井然有序。而对于客户来说，可在无等待情况下完成申请，并且能够立刻确认申请信息是否正确，同时不用来回切换跳转页面，即可获得服务结果与服务时效的双重满意。

工单系统有两个应用方向：一个是作为人工座席工作台的服务插件，当客户咨询时由人工座席推送插件进行智能工单服务；另一个是将插件融入各个独立服务模块，如与智能服务机器人融合，使得智能服务机器人的业务场景更加深入，与自助服务中对应的业务模块融合，让客户不再只能从自助服务中获取一篇关于申请发票的说明文字，而是能够直接通过一步一步地点选，在一个页面完成服务申请。

申请发票只是智能工单应用中的一个成功案例。在电子商务领域中，智能工单系统还包括修改收件地址、提交价格保护等应用。只要是需要跨越多个系统、进行多个流程操作的工单服务场景，都能应用智能工单系统进行尝试。

2) 智能聊天历史记录摘要

移动互联网时代，客户的咨询往往是碎片化的，如客户遇到不太紧急的问题时，可能在一天或者几天当中多次进线咨询。这种服务案例对于人工客户服务来说是一个非常大的挑战。人工客户服务接待客户时，往往会在第一时间说："您好，请问有什么可以帮助您的？"这句开头服务话术对于咨询新问题的客户来说是没问题的，但如果是同一位客户短时间内多次进线，还用该话术让客户重复自己遇到的问题，客户的体验感会非常差。人工客户服务在服务过程中所面对的是一个很多客户进线的高并发现场，并且客户服务中心对于每一个进线客户的首次响应时间往往有很苛刻的考核要求，这就导致人工客户服务基本没有时间去查询浏览客户以往的历史聊天记录。

智能聊天历史记录摘要插件能够很好地解决上述问题。当客户进线后，系统自动识别该客户的账户在系统中是否有历史聊天记录，同时匹配客户关系管理(CRM)系统或者企业资源计划(ERP)系统进行关联，查询客户以往咨询的主要问题是什么，以及上一次咨询问题的处理结果与处理进度，从而极大地提高人工客户服务的工作效率与客户的满意度。

如某电商企业，通过打通客户服务之间、智能客服与客户服务座席之间的历史摘要环节，15秒/20秒响应率提升25%，人工服务座席二次让客户复述问题的情况降低53%，极大提升服务效率与满意度。

(五) 口碑保障体系

使用智能评价邀请对客户评价进行收集，使用智能语音等多个工具对内部员工进行服务辅助等。

智能评价邀请能够解决客户服务座席不主动邀评、客户参评率较低的问题，其可在人工客户服务结束服务后自动发送评价邀请，如当客户服务为客户推送问题答案后，一段时间内如果客户没有再次回复，系统便默认客户的问题已经得到了解决，会自动触发智能评价邀请。又或者当客户服务为客户提供解决方案后，客户服务给客户发送"您还有其他问题需要解决吗？"类似确认话术，这个时候客户如果回答"没有"或者"谢谢"等具有指向问题圆满解决的话语，也会触发智能系统发出评价邀请。智能评价邀请插件通过对服务流程是否结束的客观判定，可以保证所有的服务都有相同的概率得到客户的评价，以此保证客户服务中心得到评价的数量最多、最客观、最能体现客户意志。

2. "多即是一"的智能服务应用模式

第二种应用模式则是**"多即是一"**，在多个单一智能服务产品已经成熟应用的时期和阶段，从客户服务旅行历程出发，找到当前服务的**"断点"**所在，将多个智能服务产品与人工服务进行叠加。

1) 单一智能应用中的叠加

如：客户进线后先由智能在线(问答)机器人进行接待和解答，当客户的问题超出机器人的业务范围或客户咨询的问题不适合机器人解答时，智能转人工插件主动无缝地将客户电话转交到人工座席，并且通过智能咨询摘要插件将客户咨询问题的摘要总结后推送给人工座席。

智能机器人助理预设在人工座席工作台的后台，由人工客户服务进行客户接待，同时助理机器人也会对客户的问题进行分析、识别意图，并在智能知识库中检索答案，把其中最优的答案弹出。人工客户服务如果认可该答案，点击弹窗即能将答案自动导入对话窗口，此时可选择对答案进行加工或直接发送给客户。

对于需要人工客户服务操作内部系统工单服务的问题，可直接由智能工单插件收集客户工单相关数据，并且无缝完成工单发送操作。

当客户问题得到解决或者人工客户服务已提供解决策略但客户长时间未回答等类似服务待结束场景时，系统会发送智能邀请评价，避免人工客户服务有选择地邀请客户评价而导致满意度评价无法真正衡量客户服务水平的情况出现。

2) 多智能应用的贯通与叠加

当下，因为服务渠道、服务触点是多样化的，且在线服务、语音服务、视频座席服务各种模式所能够承载的服务信息是有限的，导致许多业务场景不再是单一孤立的存在形式，很多时候需要多种信息模态的结合才能处理。例如：当客户通过在线服务想要办理被锁定银行卡的密码解除业务，往往不能直接在线上解决，人工客户服务会将客户转接至视频风控环节进行业务办理人员身份的验证，验证通过后才能为客户继续办理。人工智能在遇到上述场景的时候，同样也需要进行不同模型信息下的智能应用转接与叠加，方能减少客户转接人工服务的数量。

以下为笔者团队在既往项目中常见的几种多智能应用的贯通与叠加。

(1) 文本机器人与外呼语音机器人的贯通与叠加。

例如客户通过文本机器人办理开发票或者在线抢票的某项非立即完成的业务，即从业务发起到业务完结需要一定的时间周期。在客户结束咨询到业务办理成功的这段时间内，客户会很关心业务办理的进度，由此多次进线咨询。这时咨询过程就会变得复杂，我们可以在业务办理完结时启用外呼机器人，即当该项业务办理完成后，文本机器人自动向该客户发起一通智能外呼语音的电话，告知客户业务已经办理成功，可通过App或者官网进行查阅。

(2) 文本机器人与智能IVR应用的贯通与叠加。

同以上述场景为例，客户第一次进线可能因为不方便打电话选择了在线网络沟通，二次进线咨询时可能会选择电话渠道与方式，此时智能文本机器人若能将当前业务办理情况及进展与智能IVR系统进行叠加，则客户接通智能IVR系统时尚未开口询问，人工智能便会语音告知客户其业务当前的办理进展。

(3) 文本机器人与视频座席应用的贯通与叠加。

文本机器人与视频座席的贯通一般出现于一些需对客户进行身份验证的场景，文本机器人将客户转接视频座席通过相关身份识别认证后，继续为客户办理相关业务。

3) 跨模态信息叠加的服务模式：5G消息

5G消息概念首次出现于我国三大基础电信企业共同发布的《5G消息白皮书》，该消息服务基于GSMA RCS及相关标准实现，是能与短彩信等基础电信业务协同开展的业务。5G消息业务包括个人消息业务和行业消息业务，其中个人消息业务是指个人用户与个人用户之间交互的消息，包括点对点消息、群发消息及群聊。行业消息业务是指行业客户与个人用户之间交互的消息。两类消息均支持文本图片、音视频、位置等多种媒体格式。

5G消息的服务模式是一种可以进行主动全覆盖的多模态信息融合下的服务模式，其不受时间、地域、网络条件的限制。接受者即使在没有网络的条件下依然可以收发短信；其可以主动将信息推送至指定接受对象的手机中，不需要接收对象关注或添加好友。对于需要实时获取用户位置等关键信息的场景，5G消息的服务优势要强于一些常见的智能服务应用。

例如火灾时，用户第一时间拨打应急电话服务，可在通话过程中通过5G消息进行位置定位、图像和视频等信息交互。

4) 跨模态信息叠加的服务模式：虚拟数字人

数字人是指以数字形式存在于数字空间中，具有拟人或真人的外貌、行为和特点的虚拟人物，也称之为虚拟形象、数字虚拟人、虚拟数字人等。数字人的核心技术主要包括计算机图形学、动作捕捉、图像渲染、AI等。数字人有人的外观，具有人的相貌、性别和性格等人物特征。能够模仿人的行为，具有语言、面部表情和肢体动作的能力。具有人的思想，具有识别外界环境并与人交流互动的能力。在客户服务的过程中，其宛如真人面对面服务，集合了文本、语音、视频所有服务模态所必需的信息要素，能够尽最大可能解决客户的问题。

弱人工智能技术在感知智能方面确实已经非常成熟，但要达到强人工智能的决策智能还要走较长的一段路，决策智能的深度应用是决定"AI+"服务应用实际效果的关键。在这两种应用模式的指导下，无论是单一智能服务或者多个"智能服务+人机协同"，都能够在某些场景下解决客户的问题。但无论是单一智能抑或是多个智能的叠加，与人工服务的协同都应该是重点考虑的部分。人工与智能系统，两者各有优势，智能系统不需要休息，解决大量简单重复的问题是其拿手的，但是遇到需要情感交流和进行问题分析的业务场景还需要人工客户服务。人机结合的模式，就像是给人工服务换上了飞机引擎，将人工智能的识别能力、储存能力、运算能力全方位地赋予人工客户服务，简单重复的问题由人工智能去进行解答，而疑难的、需要多次判断的问题交给人工客户服务，使客户在享受快速、高质量服务的同时，又能感受到与真人交互的温度。

未来，智能服务产品将部分替代人工服务，与人工客户服务交互结盟为最紧密的伙伴，人机协同工作，将简单、重复、高频的问题交给人工智能系统，让人工客户服务回归到更有价值的工作当中。

4.4 智能服务全景图

智能服务全景定位的核心目标是产出单一智能服务产品的全景图，又称为智能服务建设的全景图。一般来说，每个智能服务产品的建设全景图在大的内容逻辑方向上是一致的，但在具体内容实施上面又会存在一些差异。如今的智能客户服务产品市场，没有一个词语比"星月辉映"更为准确。月亮代表的是在线服务机器人，这是智能服务产品最开始的起源，剩余的智能预判、情绪识别、智能质检、语音系统好比一颗一颗的星星，根据其影响大小决定亮度的明暗，其中智能外呼这颗星又格外耀眼，接下来笔者将以在线机器人、外呼语音机器人为蓝本探讨智能服务全景图的内容。

1. 在线机器人智能服务全景图

在线机器人智能服务全景图包括知识输入、知识输出、服务能力、服务场景、服务流转、服务边界等内容，如图4-7所示。

(1) 知识输入：智能服务的知识输入通俗就是智能服务产品的业务知识来源于何处，如智能客户服务机器人知识库、自助服务知识库、人工客户服务知识库等。

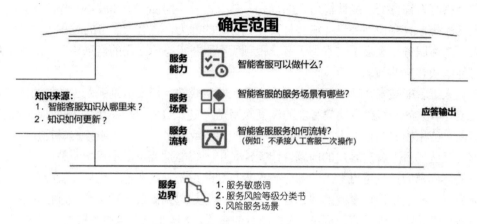

图 4-7 在线机器人智能服务全景图

(2) 知识输出：即智能服务知识的应用层，如企业客户、客户服务、第三方商家、其他人员，尤其当机器人服务的对象不同时，机器人定位和能力(包括应答方式)都会有很大的区别。

唯有明确知识输入与输出原理，了解客户服务痛点，再结合最优的工具才能进行智能服务产品设计。例如：在营销类服务中，客户、客户服务、营销活动部门三者之间的信息不对称，往往造成当客户进线咨询相关营销活动时，客户服务不知道应该如何应答。但在线机器人却能 7×24 小时不间断收集客户信息，只要应用得当，就可以将客户信息收集前置，在最短时间内收集到客户对各个营销活动的服务诉求，提供给客户服务人员。通过加速服务需求收集的迭代速度来缩短客户、客户服务、营销活动部门之间的距离。

(3) 服务能力：服务能力代表了机器人需要做什么？偏向于分流能力，那么机器人就应该重点聚焦于高峰咨询场景能力的打造与场景覆盖；偏向于营销能力，机器人则应聚焦于对意向客户识别的逻辑设置，将高意向客户在前置服务介绍完成后转接至对应销售代表的服务队列当中去。人工智能训练师们要始终明确机器人并不是万能的，也无法完全取代人工，其服务价值也好，核心的能力考核也好，最终都应该回归到最初的能力定位上去，所以一个在线机器人服务的好与坏，更多地取决于客户中心对于智能服务产品的服务定位。

(4) 服务场景：在线机器人的服务场景初期一般定位为简单、高频类的服务场景，如智能问答、智能助理、工单处理等。

(5) 服务流转：在线机器人的服务流转本质是数据的流转，包括咨询类、"咨询+操作类"、操作类业务信息的流转。咨询类即机器人与客户交互中的内容只涉及咨询类的问题，即不需要进行二次操作的业务，例如简单、常见问题应答交互；而操作类场景大多数出现于人工服务中，需要人工客户服务将客户服务诉求转入其他部门处理并跟进。操作类与咨询类业务之间的边界并非一直不变，例如在智能客户服务机器人中的智能工单系统，当客户触发工单场景，智能客户服务机器人向客户推送结构化工单，客户自行填写信息完毕，系统将工单流转至相应部门处理。

(6) 服务边界：明确机器人的服务边界是指明确机器人所能提供的服务类型和具体内容，以及具体类型或内容的使用方法，它是机器人服务与人工服务之间的一条分界线，通过定义机器人的服务边界，可以确保人工服务与机器人服务之间分工明确、减少冲突，更重要的是确保客户的体验，从而提升机器人服务的稳定性和可靠性。不同类型的机器人边界的具体内容大不相同，但一般需包含服务敏感词、服务风险等级分类书、风险服务场景等要素。

2. 智能外呼机器人全景图

智能外呼机器人全景图，如图 4-8 所示。具体包括以下内容。

(1) 智能外呼的启动策略：包括①业务系统响应启动，如当客户发生对异常账户转账情况时，由风控系统响应启动智能外呼，提醒机器人拨打客户电话，提醒客户当前正在向异常账户进行转账；②业务计划响应启动，如金融公司从业务数据库中筛选账户沉睡客户，通过智能外呼询问客户沉睡原因并记录，根据沉睡原因进行定向用户唤醒计划。外呼启动策略的目的是维护一个高质量的企业外呼号码池。

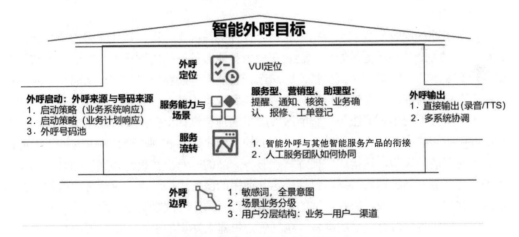

图 4-8　智能外呼机器人全景图

(2) 智能外呼定位：智能外呼不同于在线文本机器人，在线文本机器人是客户主动进线咨询，而外呼机器人则是企业主动接触客户，两者在咨询主动性上完全不同，因此其 VUI 设计定位非常关键。

(3) 智能外呼服务能力与场景：从服务能力上看，外呼应用分为服务型、营销型、助理型的外呼应用；从场景上看，智能外呼可细分为服务提醒、服务通知、业务核资、业务确认、报修、工单登记等。

(4) 服务流转：包括智能外呼与其他智能服务产品之间的衔接，如营销型智能外呼，需要客户对购买服务进行确认，但直接通过语音方式确认不够严谨，因此智能外呼还需要调用短信系统、微信公众号系统将账单发送至客户,客户通过阅读文字进行确认。智能外呼与人工服务团队协同工作主要有两种方式。一种是智能外呼过程中时刻有人工服务团队进行 1:10 或者某一固定比例的监控,当外呼需要转接人工时,实时转接至空闲监控的座席。另一种则是智能外呼主动挂断电话,如:对客户说,您的诉求我已帮您记录,稍后将由我司的高级客户服务与您联系,随后挂断电话;由人工服务团队整理外呼名单,在规定的业务时间内再次联系客户。

(5) 外呼输出:智能外呼输出主要有直接输出和多系统协调输出两种,前者是由智能外呼系统直接进行应答,应答的语音可来自人工客户服务提前录音,也可以由 TTS 直接合成;后者则是通过调动其他业务系统进行联动。

(6) 外呼边界:一通智能外呼往往只能完成单一的业务,但是客户会认为这就是客户服务,因此常常发生客户回答或者咨询的问题超过智能外呼的业务范畴。由此可见,智能外呼的边界设计与响应策略非常重要,主要包括敏感词、全景意图(即在整通外呼过程中提及某一些意图要优先响应)等。

4.5 本章小结

低头走路的同时,我们也要抬头看路。在许多情况下,选择往往比努力更重要,尤其在智能服务产品领域更是如此。企业在使用智能服务产品的过程中,本质上是与智能服务产品及客户之间进行价值交换。客户选择智能服务能够节省时间,从而获取时间价值;企业选择智能服务能够降低服务成本,获取成本价值。

为了有效地使用智能服务,智能服务应用的顶层设计至关重要。一个优秀的顶层设计能够明确智能产品的方向,提供一个全面的视角来评估和规划产品,并有助于提前识别和应对可能的风险,这构成了训练智能服务产品的基石。在设计顶层规划时,首先要明确智能服务产品的训练目标,包括确定其适用的服务周期节点、目标客户群体,并满足这些客户的服务需求。所有后续的训练工作都必须始终围绕这个目标进行。其次,需要为整个训练流程做好充足的准备,包括确定机器人知识的来源、输出渠道和方式。还需明确智能服务与人工服务之间的关系和协作方式,尽可能识别并避免两个服务渠道(智能服务与人工服务)之间可能存在的断点,以防止服务割裂的出现。此外,服务边界的设计是识别和管理智能服务中潜在风险的关键。综合考虑上述因素后,我们能够绘制出智能服务训练的全景图。每个被规划应用的智能服务产品,都需要有一张专属于它的智能服务全景建设图。

第 5 章

AI技术在客户服务领域的应用之顶层设计篇(下)

> 有的人从《战争与和平》里看到的只是一个普通的冒险故事,有的人则能通过阅读口香糖包装纸上的成分表来解开宇宙的奥秘。
>
> ——莱克斯·卢瑟

在智能服务顶层设计蓝图中的第二大里程碑当中,训练师完成智能服务全景图的思考之后需要开始细化智能服务产品的实际需求,需求则来自智能服务价值链各个对象对于智能服务的诉求与目标,但光有用户需求还不够,还需要人工智能训练师具备解读真实需求的能力。

人工智能的核心是什么?被大众广泛接受的说法是人工智能是"算法、数据、知识"三者的有机结合。从人工智能的底层算法技术出发,我们会发现绝大多数人工智能项目几乎能够归档为三大类:文字类(文本机器人、ChatGPT、文本质检)、语音类(智能外呼、智能呼入)、图像视频类(人脸识别、数字人等)。同样,在数据和知识上也是以这三大类进行呈现,数据分为文字数据、语音数据、图像视频数据,知识分为文字业务知识、语音知识、图像视频知识。同理,我们将人工智能训练师划分为文字类人工智能训练师、语音类人工智能训练师、图像视频类人工智能训练师三大类。同一类型的人工智能训练师会因为产品的不同,其训练方式及运营逻辑有所区别,例如:文本机器人和文本质检应用与ChatGPT应用虽说训练同源,同样是处理文本数据,同样是文本类的人工智能训练师,但因为不同的底层算法技术、不同的业务场景、不同的交互方式、不同的业务目标内容,会对实际的训练工作产生较大的影响。针对在线服务机器人的训练也会因训练过程中的业务需求的主要矛盾而承担不同的训练任务和内容,例如我们在在线客服机器人的运营迭代优化过程中发现了客户情绪变化的痛点,就引入情绪识别系统,作为在线服务机器人的插件之一进行产品的迭代训练。针对ChatGPT生成优质答案的训练,是像人类驯服小狗一样,采取奖励模型的方式。

为了让读者阅读更加有体验感,笔者团队将以文本类人工智能中最为经典的文本机器人训练工作为主线,对其需求的调研包括后期训练实施等工作内容进行拆解。

5.1 在线机器人简介

5.1.1 在线机器人定义

智能客服机器人又称在线机器人,是一种能够使用客户理解的语言(文字、图片、视频)与客户进行交流的人工智能信息系统,它采用包括自然语言理解、机器学习技术在内的多项智能人机交互技术,能够识别并理解用户以文字或语音形式提出的问题,通过语义分析理解用户意图,并以人性化的方式与用户沟通,向用户提供信息咨询等相关服务。在实际业务应用中能够实现 7×24 小时服务,无限量接待用户,0 秒响应,能够以更高的效率、更低的成本承接企业服务过程中方方面面的服务:在售前环节中能够准确定位客户问题,快速反馈用户;在售后服务环节中,无论是退货办理、业务解答、产品维修,还是故障自检,都能够信手拈来;同时具备闲聊能力,如给客户讲笑话、陪聊天,还可以查天气,实现个人助理功能。在线机器人最大的优势在于借助人工智能技术,能够在服务过程中自我成长,结合客户精准的用户画像提供更加贴心的服务。简单来说,对于企业和客服中心的定位是 "简单、重复、高频的问答交给在线机器人,解放人工客服,让其回到价值更高的服务当中去";对于客户来说,定位则是"选择在线机器人,服务无须等待,缩短服务时间,提高服务体验"。

5.1.2 在线机器人的分类

在线机器人针对定位和解决问题类型的不同可以大致分为以下几种类型。

1. 业务型机器人

业务型机器人,包括问答型机器人和任务型机器人。其主要的功能就是快速定位客户问题,为客户推送精准的答案或者精准的解决方案。在这一类机器人当中,用户往往希望能够得到特定问题的答案,或者能够完成特定的任务,业务型机器人需要结合行业和企业特点,例如:金融类型的在线机器人,针对金融行业常见的产品咨询、服务内容解答、账户信息查询、业务办理等业务需要提供精准度更高的知识解答,大多以准确率、意图识别率或任务完成率为评价指标。目前市场对于机器人的刚需基本聚焦于业务型机器人。

2. 闲聊型机器人

闲聊型机器人可以和客户聊家常、讲笑话、查天气，主要工作是与客户交流感情，不以解决实际问题为目的，当某类客户在等待人工座席服务的时候，闲聊型机器人以轻松幽默、愉快的方式营造一个良好的服务环境。所以闲聊机器人也能作为在线机器人与人工客服甚至其他类型服务平台之间的润滑剂，在切换过程中提供舒适自如的服务体验。这一类的机器人主要以客户问题的相关性、趣味性为评估指标。市面上常见的苹果的Siri、微软的小冰、小米的小爱同学都具备很强的闲聊型机器人属性，但并非完全的闲聊型机器人。

3. 助理机器人

助理机器人帮助客户在某一场景下高效快速地完成任务，例如针对企业端有销售型机器人，或者我们称之为人工辅助座席机器人；针对客户端往往聚焦于个人助理服务。这类机器人是业务型机器人和闲聊型机器人的一个交集，它们不仅具备业务型机器人高效快速的业务处理能力，同时具备闲聊型机器人轻松幽默的聊天功能。最大的特点是具有很强的场景化属性，例如小米的小爱同学，作为家居助理它可以帮助你打开电视，让智能家电自动运转。又如海底捞的送餐机器人，能够高效地将厨房菜品送达客户。其评价指标需要根据具体的场景来制定。

4. 其他类型机器人

其聚焦于实际业务，作为业务型或助理型机器人的组成部分，共同服务客户，例如情绪型机器人，顾名思义它能够理解客户的情绪，根据客户不同的情绪匹配不同的服务策略。实质上，情绪型机器人只是一个辅助型机器人，它无法脱离上述的任何一种机器人而单独存在。其主要考核的指标是情绪识别的准确率。

5.1.3 在线机器人的交互逻辑

对于上述的各类在线机器人，其主要的底层运行逻辑和基础是一个文本交互机器。客户在咨询界面输入咨询问题，在线服务机器人通过识别问题，在知识库中检索提前设置好的相关问题，这一过程大多采用模型计算客户问题与知识库预设问题之间的相似度，并根据相应的阈值[①]要求为客户推送对应的最佳知识内容形式和知识交互形式。智能机器人交互核心环节，如图 5-1 所示。

---

① 阈的意思是界限，故阈值又叫作临界值，是指一个效应能够产生的最低值或最高值。

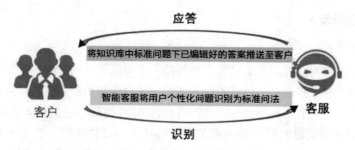

图 5-1　智能机器人交互核心环节

在前面的章节中,我们说到过人工智能的运行逻辑是"输入、计算、输出",那么对于在线机器人的交互逻辑则是客户输入问题,在线机器人进行识别和计算,最后输出应答内容。而这个交互逻辑其实也是人工客服的交互逻辑,人工客服在接收到客户的服务诉求指令后,第一件要做的事情就是识别客户的问题,再到知识库或者自己的经验当中去匹配这个问题,最后,将答案以客户喜欢的形式(文字、语音、图文、视频等)推送给客户,从而完成一次服务交互。

如果以人的思维去理解在线服务机器人,识别和计算决定了在线机器人的应答是否足够准确,是否为客户想要的答案。那么应答呢?应答又分为两层:其一是知识交互形式,包括一问一答、多轮对话等;其二是知识内容形式,即语音、文字、图像、视频等。这些决定了客户对于在线机器人体验的好坏。例如:客户咨询如何开具发票,如果采用一问一答的模型,那势必要回答出一篇小型论文才能完成,因为发票有个人发票、增值税发票、普通发票、专用发票等。如果采用任务型的多轮对话,机器人会多次收集客户的信息,例如:先询问客户是个人还是公司,一层一层地确定客户真实诉求,这样给出的答案才是最为精准的,才能够让客户满意。但对于知识内容形式来说,上述都是以文本的形式给客户进行展示,但文本内容不便于客户理解发票申请操作,如果以文字、配图甚至动图的形式,则能够更加方便客户进行相关操作。

5.1.4　在线机器人的内部运行逻辑

图 5-2 为智能机器人处理客户问题的全过程概要,从中我们可以看出,在线机器人运用关键词、相似度、主语拆解、命名实体识别等多种技术,将客户发送的文本内容进行实体的识别,对文本当中的人名、地名、商品名、机构名进行抽取,抽取完成后进入客户意图的识别,识别客户是咨询订单,售后商品咨询,还是闲聊。结合实体和意图识别,才能够通过用户的问话,知道用户想要做什么,才能够将问题抽象为一个标准问法,去匹配知识库里面的标准问题。

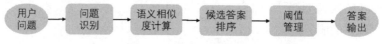

图 5-2　智能机器人处理客户问题全过程概要

在匹配的过程中，机器人会将客户问题与知识库中的标准问题形成一个相似度统计概率的排序；假设阈值设定为 0.9，Q1 相似度为 0.8，Q2 相似度为 0.9，Q3 相似度为 0.95，此时 Q1、Q2 均达到阈值，那么系统就输出相似度更高的 Q3 的答案，以实现给客户反馈最佳答案和建议的目的。

5.2 智能服务产品需求研究

很多人工智能训练师尤其是刚刚入行的人工智能训练师都会有这样的一个困扰：人工智能训练师的工作纷繁复杂，通常都是一专多能的状态，到底怎样沿着一条主线逻辑完成训练工作，实现个人成长和突破呢？电影《教父》中有这么一句话："花半秒钟就看透事物本质的人，和一生都看不清事物本质的人，注定是截然不同的命运。"这句话对于训练工作来说同样适用，同时看清事物本质能力的高低也是人工智能训练师业务能力强弱的最佳体现。"事物的本质"就是事物发展变化中的关键要素和主要矛盾，关于事物的本质有一个非常著名的案例，福特在最开始造汽车的时候，咨询了很多人："你对交通出行的最大诉求是什么？"大家的回答都是"我想要一匹最快的马"。人们的回答本质上是对交通出行耗费时间太长的不满，如果没有抓到本质而只是沉迷于用户说的话，可能福特就会去养马，但福特观察到的却是当时人们内心深处对于交通出行速度的追求，从而创造出了汽车。

那么在线机器人的本质是什么呢？

在线机器人在与客户交流的过程中，首先需要明白客户的语言，这些语言有的是通用领域的，如"帮我查下天气"，有的是特定领域的，如"什么是基金？"人工智能训练师们需要在训练的过程中不断提升机器人 "听懂"或"读懂"的能力，因此无论是哪种类型的机器人，什么样的技术，都是为了实现客户的语言识别、企业预设知识内容的推送，提升客户体验。

什么是体验呢？体验可以理解为在线机器人推送知识与客户预期知识之间的差值，正向差值越高，则体验越好，反之则体验越差，比如：客户咨询如何开具发票？如果机器人能够直接协助客户完成发票开具办理工作，那么这个差值就是正向的；如果机器人推送的是一篇发票办理的小论文，那么这个差值就是负向的，客户的体验感知就会较差。

智能服务产品也好，在线机器人也好，本质上就是满足客户的服务诉求，并且超过客户的预期。所以我们可以得到这样的一个推导过程：

(1) 智能服务产品的出现是为了提高客户在服务过程中的体验。其中，客户体验是服务产品与客户服务诉求之间的差值，且在线机器人提供的服务与客户服务诉求是一个包含关系，如客户 A 想要开发票，客户 B 想要退换货，如果服务都是由人工来提供，就一定能够满足提供的服务完全包含客户的服务诉求，这本身没有问题。但同时我们还需要考虑企业的成本，企业存在的本身是一种商业活动，是为了盈利而出现的组织，所以采用智能服务的方式,才有可能在成本控制的情况下给客户更加优质的服务体验。

(2) 好的体验就是尽可能地使在线机器人提供的服务包含客户的服务诉求,并且在服务感知上超过客户的预期。机器人是满足客户的服务诉求的载体和产品,企业通过在线机器人提供的服务满足了客户需求,从而使得客户更加愿意使用企业的其他产品,也为企业创造其他附加的价值。

因此,在线机器人训练的本质就是使其最大限度地满足客户的需求。优秀的人工智能训练师应先将目光聚焦在客户的需求上面。

5.2.1 智能服务价值链

在实际训练过程中,人工智能训练师们可以通过调研的手段获取用户的需求,但需求的数量较多,涉及不同的维度:针对企业,涉及研发团队、系统供应商、竞争对手等;针对用户,涉及不同的角色维度(不同年龄段、不同性别);针对不同服务场景,这些需求往往是交错缠绕的,甚至是互相矛盾的。那么如何梳理一条主线逻辑,确保需求梳理过程中不遗漏任何一个关键角色,且能够抓住需求与成本之间的主要矛盾,运用逻辑思维和全方位的立体思维进行科学地、有体系地归纳、概括、判断和评价,是人工智能训练师们尤其是人工智能训练师团队负责人最应该关注的问题。

1. 服务价值链的形成

对于企业和客服中心、人工智能训练师团队负责人来说,机器人训练开始前应该将目光先聚焦在需求寻找的完整性上,虽然我们常说并不是用户的所有需求都要满足,但前提是我们要能确保需求的不遗漏,即:先做加法,尽可能收集所有需求;再做减法,根据企业投入成本、企业服务定位、在线机器人定位寻找需求满足与成本之间的平衡点。

在这个过程中,首先我们应该先梳理出在线机器人的服务价值链,通过价值链确认在线机器人服务流程中所有关系对象。所谓服务价值链的概念来源于价值链,它是企业一系列输入、转换与输出的活动序列集合,每个活动都有可能对企业产生增值的作用,价值链分析能够很好地认识企业价值活动,明确能够增值的价值活动,加以重点优化和改善,从价值链出发才能更好地提高企业、客服中心整体服务价值,通过聚焦于服务层面而梳理出的价值链,我们一般称之为"服务价值链",企业、客服中心通过基本服务活动和辅助服务活动创造服务价值的动态过程,形成一条循环作用的闭合链[①]。服务价值链能将企业的价值创造活动分为两部分:基础服务作业和辅助服务作业。当下业界对智能服务的探索已经形成了一个普遍的共识——人机耦合,而不是把服务"一刀切"地交给机器人。即让机器人充当服务的"前锋"角色,把标准化、重复性的问题先解决,剩下

---

① 綦佳, 王海燕, 宗刚. 服务链理论研究[J]. 北京工业大学学报(社会科学版), 2006(07).

的相对复杂的个性化问题留给人工介入提供专家式服务[①]。因此，基础服务仍然采用人工服务，辅助服务采用智能服务。

2. 服务价值链的分类

服务价值链可以分为如下三类。

(1) 纵向价值链：从上下游角度看，包含从最初的产品到最后的用户之间的一系列价值转移环节。

(2) 横向价值链：同行业、同业务类型企业之间，包括行业价值链和竞争对手之间的价值创造和转移。

(3) 内部价值链：从单个企业角度看，包括内部价值的创造和转移。

对于服务价值链的思考不仅有助于人工智能训练师更好地分析需求，还能明确人工智能训练师团队在整个客服中心的定位，例如：对于初期的在线机器人训练师团队，往往归于整个客服中心的后端支持运营部门，因此需要设置项目需求承接岗位，负责跟进整个客服中心的智能服务需求，通过内部的项目评定规则及标准梳理出内部(企业端)—外部(客户端)的智能服务诉求，并梳理出重要紧急程度，依次对新的服务需求进行开发，持续孵化最符合当下诉求的服务产品，如智能质检、人机辅助产品等，这些大都是通过这个体系转化出的智能服务产品。

3. 服务价值链的应用

通过借鉴服务价值链的模型，人工智能训练师们可以从以下 4 个维度梳理在线机器人需求的关联对象。

(1) 在线机器人纵向价值链：在线机器人系统供应商、在线机器人训练师团队。

(2) 在线机器人横向价值链：覆盖行业服务价值链和竞争对手服务价值链，包括不限于市面上成熟的客服机器人。因为每个企业都不是单独存在的，都或多或少地存在着竞争对手，无论是从产品或者服务的角度都会存在差异化，智能化服务作为企业服务的工具，对其横向的研究也尤为重要。

(3) 内部价值链：包括客服中心与在线机器人相关岗位，包括不限于客服中心的管理层、人工在线客服、人工电话客服、知识库专员、服务质检人员等。

(4) 外部价值链：包括在线机器人运转上线后，所有产生影响的外部人员，主要集中于客户。

人工智能训练师通过确定在线机器人价值链上所有关联方，确定初期调研方向，包括：客服中心服务方向及现有工作模块、在线机器人工作流程，以及在线机器人客户的咨询习惯和服务诉求等内容。

[①] 林喜令. 机器人训练师，智能客服"灵魂塑造"的工程师[J]. 客户世界，2019(04).

5.2.2 需求调研指导

在明确需求产生的关系对象后,人工智能训练师们需要通过调研的手段获取需求。对于智能服务训练团队负责人来说,什么样的机器人才是企业最需要的呢?要想回答这个问题,只有调研。最重要的事情就是调研。如果不进行详细调研就直接进行智能服务产品的采购或者研制,非常容易导致需求短视症。产生需求短视症的原因在于市面上的智能服务厂家五花八门,各家提供的产品侧重点不同,各家的核心技术优势也各不相同。如果盲目跟从,不进行业务匹配,不进行智能服务需求调研而直接采研,智能服务效果不但不好,甚至会降低原有服务水平。

毛泽东主席在《反对本本主义》里曾经说过:调查就像"十月怀胎",解决问题就像"一朝分娩"。调查就是解决问题。那么智能服务的调研应该如何进行?需要从智能服务的价值链切入。需求调研的方向包括纵向、横向、内部、外部。纵向是从智能服务产品诞生到成熟的流转,包括智能服务产品研发、智能服务产品运营;横向包括同行业类智能服务产品;内部是智能服务产品在客户中心或者企业内部的流转,包括与在线机器人有关的各个岗位与部门;外部是在线机器人在外部服务的流转,即使用在线机器人或者智能服务产品的客户。

下面详细阐述在调研中需要注意的原则和方法。

1. 实地调查

现实中,遇上不能解决的问题就需要调研这个问题的现状和它的历史,当你完完全全调查明白了,就会找到问题的解决办法。不做调查,只是凭空臆想,多半会产生错办法和错主意。

在既往工作当中,笔者也曾见到过很多人工智能训练师不喜欢做调研,而是凭借自己的理解,自己创造需求。他们经常会认为,客户应该跟着我设定好的游戏规则走,只要我的规则设计得好,所有客户将会成为在线机器人服务流水线的产品,跟着流水线往前走,问题都能解决。笔者曾在调研中问道:"你觉得现在服务最大的问题是什么?"用户说:"我买了东西在线上咨询物流信息要排很久的队"我们可以通过实地的调研将客户反馈的"咨询人工物流信息慢"转化成研究一个能够7×24小时不排队为客户提供物流查询的机器人,这才是最为正确的做法。

实地调研对上线后的机器人训练工作影响重大,如:在线机器人上线后,客户往往一进线就直接转人工客服,不给机器人提供服务的机会。这个时候,人工智能训练师就需要找这些客户进行实际调研,了解到底是什么原因导致客户不愿意选择使用在线机器人,而不是武断地认定是因为在线机器人识别能力不强,导致客户转人工客服。我们强调的是,客户进线后看到是机器人提供服务就转人工客服,而不是客户在接受了机器人的服务,发现机器人答非所问,或者回答的内容过于冗长而转人工客服,前者说明客户不信任在线机器人,后者则是因为机器人的服务能力不够。

2. 加强思辨

上级指示的正确性是源于其内容是针对当前形势的客观判断,是工作中需要的规则。反对不根据实际情况进行判断、思辨,一味盲目执行的形式主义的态度。

加强思辨能力是为了避免掉入思维陷阱,最好的案例就是在线机器人诞生之初,很多人都认为人工智能未来将成为彻底颠覆人工智能服务的东西,因为自动化流水线的加工确实干掉了很多人,这样导致很多企业上了在线机器人就是为了完全替代掉人工,时至今日,我们才发现人工是不能够被完全替代的,人机耦合才是最佳的解决方案,人工智能的出现只是给企业在成本和服务体验二者之间的平衡点找到的新的契机。同时,加强思辨也体现在在线机器人训练过程中,因为并不是每一个方向都是正确或者都能够开花结果,当我们在训练过程中受到阻碍,调研尤其是实地调研才是解决疑惑的最佳方案。

5.2.3 调研框架

调研的框架设计可以借鉴 5W1H 的模型去思考,具体方法如下。

what:用户的问题和需求是什么?
when:用户什么时候会遇到这样的问题?
why:用户为什么会遇到这样的问题?
where:用户一般在什么地方遇到这样的问题?
who:遇到这个问题的用户是谁?用户群体有什么特征?
how:用户当前是怎么解决这个问题的?

5.3 需求调研流程

为客户提供优质服务体验的在线机器人一定是调研出来的,调研的方式有很多种,最先需要考虑的是拟订一份详细的调研目标清单,以及准备一份如何使用数据的分析计划;然后根据调研目标进行拆解,设计具体的调研过程大纲;最后基于调研大纲设计调研脚本。

5.3.1 流程设计

1. 确定目的和内容

调研设计前,要把握调研的目的和内容,这一步骤的实质是规定调研所需的信息。这同时也是调研的第一步。人工智能训练师首要的工作是充分了解调研的目的和内容,为此需要认真讨论调研的目的、主题和理论假设,并仔细研究相关方案,将问题具体化、条理化和操作化,即变成一系列可以测量的变量或指标。

2. 搜集资料

设计不是简单地凭空想象，要想把调研方案设计得完善，人工智能训练师还需要了解更多的信息。搜集有关资料的目的主要有三个：其一是帮助人工智能训练师加深对所调查研究问题的认识；其二是为调研设计提供丰富的素材；其三是对目标总体形成清晰的概念。在搜集资料时对个别调查对象进行访问，可以帮助了解受访者的经历、习惯、文化水平，以及对问卷中所含问题的意见等。例如，年龄段研究和分析，很多中老年用户尤其不习惯长篇大段的应答内容，这往往也是他们不选择机器人而选择人工客服的首要因素。

3. 确定调查方式

不同类型的调研方式对于问卷设计有一定影响。在面谈中，被调查者可以看到问题并可以与调研人员面对面地交谈，因此可以询问较长的、复杂的和各种类型的问题。在电话调研中，人工智能训练师可以与被调研人员交谈，但是看不到调研内容，这就决定了只能问一些简短的问题。邮寄问卷是被调查者独自填写的，人工智能训练师与被调研者没有直接的交流，因此问题也应简单些，并要给出详细的填写指导。

4. 确定内容

一旦确定了调研方式，下一步就是确定每个问答题的内容。例如，问答题应包括什么，以及由此组成的问卷应该问什么，是否全面及切中要害。针对每个问题，应该遵循两个原则，即必要性和信息反馈的充足性。设计问题时，调研人员要时刻反问自己：

(1) 这个问题有必要吗？

(2) 是需要几个问答题还是只需要一个问答题就够了？

问卷中的每一个问答题都应对所需的信息有所贡献，或服务于某些特定的目的。如果从一个问答题中得不到满意的使用数据，那么这个题目就应该取消。

5. 决定结构

根据调研的目的和要求，决定采用封闭式、开放式或量表评分式的构成组合，确定问卷结构。

5.3.2 测评调优

要设计出好的调研方案，必须考虑这样几个问题：

(1) 调研是否能提供必要的训练决策信息，即人工智能训练师需要解决问题的信息。任何调研的目的和主要作用都是为管理者提供决策所需的信息，任何不能提供管理或决策重要信息的调研都应被放弃或修改。

(2) 调研是否考虑到被调研者的情况。考虑到被调研者，调研表应该简洁、有趣、具有逻辑性并且方式明确。调研不仅要考虑主题和受访者的类型，还要考虑受访的环境和调研问卷的长度。

(3) 调研是否满足从调研信息中获取信息数据、信息背后反馈的决策内容转化的要求，即调研结果的编辑和信息处理。一旦调研信息收集完毕，就要进行编辑，以固定的格式和要求将调研结果进行转化。例如，调研问卷是以评分形式反馈(请您用 0~5 分来评价您对在线机器人服务的满意程度)。

5.4 调研脚本设计

5.4.1 调研脚本设计方法

设计调研脚本时需要注意开场白、措辞、顺序、结构和使用工具等要素。

1. 开场白

设计一段开场白营造氛围，打消被调研者的顾虑，使其乐于回答后面的调研问题。

2. 措辞

由于不同的字眼会对被调研者产生不同的心理影响，往往看起来差不多的问题，会因措辞不同而使应答者做出不同的反应和不同的回答。故提问时所用的字词必须非常小心，以免造成误解，影响答案的准确性，甚至因措辞不当造成被调研者的反感。一般来说，在设计问题时应留意如下几个原则。

(1) 避免一般性问题。调研的本来目的是获取某种特定资料，如果问题过于普遍化、一般化，就会使应答者所提供的答案资料无太大意义。例如，想要询问客户对于某个场景的应答方式是否满意，而进行以下询问：

您对发票场景下在线机器人的回答是否满意？

这样的问题，显然有欠具体。由于回答涉及准确和阅读体验两个层面，故应该分别询问：

你对发票场景下在线机器人回答的准确度是否满意？

你对发票场景下在线机器人应答的知识内容形式或知识交互形式的体验是否满意？

注：需要注明知识内容形式，如是文本，还是动图；或注明知识交互形式，如是一问一答，还是多轮对话。

(2) 问卷的语言要口语化，符合人们交谈的习惯，避免书面化用词，尽量降低交谈的知识门槛，即要区分人工智能训练师用语与客户理解用语。例如，多轮对话这一专业用语，没有相应知识背景的用户是无法理解的。

(3) 确保专业术语的一致性，由于每个被调研对象的知识储备不同，在涉及专业知识概念时，需要先进行解释，确保调研双方理解的一致性。这里的专业术语解释与口语化并不冲突，核心是确保被调研者理解的一致性。

(4) 要防止诱导性、暗示性的问题，以免影响被调研者的思考。

3. 顺序

脚本的开头重在启发被调研者，使其不受拘束，能充分发表自己的见解，使调研者与被调研者之间的陌生距离自然缩短。不过要留意，最初安排的开放式问题必须能够较易回答，不可用具有高敏感性的问题。倘若一开始就被拒绝回答，之后的问题就难以继续了。被调研者的基础信息和敏感信息若是未知，可尝试将此类问题放置在问卷的后半段；若是已知，可在调研结束后整理调研信息时添加。

4. 结构

脚本的一般结构包括标题、说明、主体、编码号、致谢语和调研记录等。

(1) 标题。每份脚本都有一个研究主题。调研者应开宗明义定一个题目，反映这个研究主题，使人一目了然，增强填答者的兴趣和责任感。

(2) 说明。脚本前面应有一个说明。这个说明可以口述，也可以是一段文字描述，说明这次调查的目的和意义，填答问卷的要求和注意事项，下面同时填上调研单位名称和年月日。问卷说明主要包含如下内容。

- 问卷开头主要包括引言和注释，是对脚本的情况说明。
- 引言应包括调查的目的、意义、主要内容、调研的组织单位、调查结果的使用者、保密措施等。其目的在于引起受访者对填答问卷的重视和兴趣，使其对调查给予积极的支持与合作。
- 引言一般放在问卷的开头，篇幅宜小不宜大。访问式问卷的开头一般非常简短；自填式问卷的开头可以长一些，但一般以不超过两三百字为佳。

(3) 主体。调研脚本的主体是调研内容的具体化，是脚本的核心部分，包括问题和答案。从形式上看，问题可分为开放式和封闭式两种，一般封闭式问题放置在脚本前端，开放式问题放置在脚本末尾。

(4) 编码号。设置编码号的目的是保证调研脚本及内容输出的唯一性，便于调研机构管理。

(5) 致谢语。致谢语是为了真诚表达对调研对象合作的谢意。

(6) 调研记录。调研记录的作用是记录调查的完成情况和需要复查、校订的问题，调研者需要详细记录调研过程中的所有内容，包括调研过程中新发现的问题，将新问题归档至待解决事项中。

5. 工具

在调研工作中，一般需要准备得力的记录工具，包括笔记本电脑、笔记本、录音笔等。

5.4.2 调研脚本设计注意事项

调研脚本设计一方面依赖于科学的指导，另一方面来自人工智能训练师们的工作经验。所以，在脚本设计过程中人工智能训练师们需要不断思辨，以提高自身设计能力，确保调研目标的达成。

1. 设计原则

(1) 调研要有明确的主题，根据主题从实际出发拟题，设计的问题应目的明确，重点突出，不要有模棱两可的问题。

(2) 调研脚本应结构合理、逻辑性强。调研表中问题的排列应按照一定的逻辑顺序，符合应答者的思维程序，一般是先易后难、先简后繁、先具体后抽象。

(3) 语言通俗易懂，避免使用专业术语，使调研者与应答者一目了然，并愿意如实回答。问卷中语气要亲切，符合应答者的理解能力和认识能力，对敏感性问题采取一定的语言技巧。问卷整体具有合理性和可答性，避免主观性和暗示性，以免答案失真。

(4) 问卷的长度合适，回答问卷的时间应控制在 20 分钟左右，问卷中的问题应仔细斟酌，既不浪费一个问题，也不遗漏一个问句。

(5) 收集的数据应便于校验、整理和统计。

2. 问答形式

每份脚本设计完成后，人工智能训练师应该在使用过程中实时反思被调研对象回答的内容的准确性。准确性体现在两个方面：一是答案的准确性，确保每个问题的答案是准确的；二是回答形式的准确性，谨记需要排除那些似是而非的回答。

问题形式可分为三种：开放式、封闭式、量表评分式。开放式问题又称无结构的问答题，即引导受访者自由回答问题；封闭式问题又称有结构的问答题，即提前给出回答范围和固定回答格式，要求受访者在一定范围内进行作答；量表评分式问题涉及的内容稍复杂，需要根据整体脚本中不同的问题内容设置不同权重，让受访者依次作答，最终统计出得分。

5.4.3 调研脚本实例参考

本节以一个在线机器人客户调研问卷作为样例。

在线机器人客户调研问卷

(1) 您的联系方式是什么?

(2) 您是否了解××机器人? [单选题]
- ☐ 没听说过
- ☐ 略知一二
- ☐ 比较了解
- ☐ 非常了解

(3) 您是否体验过在线机器人给您带来的服务? [单选题]
- ☐ 用过
- ☐ 没用过,都是直接找人工客服
- ☐ 不清楚接待我的是机器人还是人工客服

(4) 您目前用过最好用的在线机器人是什么?原因是什么?

(5) 您对××在线机器人的业务了解吗? [单选题]
- ☐ 没听说过
- ☐ 听说过,但是不了解
- ☐ 体验过,比较了解

(6) 您访问在线机器人是通过什么渠道? [单选题]
- ☐ 官方 App
- ☐ 微信公众号
- ☐ 其他
- ☐ 没有用过

(7) 您能区分出为您服务的是机器人还是人工客服吗? [单选题]
- ☐ 完全不能
- ☐ 有时候可以,没注意的时候不能
- ☐ 每次都知道对方是真人还是机器人

(8) 在与客服沟通的过程中,如果由机器人回复部分问题,您的感受是什么? [单选题]
- ☐ 挺好的,能解决问题就行

☐ 不希望机器人参与
☐ 无所谓

(9) 您联系客服时，对于机器人优先回复持什么态度？ [单选题]
☐ 挺好的，很方便
☐ 不喜欢机器人的回复
☐ 无所谓

(10) 在线机器人对您所说问题的理解能力怎么样？ [单选题]
☐ 我说的基本都能理解
☐ 能理解大部分
☐ 只能理解一小部分
☐ 基本听不懂我在说什么

(11) 一般您是在何种情况下转人工服务的？ [单选题]
☐ 直接转人工
☐ 机器人回答错误后直接转人工
☐ 反复询问机器人之后得不到满意答复再转人工
☐ 机器人回答正确，但解决不了我的问题，转人工

(12) 您选择转人工服务的原因是什么？ [单选题]
☐ 机器人听不懂我的问题
☐ 机器人虽然听懂了我的问题，但是给出的答案没有帮助
☐ 机器人虽然听懂了我的问题，但是给出的答案不够准确
☐ 不认为在线机器人可以解决问题，习惯性转人工

(13) 您在和机器人对话的时候会调整自己的表达方式，以便让机器人更好地理解吗？ [单选题]
☐ 会，每次都按照聊天窗口的提示来输入我的问题
☐ 看情况，有时候会适当调整一下
☐ 不会，想怎么说就怎么说

(14) 转人工之后的排队等待期间您会怎么做？ [单选题]
☐ 不管多久，一直等到接入人工客服为止
☐ 如果等待时间比较长，会再次尝试用机器人客服解决问题
☐ 只要需要等待就尝试找机器人客服解决

(15) 您觉得机器人无法给出合适的答案主要是什么原因造成的？
例如：不够智能、答案设置不合理等。

(16) 如果机器人给出的答案较长，您一般做何反应？ [单选题]
☐ 耐心阅读，查看是否有我需要的答案

☐ 看到标题十分符合的才去看
☐ 太长的不看，直接转人工

(17) 您觉得机器人客服的页面美观是否重要？ [单选题]
☐ 重要，页面好看的用着舒服
☐ 一般，没什么感觉
☐ 不重要，只要能正确回答问题就行

(18) 您更喜欢机器人给出哪种类型的答案？ [单选题]
☐ 纯文本说明的答案
☐ 图文并茂的答案
☐ 实操性很强的指导视频
☐ 跳转链接，跳转到另外的详情页面
☐ 能够根据我的要求直接帮我操作

(19) 您觉得机器人客服的优势是什么？ [多选题]
☐ 回复快，减少等待时间
☐ 情绪稳定，不会不耐烦
☐ 常见问题回答准确率高
☐ 24小时在线

(20) 您希望在线机器人在哪些方面得到改进呢？ [多选题]
☐ 更聪明，能更准确地知道我在问什么
☐ 更全能，一些问题希望在机器人阶段完全解决
☐ 更人性化，除了机械地回答问题，还能有一定的闲聊能力
☐ 其他 _____

(21) 您觉得在线机器人还有什么需要改进的地方？

5.5 客服中心三个维度的需求分析

在实际需求调研的过程中，尤其是在线机器人立项过程中，人工智能训练师们可以直接聚焦客户(VOC)、员工(VOE)、老板(VOB)三个层面进行需求调研。

在调研时，人工智能训练师一定要深入一线业务环境，分别调研客户、与智能服务相关的人工服务部门的对应岗位，了解管理层当下面临的服务困境及服务诉求，梳理系统问题、运营问题、人员架构问题。

5.5.1 VOC 调研

VOC(voice of customer)调研又称客户之声，客户端的调研，因为体量大，信息传达难度高，在调研过程中应该确定调研渠道，建议发放调研问卷，并且针对代表性问卷客户进行电话或面对面深入访谈(与用户深度访谈也可用于服务产品体验优化环节)。

下面介绍几种经过实际业务验证成功的 VOC 调研方式，其中的大部分方法同样适用于 VOE、VOB 的需求调研。人工智能训练师可结合企业与客户实际情况选择最佳的调研方式，总结出最佳的调研实践方法。

1. 互动式语音调研

互动式语音调研包含两种方案：其一是通过电话调研，即先选定目标用户，再根据预先准备好的脚本依次与用户进行通话，了解调研内容，这种方法的优势在于调研用户的精确性；其二是可以结合企业中人工语音服务的通道，将需要调研的问题放在语音服务结束后的互动式语音应答服务中。

2. 投放式信息调研

投放式信息调研目前有几种渠道：短信、邮件。调研方式是在为客户完成特定的服务后，通过短信或者邮件的方式向筛选出来的目标调研群体发送调研内容。

3. 插件式信息调研

插件式信息调研常见于特定的服务场景，当客户进入特定的服务场景中，并且成功触发调研的场景，系统可采用弹窗式的插件向客户进行调研。例如，调研客户为什么转人工服务操作，有如下两种场景。

场景一：针对进线直接转人工的客户，在客户服务结束后，弹窗咨询客户"是什么原因，让您进线直接选择转人工服务？"

场景二：在咨询过程中当客户先咨询在线服务机器人，而后选择转人工，可以在服务结束后弹出窗口询问"是什么原因让您在接受在线机器人服务的过程中，转接了人工？"

这两种场景调研问题的设置可以结合上文提到的脚本结构来设置，问题修改为"是以下什么原因导致您直接选择人工客服？A. 答非所问；B. 内容看不懂；C. 答案方法不可行。"还可以采用封闭式的交互方式，最后再设置一个开放性问题，如"您觉得在线服务机器人在服务的过程中还需要注意什么？"通过不同问题的组合，深挖客户的意见。

很多人工智能训练师在机器人上线的运营过程中，因为企业 App 中用户机制设计不完善，导致服务结束后无法找到"转人工"操作的用户进行调研。这个时候人工智能训练师们可以参考上述方案确保用户既能转人工寻求更好的服务，还能准确收集到用户"转人工"操作的原因，即客户进行转人工操作后，弹窗插件立刻显示"主人，为了以后机器人能够更好地为您服务，请您写一下对机器人服务不满意的地方，机器人将会帮您召唤小哥哥/小姐姐为您服务。"强制用户必须完成转人工原因调研后才能进行转人工操作。很多人工智能训练师可能会认为强制调研会降低用户的满意度，但笔者认为凡事应该抓主要矛盾，如果在线机器人的接起率大大降低，会导致人工服务接不过来，用户连线排队时间延长，就会有更多用户的服务诉求无法被满足，因此提升机器人的接起率，能够提高更多用户的满意度。

4. 核心粉丝成长

通过一定的媒体渠道，如论坛、微信群等建立服务产品的核心粉丝群体。这类核心粉丝群一定是产品的深度体验者和深度建议输出者，但这类粉丝群不容易被发掘，一旦被成功发掘，他们将会是产品成长的忠实陪伴者，包括后期产品上线的灰度测试[①]往往也可以由这类用户群体来承担。

5. 独立三方机构调研

独立三方机构调研是指人工智能训练师部门或者企业通过委托独立的三方咨询服务公司，以局外人独立的身份与视角，结合服务产品定位及内部定义竞品群体，通过筛选或组织客户意见领袖（KOL）进行深度体验而进行的一种调研活动。此类调研的优势在于调研的公开化和透明度，以及能够与市场上的竞品进行清晰的对比，综合企业定位、客户意见、竞品表现而得出最终的调研。但是，这类调研往往会增加调研成本。

6. 服务内调研

服务内调研主要体现在在线机器人与客户交互的全流程之中，既可以聚焦于单个问题的答案，也可以聚焦于整个产品。例如，在线机器人给客户推送答案后，可有两个方案，一种在推送框末尾跟随一个签名"您觉得这个答案好不好？"另一种则是聚焦在是否解决客户问题上："您觉得这个答案是否解决了您的问题？"如果是在服务结束后，则可以显示一个完整的调研卡片，卡片的内容设置可参考插件式调研问题的设置思路。

7. 独立反馈渠道

独立反馈渠道有两种主要形式，一种是应用内的反馈，在主要App应用上留出服务反应，为了精准，可让客户先行选择反馈哪个渠道的服务问题，如在线人工、语音人工、在线机器人；第二种则是应用内的反馈，如自助服务渠道反馈、在线机器人服务界面反馈等。

以上并不是全部的VOC调研模式，没有最好的VOC调研，只有最适合的，人工智能训练师们一定要在日常工作中多复盘，总结出最适合自己企业服务产品的VOC调研

---

① 灰度测试，是指如果软件要在不久的将来推出一个全新的功能，或者做一次比较重大的改版，要先进行一个小范围的尝试工作，然后再慢慢放量，直到这个全新的功能覆盖所有系统用户。也就是说，在新功能上线的黑白之间有一个灰，所以这种方法通常被称为灰度测试。

方式和流程。表 5-1 中的内容为笔者在既往工作中设计过的 VOC 调研脚本，在此抛砖引玉，希望可以对各位人工智能训练师有所启发。

表 5-1 VOC 调研示例

客户意见调研表		
完成度	完成	未完成
满意度(1～5 分)		
操作便捷(1～5 分)		
是否愿意使用	愿意	不愿意
总体评价(1～5 分)		
深度访谈提纲		
1. 您觉得您所咨询的业务是否得到解答？		
2. 请问您在咨询过程中有没有什么建议？(得到解答)		
3. 请问您期望被解决的问题是什么？(没有得到解答)		
4. 您觉得机器人的服务是否让您满意？满意是因为什么？不满意是因为什么？如果不满意，您觉得机器人应该怎么服务会让您满意？		
5. 您觉得机器人的操作是否方便，哪里方便？哪里不方便？如果不方便，您觉得机器人应该怎么改进操作才能更加便捷？		
6. 请问当您有业务问题需要解答，您是否愿意向机器人咨询？为什么愿意？为什么不愿意？如果不愿意，您觉得机器人怎么改进，您才愿意向机器人咨询？		
7. 机器人在整个咨询过程中给您的感觉是怎样的？您会在什么样的情况下去咨询机器人？		
8. 请问您觉得机器人还有什么可以改善的？		
9. 请您对机器人做整体评价。		

5.5.2 VOE 调研

VOE(voice of employee)调研又称为员工之声，有两层含义：一是指客服域中一线客服、一线质检等反映的来自客户的反馈；二是指员工针对自身日常工作反馈的意见。下面分别介绍这两层含义的调研方式，并分享笔者以往通过不同方式孵化出的智能服务产品。

1. 员工为客户发声

一线服务人员，常常被称为企业接触客户的第一触手，这一比喻形象地展示了所有一线人员与客户之间的关系状态。做过一线服务人员的人工智能训练师应该会有这样的体会，客户在接受完我们的服务后常常会给出一些建议，但以往这些建议并没有被很好地保存下来并加以有效利用，这就导致有很多精彩的创意没有及时被转化到产品当中。客户的声音没有及时转化主要有两个原因：第一，没有为一线员工梳理出一个行之有效的服务流程和关键环节；第二，没有一个行之有效的反馈渠道和奖励政策。

针对上述问题，笔者提出以下建议。首先，在一线员工服务结束后，需要进行事件概要记录或描述，这个描述往往有两个状态：正在进行和被关闭，我们可以在这两个状态当中再加入一个"意见转化"的按钮，把客户意见的反馈转化成一线员工服务流程中的一个环节。其次，建立一个员工之声交流互动平台，鼓励员工在工作闲暇之余反馈服务意见，并将该意见指向具体的部门。当意见被采纳或产品被改造成功后，给予员工一定的奖励。同时还可以鼓励这些员工提出解决问题的方法。从以往经验来看，这样的机制可以推动产品的研发，同时发掘出优秀的人工智能训练师人才。例如，在线机器人中的价保核算插件就源自员工的创意。

2. 员工调研

员工调研主要强调在员工日常工作过程中的痛点反馈。人工智能训练师通过面谈、发放调研问卷的方式，探索日常工作的痛点，提炼痛点并转化成需求与产品。例如，一线员工经常会提到，在服务过程中总是需要根据客户不同的诉求去切换系统，如工单系统、财务系统、物流系统。通常工单系统给一线员工带来的困扰是最大的，一线员工不仅需要跟客户核实工单创建的基本要素信息，还需要把工单传递至对应的部门，并且要实时跟进工单的处理状况，确保工单被正确执行。正是基于这个痛点的调研，才有了现在客服中心标配的智能工单插件。

对于 VOE 调研来说，同样是只有参考答案而没有标准答案，表 5-2 中的内容可作为人工智能训练师进行 VOE 调研的参考示例。

表 5-2　VOE 调研示例

员工意见调研表
访谈对象：客服中心在线客服员工
1. 所在部门及岗位的工作内容及性质 (1) 请大致介绍您所在的部门的工作情况，部门里的各个岗位，各个岗位的人数和工作内容，以及您的日常工作内容。 (2) 请问如果您在日常工作中遇到突发问题，如遇到无法解决的客户问题该如何处理，相关流程是什么样的？
2. 在线客服的日常工作内容(流程使用情况) (1) 请问目前在线服务的服务流程是什么样的？ (2) 请问完成在线服务的流程所花费的时间占用您工作的时间大概是多久？ (3) 如果能对流程进行修改和提升，您觉得应该从哪方面进行最有效？
3. 在线客服的日常工作内容(系统使用情况) (1) 请您说一下日常工作需要使用到的系统都有哪些？如何操作？ (2) 请问您每天使用的多个系统，切换操作起来感觉怎么样？ (3) 请问在线部门有无知识管理系统，查阅的流程是什么样的？查阅起来是否方便？ (4) 请问如果能对系统的操作进行修改和提升，您觉得应该从哪方面进行最有效？

(续表)

员工意见调研表

4. 相关部门的工作情况(质检)
(1) 请您大致介绍一下在线服务的质检标准。
(2) 请问质检如果判定在线服务不合格,对在线服务人员会有什么影响?
(3) 请问在线服务人员能否查看自己以往的服务记录?
(4) 请问如果能对质检进行修改和提升,您觉得应该从哪方面进行最有效?

5. 相关部门工作情况(排班)
(1) 请您大致介绍一下在线服务人员的排班情况。
(2) 请问在线员工能否根据自己的需求向主管提出排班需求?
(3) 请问排班期间的请假流程是什么样的?
(4) 请问大促之前的排班是什么样的?
(5) 请问如果能对排班进行修改和提升,您觉得应该从哪方面进行最有效?

6. 培训、招聘、离职相关情况
(1) 请问您是从什么渠道了解到这个岗位的?
(2) 请大致说一下您当时面试的情况。
(3) 请问您从面试通过到正式上岗都经过哪些流程?
(4) 请您大致说一下在线员工的培训情况。
(5) 请问和您同时面试的有多少人?最终通过面试的占比为多少?现在还在部门岗位的占比是多少?
(6) 请问您所熟悉的员工都是因为什么原因离职的?
(7) 请问在线员工离职后还能否再次上岗?
(8) 请您大致说一下在线员工的晋升方式和晋升渠道。
(9) 请问如果能对培训和招聘进行修改和提升,您觉得应该从哪方面进行最有效?

7. 员工关怀情况
(1) 请您大致说一下平时休息的情况,有无午休?午休时长多久?
(2) 请问您平时如何用餐,平均花费成本是多少?
(3) 请问您通过什么交通方式回家?路上花费的时间大概多久?
(4) 请问如果能对员工关怀进行修改和提升,您觉得应该从哪方面进行最有效?

8. 绩效相关情况
(1) 请您大致说一下在线员工的考核情况。
(2) 请问考核的关键指标分别是什么?
(3) 请问由谁给您考核绩效指标?考核的流程是什么样的?
(4) 请问没有达标的员工如何处理?
(5) 请问如果能对绩效考核进行修改和提升,您觉得应该从哪方面进行最有效?

5.5.3 VOB 调研

VOB(voice of business)调研又称为管理之声或老板之声,简单来说,就是需要探索企业或客服中心的管理层对于智能服务产品的诉求及期望。对于管理层的调研,建议采取深度面谈的形式。重点探究内容只需满足一个要素即可,那就是关于智能服务产品的投资回报率(ROI)核算,了解清楚管理层对于其能效的期望,即完成这个产品,投入多少,有多少回报。

表 5-3 是以往笔者在对管理层进行调研时使用的 VOB 调研内容,可作为参考。

表 5-3 VOB 调研示例

管理人员意见调研表
1. 项目总体思路(访谈对象:老板、总经理)
(1) 对客服中心当前智能客户满意度水平的看法: ● 您认为客服中心的客户满意度目前处于怎样的水平?   ● 您认为影响客户满意度的最主要因素有哪些?   ● 您认为导致智能客服运营不理想的主要原因是什么?   (2) 如果进行满意度提升,从提升空间、操作性角度考虑,您认为可从哪些方面进行辅导提升最有效?   (3) 您对本次项目有什么期望及推进思路的建议?您希望通过本次项目达到怎样的总体目标?
2. 客服中心现状(访谈对象:客服中心主管、现场运营主管)
1) 人员结构   (1) 目前呼叫中心的人员架构是怎样的?岗位职责是什么?   (2) 座席如何分类,是什么级别、技能、语种、人数?   (3) 目前人力配置存在什么样的问题?   2) 运营现状   (1) 人员效能、现场管理、知识管理、排班管理这 4 个方面目前是否完善,存在哪些问题?   (2) 目前是否有固化的服务流程?有哪些服务流程?由谁来管理?执行情况如何?   (3) 影响服务流程执行的因素有哪些?(执行的困难点)   (4) 流程管理的内容有哪些?   (5) 现有 KPI 考核有哪些指标?权重分别是多少?   (6) 绩效考核流程(考核过程、绩效沟通)是什么样的?   (7) KPI 考核是否存在问题?是否有优化建议?   (8) 客服中心现在有哪些系统支撑?系统使用中发现哪些问题?有哪些建议?
3. 智能服务现状
人员结构: 运营现状:

5.6 需求开发与管理

需求调研的目的是通过调查与分析，获取用户需求，明确智能服务价值链之上的各类用户最期望的在线机器人是什么样的，并根据客户需求定义智能服务产品的需求，以及智能服务产品的定位。

完成需求调研后，需求的转化至关重要。因为客户很多时候不能准确说出他们的真实需求。有调研表明，一线客服的普遍需求是一个能够提高服务效率的工具。在进行深度访谈后才发现客服的痛点是 KPI 要求下很难花费时间去浏览之前客服的服务记录，转化为系统需求，是系统能自动结构化整理客服历史聊天记录，能让客服在最短的时间内了解客户在上一通服务中的主要内容。

人工智能训练师尤其是人工智能训练师团队负责人需要额外注意需求转化与分析、管理、开发的过程。这个过程又可分为需求开发与需求管理，它们是相辅相成的两类活动，并共同构成完整的需求工程，如图 5-3 和图 5-4 所示。

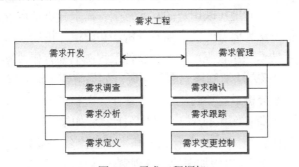

图 5-3　需求工程框架

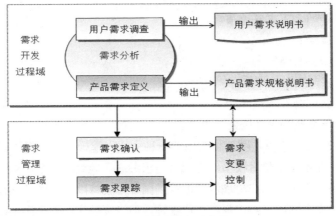

图 5-4　需求开发与需求管理

5.6.1 需求开发

需求开发可分为用户需求调研和产品需求定义两个阶段,而需求分析则贯穿于上述两个阶段。需求调研阶段和需求定义阶段在逻辑上存在先后关系,实际工作中二者通常是迭代进行的。

1. 用户需求调研

用户需求调研的目的是通过各种途径获取用户的需求信息(原始材料即调研问卷),并产生"用户需求说明书"。

2. 需求分析

需求分析是针对各类用户调研问卷而产生的,目的是对各种需求信息进行分析,消除错误,刻画细节等。

需求分析是在需求开发过程中,对所获取的需求信息进行分析,及时排除错误、弥补不足,确保需求文档正确地反映用户的真实意图。需求分析是需求开发过程中"最费脑子"的工作。分析方法大体有两类:问答分析法和建模分析法。前者为常识性分析方法,简单易用;后者技术性比较强,大多数软件工程图书都有相关操作流程及论述。

(1) 问答分析法。该方法即刨根究底问问题,如果解答了这些问题,那么需求也就分析清楚了。进行问答分析最重要的是了解"是什么"和"为什么",目的是获得正确、清楚的需求。每个需求都应当用陈述句说明"是什么",如果"是什么"的内涵不够清晰,则应补充说明"不是什么"。如果"是什么"和"不是什么"都不能够清楚地表达原因,那么还应当解释"为什么",以便加深读者的理解。常见的问题有:

- 需求存在歧义吗?
- 需求文档的上下文有矛盾吗?
- 需求完备吗?
- 需求是必要的吗?
- 需求可实现吗?
- 需求可验证吗?
- 需求的优先级确定了吗?

(2) 建模分析法。建模是图形化常用的一种方式,建模很多时候不是单纯地使用图形来表达需求,而是使用仿真模型的方式将需求最逼真地刻画出来,如一个工厂想要生产黑白两种闹钟,为了让用户更加清晰地看到闹钟,就将闹钟的图片摆在用户面前让用户自由选择,绝大多数用户都选择了白色闹钟,但当闹钟实际生产出来以后,情况发生了变化,用户都转向选择购买黑色的闹钟。这是因为实物可以触发视觉、触觉等多个感官,所以建模的本质不是用图形代替文字,而是将产品最逼真地刻画出来,让用户能够真正感知实物,从而保证需求到开发之间转化的正确性。人工智能训练师对于建模的使用要结合具体情况，对于某些容易产生误解的问题，采用建模；对于常识性的、不存在理解认知不一致的需求，采用需求文档的方式。

建模分析方法有一定的技术门槛，传统建模分析方法主要有两大类：结构化分析法[①]和面向对象分析法[②]。在实际工作中，往往也可以采用 PowerPoint、Axure RP[③]、visio 等可视化软件完成需求的建模。在需求建模过程中，需要注意恰当地使用图形符号，保证需求描述的准确性，无论什么方法，只要能够让人明白你的需求描述，那就是好的建模。在需求规格说明书中，文字描述是第一重要的，建模主要起分析、解释的作用。

3. 产品需求定义

完成需求分析后需要对具体的需求进行详细的定义，即根据需求调研和需求分析的结果，进一步定义准确无误的产品需求，生成"产品需求规格说明书"，人工智能训练师负责人员将依据"产品需求规格说明书"联合研发团队开展系统设计工作。

"产品需求规格说明书"的主要内容包括：产品介绍；描述用户群体的特征；定义产品的范围；阐述产品应当遵循的标准或规范；定义产品中的角色；定义产品的功能性需求；定义产品的非功能性需求，如用户界面、软硬件环境、质量等需求；人工智能训练师团队负责人邀请同行专家和用户(包括客户和最终用户)一起评审"用户需求说明书"，尽最大努力使"用户需求说明书"能够正确无误地反映用户的真实意愿。

5.6.2 需求管理

需求管理主要是对需求的确认。人工智能训练师团队与所有在线机器人设计研发人员共同对需求文档进行评审，双方对需求达成共识后做出书面承诺。需求评审成功后的管理跟踪也非常重要，通过比较需求文档与后续工作成果之间的对应关系进行需求跟踪。可使用正向跟踪，即检查需求文档中的每个需求是否都能在后续工作成果中找到对应点；逆向跟踪，即检查设计文档、代码、测试用例等工作成果是否都能在需求文档中找到出处。可建立与维护需求跟踪矩阵，如图 5-5 所示。矩阵单元之间可能存在"一对一""一对多"或"多对多"的关系。由于对应关系比较复杂，最好在表格中加入必要的文字解释。

---

① 结构化分析法是一种软件开发方法，一般利用图形表达用户需求，强调开发方法的结构合理性及所开发软件的结构合理性。
② 面向对象分析法是确定需求或者业务的角度，然后按照面向对象的思想来分析业务。
③ Axure RP 是一款专业的快速原型设计工具，能帮助负责定义需求和规格、设计功能和界面的专家快速创建应用软件或 Web 网站的线框图、流程图、原型和规格说明文档。

需求跟踪矩阵							
需求名称							
编号	关联编号	需求描述	业务需要、机会、目的和目标	预期目标	可交付成果	产品来源	验证方式
001	1.0						
	1.1						
	1.2						
	1.2.1						
002	2.0						
	2.1						
	2.1.1						
003	3.0						
	3.1						
	3.2						

图 5-5　需求跟踪矩阵格式

在在线机器人系统研发过程中，人工智能训练师团队负责人需要额外注意需求跟踪矩阵的变化情况，以确保在线机器人开发结果与其设计目标之间的一致性。因为在线机器人的开发是一个动态运行的过程，在这个过程中需求的变动时有发生，人工智能训练师负责人就需要进行需求的变更控制，具体可以依据"变更申请—审批—更改—重新确认"的流程处理需求的变更，应确保需求的变更不会失去控制而导致在线机器人研发过程发生混乱。当需求文档或后续工作成果发生变更时，要及时更新需求跟踪矩阵。

5.7　智能服务的边界

5.7.1　智能服务边界的价值

对于智能服务，尤其是直接面向前端的智能服务产品来说，最近有几个很有意思的观点，他们分别是"选择权、知情权、及时地退出、有情商"，很多从业者包括客服中心的领导大家都在探索，比如：智能服务是否应该将选择权交给客户，还是所有客户都进入智能服务渠道，无法解决后再转入人工客服；智能服务是否不应该"装得"像一个真人(即：开场白就应该告诉客户是机器人在给用户提供服务)；智能服务怎么样才算"有情商"。对于这个问题，智能训练师高手们众说纷纭，各执一词。

训练师 A 说："客户就应该先进智能服务，智能服务无法解决再转入人工。"

训练师 B 却说："我们应该将选择的权利交给用户，没有人喜欢被别人做决定"。

训练师 C 说："我们的智能外呼就应该要'有情商'，语音播报的声音一定要甜美才行。"

训练师 D 却说："开场白不应该说'我们是机器人'，只说'很高兴为您服务'，再配上真人头像。"

到底什么原因造就了大家的看法和实践的不同呢，我个人认为是行业属性、企业文化、人工智能变量所带来的不同。假如你的客服中心日常完全能够平稳运行，不会出现人手不足，并且是一个公立服务性质的客服中心，那么你就完全可以说将智能服务的选择权交给客户；假如你的企业是互联网企业或者偏向营销后端服务性质的企业，每天人力基本满负荷，甚至经常挂线，那么你就不能说自己的智能是个机器人，甚至还要想办法让客户必须先用机器人，确实没法解决再交给人工；如果你的外呼机器人负责营销或者满意度回访任务，那么语音播报越甜美越好；如果欠款催收呢，应选择哪种方式？

从本质上看，这些问题就是智能服务边界的界定问题，甚至也可以说是不同智能服务发展阶段下智能服务边界的界定问题。乔布斯说过："确定不做什么比做什么更加重要"。IVR 系统就是一个很好的例子，由于不断容纳更多的服务节点，到最后原本好用的 IVR 系统变成了 IVR 迷宫，客户进线后很难找到入口，更别说快速解决问题了。对于在线机器人来说，人工智能训练师团队负责人更应该时刻思考边界的界定问题，在线机器人建设的终点线是机器人能够覆盖人工客服所有的服务场景，但目前在线客服、电话客服、机器人三者的业务场景占比的排序情况为：机器人<在线客服<电话客服(绝大部分企业适用)。例如：机器人无法处理投诉问题，在线客服能够处理一部分，电话客服(涵盖投诉处理小组)是所有投诉处理的终点，尤其是疑难投诉，大多数情况下电话客服处理的效率要高于在线客服。在某些特定的行业，以金融行业为例，在线服务与电话服务的服务场景则有清晰、严格的划分。机器人的成长路径是向人工客服靠近，在客服中心，一线业务客服往往有一个清晰的职业规划，例如随着业务能力的提升，人工客服能够逐步扩展个人的服务边界，从一线客服向高级客服、资深客服、服务专家一步步晋升。对于机器人来说也是这样一个成长过程，人工智能训练师需要在最初就去思考机器人的职业规划，逐步扩展机器人的业务边界。

如图 5-6 展示，把机器人当成是一个学生，业务优秀的人工智能训练师就是机器人的老师。学生要把老师所有的知识都学完，但是并非囫囵吞枣一口气吃成一个大胖子，而是要给机器人做成长路径规划。人工智能训练师需要规划出每个阶段机器人应该学习什么知识，小学学习语文、数学；中学学习物理化学，大学学习高等数学。一定要摒弃什么都想做的思想，唯有基础扎实，方能让在线机器人未来真正成为客服中心独当一面的服务者。业务场景之间的边界也并非一成不变，可以畅想，在技术非常成熟的未来，在线机器人真能够达到电话客服的服务水平，服务更大的业务范围，甚至比人工客服做得更好。

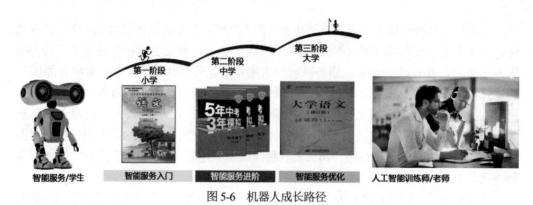

图 5-6 机器人成长路径

5.7.2 服务边界实践

1. 服务边界定义

在实际运营过程中，人工智能训练师们以通过撰写业务边界说明书的方式来划定智能机器人的服务边界。说明书的内容包括两大类：机器人无法承接的业务及场景；机器人能够承接但存在风险的业务及场景。

(1) 机器人无法承接的业务及场景。机器人由于能力限制(主要指因为场景复杂度较高，机器人无法做到高准确率处理的场景)无法承接的业务知识。例如，客户生气、对服务不满意；涉及色情、赌博、毒品、犯罪、暴力的内容；涉及公司业务、领导的问题；涉及政治事件、政治人物等的问题。针对这一问题，人工智能训练师可尝试整理机器人服务敏感词库表。具体格式可参考表 5-4 所示的在线机器人敏感词级别分类。

表 5-4 在线机器人敏感词级别分类

敏感词级别	对应规则
一级	客户聊天中表达对服务或者公司不满意的词
二级	涉及色情、赌博、毒品、暴力、犯罪等相关的词
三级	公司敏感词汇(领导)，与业务相关的敏感词(根据企业业务敏感内容定义)
四级	与政治相关的问题、事件、人名

(2) 机器人能够承接但是承接过程中存在风险的业务场景。例如，系统判断有风险(某些企业具有风险控制系统，会根据客户的一些信息和条件组合判断客户当下的风险指数，包括电商行业的黄牛、金融行业的欺诈等)的问题；涉及政府、公共行业组织等的问题；其他风险敏感类问题。

2. 边界划分流程

界定机器人无法承接的业务场景要先经过客服中心审核小组的质检和认可，若问题存在风险,则机器人不能承接该问题。敏感词、应答风险场景则是基于业务专家业务经验和审核小组人员综合判断。要注意业务边界说明书的划分会跟在线客服的服务边界存在一定交集和区分,在实际划分的过程中可以先照搬在线客服的边界,但需进一步筛选。

(1) 编写业务边界说明书。业务边界说明书是人工智能训练师基于已有的业务经验,采取人工标注或者问题聚类等方式划分得出的。划分的过程会存在一定的主观性,需要将主观性对分类结果的影响降至最低,需要经过人工智能训练师和审核人员的验证后方能进行补充和扩展。划分过程中可采取如下两种方案。

方案一:人工智能训练师直接根据已有业务场景剔除无法承接的问题,剩余问题由知识库管理人员确认。

方案二:人工智能训练师直接根据业务场景判断所有问题的承接,个别特殊问题通过邮件定期和知识库管理人员确认。

采用方案一,人工智能训练师需要与审核人确定的问题较多,交互速度较慢,即人工智能训练师整理在线机器人知识到知识彻底上线周期较长,但在线机器人在新增问题中无法承接问答的概率较小;采用方案二,人工智能训练师与审核人员确定的问题较少,交互速度快,但是在线机器人在新增问题中无法承接问答的概率较方案一稍大。具体选择哪种方案可由人工智能训练师根据运营过程中的实际情况进行确认。人工智能训练师在划分过程中可使用业务场景划分标注表(见表5-5),使方案的优缺点一目了然。

表5-5 业务场景划分标注表

业务场景	敏感词1	敏感词2	应答风险场景1	应答风险场景2	问题处理方案
投诉问题	√				转在线人工客服
欺诈问题			√		转接电话人工客服
……					……

人工智能训练师们在业务场景划分过程中,纵列展示业务场景边界实际问题,横行罗列敏感词、应答风险场景等。训练师分别对其进行是否的标注,并给出解决途径。若有问题不能按照上述表格中的判断依据标注,则把该问题暂时归类为可承接类问题。

(2) 业务说明书内容筛选。完成业务边界说明书的初稿后,人工智能训练师还应该持续地扩大、合并、细化边界。

扩大是指在初稿的业务边界说明书中,场景和敏感词等内容覆盖的场景不够,可能需要新增业务边界书的内容。例如,企业的常规问题某次出现了集体投诉的变化,这时常规业务内容就应该从可承接部分转化到边界书中。

合并是指将问题场景标注到业务边界中时,能够归入多个敏感词、应答风险场景,这说明业务边界书中具体内容的划分中有几个相关性很强的类别应该进行合并,以提升机器人的识别准确率，避免出现多个判断相似度太高的情况，从而导致机器人识别错误。

细化是指业务边界书划分出的敏感词及场景等内容过于宽泛，且其中的解决途径存在冲突。例如，业务1、业务2都属于敏感词1的范畴，但是业务1的解决途径与业务2完全不同，这种情况会导致整个敏感词的解决路径混乱和复杂化。

3. 服务边界应用

服务边界的确认，可以帮助机器人明确哪些业务是机器人无法承接的，在降低业务风险的同时，使机器人应答出错变得流程可控和可监督。此外，可帮助人工智能训练师们更好地聚焦机器人的能力画像，为后面章节中将会提及的在线机器人的业务场景覆盖率、项目投资回报率及能效的计算提供帮助。

属于机器人业务边界中的场景是人工智能训练师需要去重点打磨、优化的，努力提高机器人的识别准备率。但超过机器人识别范围的内容应该怎么办？这时人工智能训练师可以回到业务场景划分标注表中，找到最后一列问题的处理方案，如果是常规业务场景超过机器人业务范围，可以设置兜底话术。所谓兜底话术，即在机器人无法给出一个准确的解决方案时，能够引导用户进入下一步操作的话术。常见兜底话术包括："您好，这个问题，机器人还在学习中，您可以发送'转人工'由人工客服为您解答。"但如果客户的问题内容属于敏感词、处于应答风险场景时，机器人需要对客户进行自动转人工操作。转人工操作有两种表现形式：一是 "被动式转人工"，即客户向机器人发送转人工操作命令，机器人被动进行转人工操作；二是"主动式转人工"，是指机器人主动为客户进行转人工操作。其中"主动式转人工"的体验要优于被动式，但需要人工智能训练师训练机器人的转人工模型。

如果把机器人当成一名学生，那么业务优秀的人工智能训练师就是机器人的老师。人工智能训练师需要规划出每个阶段机器人应该学习什么知识，一定要摒弃什么都想做的思想，唯有基础扎实，方能让在线机器人未来真正成为客服中心独当一面的服务者。业务场景之间的边界也并非一直不变，可以畅想，在技术非常成熟的未来，也许在线机器人真的能够达到电话客服的服务水平，服务更大的业务范围，甚至比人工客服做得更好。

4. 服务边界风控策略

当客户咨询的内容超过在线机器人的服务范畴时，需要启动智能服务边界的风控策略，该策略应包括机器人回答的答案、转接措施两个要素。对于机器人回答的答案，可根据策略定义采用婉拒客户、直接拒绝回答，甚至还可以不给客户回复答案等方式，直到客户咨询重新回到正常业务范畴。如"抱歉，您咨询的问题非业务问题，请您更换问题。""抱歉，您的回复超过我们企业的服务范围。"转接措施可分为转接至人工客服，以及转接至其他系统。对于业务类问题，若超过机器人的知识范畴，则可以转接至人工客服，如查询账号信息、查询非登录账号信息、办理高风险业务等；若在线机器人与其他业务衔接通畅,则可转接至其他系统,如客户要求在线机器人申请价保服务,则可直接将价保通道发送至客户,由客户自己输入相关敏感信息完成操作。

5.8 智能服务价值的核算

当服务边界明确后,人工智能训练师们便可开始衡量智能服务项目的价值,智能服务项目的投资回报分析是智能服务项目立项阶段的重要内容,也是企业、客服中心领导最关心的内容,因为智能的核心价值就是"降本增效",如果投资回报不清晰,项目的建设工作就会受到非常大的阻碍。投资回报分析主要包括投资回报率和投资回收周期两个部分。

投资回报率(又称 ROI)是指通过投资应返回的价值,智能服务项目的 ROI 越大,则说明项目越好,越容易得到领导的支持,人工智能训练师获取的资源也就越多。ROI 的计算公式为

$$ROI=(总收益-总成本)/总成本$$

投资回收周期则是指企业从建设智能服务项目开始到回收全部投资(这里指智能服务产品所节约的服务人力所创造出的价值)所需的时间长度。

智能服务价值核算有两种视角,其一是将智能服务产品视为一个软件,从软件视角进行衡量与计算;其二是对智能服务产品上线后对服务场景所产生的价值进行核算。

5.8.1 从软件系统视角计算

智能服务项目建设属于软件项目建设的一种,其成本是完成软件所需付出的代价,是项目从启动、计划、实施、控制到项目交付收尾整个过程中所有的费用支出。智能服务项目是资产和技术密集型项目,成本较高的部分体现为系统硬件、人工、维护等技术含量较高的部分,主要是人的劳动消耗(尤其是自研智能服务系统的团队)。具体成本的构成包括:设备、软硬件购置成本;人工成本;软件开发、系统集成费用;培训费;业务费、差旅费;管理及服务费;项目建设过程中占用企业的管理、财务、办公、运营支持、福利待遇等隐性成本。人工智能训练师在核算成本时,可以直接从企业财务人员的视角出发,将项目成本直接划分为直接成本和间接成本。

- 直接成本:即直接归属于项目建设过程中所产生的成本,包括培训、咨询、系统采购、运营人员、差旅等方面的费用。
- 间接成本:即不直接归属于项目建设过程中所产生的成本,这部分成本往往在项目建设执行过程中产生,包括维修成本、管理成本等。

一般来说,客服中心可以按照从智能服务系统花费的总成本(需区别自研系统和外采系统)、运行智能服务系统需要投入的人力、智能服务系统上线运行稳定后能够解决的最小人力三者之间的关系,来计算项目成本和预计收益(即在线机器人的节约人力成本)。

应在在线机器人端预测在线客服转人工数量、智能客服解决比例、人工座席每人平均服务量、在线机器人可替代人工座席数量、在线机器人上线后增加人数、在线机器人综合节约人数、人工座席人均成本、在线机器人年均节约人力成本、在线机器人系统成本，最终得出在线机器人的投资回报值。在实际计算中需要注意：在线机器人节约人力成本可以根据机器人接入上线后日均的工作量、原该业务场景下人工客服的工作量，在剔除时间因素的干扰(在线机器人的工作时间为 7×24 小时，而单一人工客服的工作时间为 5×8 小时)后得出机器人所能够节省的人力，最后再去除机器人所投入的运营人力成本。为保证计算结果的准确性，可以综合业务高峰和业务平稳期间的数据，并将每一个核算值都取最大值和最小值中的均值，以体现结果数据的客观性。

5.8.2 从服务场景所产生的价值计算

仅从软件视角进行价值衡量一般适用于智能服务应用初期。在这个时期，智能服务边界搭建并不完善，还需要引入服务场景视角进行计算。如表 5-6 所示，我们通过记录在线机器人上线所覆盖的业务场景及原本该业务场景下的客户咨询量，判断该场景是否由在线机器人解决，并统计一段时间内该场景的平均解决率情况。通过对咨询量、解决率进行加权计算，以月或季度为单位便可得出在线机器人的服务价值，再结合上述软件视角的智能服务成本及智能服务未覆盖、未解决场景下的人力服务成本便可得出一个相对准确的智能服务价值，甚至还能以该数值为依据衡量出还需要多少年智能服务的投入才能回本。

表 5-6 衡量平均解决率

业务场景	咨询量	是否需要机器人解决	智能服务上线解决率
快递查询	30 000/天	需要	
商品质量投诉	998/天	不需要	
优惠查询	5 098/天	需要	
如何取消订单	10 000/天	需要	
物流信息相关	23 400/天	需要	
投诉与建议	800/天	不需要	
保修及退换货	15 000/天	需要	
配送相关	23 640/天	需要	
联系客服	12 000/天	不需要	
发票类	30 000/天	需要	
交易纠纷	6 400/天	需要	
订单查询类	40 000/天	需要	

5.9 在线机器人应用场景梳理

在对机器人价值核算过程中，梳理机器人要覆盖的业务场景至关重要，但在实际项目落地实施过程中，准确的价值核算前提是划分业务场景。价值核算和业务场景划分的里程碑并非一种教条式的逻辑前后关系，需要人工智能训练师根据企业、客服中心的实际情况，灵活地去调整。

在第一阶段里程碑中，笔者团队提出所有的智能服务产品都需要满足客服中心已有的服务全生命周期，每个周期中的小节点都能被一个或多个智能服务产品填充，由此能够得出一张专属于自己的智能服务产品地图。产品地图的最小的单位是一个智能服务产品，它属于某一个服务节点，如满足了机器人接待节点的在线机器人；那么接下来我们就需要聚焦一个智能服务产品对其服务场景进行细化，充分研究其服务能力，即从产品地图到场景地图，如图5-7所示。

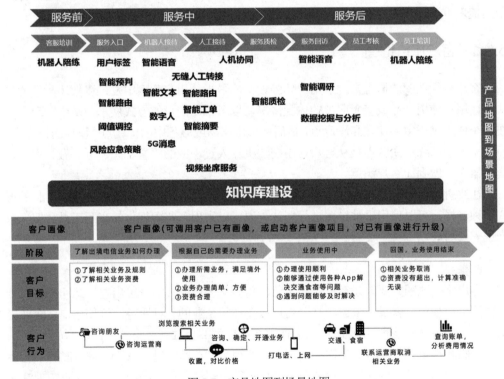

图5-7　产品地图到场景地图

机器人的服务场景，即人工智能训练师需要针对框架中的具体内容，明确在线机器人的服务需要涉及的具体范围与场景。请注意，这里需要明确的一定是最小颗粒度场景，例如表5-6所示的12个场景，就存在颗粒度过粗的问题，其对机器人的场景划分不够精细。

企业通过产品与服务创造价值和利润，但企业提供的产品与服务受限于经营范围。一般来说，经营范围是指国家允许企业生产和经营的商品类别、品种及服务项目，反映企业业务活动的内容和生产经营方向，是企业业务活动范围的法律界限，体现企业民事权利能力和行为能力的核心内容。

在线机器人是企业提供服务的一种手段，在线机器人或者人工客服的服务本质上是企业对其经营范围涉及的产品及相关内容的阐述和解释说明，如：企业提供咨询服务，但在咨询过程中，客户会与客服进行内容的沟通与确定，这个沟通的过程就是我们认为的服务过程。人工智能训练师可以从企业的服务范围中去梳理机器人的服务范围，但如果仅从企业的角度去考虑服务范围，人工智能训练师在范围梳理后的知识管理环节就会遇到非常多的问题，也会导致机器人的知识与知识之间相互缠绕，造成知识管理的负担。因此笔者建议人工智能训练师们在梳理机器人的业务范围的时候，可以从企业与目标用户、产品三者的角度去考虑业务范围的梳理，且在梳理的过程先横向考虑业务单元覆盖的广度，而非单个业务单元的深度，避免陷入深度的缠绕当中。下面来介绍两种业务范围的梳理方法与实践经验。

5.9.1 客户旅行地图

客户旅行地图的概念来源于用户体验设计，是指从用户角度出发，以叙述故事的方式描述用户使用产品或接受服务的体验情况，以可视化图形的方式展示，从中发现用户在整个使用过程中的痛点和满意点，最后提炼出产品或服务中的优化点、设计的机会点。而人工智能训练师团队也是从客户使用在线机器人过程中的"看、想、听、做"训练在线机器人，做到让客户满意。

在线机器人的客户旅行地图是客户为了实现目标而经历的过程的可视化，绘制的形式多种多样，可以使用思维导图进行划分，也可以采用一些可视化的交互工具，但一般来说需要考虑以下几个要素。

要素一：客户视角

客户旅行地图先要创建客户对象角色，需要从客户的真实情况出发，此间需要设计不同的用户视角。就目前来说，几乎用户只会体验企业的一种服务，例如用户在企业提供的电子商务网站购物，结账时往往会使用企业提供的金融支付服务进行订单费用结算。故在明确客户角色的同时，还需要确定客户的视角。在前文进行 VOC 调研时我们会明确用户的角色信息，可根据用户的角色信息进行第一级业务范围的划分，这里需要注意业务单元与业务单元之间一定要相互独立，如果存在重叠，则说明业务单元没有划分清楚。另外，对于用户角色的定义也需要清楚和明确，这既有助于人工智能训练师们明确机器人业务范围，也有助于提高在线机器人服务的准确性。企业通常有很多领域的业务，这些业务有可能存在一定关联度，也有可能是完全独立的。如果联系较少，那么可以直接将各个环节的机器人设置为独立的服务个体，如同时创建电子商务机器人、娱乐服务机器人、金融支付机器人，以并联方式存在。有的人工智能训练师可能会有疑问："如果业务单元有一些交叉，或者用户都在一个App(例如企业App的服务入口)上寻找服务怎么办？"这个时候可以采用机器人转接的方式，即让机器人以转人工的逻辑思维转接至其他在线机器人端，这样的分配方式能够最大限度地提升机器人服务的准确度。图5-8是针对运营商业务而刻画出的客户视角信息。

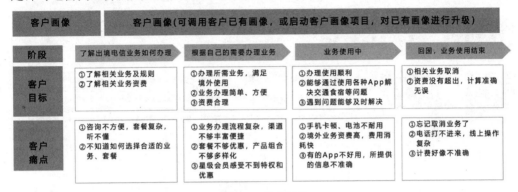

图5-8　客户视角

要素二：客户旅行地图场景

客户在使用企业产品或接受服务的过程中浏览的轨迹，本质上是一个又一个场景的跳转，有个简单的办法可供人工智能训练师进行参考，如果企业的载体为Web网站或App应用程序，可模拟用户进入Web/App浏览使用的轨迹进行绘制。

要素三：场景接触点

场景接触点即服务点，人工智能训练师在这个阶段的场景接触点划分要注意切勿以人工智能训练师自己的身份角色去考虑，因为人工智能训练师对自家业务场景非常熟悉与了解，很多时候往往会忽略一些看起来简单的业务场景接触点(如提供售后退换货保障政策的接触点，一般来说都是七天无理由)，如果人工智能训练师以自己的角色身份和行为习惯知识去带入就很可能忽略这个业务场景。关注那些高频接触点(即：客户容易产生问题的高频点)的同时，需要把低频接触点的场景考虑进去，做到"无一遗漏、完全穷尽"。

要素四：客户接触通道

接触通道主要可以应用在机器人入口渠道设计上，在业务梳理的过程中，建议人工智能训练师先进行标记，为之后的机器人入口渠道设计提供参考。如人工智能训练师发现某个场景下客户咨询触发频次特别高，但在这个场景中客户想要寻求到服务需要进行非常多步骤的操作，甚至返回至App应用初始页寻找服务入口，这时可在这个页面上考虑设计一个快捷服务入口，帮助客户快速获取服务咨询。

要素五：场景的先后顺序

旅行是一个线状发展的过程，所以在梳理过程中一定要注意场景的先后顺序，最好是能够以串联的形式出现，从而保证业务梳理原则的统一性。人工智能训练师可参考图 5-9 绘制客户旅行地图。

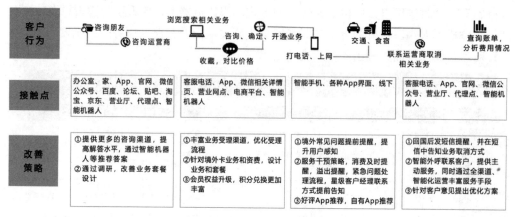

图 5-9　客户旅行地图参考图

5.9.2　触点图

当人工智能训练师们使用客户旅行地图完成业务场景梳理时，往往会发现，客户旅行地图梳理出来的业务具有很强的逻辑先后顺序关系，也能够保证这条旅行路线上客户经历的业务场景完全穷尽。但同时也会发现有一些业务是不具备先后的逻辑顺序关系的，因为很多业务或者产品往往是独立存在的，同样需要梳理到机器人的业务场景中，那么应如何处理呢？这里给人工智能训练师们推荐第二个业务场景梳理的工具，叫作触点图。

触点是指企业的品牌、产品、服务等在各个方面各个环节与用户的接触点，一个用户，不管是使用企业提供的产品、在企业 Web 或 App 上进行操作，都会接触无数个点。这些触点同样是企业为客户提供服务的地方，是在线机器人业务需要覆盖的地方。在线机器人的服务触点有两种类型：一类是业务触点，一类是产品触点。

业务触点是针对客户旅行地图中散落、独立的业务进行梳理和划分；而产品触点则是客户可能会接触到的产品。人工智能训练师在进行业务触点梳理的过程中，如果已经梳理了客户旅行地图，需要注意二者之间的关联性和交叉性。业务触点的梳理可以直接将客户旅行地图梳理过程中无法划分的业务归入业务触点图。而产品触点最为简单的办法是直接对企业提供的所有产品进行平移。(注：这里指的产品一般是实际存在的产品，也可以是虚拟产品。如电子商务企业网站上销售的手机就是实际存在的产品，而网站上销售的虚拟充值也是产品。)在完成平移后，对产品进行同类型的归档即可，如手机产品一类、电脑产品一类、充值产品一类等。

在应用场景的梳理过程中，可以将上述提及的方法进行灵活地结合，同时也要考虑行业的特殊性，进行适当的创新改进。

5.10 智能服务实施方案的选择与注意事项

5.10.1 系统实施的血与泪

智能服务上线前的实施，是企业落地智能服务系统的最后一公里，看起来终点近在眼前，但往往因为智能服务系统涉及多个部门组织与协调的问题，很多人工智能训练师往往是系统采购完成或基本敲定后才能参与到智能服务产品的建设工作之中。笔者记忆深刻的一个案例：几年前，某客服中心的智能服务系统的采购由 IT 部门主导，从企业的角度来看，智能服务产品属于 IT 系统的范围，但 IT 部门负责的往往是整个集团的智能服务系统采购，这就导致 IT 部门对于客服中心的需求是不够了解的，而客服部门因为参与得较晚，且对于智能服务产品这一新生事物缺乏一定的了解，在与 IT 部门、系统供应方沟通时，又因为双方的立场与擅长点不同，导致沟通并不顺畅，最后又因为一些隐性因素，细节需要向大局进行妥协，最终导致采购的智能文本机器人因为没有考虑到 IM 系统的问题，无法做到智能客服转人工的同时将聊天记录同步转接至人工客服 IM 部分。绝大部分需要转人工的客服往往都是比较复杂的问题，转接后人工客服的第一句话是"您好，请问有什么可以帮您的？请您详细描述一下您的问题吧？因为刚刚为您服务的是智能客服，需要您重新描述一下您的问题。"那一段时间人工客服的指标往往受到了较大的影响，对于人工客服团队来说，确实没有办法获取机器人与人工之间的聊天记录，为了解决问题就不得不再次询问；对于客户来说，本身问题就比较复杂，加上移动端输入成本很高，客服一着急一上火的情况往往很容易发生，最后即使问题得到解决，但拉长了人工客服的单笔业务的服务时长，进而影响整天的服务总量，甚至还有可能大大降低人工客服的满意度。最后，在人工服务部门的要求下，智能在线机器人在未解决聊天记录同传的问题之前，只能在凌晨期间无人工值守时段进行服务，这与整个客服中心最初关于智能服务的设想相去甚远。

在上面这个案例中，各位人工智能训练师们请思考问题出在哪个环节？出在哪个部门？在这里，笔者不做任何评价，只与大家分享一个观点："在乒乓球或者羽毛球的单打比赛中，个人实力和战术几乎决定了一切，但在篮球或者足球运动中，个人实力再强，也有可能打不进季后赛。团队赛需要大家的精诚配合，更需要将每一个人放在合适的位置上，教练的核心工作就是将对的人在对的时间放到对的位置上。"简言之，就是"每个人的立场决定了自己的发言与行为，想要统筹协调就得了解每个人的做法。"对于智能服务，往往需要以下关系方：其一是业务部门，其往往是企业的客服中心，其二是采购部门，其可以是 IT 部门，也可以是专门负责采购的部门。这是大的维度，再往下细分就是各个干系方了。

为什么要梳理几个关系方之间的关系，以及在智能服务项目上的立场呢？这往往是来自智能服务项目立项期间常见的一个痛点：系统采购由 IT 部门负责，而实际使用系统的是业务部门，业务需求和实际采购落地需求会存在偏差，导致业务落地效果不佳。另外，个别供应商可能会认为系统最终的采购权归属于 IT 部门。在项目实施期间，系统采购时期的考核指标多为技术层面的需求，如召回率、准确率、语音识别准确率等，当实际采购落地后，需要考核的则是业务指标，如智能外呼的完整接听率等。由此可见，很多业务指标实现困难与技术指标有着千丝万缕的联系。

在业务实施期，负责系统采购的部门的任务就基本完成了，维保运维的压力随即释放给供应商。此时，业务方开始使用系统，负责智能服务产品的业务工作。

智能服务系统往往具备一定的使用门槛，业务方在系统的使用过程中会遇到各种各样的问题，并且要梳理产品操作使用手册、业务场景手册、人员培养方案等，智能服务系统在客服中心落地任重而道远。

5.10.2 系统实施实践—自身情况

在系统实施时，我们需要先了解自己的需求，做到"聚焦"和"选型"。

1. 聚焦

聚焦是人工智能训练师对企业的用户、企业所属行业、机器人所需具备的能力、场景、流转等因素的全面模拟，有助于更好地选择合适的系统厂商，以在线机器人为例，绝大多数厂商都有自身所属的或者用户数量较多的行业，在这些行业，该厂商一定拥有非常丰富的项目实施经验，无论是系统集成还是场景的定制化；如果我们选择厂商是第一次接触这个行业，有可能其技术很强但对于行业的适应性稍弱，在项目实施过程中可能就需要付出一些额外成本来弥补这一短板。对于流转问题，同样如此。信息、数据的流转对于技术要求没有那么严格，但对多个系统的集成、系统之间的贯通、基础的硬件设施要求非常高。这一点往往很容易被忽略。笔者团队至今还记得在某个项目实施过程中，企业向某家系统厂商提供详细的服务系统基础情况，并要求解决在线机器人数据信息集成的体验和质检系统之间的集成问题。系统厂商搭建了模拟环境，演示了集成后的效果，但上线后却发现信息之间的流转严重滞后，原因是模拟的时候往往处在虚拟环境或者单通路中，到了生产环境一切都发生了改变。为此，企业不得不再支出预算外的成本来解决该问题。接下来，笔者团队列举出一些常见的聚焦内容。

1) 用户聚焦

在 VOC、VOE、VOB 阶段，主要任务是获取用户需求，而从需求到服务还有一段很长的旅程。当人工智能训练师们开始进行服务聚焦时，用户对象就应该转变为用户，这与在 VOC 阶段时是不一样的。这一阶段的用户更多的是未来智能服务机器人直接面对的用户，在线机器人的用户的特点将会影响机器人的选型，例如：50~60 岁的用户们更加倾向于话术风格成熟的机器人，在一些产品使用或者服务的场景下，对指导性的动态图片的需求往往大于文本类的话术答案，这类用户更加喜欢交互按钮操作，而非答案交互,更加喜欢大字体的答案,在转人工操作中更喜欢跳出人工操作按钮,而非输入"转人工"三个字作为转人工指令,因为后者指令让很多稍上年纪的用户难于理解,往往导致转人工操作失败,最终被困在机器人之中。

对于用户的聚焦,各位人工智能训练师还需要注意的,所服务的用户数量是个体还是群体,也就是在线机器人在应答过程中需要一对一还是一对多。在线机器人一对多的交互完全不同于一对一对话的体验。在一对一的过程中,在线机器人不需要明确交互对象的身份,但在一对多的交互环境中,在线机器人在每次应答过程中需要不断明确用户交流的对象是否为在线机器人,因为在群环境中,用户对象有多个,整个交互环境会出现"用户—用户,用户—机器人",所以机器人的应答机制需要先明确在线机器人的应答触发机制,并在用户初次入群时就进行详细的说明。如:每次当新用户进入群时,在线机器人进行新手引导,即发送开头语进行机器人的自我介绍,并说明机器人的业务范围,其同样适用于"一对一"情况。除此之外,这里还需要说明在线机器人的应答触发机制。关于触发机制,可以采用社群对话中常用的"@"符号,选择该问题的应答对象,以避免在线机器人无法识别准确的应答时机。

2) 企业聚焦

一个企业可能会有很多业务,这些业务有些时候面向不同的行业,因此,企业会针对不同行业设置不同风格的机器人。例如:同一个企业既有金融业务,又有旅游、社交等业务,那么这些业务一般都由不同的在线机器人负责,且每一个机器人也有不同的风格。

图 5-10 为电商行业机器人风格。一般来说,不同行业的服务风格会有较大的差异,例如政务和金融行业,会呈现出专业与严谨的风格,而电商类企业大多偏向活泼的风格。

3) 场景聚焦

场景聚焦指聚焦在线机器人的服务场景,这个服务场景就是机器人能够解决问题的场景,比如电商机器人要聚焦售前、售中、售后每一个环节中的具体的应用场景。

4) 能力聚焦

能力聚焦应体现在线机器人的搭建目标,例如:搭建在线机器人是为了节省人力成本,替代部分人工客服工作,解决人工客服休息阶段的基础服务。

5) 流转聚焦

流转聚焦就是我们常说的人工干预阶段,当在线机器人无法解决客户问题时,应及时转接人工客服进行处理。要想让客户在转人工过程中有很好的服务体验,就需要针对转人工模型进行定向的训练,在后面的章节我们会详细展开介绍这部分内容。

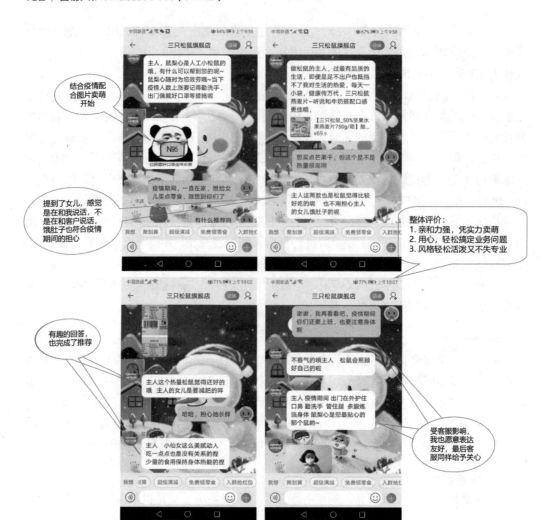

图 5-10 电商行业机器人风格

2. 选型

为什么要选型？在前面的章节中我们介绍了几种机器人的类型，服务机器人分为在线文本机器人、语音呼入机器人、语音呼出机器人；每一种机器人还可以做更细致的分类，例如在线机器人还可以划分为业务型机器人、闲聊型机器人等，并且每一种机器人的功能与交互方式也各不相同。下面笔者通过一个案例说明如何针对特定的场景选择适合的机器人。

场景描述：在机场或火车站，大量客户寻求失物寻找咨询服务，但服务中心人力不足。

预期目标：通过智能化手段解决人力问题。

选型分析：针对上述场景，很多人工智能训练师往往选择设置在线机器人来解决客户问题。我们回到客户场景,假设自己是失主,在乘车或乘机途中发现东西丢失的,大都会在第一时间去询问现场的运营管理人员;而通过电话或在线咨询的客户,往往是回到家或离开后才发现东西丢失的。事实上,用户很少会单独下载对应地铁或者航空公司的 App 应用,这个场景更适合采用语音类的机器人。

那么怎么设计语音机器人呢?可以针对这类用户设计一个简单的 IVR 播报,当用户触发了失物丢失的场景后,可以引导用户到对应的在线渠道进行报失操作,操作生效后直接将丢失物件的必要信息(如航班号、丢失时间、位置描述、联系人员等)以工单形式传递至对应的服务人员处。失物寻找无非有两种结果:一种是失物找到了,需要客户到指定的地点领取,这时可以使用外呼语音机器人自动外呼告知用户"确认身份后,您的失物已经找到,请您在××时间范围内携带××证件到××地点进行失物领取";另一种是失物无法找到,同样也用外呼机器人告知用户"非常抱歉,您于××时间、××地点、丢失的××物品经过现场人员寻找未能找到"的结论。

为了更好地帮助人工智能训练师掌握该能力,下列 4 个选型案例可作为阅读该章节的练习材料。

案例一
场景描述:城市 CBD 区域物流派送高峰期,物流需要联系客户取件,短信效果较差。
预期目标:提高快递人员安全性;提高联系成功率。

案例二
场景描述:早航班车司机容易睡过头,导致乘客无法按时抵达飞机/高铁,从而耽误行程,投诉处理麻烦耗时,成本较高。
预期目标:尽可能消灭投诉;降低服务成本。

案例三
场景描述:共享单车,用户不按照指定区域停车,系统扣除调度费后发生大量投诉。
预期目标:尽可能消灭投诉;降低服务成本。

案例四
场景描述:公共交通区域挪车,耗费人力联系挪车双方,尤其是非工作时间业务量较大。
预期目标:降低服务成本;保障非工作时间运行正常。

5.10.3 系统实施实践—厂商情况

知己知彼,在充分了解自己的同时,还要了解对方(即系统厂商)的情况,摸清系统厂商的类型与企业文化,然后根据自己最关注的评价因素和指标进行打分。

1. 厂商的类型与企业文化

不同的系统厂商会有不同的行业经验，同样也存在不同的企业文化，智能服务系统的选择必须要重视厂商的企业文化。假设我们把企业购买智能服务系统类比成购买一把菜刀，市面上可能有这么几种销售菜刀的企业：第一种是老字号企业，拥有百年传承的锻刀技术；第二种是互联网企业，包装精美，持续迭代，能够充分收集用户意见等；第三种是某知名五星级餐厅的大厨出来创业，为厨房小白量身打造的菜刀，且给每一位购刀用户都赠送一本五星级餐厅的菜谱，按照菜谱即使小白也能用菜刀制作美食。请问各位人工智能训练师及企业中负责智能服务产品采购的负责人，你们会选择哪种呢？多数第一次接触智能的训练师可能会选择第三种，但实际的情况是每种菜刀店都占据了相当比例的市场份额。所以对于选择系统厂商来说，适合的才是最好的，那么如何才能量化出是否最适合？

注：系统实施从大的层面上可被分为自建研发团队和外部采购企业，一般来说，绝大多数企业往往都是先以外采作为首次选择智能产品的，因此本章节所讨论的内容大都基于此。

2. 主要评价因素

人工智能训练师根据企业实际情况对评价因素进行打分。

(1) 系统集成能力。系统集成能力是智能服务产品的重要评价因素之一。良好的系统集成能力可以使智能服务产品在企业落地更加顺畅，提升客户体验和解决问题的效率。因为智能服务产品往往需要与已有的业务系统、客服系统、生产系统等集成，这需要厂商具备一定的技术实力和经验。

如果系统集成能力不足，可能会导致业务处理缓慢、无法完成业务处理、体验差等问题。例如，机器人所提供的发票申请业务，如果机器人不能够调动财务系统或者无法确认开票订单，就无法完成业务处理，给客户带来不良体验。而一个具备强大的系统集成能力的厂商，可以更好地协调各个系统之间的关系，确保业务处理的高效性和准确性。在选择智能服务产品时，必须充分考虑厂商的系统集成能力，以确保良好的落地效果。

(2) 交付经验。交付经验即系统厂商以往交付智能服务产品实施的经验，这个经验至关重要，经验丰富的厂商能够帮助企业少踩坑，对于一些小众行业尤其要格外关注同行业交付经验，并且要对比行业中的企业与自己企业的业务差别情况。人工智能训练师可以在与系统厂商交谈过程中，通过了解既往案例实践情况、询问既往案例的细节、模拟业务测试来判断厂商的实际交付经验情况。

(3) 产品性能。产品性能可分为技术层、业务层、训练层等几个维度。技术层主要包括意图识别准确率、语音转文本正确率、并发、延迟等技术层面的性能；业务层包括解决率、满意度、答案命中准确率等因素。业务层面性能测试，可采用模拟测试方式，提供一定数量的语料与知识，再组建专门的测试小组，测试小组从聊天日志中抽取符合机器人服务范围的问题进行测试；若项目规模较大，甚至可以模拟上线，即让小量真实客户体验在线机器人，以测试其真实线上的业务性能。训练层则注意如训练能力的开放程度、上线的简单程度等因素。智能服务产品是需要不停迭代的产品，因此训练越简单，可视化、模块化程度越高，越利于其迭代与升级；对于训练性能的测试，可由专职的人工智能训练师进行公审体验。

(4) 产品成熟度。产品成熟度可分为通用成熟度和行业成熟度。前者是指该类产品的成熟度。如果我们在不恰当的时间高估了通用成熟度，则结果显而易见。后者是指在产品通用成熟度满足的前提下，其并非就在某个行业成熟，当然了产品已经成熟，但专属于某个行业下的配套应用却还不成熟。俗语有云："领先一步是先驱，但领先两步就有可能成为先烈"，在智能服务产品的选择上，若是不想承担一些额外的成本与代价，那么就要在产品成熟性能的考量上慎重而行。

(5) 产品迭代能力。在笔者团队既往的项目经理当中，几乎没有人见过对智能建设一步到位的企业，一方面需要谨慎尝试，另一方面智能也在时时刻刻地发展和进步，因此在选择厂商时，在聚焦当前项目的前提下，要将眼光放得更加长远，同时也需要跟各个相关干系人包括系统厂商提前进行沟通，确保厂商能够有相应的迭代能力。据经验来看，迭代的工作将集中在既往知识库的迁移、知识库结构改造、数据备份、系统厂商的升级能力、相关的人力储备等。

(6) 产品价格。产品价格会制约部署方案，比如选择基于互联网提供服务的 SaaS 模式部署方案，还是数据部署在本地、人工智能引擎在云端的方案，每种方案的价格均不同。

其他常见的评价因素包括：系统服务可用性及稳定性，其他系统的协调性，厂商的定制化服务能力，厂商的实施部署能力，系统方案可扩展性，产品性能，同行业交付经验，内部系统集成能力等。

5.11 本章小结

优秀的在线服务机器人的核心价值就在于"智能链接客户，重塑客户体验"，即通过智能化手段打造更加精准的服务，重塑服务价值。价值是需求背后的核心，优秀的人工智能训练师需要通过运用科学的调研方式，结合企业、用户特点，实地调研，深入到在线机器人服务的关系对象当中去，获取用户需求，同时避免被需求的表象迷惑，重点关注需求背后的真正诉求，看透事物的本质，在合适的时间点和场景中借鉴建模分析的方法以保证需求理解的一致性，最后通过科学的评审和管理体系，避免因为个人主观经验而导致判断失误，同时还要加强思辨能力，在训练过程中不断思考、不断迭代，唯有如此，才能保证需求的正确性。

智能服务的边界、智能服务价值的核算、智能服务产品的应用场景梳理、实施厂商的选择都是顶层设计中的重要里程碑节点，人工智能训练师们在实际实施项目时一方面要掌握各个节点的相关知识，另一方面要能够根据企业的实际情况灵活调整，切勿照本宣科，生搬硬套。

本单元讨论与小结

在第一单元中，我们主要聚焦智能服务上线的准备工作，在实际训练工作中，其最为关键的一个节点就是在智能服务系统还未购买之前，一旦系统外采完成，人工智能训练师就要进入到具体的数据采集、知识整理工作当中，即实际生产当中，但如果此时再去沟通系统需求，也只能放到二期项目中，如果出现推翻所有结果的情况，那对整个智能服务项目来说将是致命的。因此，人工智能训练师应从人工智能技术基础理解、人工智能训练师职业理解、顶层设计、需求管理几个大的维度展开工作，一方面要注意的几个维度的逻辑前后顺序，另一方面要根据企业、客服中心已具备的相应基础有选择地开展。

第 2 单元

智能服务训练的实施工作

俗话说：再长的路，一步步也能走完；再短的路，不迈开双脚也无法到达。第 2 单元的内容主要聚焦智能服务训练环节，在这个环节中，智能服务系统已正式入驻企业，人工智能训练师们开始训练机器人，用一条条数据、一条条知识不断抚育机器人，帮助机器人修改一条条的错误，使其快速成长。此外，第 2 单元的工作也将贯穿智能服务的整个产品生命周期，只要机器人还在工作，训练工作就无法停止。因此，人工智能训练师应充满耐心，沉下心来，一步步往前走，路虽难，行则至；训虽苦，练则成。

第 6 章

语料的训练与管理

数据是 AI 生产的引擎。

——笔者

6.1 训练场景与计划

在准备工作单元中,人工智能训练师们已经完成所有需要实际动手训练的工作内容,那么接下来就需要正式实施训练工作。凡是工作,必有计划,智能服务训练亦是如此,唯有先制订周密的计划,才能保证训练这个庞大又漫长的系统工程不会跑偏。

在前面的章节中,我们通过客户旅行地图和触点图已经尝试梳理出智能服务业务覆盖场景的框架了,像前面提及的快递查询、商品质量投诉、优惠查询、如何取消订单等,但细心的人工智能训练师们会发现,假如我们将客户的原始问题往这 12 个场景中去套,一个场景下面大概会有若干个属于该场景下的小问题,如:发票场景中如何申请发票?已开发票如何修改?发票开具时效要多久?电子发票如何申请纸质发票,等等。如果不再进行多次的细化,整个训练过程将变得混乱不堪,因此,人工智能训练师们先要对已经梳理出的大场景进行细化。

6.1.1 训练场景细化

1. 在线机器人业务场景划分整体流程

从流程上来看,业务场景划分包括确定场景划分方法、通过客户原始语料问题标注划分结果及评估场景划分结果、优化场景划分结果三个阶段。

2. 常见的在线机器人业务场景

常见的在线机器人业务场景具体如下。

(1) 查询类场景:包括订单查询、物流查询、账户信息查询、服务进度查询等。

(2) 咨询类场景:包括产品咨询、技术咨询、费用咨询等。

(3) 营销类场景：包括商品推荐、促销活动、购物指南、购物咨询等。

以上是常见的在线机器人业务场景，此外还要根据不同企业和产品的实际情况进行细分和定制。同时，将同一大类的业务场景汇总为业务模型能够方便管理和维护，例如把订单查询、物流查询、账户信息查询都统一为查询类业务模型，有利于提高机器人的效率和准确性。人工智能训练师可以将业务场景按照包含关系以一级、二级、三级分类来划分，并且统计各级别场景的客户咨询量，这样能够更好地进行知识库的建设和管理。

3. 在线机器人业务场景划分方法

首先，进行客户原始语料的聚类。随后，结合客服中心已有的知识库中定义清晰的业务架构，人工智能训练师基于自己的业务经验先总结出较为相似的语料集合定义为一级业务场景，如将产品咨询、技术咨询、费用咨询等相似业务场景都归为一类，并统一用咨询类场景进行定义。最后，逐个拆分其中场景，如产品咨询中包括产品性能咨询、产品价格咨询、产品质保咨询等业务场景。这种划分方法称之为自顶向下的拆分。反之，直接对最细的业务场景进行总结，即先将产品性能咨询、产品价格咨询、产品质保咨询等业务场景划分出来；而后，再将其总结为产品咨询类场景；同样的方法对技术咨询、费用咨询等业务场景进行划分；最后，再将产品咨询、技术咨询、费用咨询等场景归类为咨询类场景。这种方法称之为自底向上的拆分。

4. 在线机器人业务场景划分工作流程

(1) 选定场景划分方法。客服中心业务较为复杂，且业务和业务之间存在很大的重合性，建议训练经验不够丰富的人工智能训练师优先采用自底向上的方法进行场景划分，如大量聚类出的原始语料是"如何退货？""我要申请退货。""帮我申请一下退货。""我想要处理退货。"等，类似语料都如下定义：其三级场景是退货操作流程；其二级场景是退货处理；其一级场景是退货。

(2) 完成场景划分的初稿，导入一定数量的用户原始问句语料，并通过人工标注将客户问题划分到某一级类场景(一级、二级、三级)。若无法划分到具体分类场景中，则归类为其他场景。场景划分完成后，需要对预先准备的测试集数据(客户原始问句语料)进行人工标注，测试场景划分的准确率。具体操作方法为：将原始问句语料结合业务场景理解划分至对应的场景之中，并根据在一级、二级、三级分类中落入其他场景的比率来评估场景划分的效果。理论问题命中场景的概率需要达到85%以上。例如，如果客户原始问句有1000句，其中有600句能够划分至已经建立的一级、二级、三级业务场景分类之中，但其中有400句不属于任何场景，那么业务场景初稿划分的准确率为60%，是不合格的。

(3) 根据测试结果进行场景划分的优化。对于无法划分到具体场景的问题，人工智能训练师需要重新考虑业务场景分类的完备性，增加相关场景的分类。同时，也需要对已有场景分类进行优化，确保分类的精准性和全面性。

(4) 经过多次优化后，需要再次测试划分准确率，直到达到预期效果为止。同时需要定期检查和更新业务场景分类，以适应业务和用户需求的变化。

5. 完成细化后的业务场景示例

根据上述步骤，人工智能训练师可将业务场景细化至最小颗粒度，笔者以某政务热线的业务场景划分为例给出细化后的业务场景示例。

比如：一级场景包括职业教育、就业、创业、生育、子女教育、买房、户口、买车、税务财务、日常生活、特殊人群保障、退休。我们以其中买房场景进行拆分，则二级场景为公积金和不动产。若以公积金进行拆分，则三级场景有公积金的缴纳类场景、公积金提取类场景、公积金贷款类场景、公积金查询类场景、贷款合同号类场景；若以不动产进行细分，则三级场景有买房材料、商品房摇号、不动产登记。

6.1.2　训练场景验证

需要注意的是，世界上并没有完全一样的两个企业，就算同样是银行或电商，也会因为经营方向侧重不同而导致业务占比不同。因此，对训练场景进行验证非常重要，这样能够避免或减少未来训练工作的返工。

1. 验证划分标准

应检查训练场景是否满足以下三个划分标准。

(1) 以上统下。一级业务场景要能概括其下所包含的所有业务场景；二级业务场景要能概括其下的三级业务场景和三级业务场景下的原始语料；三级业务场景中所有的内容要能够对上级场景进行解释支持。

(2) 归类分组。所有具有相同思想的问题要能够归纳到同一个业务场景，一般来说，人工智能训练师可概括地认为，只要答案内容一致，就能归纳入同一个业务场景。

(3) 逻辑递进。为了保证业务场景划分过程中的穷尽性，人工智能训练师可采用逻辑递进的方式进行总结，比如某个问题客户咨询其业务定义，接下来则是该业务的办理条件、办理方法、办理时间、办理路径、办理人等；运用逻辑递进的思路能够尽可能避免遗漏，减少后期返工。

2. 根据业务特点调整混淆的业务场景

除满足上述的标准外，实际训练工作中经常会出现一些容易相互冲突和混淆的业务场景，此时要根据实际业务情况进行调整和验证。

6.1.3　训练场景迭代与优化

在实际运营中，随着客户提问的不断变化和业务的拓展，业务场景也需要不断优化和迭代。

(1) 定期评估业务场景准确度：定期收集客户提问数据，根据人工智能训练师的经验和领域知识，对业务场景进行再次划分和优化。

(2) 制定优化方案：根据场景划分的结果，制定相应的优化方案，包括添加新场景、删除无效场景、修改已有场景等。

(3) 验证优化效果：对优化后的业务场景进行测试验证，评估准确度和效果。

(4) 更新机器人知识库：将优化后的业务场景更新至机器人知识库中，保证机器人的回答准确性和及时性。

当业务场景划分初稿出现用户原始问题命中率低的情况时，人工智能训练师可采取如下的训练优化措施：人工智能训练师先对各自业务板块中无法由机器人解决的业务场景进行标注，如将客户问题"我要投诉"标注为"人工处理"，并注明人工客服针对这一业务的处理方案，以便未来机器人业务扩展时能够将这一类场景纳入其中，实践中的人工智能训练师也可以针对无法解决的业务进行具体的场景划分，如投诉类、建议类、账户咨询类等。在完成所有业务场景划分之后，建议人工智能训练师们可以将所有机器人无法解决的业务进行单独汇总，与机器人能够解决的业务场景分开。客户原始问题命中场景存在以下几种情形。

- 情景一：客户原始问题在业务分类中的一级分类场景有绝大多数场景落入其他场景分类，这时说明业务分类的一级分类划分方法存在问题，需要人工智能训练师重新划分业务场景。
- 情景二：客户原始问题在业务分类中绝大多数能够落入一级分类场景中，但发现这些原始语料在某一特定一级分类中，绝大多数都落到了二级分类中的其他场景，这说明一级分类是正确的，但这一级分类下面的二级分类存在问题，需要人工智能训练师重新划分二级分类场景。
- 情景三：客户原始问题在业务分类中绝大多数能够落入一级分类场景中，但在二级分类时存在多个同一客户原始语料既能够划分到二级分类 A，又能够划入二级分类 B 场景之中，这说明该一级分类场景中的二级分类划分存在重合的情况，需要将二级分类场景 A、B 进行比对，看是否能够将两个场景融合为新的二级分类场景 C。

6.1.4 训练计划制订

场景划分工作完成之后，便可开始制订训练计划。一份好的训练计划不仅能使所有的训练工作有条不紊地开展，也能帮助人工智能训练师们以最小的训练成本取得最大的训练成果即解决率、满意度等。制订训练计划时需要考虑以下 5 个要素。

要素 1：业务场景的重要程度——咨询量

人工智能训练师进行机器人训练工作是一项长期持续且反复的工作，一定要选择一些重要的业务场景开展训练工作。在判断业务场景的重要程度时，参考各个业务场景的客户咨询占比，其基本都是"二八"分布，即80%的客户咨询集中于20%的重要业务场景中。

要素2：业务场景的重要程度——业务价值

有些咨询量较少的业务场景能够带来较大的直接收益，这些业务场景也应该纳入训练计划。

要素3：训练实现的难易程度

对于业务场景的训练，不同的系统、不同的人工智能训练师可以有很多种实现方式，即很多种知识管理方案，如：一问一答的常见问题解答(FAQ)、多轮对话、文档对话、知识图谱；此外，其还会涉及答案的呈现形式，是直接推送业务答案，还是调用系统接口后给出答案。每一种训练管理方案的实现成本即训练代价都不同，有难度的训练方式会带来更好的客户体验，但成本也是一个不得不考虑的重要因素。

要素4：机器人整体训练时间分配

训练时间的分配一般采取以下两种方式：①先训练单个场景，逐个场景攻破；②同时训练多个场景，各个场景同时提升。具体的时间分配需要根据人工智能训练师团队的实际情况进行。如果人工智能训练师前期人数较少，则可以先专注某个重要的业务场景，逐一训练；若人手较为充足，且存在各个业务场景之间学习成本较高的情况，则可同时启动多个业务场景，一同训练。

要素5：重要困难矩阵

根据上述4个要素，人工智能训练师们将各种各样的数值引入重要困难矩阵工具，如图6-1所示。重要困难矩阵按照难易、重要坐标划分出：重要且轻松、重要且困难、不重要且轻松、不重要且困难4个区域。将所有完成划分的业务场景放入这4个区域，会发现如果每次都选择重要且轻松区域的业务场景进行训练，便能在短时间内以最低成本换得最佳的业务成效。

图6-1 重要困难矩阵

6.2 AI 生产的原始资料：数据

1. 数据的价值

当今社会已经迎来了人工智能时代，如同农业时代的土地、劳动力，工业时代的技术、资本一样，数据已经成为人工智能时代生产的原始要素，而且是最核心的生产要素。人工智能的目标是让机器拥有和人一样的思维模式，替代人在某些方面提供智能化的服务。数据挖掘是人工智能产品训练的前提条件，无论是算法训练、模型优化等都需要大量的数据支持。

人工智能技术一般是由数据、算法、硬件设施三部分构成，算法训练数据形成特定的模型，模型在硬件设施(服务器)上进行运转，人工智能方能为人类提供相应的智能化服务。如果引申到在线机器人当中，可假设训练一个在线机器人做一道菜，那么蔬菜瓜果鱼肉就是数据，也就是人工智能训练师们常说的用户原始语料。数据清洗人员需要根据人工智能训练师、产品经理的要求使用不同的工具(如标注工具)进行数据清洗与加工。人工智能训练师根据不同人工智能模型处理方式的要求，采用不同的算法在不同的硬件设施(如人工智能图像技术、GPU、图形处理器)中训练在线机器人，完成后由人工智能训练师进行各类功能的测试，如果没有达到要求，将再次对在线机器人进行训练，直到达到要求后在线机器人才可上线。

我们可以看出对于在线机器人来说，数据对其识别功能的好坏起至关重要的作用。对于客服机器人(涵盖在线、语音、各类服务型机器人)，企业的期望是机器人能够"听懂"客户的问题，快速、有针对性地及时响应客户，以达到更好的服务体验和更低的服务成本。

在线机器人想要听懂客户的问题，需要结合大量的数据训练模型，让服务机器人一看到、听到客户发来的问题就能明白这是什么意思。而这些数据来源于客户的问题，我们也常常把它称为原始语料。原始语料是让在线机器人能够理解用户在已经设定的业务场景中的问题的真实意图，并提供最佳的应答策略之关键所在。

2. 从数据到语料

语料是在线机器人的训练数据，人工智能训练师们在算法工程师的要求下对语料进行有监督的学习标注，但在数据被标注之前，我们把所有语料数据称为原始语料，本章重点探讨在标注训练前，人工智能训练师们需要完成的工作内容。

在客服中心，我们通常把那些服务聊天对话、提问记录、用户和服务人员的闲聊(非业务聊天)等素材作为原始语料。从分类来看，语料一般来自客服中心的各个服务渠道：在线服务渠道、语音服务渠道、自助服务渠道、其他服务渠道(根据企业客服中心的特点，不同语料来源渠道也会有所不同)。总结起来，语料可以分为文本语料、语音语料、混合语料(图片、视频等应该作为混合语料收集)三种。

人工智能训练师们可以将原始语料来源记录表作为原始语料获取过程中的辅助。来源记录表不仅可以帮助人工智能训练师们明确语料的来源、具体内容、获取方法,也能在未来训练过程中及时扩充原始语料,如在线机器人需要针对某个标准问题列举用户的相似问题,相似问题的最佳来源是用户的原始问法,若原始问法数量不够,则需人工智能训练师站在客户的角度编写,但如果能够扩展原始语料的来源范围,也能在一定程度上解决原始问法数量不够的问题。原始语料来源记录表样表,如表 6-1 所示。

表 6-1 原始语料来源记录表样表

原始语料类型	类型一	类型二
具体内容		
获取方法		

3. 语料获取的常见方法

常见的获取原始语料的方法一般有如下两种。

(1) 服务系统中的记录抽取。人工智能训练师们可以从客服中心的各个座席系统(在线、语音座席系统、工单系统、自助服务中心等)中抽取所有用户和人工客服之间的对话语料。从在线座席系统中获取文本聊天记录的文档;从语音座席系统中获取语料聊天记录录音;从自助服务中获取客户建议和求助内容。

语音数据的获取非常重要,因为在笔者既往的经验中,很多企业往往都是先有语音服务,而后再建立在线服务;甚至有的企业只有语音服务,在线服务与在线机器人系统需在此基础上搭建。获取到的语音数据可借助语音转文本软件或网站进行转化。

(2) 人工生成。有些客服中心使用的三方座席系统不支持原始语料的获取,或者以往没有能够累积大量的原始语料,此时可以选择人工服务经验丰富的资深人工座席代表,模拟客户思维进行客户语料编写,编写的过程中需要遵循"MECE 原则",尽可能完全穷尽原始语料。

6.3 原始语料的处理

原始语料获取后人工智能训练师需要将收集好的原始语料进行简单的粗分类,将语料分为业务语料(所有和业务内容相关的语料)、闲聊语料(纯粹聊天语料)。对粗分类的语料,人工智能训练师们要注意进行适当的存档保留,如当下在线机器人的训练主要围绕客户某个场景的识别进行,应保留好情绪语料,以在训练在线机器人识别客户情绪能力时派上用场。

6.3.1 原始语料清洗

语料清洗的重点是要去除粗分类语料中的无用部分，因为工作量较大，一般需要依赖语料清洗的程序和工具，如果进行简单的清洗，人工智能训练师可以通过 Excel、Python、Tmxmall 等工具对需清洗语料的一些基础共性进行清洗操作，包括筛选关键词、校验句子长度、批量删除、重复句子剔除等。

1. 常见语料清洗

以下为语料清洗的一些常见共性，供人工智能训练师参考。

(1) 去除停用词。原始语料中一般会包含一些停用词，如啊、呢、嗯，这些都可以去除。

(2) 删除标签。原始语料中通常会包含一些不必要的内容，如 HTML 标签、表情符号、图片符号等。

(3) 删除多余的空格。

(4) 删除重复性语料。这里的重复是指完全重复而非意图相似，对于在线机器人来说，重复性的语料是没有用的。

(5) 如果人工智能训练师具备一定的编程实现能力，还可以借助 Python[①]实现更高等级的语料处理操作，包括中文标点混合英文标点符号；全半角；句子中的一些特殊的表情符号；重复使用的标点符号；繁体中文转简体中文等。

另外，人工智能训练师也可以结合业务特性，梳理一些无用语料的特征，然后使用特定工具进行处理。例如，太短(3 个字以内)或太长的句子，可使用 Excel 的函数= LEN()校验单元格的字符数，删除太长或太短的内容。

2. 针对性语料清洗

根据已有的业务场景及算法模型的要求进行针对性的清洗，如敏感词识别、情绪识别、转人工、售前场景推荐识别。可以结合这些场景中原始语料的特点，例如转人工、脏话、购买、下单等关键词，进行清洗和筛选操作。

3. 业务范围外语料清洗

可以结合在线机器人的边界说明书，将不需要在线机器人解决的业务场景的语料进行清洗。清洗完超出在线机器人业务范围的语料后，可以将其放置于独立的文件中进行存储，可以供后面转人工模型训练时作为原料语料数据使用。

语料清洗完成后需以单句问题的形式进行存档。

---

① Python 是一种跨平台的计算机程序设计语言，是一个高层次的结合了解释性、编译性、互动性和面向对象的脚本语言。

6.3.2 语料归档

语料归档是指根据已有的业务场景或者算法工程师的需求，对清洗完成的语料进行归档。

语料的归档分成两类：一类是人工智能训练师承担的工作，另一类是算法工程师或者具有一定编程能力的人工智能训练师进行的工作。

1. 人工智能训练师的归档工作

人工智能训练师首先需要对已经清洗好的语料进行用户角色清理归档。用户提问归为一档；人工客服回答内容归为一档。其次将这些问题及答案按照上文中已经梳理完成的客户旅行地图、触点图、服务触点图、产品触点图进行分类归档。最后将语料按照定制的算法模型进行归档，如转人工模型、情绪识别模型等，有些情况下还需要对清洗好的数据的来源渠道进行归档，如在线 PC 渠道、在线移动渠道等。具体归档的需求可以根据算法工程师的要求制定。

分类规则一般由人工智能训练师根据业务特点向算法和工程团队提供。很多刚刚接手训练工作的人工智能训练师往往不知道该怎么编写分类规则，建议人工智能训练师团队负责人建立训练知识文档沉淀、管理机制。通过人工智能训练师对业务和人工智能理解程度的加深，小步快跑迭代分类规则，并沉淀规则。即使未来人工智能训练师出现岗位变动，也能够将这些知识沉淀下来。知识管理机制同样适用于其他岗位和训练工作，要建立完善的训练运营机制，防范环境风险，保证训练工作的正常开展。

人工智能训练师们，尤其人工智能训练师团队负责人还需要特别注意企业数据的沉淀。因为很多企业大都外采机器人系统，当业务成熟后，可能由于内部原因，如企业认识到机器人价值，更换为更有实力的供应商；可能由于外部原因，如供应商因为经营不善，无法继续提供服务等情况导致需要更换系统；可能由于特殊原因，如系统供应商的服务器受到攻击，导致数据和训练模型全部丢失。往往各家机器人之间的兼容是非常困难的，无法做到像更换手机一样，通过数据传输就能将原手机的数据信息完全复制，很多时候更换系统意味着在线机器人的训练需要从 0 开始。所以，在数据管理过程中一定要注意重要数据的沉淀，最大限度地降低因机器人系统更换带来的数据丢失的影响。

2. 具备一定编程能力的人工智能训练师或算法工程师的归档工作

在完成简单的分类后，还需要将这些已经分类的语料，按照问题和答案之间的关联度进行分类，这个分类也将有助于在线机器人对于客户意图的识别，是非常重要的工作。这个部分需要人工智能训练师具备一定的编程能力，或者直接由算法工程师操作。可以采用如下两种技术进行归档。

(1) 语料的聚类。语料的聚类是指人工智能训练师或算法工程师直接将已经处理完成的原始语料投入特定的聚类算法之中，其根据语料内在的相似度和其他关联特征，如将一堆堆语料由原有的自然语言文字信息转化成数学信息，以高维空间点的形式展现出来，通过计算将距离比较近的那些点聚成一个簇，簇的中心叫作簇心。一个好的聚类要保证簇内点的距离尽量地近，但簇与簇之间的点要尽量地远。聚类方法一般用在在线机器人构建的初期，知识场景划分不够详细的阶段，直接采用聚类算法，人工智能训练师通过针对原始语料的聚类分布情况，反向研究并结合聚类语料的数量，综合评估排序在线机器人需要解决的问题。例如，聚类发现用户原始语料大都聚焦于咨询物流问题，可将物流咨询作为优先重点场景进行训练。

(2) 语料的分类。语料分类的过程实质上是对语料与业务之间的关系进行一个映射匹配，其主要根据待分类数据的某些特征来进行匹配，必须(根据某种评价标准)选择最优的匹配结果。这里的特征其实就是业务上的定义，是之前已经做好的业务场景分类。最简单的做法是根据业务场景中特定的关键词或者特定的规则进行筛选，如转人工场景分类，将所有的语料中具有人工或者转人工等关键词字样的问题都归为一类。其实上文中提及人工智能训练师的归档工作，本质上也是进行原始语料的分类，但如果具备编程能力，则能极大提升分类的效率。

针对分类的编程构建，一般有两个方向。一种是基于规则和特征的知识工程方法，其可以为每个类别的文本语料定义大量的推理规则，如果语料能满足这些推理规则，则可以判定属于该类别。但在构建过程中，需要投入大量专业度较高的人力进行类别规则和特征的制定和标注，其对于标注的人力的素质(专业程度)和标注的数量都有一定的要求。其优点则在于准确度较高。另一种是基于统计学的自主学习判断，即将语料交给机器人后，通过统计和计算让机器人自动寻找特征，自主掌握分类能力。目前较为成熟的分类方式都是知识工程与统计相结合，即专业人工标注加上机器自主学习。

对于分类和聚类的区别，我们抛开较为复杂的算法内容，简单来说，分类是一个有监督学习，需要人工智能训练师进行标注处理；聚类是一个无监督学习，不需要人工智能训练师进行标注，直接由计算机去处理。分类和聚类本质上都是对语料进行处理的工具，最大的作用就是尽可能把我们收集并且清洗完成的原始语料归档到最正确的业务场景中，为后面在线机器人能够更加准确识别客户问题打下坚实的基础。

6.4 语料标准化

6.4.1 服务场景问题标准化

当完成了语料的归档后，人工智能训练师们其实能够得到已经梳理完成的场景及这个场景下的相似问法。但如果直接让在线机器人识别相似问法，很容易导致识别错误，在线机器人正确的运转逻辑是将千奇百态的客户问法匹配到一个具有概括性的标准问题上去。所以，针对归档后的语料进行标准化，本质上是将客户的原始语料相似问题转化成标准问题的一个过程，即

客户原始语料=相似问题
客户原始语料标准化=标准问题

1. 标准问题撰写原则

标准化的过程，一般由人工智能训练师根据客服中心相关的知识进行标准化地编写，所谓标准化即"标准"二字。比如针对密码修改问题，客户会有不同的提问方式："我想要修改密码怎么办？""我怎么才能修改密码？""我该如何修改密码？"作为客服中心的工作人员，往往会下意识地进行转换，客户在咨询"如何修改密码？"即"如何修改密码？"是上述所有客户咨询问题的标准问题。人工智能训练师们在撰写标准问题时需要满足以下4个原则。

(1) 命名规范：标准问题能完整表达某个业务的某个信息。
(2) 界限清晰：标准问题和标准问题之间必须界限分明，不易混淆，以保证准确率。
(3) 简化问卷法：尽量去掉无实际意义的词语。
(4) 标准问题表述应按"6W3H"法进行编写。

2. 6W3H 撰写方法

关于标准问题的撰写，建议人工智能训练师们可以借鉴 6W3H[①] 的方法，对中文语言结构中的常见类型进行标准问卷整理。6W3H 撰写方法，如表 6-2 所示。

表 6-2　6W3H 撰写方法

类别	意义	标准问标准	举例
What	名词解释、现象解释(是什么，一般指业务简介、业务类别)	名词+是什么 现象+是什么	退货险是什么？
Where	路径引导(地点，一般指业务适用的地域)	名词+在哪里	在哪里能够申请ETC？
Who	找人诉求(对象，一般指业务适用对象、促销活动适用对象、范围等)	名词+是谁	基金经理是谁？
When	时间、时间节点、持续时间(时间，一般指业务有效期、促销活动的时间、时限等)	名词+需要多久 名词+什么时候+动词	你们的促销活动多久开始？持续多长时间？

---

① 6W3H 法起源于 5W1H 分析法。1932 年，美国政治学家拉斯维尔提出"5W 分析法"，后经过人们的不断运用和总结，逐步形成了一套成熟的 5W1H 模式。5W1H 就是对工作进行科学的分析，在调查研究的基础上，对某一工作的工作内容(what)、责任者(who)、工作岗位(where)、工作时间(when)、怎样操作(how)及为何这样做(why)进行书面描述，并按此描述进行操作，达到完成职务任务的目标。

(续表)

类别	意义	标准问标准	举例
Why	现象类、原因类(原因,一般指产品或业务的功能、特殊性)	名称+为什么+现象	为什么我不能参加活动?
Whether	判断类	名词+能不能/是不是+动词	我能参加300-60的活动吗?
How	操作类(怎么办,一般指办理途径、办理说明、使用说明、收费说明、业务规则等)	名词+如何+动词 现象+怎么办	如何修改个人信息?
How much	多少钱	名词+价格是多少	这个库存还有多少?
How many	数量类	名词+有哪些 描述+有多少个	华为P50多少钱?

除此以外,人工智能训练师们还需要注意的是在撰写用户常见标准问的过程中,需要遵循完全覆盖的原则,即有些服务场景中没有原始语料对应覆盖,但也同样需要进行标准问题撰写。

6.4.2 服务场景相似问题补充

1. 相似问题的来源

相似问题就是客户的个性问题法,一个标准问答需要对应多个相似问题。理论上说,一个标准问下面的相似问题数量越多,机器人命中该问题的概率也就越高。但相似问题毕竟不能无限制地撰写,大多数机器人会对场景下的相似问题的具体数量有要求和限制,如对于退款时效场景,需要人工智能训练师们准备20条相似的问法。

相似问题本质上就是一个一个的练习题,机器人做的练习题越多,考试的时候回答正确的概率也就越大。但是,相似问题的撰写也受到一些因素的限制:工作量大,相似问题补充工作需要庞大的人工智能训练师人力支撑;相似问题补充因人而异,如果只让固定人员进行相似问题补充,很容易形成思维定式,导致最后的可用性差;相似问题补充标准规则不统一(如针对退款时效场景,相似问题一为"退款多久能到账?"相似问题二为"退款多久能够到账呢?"相似问题三为"退款后,钱多久到账?"其中,相似问题二的编写几乎是失败的);同一个问题的相似问题是无穷无尽的,相似问题难以完全覆盖用户的真实问题。这些限制会导致相似问题补充后实际作用较小等问题。

2. 相似问题撰写的原则

完成语料归档后,我们可以得到对应场景下的客户原始问法及对应的应答内容。在实际的训练过程当中,我们会发现某一类场景并没有原始语料能够对应覆盖,这个时候就需要根据以往的服务经验,结合业务场景去补充这些缺失场景下的语料问答对。

在进行缺失场景语料问答对的补充时,应该注意以下原则。

原则一:必须结合实际业务场景。

原则二:必须遵循客户思维进行补充。

原则三:不能仅进行业务场景的概括。

例如:在开具电子发票方面缺少语料,需要用"我想问一下电子发票在哪里打印?""怎么样才能打印发票?""公众号哪里能打印发票吗?"这样具备用户思维问法的方式撰写而不是直接补充"电子发票"。

如果相似问题较少,会影响在线机器人对应场景的学习,导致在线机器人出现识别不够准确或识别错误等情况,进行相似问题的补充和撰写工作。

(1) 根据业务场景语义模拟客户对此知识点进行咨询,用该知识点解答相似问句中问到的问题。

示例:微信如何缴充值话费?

模拟用户提问题:"请问微信交话费怎么交呢?""怎么在微信上交话费?"

(2) 不要使用行业专有名词,尽量口语化。

(3) 关键词需要多变化不同问法,变化问法的同时需要变换句式。

(4) 对于语义相近的两个相似问题,添加相似问句时应注意强调区别特征词。

示例:"如何使用支付宝充话费?""如何在微信充话费?"

"支付宝"和"微信"就是这两个相似问题的语义区别特征,编写数据时应进行强调。

(5) 可以根据答案辅助理解知识点,提出不同的相似问法,但不能只根据答案编写,偏离标准问句的句义。

需要注意的是,相似问题的补充不是把客户的同样一句话换一个说法翻来覆去地讲,而是要结合着客户实际会说的场景来进行补充。

例如,标准问题为"微信如何充话费?",相似问题不可为"微信如何交话费?""微信如何话费?""微信如何交话费呢?",要进行相似问题补充,不仅仅要对句子相似问题补充,还应该对这个句子中的关键词进行同义词、相似词的补充。正确的相似问题补充方式为"我手机欠费需要怎样缴费?""现在交话费怎么交?""我还一个号码欠费,但不知道怎么样在网上交费?""我问一下我要交话费怎么交?"。

3. 相似问题撰写的实践

接下来我们结合一些常见的相似问题撰写方案为读者讲解。

1) 方案一:人工撰写相似问题

人工撰写相似问题流程,如图 6-2 所示。

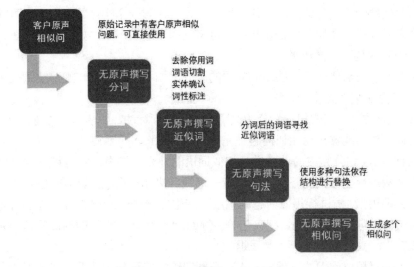

图 6-2 人工撰写相似问题流程

(1) 人工智能训练师们可以将目光聚焦于需要补充场景的用户原声相似问,因为客户的原声相似问题结合原声的数量可以非常简单高效地判断出在这个场景下,用户的常见问题法是什么样的。但如果原声中的相似问题数量不够,这个时候人工智能训练师们也可以结合原声来源记录表分析是否能够进行原声获取范围的扩充。同时阅读大量原声后,人工智能训练师也能够更好地将自己的思维带入客户的思维去模拟客户提问的方式,以保证撰写出来的相似问题是最符合客户问法的相似问题。

(2) 人工智能训练师需针对相似问题进行分词操作,包括去除停用词、词语切割、实体确认、词性标注等工作。

① 去除停用词。停用词一般是指在机器人信息检索中,为节省存储空间和提高搜索效率,在处理自然语言数据(或文本)之前或之后会自动过滤掉某些字或词,这些字或词即被称为停用词。需要注意的是,人工智能训练师不要将停用词与口语化搞混,以下面的问题为例。

相似问题一:"退款到账需要多久?"

相似问题二:"退款到账需要多久呢?"

相似问题三:"我的东西已经退了,钱多久能到账?"

其中相似问题二就是带有停用词的,前文我们已说过这样的相似问题对于在线机器人可以说意义不大,而相似问题三才是相似问题一的口语化表达。

② 词语切割。所有的中文语言都是由字组成词、词语,最终连成句子,所以要把句子进行切分。例如,将"退款到账需要多久?"切分为"退款到账|需要|多久?"。

③ 实体确认。命名实体就是人名、机构名、地名,以及其他所有以名称为标识的实体。更广泛的实体还包括数字、日期、货币、地址等。实体一般都是固定的不需要在相似问题中变换的部分,在同一实体有多种命名和表达方式时应尤其注意,如人民币和"¥"。

另外，需要处理一些方言业务的在线机器人，方言在同一个实体的表达上也可能存在差异，这个差异同样会体现在口语化和词语近义词的表达上，如"如何进行转账？"在粤语中的口语表达是"占样转账？"

对于命名，还需要注意一些相似问题的区分，如"手机银行转账手续费是多少？"和"ATM 转账手续费是多少？"

④ 词性标注。对完成句子划分的词语的词性进行标注，如名词、动词、形容词、副词、语气词，这样能够确保相似问题补充后，句子意图的一致性。

(3) 针对已经划分完成的句子进行相似词语的补充和扩充，即将句子成分中各个词按照词性结构进行相似词的补充，如退货—退钱，快递—物流，喜欢—中意等。

(4) 按照句法结构进行相似问题的生成。在中文表达中，句法结构有主谓句、省略句、陈述句、疑问句、祈使句、感叹句等。例如，"如何退款？"的相似问题补充为"怎么样退钱？""怎么样退款？""帮我退款！"等。

在人工编写相似问题的过程中，人工智能训练师们可参考基于编程规则的方法进行相似问题补充，即正则表达式①编写，因为相似问题编写完成后，在线机器人的训练是一个动态发展的过程，如果相似问题的数量过于庞大，未来是非常不利于人工智能训练师进行管理工作的。因此，运用基于规则的相似问题补充方式可以很好地解决这个问题。例如，"我想查询天气情况。"使用正则编写其相似问为[请问 | 查下 | 告诉我]${date}${city}[的]天气[预报 | 情况 | 状况][如何 | 怎么样 | 好不好]。

2) 方案二：客服中心知识竞赛

相似问题补充工作需要大量的人力且最好不要由单一人员进行(单一人员很容易受到思维定式的干扰，导致相似问题不可用的概率大大提升)，通过发动客服中心的人工客服参与相似问题的补充工作，即举办人工客服针对在线机器人的知识竞赛，对客服中心的人工客服进行相似问题编写培训，规范相似问题的编写原则。在提供常见的相似问题错误编写示例后，由人工客服在工作闲暇之余，通过与在线机器人进行规定场景的对话交流，或直接给出标准问题、人工客服进行补充等方式，从而达到最佳效果、最低成本的相似问题补充的目标。

这是一种较为常见的做法，但在编写之前需要明确相似问题编写原则和规范，并提供出错误相似问题编写示例，确保相似问题补充工作的高效性。

3) 方案三：人机耦合撰写相似问题

以上的相似问题编写方法都是依靠人工智能训练师人工进行操作的，那能否让机器人帮助我们进行相似问题的编写呢？答案是肯定的。在训练研发相似问题自动生成系统

---

① 正则表达式是对字符串操作的一种逻辑公式，就是用事先定义好的一些特定字符及这些特定字符的组合，组成一个"规则字符串"，这个"规则字符串"用来表达对字符串的一种过滤逻辑。正则表达式是一种文本模式，包括普通字符(a~z 之间的字母)和特殊字符("元字符")。该模式描述在搜索文本时要匹配的一个或多个字符串。

前,人工智能训练师团队负责人需要考虑以下问题:
- 我们训练的机器人未来是否会进行对外商业推广?
- 推广受众的行业是否多种多样?

其一,如果需要对外进行商业推广,那么就要考虑购买机器人的用户的训练能力,尽量保障在线机器人能够开箱即用,减少人工操作;其二,注意推广受众的行业跨度。如果是在本行业进行推广,根据本行业中已经累积的相似语料进行自动相似问系统的研发成本较低,同时相似问自动生成系统可以帮助一些需要快速训练的场景得到很高的识别准确率,如针对电商的大促,需要在很短的时间内完成知识问答的创建。基于上述两个条件的成立,研发相似问题自动生成系统是非常划算的,自动相似问题生成系统的本质是上述提及的人工编写相似问题流程的自动化。

4. 一些常见的错误相似问题撰写示例

相似问的扩写质量与数量决定在线机器人应答能力、解决能力的高低,相似问扩写的数量过低,会导致机器人识别客户的意图的能力较差,从而不推送答案、推送错误或推送兜底答案。在日常扩写工作中,要注意避免使用以下错误方式。

(1) 错误流程示范:直接将机器人未能识别的客户意图原文复制至知识库中该标准文下。

(2) 错误流程示范:查询相似问,以相似问题为参考依据扩写更多相似问。

(3) 错误流程示范:以业务场景名称为参考依据扩写更多相似问。

(4) 错误流程示范:根据该标准问下历史相似问题简单变换语句前后顺序或者简单增加虚词(呢、吧、啊、哦、嗯)等进行扩写。

(5) 错误流程示范:根据该标准问下历史相似问题简单添加、变换称谓或者做不必要的寒暄(注:这里主要指对客户或者客服称谓而非产品称谓),如添加"亲亲、亲、您好、你好、靓女、帅哥、我、不好意思、在吗、我想问一下、请问一下、方便告诉一下"等。

(6) 错误流程示范:根据该标准问下历史相似问题简单添加、变换停用词,如添加"所以、于是、这样、反而"等。

6.4.3 语料检查与确认

上述内容处理完成后,还需要进行内容的检验和确认。

(1) 语料准备完成后,需要确认语料的数量、质量是否已经足够覆盖全部的已梳理业务场景。

(2) 如果要建立定制化的算法模型,还需要和算法工程师确认语料的数量、质量是否符合模型训练的需要。

(3) 语料是搭建在线机器人"大脑"的基础,语料的丰富性一定程度上决定了在线机器人的"智力水平"。因此,语料的收集应尽量丰富、全面。

6.5 本章小结

数据是人工智能引擎的燃料，客户原始语料则是在线机器人引擎的燃料，燃料的数量和质量都是非常重要的。在获取燃料的过程中，需要人工智能训练师与在线机器人研发团队，包括算法工程师、产品经理等角色不断沟通，以达到在线机器人预期搭建水平，并能够持续提高在线机器人的智能化。获取燃料后，人工智能训练师团队负责人需要更多地把注意力放在团队知识沉淀机制中，通过工作流程、相关机制确保训练过程中产生的知识能够最大限度地沉淀和留存下来，避免因各种内外部突发情况、员工离职等对训练工作的影响。

第 7 章

在线机器人知识客户化

在线机器人要学会像人类一样说话,而不是让人类去学习机器人的语言。

——笔者

本章我们进行在线机器人知识内容形式的学习研究,这也是客户能够直观接触到的智能客服的具体应答风格。同时,对知识内容的管理,也将决定机器人为客户提供服务的成败。

以下两个案例,是不同在线机器人的应答内容,各位人工智能训练师可以将自己假设为客户,去思考你更喜欢哪种应答内容。

案例一

客户:"帮我查一下我的 VISA 卡办理好了吗?"

在线机器人:

(1)"请稍等。"

(2)"亲,请稍等哦,立刻为您查询。"

(3)"亲,请稍等哦,我也和您一样着急呢,请放心,我正掐着秒表玩命查询中。💿"

案例二

客户:"为什么不能在网上办理,还得拿身份证去服务网点?"

在线机器人:

(1)"公司就是这样规定的。"

(2)"给您添麻烦了,带身份证去服务网点办理,给您带来不便了,这样是为了您的账户安全。"

(3)"给您添麻烦了,带身份证去服务网点办理,给您带来不便了,这样是为了您的账户安全,您可以点击下面的链接,看看哪个网点离您最近,帮您节约时间。"

上述两个案例中,客户到底更喜欢机器人的哪种应答方式呢?相信每个人工智能训练师都会有自己的答案,那到底什么样的答案才是最佳的呢,笔者认为:只要是符合客户沟通习惯的答案,都是好的答案。

7.1 智能服务的知识客户化浅析

7.1.1 知识客户化的原因及错误示范

1. 知识客户化的原因

在机器人日常服务过程中,人工智能训练师们经常会产生疑问:同样的一个业务的知识,电话人工客服跟客户说,客户非常愿意接受,在线人工客服给客户发信息,客户也能接受,但为什么当对象转变成在线机器人,很多客户却选择了转人工呢?

回答这个问题我们要先研究在线服务和语音服务的区别。

在线服务采取包括文字、图像、视频等以在线文字或符号进行信息传递的沟通形式。

在线服务的优点:

(1) 有形有据、可保存、便于核对。

(2) 在线语言在发表之前可以反复琢磨修改,因此,一般比较周密、逻辑性强,能较好地表达信息。

(3) 顺应移动互联网发展趋势。

在线服务的缺点:

(1) 耗费时间较多,不能及时反馈。在相同时间,语音要比在线所传达的信息多得多。

(2) 不易识别对方情绪。

而语音服务采取的沟通形式,更灵活和直接。

语音服务的优点:

(1) 快速、简便,能即时反馈。

(2) 信息能直截了当且快速地被传递,并当场得到对方的反应,若有疑问或曲解,可当即澄清。

(3) 可以辅以声调、语气等副语言,加强沟通的效果。

语音服务的缺点:

信息以口头方式经过多个层次传递时,信息衰减和失真严重。

由此可见,语音服务的信息传递能力要比文本强,而文本因其有形有据的特点,客户会更加仔细阅读,因此出现二次沟通的概率更高。

另外,虽说在线客服与机器人使用同一套业务知识库,即同一个业务问题,两者都是使用同一条知识,但不可否认,绝大多数在线客服都会按照自己所熟悉的阅读习惯对知识进行裁剪加工，虽然这种裁剪加工有时候只是加一个笑脸表情，但客户往往却能接受。

所以我们可以得出结论，虽然人工客服和机器人的答案都是来自同一个知识的同一条答案，但人工客服往往都会进行一定的加工后才给到客户，同样，机器人也需要对原始知识进行加工，结合着系统的特点、呈现的特点、客户的阅读习惯和感知变化调优，将原始答案变成机器人的专属话术即知识客户化，才能提升答案的解决率和满意度。

2. 机器人知识的客户化

人工智能训练师在设计在线机器人知识风格实践中的文本话术时，需要站在客户的角度进行话术编写，也就是我们在客服中心经常会听到的知识客户化。一般而言，客户化是指通过多方面处理，使客户对现有产品或服务方式更容易接受而使用的优化过程及方法。知识的客户化是指通过对企业现有知识在描述语言、呈现形式、获取方式、编辑模式等方面进行制度化加工，使客户(内部及外部)在使用知识过程中拥有更好体验的优化方法。只有以客户为出发点，才能更好地管理在线机器人的知识。

结合文章开头中的案例，我们详细分析为什么要知识客户化？

客户："为什么不能在网上办理，还得拿身份证去服务网点？"

在线机器人应答：

"公司就是这样规定的。"

"给您添麻烦了，公司就是这样规定的。"

"给您添麻烦了，为了您的账户安全，公司是这样规定的。"

"给您添麻烦了，带身份证去服务网点办理，给您带来不便了。"

"给您添麻烦了，带身份证去服务网点办理，给您带来不便了，这样是为了您的账户安全。"

"给您添麻烦了，带身份证去服务网点办理，给您带来不便了，这样是为了您的账户安全，您和我说一下您的位置，我查一下离您最近的网点，尽量帮您节约时间。"

"给您添麻烦了，带身份证去服务网点办理，给您带来不便了，这样是为了您的账户安全，您可以点击下面的链接，看看哪个网点离您最近。"

各位人工智能训练师在阅读上述案例时，可以把自己想象成一个正在向客服咨询或办理业务的客户。我们可以试想一下，带着身份证去服务网点，需要付出额外的交通时间成本，同时可能还会有排队等待的时间成本，如果在线机器人比较生硬地回答："不好意思，公司就是这样规定的。"客户是会非常抵触这样一个答案的，满意度也会非常低。从表面上来看，这个回答是因为知识整理得太过生硬而导致客户接受不了，但从心理学的角度来看，其实这反映了人们的一个普遍心理，即"没有人喜欢不知情"，规定意味着必须执行而不必搞清为什么，顾客作为消费者，知情权是其应该拥有的权利。所以，正确的回答方式是告诉客户这个业务一定要到营业网点去办理的理由是为了客户的账户安全，同时为客户指引如何进行服务网点查询，为客户节约时间。

3. 知识客户化的错误示范

以下为笔者团队在既往项目实施经验中，常常看到的一些在线机器人知识客户化的错误示范。

知识客户化的错误示范 1：答案字数太长。

知识客户化的错误示范 2：答案太麻烦，需要客户自行操作。

知识客户化的错误示范 3：答案未讲完，客户还需要二次发问。

知识客户化的错误示范 4：答案呈现效果差。

其他常见知识客户化的错误示范：答案内容过于专业，客户难以理解；答非所问；问题没有完全解决。

以上都是人工智能训练师们在知识客户化的过程容易犯的错误，比如答案字数太长，往往很多的原始知识都是大段文字，甚至一篇小论文的形式。对于这样的答案，人工智能训练师往往不愿意去加工而直接将其推送给客户，大家设身处地地把自己当成是一个客户，试想当阅读到这样的答案时你会是什么样的感觉。

7.1.2 机器人知识客户化的编撰原则

1. 基础原则

本着"面向客户、适应场景、实用易懂"的原则，对所涉及的业务知识点进行知识客户化转换，转换内容需简洁、去专业化且具有亲和力。具体原则内容如下。

(1) 文字表述通俗易懂：消除内容歧义，去除冗余文字，运用客户易懂的说法对内容进行同义转换、句式转换、避免使用生僻专业术语等。

(2) 句子完整：答案为完整句子，避免出现半截话；考虑客户阅读体验，答案长度不宜过长。

(3) 答案简单明了：答案应以客户角度编写，简明、全面、重点突出。

(4) 语气要有亲和力：要模拟人工客服的语气，不宜太过专业、古板，话语间需有一定的语气助词。

(5) 表现形式要简单朴实：越是高深的道理，其表现形式越应该简单而朴实。

(6) 预设问题路径要清晰。

(7) 答案方便阅读：复杂、长篇的答案可以通过分块、打序号、加粗等视觉加深工具降低答案阅读的难度。

(8) 内容要准确：答案知识切忌含糊不清。

2. 客户对在线机器人服务需求的解读

对客户而言，在服务过程中，希望能感受到与客服人员直接沟通的良好体验感知；在服务结果上，希望能获得同客服人员面对面服务一样的效果。具体来说，在此过程中，客户需求集中在以下三个方面。

(1) 互动有温度：希望机器人有情感，能懂得其心理和情绪变化；服务过程是开心的、愉悦的。

(2) 服务要精准：希望机器人是专家，能助其厘清潜在的真实需求，并能简洁快速地为之提供查询、咨询、保障、办理的精准服务，解决其问题。

(3) 服务有闭环：服务闭环，就是以用户需求为中心，调用企业内部各种服务能力，为用户提供完整的服务流程、令其满意离开的全过程。其中，对客户需求的理解、企业服务能力的调用、服务结果的满意程度是服务闭环是否实现的主要标志。

3. 使用在线机器人的客户心理

要满足上述客户需求，就要深入研究客户心理。对客户心理的准确把握是提供满意服务的基础和前提。

(1) 初次接触智能服务的客户，往往对智能化技术手段感到好奇、充满新鲜感，同时有一定的戒备心，对机器人信任度不够，会有试探的心理和闲聊的行为。

(2) 接触过智能服务、对智能化的拟人服务有所了解的客户，通常会降低服务期望值，对智能服务的满意度评分整体上高于人工服务评分。

(3) 无论何种类型客户、在何种情况下接入客服，不管提供服务的是机器人还是人工客服，客户都希望能在一次服务中解决自己的问题，而不要重复接入或服务中断。

(4) 第二次或多次接入机器人的老客户的心理，是希望智能客服能记得"我"，能享受到对待老朋友和老熟人一样的差异化快捷服务。

(5) 如果中间间隔很久没有接入智能客服，再接入服务时，客户的心理是希望没有被忘记，甚至希望在服务空白的这段时间能收到朋友般的关怀和问候。

(6) 希望获得可靠的全天候的服务支持，是在"我"方便、"我"喜欢的任何时间、任何地点都能享受到无差别的高水准智能服务。

4. 通用规则

真正做到懂客户心理，懂客户需求，需要准确把握以下三个问题。
问题一：什么是真正的客户化？
问题二：如何实现客户化思维？
问题三：什么是客户化语言？
落实到人工智能训练师的日常工作中，则需要把握以下三项服务原则。
原则一：提供的机器人服务紧紧围绕"客户要什么"，而不是"我有什么"。
原则二：提供的机器人服务确保"客户听得懂、看得懂"，而不是"自己懂"。
原则三：机器人的方式、呈现的内容都是依照"客户的习惯"，而不是"我的喜好"。

7.2 在线机器人风格设计

在线机器人是通过文字与客户进行沟通交流的。从人类的沟通方式来看，有些人的语言幽默风趣，有些人的语言严谨、干净利落，而有些人的语言则啰嗦冗长，这都是不同的表达方式所带来的直观感受。在线机器人对于知识的识别再精准，给客户最为直观的感受还是沟通风格的展现，所以在线机器人的沟通风格对于客户满意度有着至关重要的影响。不同风格的在线机器人能够给客户以不同的感受，这个感受也是在线机器人服务个性化与差异化的体现，定位在线机器人的风格，并在整个服务过程中实现风格的一致性，不仅能够更好地实现沟通目标、提升用户体验，还能够传达企业的服务理念，更是企业品牌的二次传播。

7.2.1 在线机器人风格设计的基础要素

在进行在线机器人风格设计前，我们需要考虑几个基本要素。

第一，风格定位。幽默风趣、严谨认真都可以成为备选项。

第二，了解在线机器人所处的沟通环境。沟通环境是由企业所属的行业特性决定的，如娱乐行业天生就要具备幽默感，金融法律等行业就应该严谨、认真、一丝不苟。同时，行业环境也需要和企业理念相结合，如政务型在线机器人所传达的理念就是市民办事的贴心助理，陪伴市民处理和政府部门打交道的大事小情；金融在线机器人所传达的理念则是专业的金融服务顾问、客户的金融投资服务专家。这一点同样适用于其他智能服务产品，如语音类机器人，以往很多区分语音机器人的标志就是其声音是否机械化、带不带感情，一旦客户发现与之沟通的对象是机器人，就很难达成销售或其他服务目标。所以针对语音机器人，人工智能训练师可以从以下两个角度去思考语音机器人的风格：一是地域性，针对一些方言地区，可以在语音沟通过程中适当加入一些带有地域风格的普通话，如四川普通话，在保证专业性的前提下还能加深客户的信任感；二是服务目标，如催收类机器人，应该使用更加严肃的语言风格，同时必须合法合规加强自身权威性和专业性，结合对应催收话术，能够有效提升催收成功的概率。

第三，清楚在线机器人所面对的用户群体。用户群体与企业所处的行业息息相关。假如用户大多数是年轻的 90 后、00 后，喜欢新鲜的事物、喜欢网络流行语，在知识内容话术制作过程中，可以适当加入网络流行语的元素。

第四，明确用户期待的沟通方式。例如，用户以老年人居多，那么老年人更加期望"有温暖的服务"，我们就应该让机器人的话术时时透露温暖与关心；如果是晚上与用户进行沟通，那么在沟通的结尾可发送一句温馨体贴的话语"夜已经深了，您早点休息。"外卖平台针对外卖小哥服务的机器人，可时常提醒"您在接单的过程中请注意安全，家人等着您回去。"

第五，了解沟通的目的。例如在线导购机器人与服务型机器人，他们的知识内容话术有可能完全不同。导购型机器人可以在商品推荐完成后适当加一句"很多小伙伴都已经快速下单了！"而服务型机器人则是在话术中实时展现服务的理念"亲爱的，您有任何问题都可以咨询我呦，7×24小时，时刻为您服务。"

第六，考虑地域性差异。同样一句话在不同的地方理解可能是不一样的，甚至会产生误会，这是地域文化差异性所导致的。

第七，考虑在线机器人的图标设计。我们知道，无论是人工客服还是在线机器人，与客户沟通的过程中都会以图标区别身份。一个图标代表客户，一个图标代表客服，在线机器人也需要使用图标。图标是一种视觉语言的传递，如京东的在线机器人的图标是 ，淘宝的在线机器人的图标是 。

第八，需要对在线机器人进行命名。例如，京东的在线机器人叫 jimi，淘宝的在线机器人叫小蜜。

注：在线机器人的图标设计与机器人的命名有助于机器人的推广。

7.2.2 在线机器人的两种风格类型

上文是在进行在线机器人风格确定时需要考虑的要素，最终这些要素的选择会带来两种风格类型的在线机器人，一种是拟物型在线机器人，另一种是拟人型在线机器人。

1. 拟物型在线机器人

拟物型在线机器人，顾名思义就是让在线机器人以一个动物的形式出现。因为动物本身带有活泼可爱的形象，那么在线机器人的知识内容话术就需要偏向轻松活泼的风格。这类在线机器人一般出现于销售场景，轻松活泼的状态也能够更好地促进销售的转化。下面我们以电商品牌"三只松鼠"为例，分析如何进行拟物化风格设计。

首先，三只松鼠希望客户在购买产品、服务的过程中是轻松、愉悦的状态，这不仅能够提高服务满意度，还能够帮助企业促单。所以，商家将服务形象与品牌形象结合，以松鼠的口吻，称呼客户为"主人"，并在对话的过程中聚焦于场景化营销。通过松鼠的卖萌式服务，以可爱、有趣的语言获得客户信任，给客户留下深刻的印象，同时形成口碑的传播。

其次，营销机器人的定位。在线机器人在推荐产品的同时，不断强调产品的品牌和品质，在售中环节加上适时促销策略。例如，客户对一个产品信息多次询问后，在线机器人会主动发送该产品的隐藏优惠券，并提示"主人，您看中的这个产品目前有专属优惠哦，欲购从速，要不优惠就要跑啦！"进而实现促进客户订单转化的目标。

最后，沟通中对专属服务的强调。商家会在沟通顺畅时，以可爱的方式请求客户加入粉丝群，大大增加单一客户的留存时间，将企业新用户变成忠实老用户。例如："主人，您有任何问题都可以找我呦，给主人您推荐的产品，您收到货有任何不满意，我一定为您解决!"

拟物型在线机器人对话示例

客户:"请问这个饼干的热量高吗?"

机器人:"亲爱的主人,这款饼干不仅热量低而且富含大量纤维,更加有助于消化。偷偷告诉主人,他就是本喵不发胖的秘密呦。"

客户:"那有没有什么优惠呢?"

机器人:"现在已经是最低价了,但我偷偷给小主您塞了个红包,您点击现在下单就能享受啦。"

2. 拟人型在线机器人

拟人型在线机器人,顾名思义就是让在线机器人表现得像人工客服一样,优点在于能够提高客户与在线机器人交流的概率。很多客户进线沟通的时候,看到在线机器人发的引导语"您好,我是您的专属智能机器人助理××,很高兴为您服务。"客户往往会认为机器人处理问题的能力比不上人工客服而选择"转人工",这样会大大降低在线机器人的分流效率。如果在线机器人以拟人化的口吻与客户沟通,则能够提高客户与机器人交流互动的概率。拟人型在线机器人存在很多挑战,当客户认为沟通的对象是人而非机器人时,客户对于服务的期望就会被提高,对于在线机器人识别准确率的要求也会变高。

有些问题天然是在线机器人不能够解决的,这个时候就需要进行转人工的操作,但如果在线机器人采用传统的转人工操作,这个时候在服务的一致性上就会大打折扣。因为人工客服在接待客户的时候,第一句问候往往是"您好,请问有什么可以帮您的?"如果人工客服说了这句话,那么拟人型在线机器人的服务一致性就会受到影响。针对拟人化的在线机器人,我们需要考虑机器人与人工客服之间的衔接问题,即在线机器人转人工要做到无缝衔接,也就是主动转人工,需要在线机器人判断什么时间段需要转人工,并且自动完成人工转接操作。在完成转接人工后,在线机器人还需要将之前与客户沟通的内容进行摘要式总结并发送至人工客服。下面给各位人工智能训练师展示拟人化在线机器人设计的一些要素。

(1) 消息融合。将在线机器人消息与人工客服消息进行融合,不能出现相关转接人工的字眼。例如,提醒客户客服角色出现改变。

(2) 衔接自然。在线机器人与人工客服之间的无缝衔接,即转接过程不能让客户感知。例如,让客户发送转人工指令或点击转人工按钮等。

(3) 统一路由传递。对在线机器人与人工客服间的服务路由进行统一。

(4) 类人工交互的界面。需要将机器人服务界面与人工服务界面设计得一致,不能让机器人聊天界面出现与人工聊天界面有明显的差异。

(5) 自动邀评机制。判断顾客问题已解决后,自动模拟客服进行追问,自动模拟客服回答,在高并发的工作模式下,自动进行服务邀评。

人工智能训练师在进行拟人化的设计时，可以结合企业所提供的服务或者所销售的产品进行一些创意化的拟人设计。例如，将武侠、动漫等本身就具备一定受众的人物角色进行创意移植，并统一人工客服与在线机器人客服的昵称，但也需要注意是否会引发侵权问题。比较好的方式是将人工客服与机器人的名称保持结构一致，如苏小智、苏小明、苏小花等(苏小智为在线机器人，其他为人工客服)。

拟人型在线机器人对话示例

客户："你好啊，我是个钓鱼新手，我需要什么样的鱼竿啊？"

机器人："客官，小的给您推荐一根我们家的爆款，质量非常好，很多江湖鱼客都选择这款。超轻设计，碳纤维竿身，高端、大气、上档次，特别符合客官的气质。"

客户："能不能给我便宜一点呢？"

机器人："客官，小的这是小本生意，薄利多销，还望大侠高抬贵手，给小的留条活路~给您准备了2套专配的渔线，好马配好鞍，好鱼竿当然要给您准备好鱼线啦。"

7.3 在线机器人知识客户化实践

7.3.1 在线机器人开场白客户化

1. 常见在线机器人开场白示例

(1) 您好，很高兴为您服务，请问有什么可以帮您的？

(2) 尊敬的客户，您好！我是×××的智能客服，请简要输入您的问题，我会耐心为您解答。

(3) 你好，我是×××，很高兴认识你。

(4) 您好，我是机器人×××，有什么可以帮助您？请您输入想要咨询的问题？

(5) 您好，欢迎光临××商城，请问有什么可以帮到您？

(6) 欢迎咨询××××在线客服，我是您的专属客服小X，有什么可以帮助您的吗？

(7) 我是您的健康客服××，很荣幸为您服务！

(8) 我是您的健康客服××，很荣幸为您服务！谷雨时节，早晚请添衣，流汗的时候不要吹风哦！

(9) ××服务机器人，关于购物，我什么都知道呢，随时待命，请您召唤。

(10) Hello，亲，购物遇到问题，您可以随时找×××机器人呦，还可以帮您充话费、挑东西、查天气呢。

以上的开场白各位人工智能训练师们是不是几乎每个都见过呢，它们各具特点，如"您好，很高兴为您服务，请问有什么可以帮您的？"这是非常典型的人工客服的开场白，"您好，我是机器人×××，有什么可以帮助您？请您输入想要咨询的问题？"是直接将机器人客服的身份暴露给客户。"我是您的健康客服××，很荣幸为您服务！谷雨时节，早晚请添衣，流汗的时候不要吹风哦！"则是一种拟人的风格呈现给客户。

2. 在线机器人开场白的功能

这么多的开场白到底如何选择呢？究竟哪种才是最佳客户化的做法呢？首先人工智能训练师们需要了解机器人开场白话术所具备的功能。

智能机器人开场白是指客户进线与在线机器人沟通时，机器人发送的第一次内容，其包括如下功能：机器人与客户之间的第一印象(自我介绍)；第一次交互(转人工前的基点)；引导使用(提问教学)；降低使用费力度，如智能预判、关联问题、猜你想问(减少交互)；广告位(营销或服务漏出)等。

3. 在线机器人开场白的三种实践

根据上述所承载的功能我们可进一步得出机器人在三种不同阶段的开场白话术实践。

1) 智能机器人运营上线初期

智能机器人上线初期，大多数客户不懂如何与机器人进行交流，常常会导致客户得不到自己想要的答案而选择转人工，因此机器人的问候知识编写尤为重要，需要包括问候语+功能介绍、使用介绍、提问方式介绍等内容；可采用功能介绍、提问介绍、使用教学、降低费力度、智能预判等编写思路。

2) 智能机器人运营上线成熟期

智能机器人上线成熟期，机器人能够获取客户信息，且客户对于机器人使用也开始了解和熟悉，因此机器人的开场白可转向服务问候，需要包括：客户称呼+贴近热点、节气、节日等元素的问候关怀。如："王先生，早上好(月圆人团圆，祝您阖家欢乐)，我会快速为您解决您的问题，祝您今天工作顺利，有个好心情。"又如："王先生，晚上好，夜已经深了，我快速为您解决问题，希望今天晚上您有个好梦呦。"

3) 智能机器人运营上线特殊期

智能机器人上线特殊期，是指因为业务发生紧急的、较大的变动，客户大量进线且咨询问题大多与变动相关，因此机器人的开场白可转向该业务相关知识，需要包括：业务背景+业务处理情况+后续信息公布渠道+问候。

7.3.2 知识客户化的几种常见做法

机器人与客户的沟通实际上是信息的交换，沟通的目的是相互理解，沟通的本质却是一种情绪的共鸣。信息交换并不难，有一定的阅读理解能力就可以实现，能否达到沟通的目的却因是否能产生情绪共鸣而不同。一条通俗易懂且能够形成情绪共鸣的知识内容，要求人工智能训练师的文字处理功底必须非常强。举个例子，小学的课本上都读过朱自清的《背影》这篇散文，朱自清在描写父子离别的场景时写了以下这样一段话。

"我说道，'爸爸，你走吧。'他往车外看了看，说：'我买几个橘子去。你就在此地，不要走动。'"

在读到这句话后，读者的思绪往往一下子就被带到了离别的场景当中，因为我们自己也是这样，家人或朋友最后送别的时候总是会说"你等我一下，我给你买点东西路上吃。"所以这段描写很容易让人产生一种情绪共鸣。想要纯文本内容达到情景共鸣的体验，人工智能训练师们除了要提升文字功力外，还可以借鉴一些更为简单但是有效的知识内容形式，如图文、视频、菜单栏等，一般这些知识内容形式被称为富交互[①]。下面为各位人工智能训练师们列举一些在线机器人常用的富交互方式。

1. 知识内容形式——图文

在线机器人的知识表达除文本形式以外，最常见的内容形式就是图像。图像在吸引读者注意力、进行意义构建方面比语言的作用更强大，且对社会现实和心理现实有复制作用。因此，以图像为基础的知识内容在表达方式上具备强大的传播力和易理解性。

(1) 图片交互。图片交互的对象分为两端：一端是在线机器人端，另一端是客户端。

- 在线机器人端。在线机器人对于知识的发布要能够支持图片形态。例如，售前导购机器人，在商品导购场景中，对客户的商品需求要素确认清楚后，可用产品缩略图的形式将所推荐的产品直接发送给客户。如果只有文字信息而没有图片，即使文字描述得再准确，客户也很难想象产品的样子。使用图片的优点在于可以将信息进行可视化展示，更加方便客户对于知识内容的理解。如图 7-1 所示，我们可以看到图片能够直观快捷地提供产品信息。

- 客户端。文字信息难以完全展示产品或服务背后的含义，这对客户端来说也是一样的。我们会在很多售后服务的场景中发现，客服往往也会要求客户发送图片代替文字信息描述，这对售后客服更好地理解客户当前使用所处的状态有很大的帮助。但如果客户的交流对象变成了在线机器人，那么机器人就需要对图片表达的意思进行解析。就目前的技术来说，人对于静态图片、内容图片的识别技术比较成熟，客户发送一张动物的图片，在线机器人可以判断这个动物是不是猫，或者发送一道菜的图片，机器人可以识别这是一道什么菜，如图 7-2 所示。但是如果发送产品问题的图片，在线机器人的识别能力就会大打折扣。所以，客户端发送图片的内容一般是用在闲聊机器人中，业务机器人则不建议使用。

---

① 富交互，是指除文本内容以外的交互形式。

图 7-1　在线机器人图片推送　　　图 7-2　在线机器人识别用户图片

(2) emoji。绘文字(emoji)是无线通信中所使用的视觉情感符号，"绘"指图画，"文字"指的则是字符，可用来代表多种表情，如图 7-3 所示。

图 7-3　在线机器人表情 emoji

　　emoji 本质上是一种表情符号，可以用来增加知识内容的情感传达。同样，人工智能训练师们使用 emoji 符号也会应用在两端：在线机器人端和客户端。建议人工智能训练师们采用与图像交互同样的方式进行，即在在线机器人知识内容话术中添加 emoji 符号，增加知识内容的易理解度和亲和力，但业务机器人中不建议客户端发送 emoji 符号表情。虽然在线机器人可以通过理解 emoji 背后的代码字符去理解客户的表达，但在实际使用中，因为 emoji 使用对象的不同，会造成使用者对其意思理解的偏差。例如，在年轻人看来代表的是无奈、欲言又止，而在中老年人看来，则认为是正常的微笑。

(3) 表情包交互。表情包指的是一种利用图片来表达感情的方式。表情包是在社交软件活跃之后形成的一种流行文化，表情包流行于互联网，基本人人都会使用，如图 7-4 所示。

图 7-4　在线机器人个性化表情包

表情包交互本质上是一种图片形式的流行语运用，在聊天氛围的构造过程中效果较好；但与 emoji 一样，表情包也会因为受众差异造成理解上的差异。因此，一般建议人工智能训练师们可以将表情包应用于在线机器人对话的开头和结尾场景中，以帮助构建、渲染良好的沟通氛围。例如，在线机器人聊天开头单纯的文字开场白："您好，很高兴为您服务。"可以用表情包替代。各位人工智能训练师们也可以对比这段文字和图 7-4 中的表情包图片，哪一种给到用户的感知和满意度更佳？答案是显而易见的，图中的表情包在表达同一层意思的时候更具亲和力。同样的，在线机器人聊天结束时的结束语，也可运用表情包替代传统的文字内容。

(4) GIF 图片交互。GIF 动图指当一组特定的静态图像以指定的频率切换而产生某种动态效果的图片。网络上常见的表现形式是 GIF 动画，它是通过对多图层的图片，按时间进行不同的切换，从而达到动画的效果。GIF 动图简单来说是图片的一种动态表现方式，人工智能训练师们可以将它用在以下两个方面。

- 用动态图片替代一些静态图片，更加有动感和活力。例如，在上面提到的开场白，人工智能训练师们就可以将原本静态的松鼠形象改为动态的，让松鼠跑动起来，给客户一种客服飞奔过来为他服务的感知。
- 将动图用作一些操作类知识的解释。例如，客户咨询如何申请价格保护，文字表述方式为"您好，申请价格保护具体操作流程：步骤一，单击 App 首页右上角【我的】按钮；步骤二，单击左侧【服务】—【价格保护】按钮即可进入申请页面；步骤三，在价格保护申请处，单击【申请】按钮。"我们会发现，这种操作类的说明用文字表述对于客户并不是特别方便，如果我们将文字部分用一张动图进行操作演示，客户只要按照页面展示的内容去操作即可。对于客户来说，动图比文字要更清晰，容易理解，对知识内容的满意度也相对较高。

2. 知识内容形式——视频

上述几种方法可以帮助客户很方便地理解一些简单操作类的知识，但对于一些操作较为复杂的知识，上面提及的几种知识展现形式效果都会大打折扣。

视频是动态的知识，同时视频知识能够通过语言+画面+动作三个维度结合，为观看视频者带来身临其境的感觉，能够帮助客户更加快速观看知识内容的同时，清晰理解知识的含义，完成相关的操作。以视频的方式呈现，客户不但能够跟随视频进行操作，针对不清晰的点或者容易出现问题的环节，视频还能重点讲解，更能够根据客户实际操作的熟练程度自行进行知识进度调整；视频类的知识还能用于一些知识门槛较高的知识内容的呈现，如介绍专业基金或者理财产品，同样可以通过短视频的呈现形式更好地为客户展示，便于客户的理解。除此以外，还有一些特殊类知识，如手机防水等也可以使用视频呈现方式，视频能够更加便于客户理解手机防水等级在生活中的具体情况。

视频能够起到不错的解释效果，但视频使用受限于在线机器人技术架构的支持，这种情况下人工智能训练师就需要分情况来看：第一种情况，在线机器人系统架构支持直接调用视频作为知识呈现形式时，人工智能训练师们需要将注意力重点放在客户端上，即客户观看视频知识的整个过程，充分考虑延迟、打开速度、观看体验等因素，这些因素会对视频的观看效果造成较大的影响。第二种情况，在线机器人系统架构不能支持直接调用视频时，人工智能训练师可以采用折中的方案，在知识内容中用链接的形式发送操作视频，如"您好，针对路由器的配置，您可以点击下面的链接观看路由器配置视频"。

3. 知识内容形式——菜单

在线机器人在沟通对话中可为客户提供菜单，通过客户点击菜单栏上的具体服务内容，在线机器人给出相应具体的知识答复。对于在线机器人来说，给客户推送正确答案的前提是要能理解用户的意图，如果用户给出的问题五花八门，呈发散状态，那么在线机器人是很难给出准确答案的，而菜单栏的知识本质上是收敛客户的需求。菜单形式一般在如下场景中应用较为广泛。

(1) 菜单形式可用于各个行业中的商品推荐，在线机器人通过文字确认其商品选择的标准，为客户推荐符合其要求的商品，并以卡片按钮的形式进行商品陈列，客户在完成任意点击后，在线机器人的应答背景将会以客户点击的商品卡片为准。例如，客户想要购买手机，在线机器人推荐华为、小米、OPPO 三款手机，客户点击了其中的小米手机卡片，并询问"这个手机有什么特点？"，在线机器人就会发送关于小米手机商品的介绍图片。

(2) 菜单形式可用于确认沟通对象的场景，如订单确认，客户咨询订单退货或者其他与订单相关的信息，需要明确客户咨询的具体订单对象，在线机器人可以将客户最近订单以卡片形式发送给客户并配文字"请您选择您咨询的订单"，客户通过点选的交互方式确认咨询订单，在线机器人再针对具体的订单状况与客户进行沟通交流。

(3) 菜单形式可用于工单信息确认场景，如客户咨询订单开发票，在完成发票信息收集后，可以用卡片形式展示，配文"请您确认需要开具发票的信息"，要求客户点击【确认】或【取消】按钮，用以确认操作。

除了上面的三个应用场景，人工智能训练师们在实际的训练过程中可以结合业务的特点进行创新。同时要注意菜单交互不是在线机器人交互的万金油,通常在移动端上,一般来说3~5个分类是最佳的,超出这个范围就会导致交互流程过于冗长,反而无法起到预期的效果,需要考虑其他的方式进行知识内容的形式设计。

4. 人工转接交互——兜底话术

针对在线机器人的知识话术,人工智能训练师还有一个非常重要的内容需要掌握,那就是转接人工知识话术。

转接人工知识话术,又称兜底话术,在线机器人如果遇到某些无法解决的问题或客户表达强烈人工服务诉求时,需要进行人工转接。所以兜底话术又包含两部分内容:说明该问题无法解决+转接人工申请。因为转接人工在目前来说是一个复杂的工程及模型,包括无法给客户解决问题转接,也包括客户情绪电话转接,还有客户沟通过程中使用敏感语转接。但如果企业的在线机器人受限制于系统要素,无法支持那么多场景跳转人工,建议人工智能训练师们可以在转人工话术上下功夫。如"非常抱歉,为了更好地解决您的问题,我帮您转接到专门负责这部分内容的同事那里好吗?"等,同时针对转接人工的客户一定要做好相关转接人工客服原因的问卷调研,这些调研的内容将会在机器人训练中起到非常重要的作用。

7.3.3 基于知识答案类型下的客户化

机器人的知识可分为陈述类、操作类、个性类、动态类、情感类等类型,每一类知识的特点都不相同,机器人的知识优化,要根据各类型知识的特点,结合实际服务场景进行客户化体验提升。下面笔者将以陈述类知识和操作类知识为例说明体验提升思路与知识编写策略。

1. 陈述类知识

陈述类知识,指用来陈述一个事实,客户询问是什么,直接告知答案给客户。它分为短文本(原始答案字数较少)与长文本(原始答案字数较多)两种类型。

(1) 短文本陈述知识编写策略:抓住客户真正想要的是什么?知识路径闭环是指在答案准确的基础之上(即业务合规正确)但能够提前考虑到客户的下一步需求,提前将下一个阶段问题内容回复给客户,减少客户操作,降低机器人识别难度。

(2) 长文本陈述知识编写策略:抓住客户真正想要的是什么?对该重点内容标注,且考虑知识合规设计,如答案折叠等。

2. 操作类知识

操作类知识,顾名思义,即涉及需要客户动手去操作的知识。这类知识一般字数较多,且知识答案之间具备一定的前后逻辑顺序,有时候还需一些图文、视频作参考。

对于这类知识的客户化应注意以下几点。

首先，为确保客户阅读体验，答案字数一般不建议超过 140 个字，若原文答案超过 140 个字时，可结合下文提及的不同呈现形式进行优化。

其次，可以根据机器人与企业内部系统打通程度选择以不同形式将答案推送至客户，具体形式如下。

(1) 外链形式：对于长文本的线上操作类知识，可将文本指引路径升级为链接直接跳转客户需求的操作页面，客户可以自主线上进行操作，这样不仅提升了客户满意度，还减少了转人工率。

(2) 图文引导形式：对于长文本的线上操作类知识，且系统不支持外链或外链难度大时，可采用图文引导形式；将线上操作步骤截图，并在图片中标注操作位置与操作内容，引导客户根据图示内容进行操作办理。

(3) 视频指引形式：对于复杂难懂的知识(伴有大量专业名词术语)，可采用视频指引形式。

最后，操作类的答案要进行知识排版。对于原始知识内容有大量判断条件，客户阅读困难类型的知识，要对知识内容进行排版优化。

7.3.4 在线机器人知识客户化能力提升

知识客户化能力的提升并非一个套路、一个方法、一个技能就能完全做到的，更需要人工智能训练师们日复一日地进行优化，不断学习新的方法，因此"持续"二字尤为重要，下面介绍三种知识客户化能力提升的思路与方法。

1. 知识客户化走查

人工智能训练师可组织专员定期开展知识内容走查，确保知识答案的质量。

1) 走查要点

(1) 文字语句是否通顺，有无错别字？

(2) 是否有生僻的描述，或者用户看完是否会产生新的疑问？

(3) 答案的结构层次是否清晰、简洁、易读？

(4) 阅读完整答案或者体验完整对话流，判断是否能真正解决用户的问题？

分析机器人的解决方案和人工客服的处理方式是否有差异，机器人的解决方案有无优化空间，或存在的差异是否已做到最小化？

2) 走查周期

按月或按季度开展走查。

3) 走查范围

主要包括重点业务场景、易错知识内容、高频转人工业务等。

2. 客户意见

人工智能训练师可以定期对用户进行回访、调研，了解用户对机器人服务的感受。

数据分析颗粒度较粗，不能反映全部的问题，解决能力提升到一定程度时，需要更直接地听取用户的声音，还原用户的行为。除了日常的语料分析外，还可以采用更直接的用户回访。

例如：在机器人服务结束后嵌入问卷调研页面；其他通用的调研方法有：短信、邮件等推送调研问卷；人工回访等。

3. 竞品知识分析

人工智能训练师在进行在线机器人风格定位的时候，还可以参考竞争企业的在线机器人的风格，吸收其中优秀的内容用以优化自家的在线机器人。训练师通过竞品分析不仅仅可以补充自身的知识内容，也能将其扩展应用到其他训练环节中。下面展示了人工智能训练师们所做的竞品知识分析。

对比场景一：开场白

机器人 A："下午好，您的智能在线机器人目前已经充电完毕，听候您的召唤。"

机器人 B："上知天文，下知地理，购物过程中有问题随时可以找我哟，我可以帮您充话费、查天气、订机票、买东西。"

总结：机器人 A 开场白比较简洁，用充电塑造一个更加生动的机器人形象；机器人 B 则是以成语说明其能力，并详细列举能够解决的问题范围。

对比场景二：商品推荐

客户："有没有推荐的商品？"

机器人 A："看看我给您挑选了什么好东西(使用带有用户下单参数的卡片，包括商品名称、价格、好评、邮费、一键加入购物车)？"

机器人 B："给您找了一下宝贝，看看对您有没有帮助(使用只有商品名称的卡片)？"

总结：机器人 A 主动提供服务，并将影响用户下单的商品信息详细展示，客户不用额外点击卡片即能确认是否对该商品感兴趣。机器人 B 提供的信息不够全面。

对比场景三：服务政策解释

机器人 A：图文形式的政策解释。

机器人 B：篇幅较长的纯文本政策解释。

总结：机器人 A 在政策解释上面运用"文本+图片"的形式，比机器人 B 单纯文本展示阅读体验更佳，阅读速度更快。

对比场景四：转人工引导话术

机器人 A："解决这类问题，客服××最在行了~帮您呼叫她，一定能够帮您解决问题哒。"

机器人 B："亲，您遇到什么问题啦？描述您的问题，机器人帮您找人工。"

总结：机器人 A 缺乏主语，且主语不一致，客服解决问题，"帮您呼叫"客户不够清晰，容易导致客户误解；机器人 B 带称呼和自称，应用引导话术，语气也较为活泼。

7.4 本章小结

在线机器人的知识客户化是一项长期且复杂的工作，人工智能训练师们不仅要掌握每一个知识管理要点背后的理论逻辑，还要能够结合企业自身特点，不断推陈出新，以达到最佳的客户体验。同时，人工智能训练师团队的负责人也需要做好整个知识管理过程中的流程管理，沉淀相关知识内容，真正做到铁打的岗位、铁打的知识，不断在知识管理的流程中推动流程的优化和改善。

第 8 章

在线机器人的知识管理

知识是 AI 进步的阶梯。

——笔者

书籍是人类进步的阶梯,人类阅读书籍能够学习到新的知识,并将知识运用到实践之中解决问题,从而推动社会进步。在客服中心,人工客服也是经过培训、学习等环节和流程掌握服务知识,才能够解决客户的问题。同理,在线机器人也是通过知识学习和管理来获得成长。本章我们将重点讲述在线机器人的知识管理方法。

8.1 在线机器人知识概述

知识是文明发展的产物,是人类对物质世界及精神世界探索结果的总和。对于知识,至今并没有一个统一而明确的界定,但知识的价值判断标准在于其实用性,以能否让人类创造新物质,得到力量和权利等为考量。

知识作为人类在实践中认识客观世界(包括人类自身)的成果,它包括事实、信息的描述或在教育和实践中获得的技能。

8.1.1 在线机器人知识的类型

知识是人类从各个途径中获得的经过提升总结与凝练的系统的认识。知识可分为陈述类知识、程序/操作类知识等。从在线机器人研发的角度,知识还可以分为动态知识和情感知识。综上,我们大致将在线机器人的知识划分为如下 5 种类型。

1. 陈述类知识

陈述类知识是描述客观事物的特点及关系的知识,也称为描述性知识。陈述类知识主要包括符号表征、概念、命题。在线机器人的陈述类知识是来自企业中的服务陈述知识,它既包括通用领域的陈述知识,又包括特定领域的陈述知识。例如,四川省的省会是成都,这就是通用领域的知识;花呗是一种消费者信贷产品,用户在消费时,可以预支蚂蚁花呗的额度,享受"先消费,后付款"的购物体验,这就是特定领域的陈述知识。

2. 程序/操作类知识

程序类知识是一套关于办事的操作步骤的知识,也称操作类知识。这类知识主要用来解决"做什么"和"如何做"的问题,用来指导操作和实践。程序/操作类知识则体现在企业中所有和程序、操作相关的知识,类似如何退货、如何开发票等都是程序/操作类知识。

3. 个性知识

我们希望客服机器人具有个性化服务能力,因此客服机器人应该具备其服务对象的个性化知识,也就是传统的用户画像包括的内容。例如,职业、身份、婚姻、年龄等,也包括服务对象的喜怒哀乐、兴趣爱好、技术能力,以及服务对象近期的行为轨迹、社会交往、消费娱乐等动态画像。

4. 动态知识

人类所身处的真实世界不是静态的,而是动态变化的,因此智能机器人不仅需要各种静态知识,还需考虑如何表示和应用动态知识,特别是决策过程知识、因果关联知识、时序依赖知识等。例如,用户想看电影,如果机器人具备看电影场景的基本知识,就可以帮助用户约朋友、订票、选座位、推荐出行路径。这些服务的实现均需要建立起看电影场景下事件之间的逻辑关联。

5. 情感知识

在线机器人需要能够像人工客服一样感知用户的情绪。例如,当用户情绪发生较大变化时,在线机器人应该能够及时进行人工转接。另外,在线机器人可以在用户进线时进行个性化候,如早晨时间段在线机器人的开场白为"早上好,祝您今天有个好心情。"而凌晨时间段则为"夜已经深了,祝您今夜好梦。"

8.1.2 语料到知识的进化

对于在线机器人来说,语料就是数据,那么语料和知识之间到底是一个怎样的演化状态?人工智能训练师要想理解语料如何进化成知识,先得理解数据是如何转化成知识的。为了更好地理解这个转化过程,我们引入信息价值链[①]的概念:信息链由事实(fact)→数据(data)→信息(information)→知识(knowledge)→智能(intelligence)5个链环构成。从在线机器人运营的角度来理解就是:数据—信息—知识—智能。

---

① 信息价值链(information value chain)概念,是由美国学者迈克尔•波特于1985年在其《竞争优势》一书中最先提出的。

数据到智能的链条之间呈金字塔的关系，反映出从数据到信息、信息到知识、知识到智能概念依次变小的一种层次递进关系。信息价值链金字塔，如图 8-1 所示。

图 8-1 中各元素包含的内容如下。

(1) 数据：事实的数字化、序列化、结构化。

(2) 信息：有意义的数据，数据在链接上的映射，反映事物运动的状态及状态的变化。

(3) 知识：对信息进行分析、提取、评价的结果，反映事物运动状态的规律及状态变化的规律。

(4) 智能：激活了、活化了知识，反映了运用知识解决实际问题的能力。

图 8-1 信息价值链金字塔

人工智能训练师们收集了大量的原始语料数据，并对原始语料数据进行数据加工清洗处理，得到有用的数据，也就是对信息进行知识的转化，知识最终作用于在线机器人，使它能够解决客户的问题。简单来说，如果收集整理好的语料是问题，那么知识就是对应问题的答案。即

语料整理——整理客户问法

知识梳理——教会机器人更好地应答

8.2 在线机器人知识管理一览

8.2.1 在线机器人知识的生命周期

想要管理好一件事情，就需要知道这个事情的发展演变、来龙去脉，而人工智能训练师进行知识管理首先需要了解知识管理的生命周期。在线机器人的终极目标是能够成为人工客服(这不意味着能够完全替代人工，而是尽可能覆盖人工客服的知识，最大限度地辅助人工)，为客户提供服务。在线机器人绝大多数知识甚至可以说是所有知识的底层都是来源于人工客服，与人工客服知识的管理在底层逻辑上是一致的，所以我们可以借鉴人工客服的知识生命周期来理解在线机器人知识的生命周期。知识生命周期是指知识从诞生到消亡的过程，人工智能训练师可以参考图 8-2 所示的知识的生命周期曲线帮助理解。

(1) 形成期，即知识早期的形成，一般指知识管理人员创建新知识的过程。

(2) 成长期，即知识整理到上线的过程。

(3) 成熟期，即知识上线后，结合客户满意情况针对知识进行优化。

(4) 半衰期、衰退期，指知识更新迭代的过程，原有知识随着业务范围扩展，其适用度降低。

(5) 彻底消亡，即因业务的变化使原有知识无法使用，需要将该知识进行替换或删除。

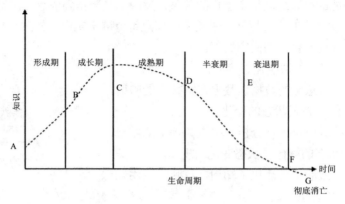

图 8-2　知识的生命周期曲线

8.2.2　在线机器人全局知识管理

知识管理需要结合知识的全生命周期来进行，如果脱离其中任何一步都会导致流程上的知识缺失，导致知识管理工作的增加。下面介绍在知识管理全局中，人工智能训练师们需要进行哪些工作。

1. 知识收集

根据人工客服知识来源收集形成知识素材，这个过程中人工智能训练师们首先需要打通在线机器人知识更新流程与人工客服知识更新流程之间的关联，且需要考虑知识的更新时间。如很多时候人工的知识是前一天晚上更新的，那么在设计在线机器人知识更新收集流程的时候就需要充分考虑机器人知识更新时间的滞后性，以确保在线机器人知识更新的及时性。当前很多客服中心都将机器人作为客户服务的第一入口，所有的用户进来先由机器人承接第一道服务，如果机器人的知识更新不及时，就会导致大量客户因为机器人不具备相应的知识而转人工服务。

人工智能训练师除了直接对人工客服知识进行流转和承接外，还应考虑人工客服知识流转的流程是否存在问题。例如，很多企业都有各地的分公司，但客服中心又是由总部承接的，若全国各地分公司同时配合总部进行一些新活动内容的发布，这个时候客服中心就需要对全国各地分公司的市场部或者活动组织部进行知识的收集，如果知识收集得不够完整或存在缺失，那么当大促活动进行时，由于客户大量的问题会聚焦于企业的活动内容，一旦客服中心缺失了这部分知识，会导致在线机器人无法承接，同时人工客服也将无法承接。所以针对知识收集部分，人工智能训练师尤其是负责人要站在更高的角度，要有全局观，在设计的时候不要只把目光局限于在线机器人与人工客服之间的知识流转，还要考虑整个客服中心甚至整个企业中的知识流转，思考原有的知识收集流程是否为最佳状态，某一环节的知识滞后是否对在线机器人知识更新产生了阻力，影响顾客对在线机器人服务的体验，甚至影响人工服务的体验，要从问题根源上去设计在线机器人知识收集的流程。

2. 知识整理与制作

在完成知识的收集后，需要对知识进行整理、加工，形成在线机器人可对外发布的知识。对于可对外发布的知识，人工智能训练师们需要考虑如下两个要素。

一是知识内容的优化，如我们收集到的知识是一篇产品文档，那么当客户问到关于这个产品的某个功能时，在线机器人如果直接将整篇的产品文档发送给客户，会带来不好的服务体验，所以需要针对知识的内容进行一次优化。

二是对知识的外化性进行判断，因为从人工客服流转过来的知识，本质上是直接面向客服使用而非面向客户，所以人工智能训练师们需要设计一个知识外化的标准，外化标准包含三层意思：第一层是知识是否允许客户看；客户在阅读这个知识以后，是否会给服务带来风险。例如，某条知识是客服中心内部员工的操作流程，这个流程给员工看是没关系的，但是给客户看就会存在企业机密泄露的风险或影响客户感知，所以人工智能训练师们在进行外化风险的判断时，一定要结合在线机器人的服务边界进行判断，同时也要建立动态服务边界管理机制，当人工智能训练师发现有知识无法使用边界进行外化判断时能够触发边界更新流程，确保知识边界的动态迭代。第二层是知识的交互形式选择。如一些政策咨询类的知识适用于一问一答场景，但一些政策操作类知识可能采用多轮对话的方式，能够给客户更优的体验。第三层是知识的内容形式选择。应使用更易被客户接受的内容形式，如产品操作类知识讲解使用图片、动图或视频，其易读性和操作性都要远远高于文本知识。

3. 知识的状态

知识有 5 种状态：编辑、审核、测试、发布、淘汰。每一次知识的整理都需要注意知识的状态，避免因为人工智能训练师的误操作出现未审核知识直接发布上线、上线知识错误等操作风险。

4. 知识版本管理

知识版本管理来源于软件版本管理，进行版本管理的原因在于知识其实是一个动态变化发展的过程。例如，同一业务场景下的同一条知识会随着时间的变化、企业的发展而发生改变，或者根据企业活动的变化发生改变，那么这个时候同一条知识就需要进行不同版本知识内容的创造。在特定的时间将特定版本的知识发布上线，以得到更好的体验与应答效果。同时，淘汰知识也应该结合版本使用注明符号进行注释，如某基金产品知识 V1.0；某基金产品知识 V2.0。其中，版本符号的使用，人工智能训练师们可以借鉴软件版本管理知识，使用不同版本符号表示不同的知识版本，如 V1.0 与 V1.1 代表知识改动较小，V1.0 与 V2.0 代表有较大的改动。

5. 知识投放渠道选择

知识的投放视角主要是针对在线机器人的部署渠道，从广义上来说，在线机器人应该分为计算机端在线机器人与移动端在线机器人。移动端在线机器人又分为 App 移动端在线机器人、微信移动端在线机器人、微博移动端在线机器人等。同样一条知识，有可能会因为不同的投放端而进行针对性优化。例如，计算机端因为页面足够大，所以在线机器人知识承载的字数可以适当放宽；但移动端因为客户交互操作的页面较为狭窄，这个时候就需要考虑字数减少的问题；某些移动端无法支持音频类知识的投放，这个时候就需要将音频类知识转化为文本知识进行投放。还有一些不同的投放平台可能会有一些相应的限制，如微信平台的机器人对比企业 App 机器人就存在更多的限制。因此，从投放渠道出发的话，人工智能训练师们需要针对同一条知识，尤其是客户咨询频率较高的知识，根据不同投放渠道的特性准备多条同一意图、不同形式的知识。

6. 知识效果测试

在线机器人的知识需要由专门的测试人员进行知识应答的测试，确保知识应答的准确率、客户满意度后才能进入下一阶段。一般来说，在线机器人的知识测试不建议由知识训练的人工智能训练师负责，而是由专门测试的测试师负责，因为人们天然会对自己投入劳动尤其是辛苦劳动产生的成果持正向态度，如果将知识测试职能也由其兼任的话，知识测试发现错误的概率将会被大大降低。在测试阶段，人工智能训练师们需要与研发团队进行紧密配合，由研发团队将整理完成的知识上线到知识测试平台(知识测试平台可理解为与真实在线机器人应答环境完全一致的平台)，人工智能训练师可在该平台上模拟真实的客户与在线机器人的交流过程，以达到测试表现与真实环境表现的一致性。

人工智能训练师们测试的重点可以围绕在线机器人针对已上线知识的应答的准确率、知识场景覆盖的全面性进行。前者主要聚焦于在线机器人能否准确命中已经创建好的知识(做准确率测试的时候，更多要偏向新的客户问法而非已经创建好的客户相似问题。例如，已经创建知识的相似问题为"如何退货？"那么测试的问法则应该是"东西我不想要了，怎么退货？")；后者则是聚焦于功能段，确保在线机器人训练的功能通畅和完整。

7. 知识的调优

针对测试中发现的存在问题的知识，测试人员应该将问题详细记录。一般来说可以整理制作测试用例表，其中包含测试内容、测试流程、是否复现等要素，提交至负责知识整理的人工智能训练师和对应算法工程师处。简单测试用例表，如表 8-1 所示。

表 8-1 简单测试用例表

编号	测试内容	测试流程	测试预期	测试结果	是否复现	备注

8. 知识上线时间

知识的整理存在一定的滞后性,所以在设置好一条完整的知识以后,需要再设置这条知识的上线时间,以确保知识在最佳时间投放给客户。例如,6 月 18 日是电商大促,大促期间很多知识需要更新,但更新的工作是在 6 月 18 日之前就需要完成的,这个时候就需要将知识生效时间设置为 6 月 18 日凌晨,确保知识按时上线。

9. 上线的审核

在完成知识的整理以后,需要将知识传送至专门的审核小组,由审核小组对即将上线的知识进行详细的审核。建议审核小组招募一些既往有服务质检经验的员工,如果是新人的话最好能够送到客服中心的质检岗位进行深度轮岗,加强审核小组的质检能力,同时质检小组还需要负责边界的管理,确保在实际训练工作当中能够形成"发现边界缺失,提出边界补充需求,确保边界更新落地"的闭环,最终形成正式的、可上线的知识。

10. 知识的发布

知识的发布不是简单的上线工作,重点需要放在上线要素的管理上,确保每一次知识发布时其要素能够完整填写,包括发布者、修改者、审核者、审核结果、修改时间、状态、版本、发布时间、名称、类型、关键词、摘要等。这有利于当知识在线上出现较大问题时,如闲聊知识尤其是意图引导非常明显的闲聊知识错误投放,人工智能训练师及团队负责人能够顺着发布要素进行问题定位,分析问题、解决问题,形成避免问题再次发生的处理闭环。

8.3 在线机器人知识整理

8.3.1 知识分类

人工智能训练师拿到收集好的知识后,会发现知识有问答知识、文档知识、图谱型知识三种存储形态。

1. 问答知识

问答知识包含了客户与客服之间的问答对话。从交互形式来看,问答可分为单轮对话和多轮对话。

(1) 单轮对话，指在线机器人与客户进行一问一答的信息交互沟通，适用于简单信息获取类知识及操作简单的任务知识，一些业务场景比较简单、不需要与上下文进行联系且不需要多轮信息收集的知识内容。设计时，人工智能训练师将客户标准问题与标准答案进行一一匹配即可。

单轮对话实例

客户："修改发票。"

在线机器人："订单完成前，支持修改电子发票。可修改的内容为'电子发票添加税号''电子发票抬头更改为人名''电子发票内容明细改大类及大类修改明细''电子发票公司抬头更改为个人抬头及个人抬头更改为公司抬头''电子发票普票改开专票'。专票可修改的内容为'专票改开电子发票普票'（注：非以上发票修改问题，请联系客服处理。修改路径：我的订单→修改发票，或我的订单→订单详情→修改发票）。订单完成后，365天内可支持修改。"

单轮对话的优势是知识整理工作简单，但其存在两轮以上的问答交互难以匹配准确答案的情况。

(2) 多轮对话，指在线机器人能够与客户进行两轮以上的信息交互沟通，从交互过程中收集客户问题解答的必需元素，从而得出应答结果，适用于操作流程/任务执行类场景，且最终得出的答案清晰明了。

多轮对话实例

机器人："请您选择需要修改发票的订单。"

客户选择订单操作。

机器人："您的订单为未完成状态，之前您选择为电子发票，请选择您具体修改的内容，如'电子发票修改抬头''电子发票普票改专票'等。"

客户："电子发票修改抬头。"

机器人："请您填写需要修改的抬头及内容。"

客户填写修改内容操作。

机器人："您的发票修改申请已提交，请您后期关注发票修改结果。"

多轮对话能避免直接给客户发送"小论文"答案；通过流程引导，帮助客户最快时间完成操作任务，提升客户体验。限制在于多轮对话需要单独进行维护，且对人工智能训练师的流程梳理能力有非常高的要求。

2. 文档知识

文档知识是客户中心最原始的知识状态。客服中心有很多的文档，包括业务文档、产品文档、服务文档。问答知识其实是文档知识结构化拆解后的体现。

文档知识针对某一项业务或某一项产品，知识涵盖面广，但需要进行复杂的结构化的提取工作。文档知识结构化拆解工作耗时较多，无法做到知识的及时制作和整理。例如，第二天就需要将多份文本知识对客户进行应答展示，这个时候拆解就会比较费时，且及时性大大下降。

3. 图谱型知识

图谱型知识基于知识图谱技术[①]，通过对用户问题的理解，将用户的问题转化为在知识图谱上的查询语句，并执行该查询语句得到答案返回的过程。该知识类型可解决深度学习技术下在线机器人需要大量收集客户原始语料进行意图识别判断的数据量要求，同时对于复杂客户意图问题有着非常高的解决率。但是，基于知识图谱的知识结构梳理较为复杂。

8.3.2 知识库分类

知识的分类决定了知识库的分类，知识库中的知识是根据知识分类进行整理和存放的。知识分为问答知识、文档知识、图谱型知识，那么知识库是不是也是按照这三种类型来划分的呢？在上文中我们提到文档知识要保证客户体验是需要转化成问答知识的，也就是说文档知识和问答知识本质上是一致的，它们只是两种不同的结构而已。所以，我们在对知识库进行划分的时候，不能简单地将知识的三种类型直接划分成三种知识库，而是要根据知识的底层应用来进行划分。在这里，我们将知识库分为业务知识库、多轮对话知识库及闲聊知识库三种类型，为各位人工智能训练师提供一个参考。

1. 业务知识库

问答知识、文档知识，以及所有闲聊以外的知识，都可以存储到业务知识库当中。

2. 多轮对话知识库

多轮对话知识库，其实是业务知识库的一种补充，即当某一些知识用问答形式展现的交互效果不佳时，就需要使用多轮对话知识库，所以业务知识库的某一部分知识需要与多轮对话知识库的知识进行映射[②]。例如，修改发票问答本身是存储于业务知识库当中的，同时我们把它的相似问题及相关的标准问题和知识场景存储于多轮对话知识库当中，当在线机器人识别出客户的意图是要咨询修改发票时，就从业务知识库中的"如何修改发票"跳转至多轮对话知识库中的发票修改流程，从而触发发票修改任务操作知识。

---

① 知识图谱技术，就是把所有不同种类的信息连接在一起而得到的一个关系网络。知识图谱是基于现有数据的再加工，包括关系数据库中的结构化数据、文本或XML中的非结构化或半结构化数据、客户数据等。

② 在数学里，映射是个术语，指两个元素的集之间元素相互对应的关系，为名词。映射在数学及相关的领域经常等同于函数，基于此，部分映射就相当于部分函数，而完全映射则相当于完全函数。

3. 闲聊知识库

闲聊知识库存储的是业务内容以外的闲聊知识，可专门用于陪客户聊天、给客户讲笑话。实际上绝大多数企业是将闲聊机器人知识库作为单独的存在进行维护的，这样可以避免因为加入了闲聊语料而导致在线机器人的识别准确率下降。因为中文博大精深，需要有场景的结合，同样的一句话，在不同的场景下会指向不同的方向，需要不同的答案。

场景 1

客户："我想吃苹果。"

闲聊机器人："多吃苹果有益身体健康哦，建议您每天吃一个，棒棒哒！"

场景 2

客户："我想吃苹果。"

业务机器人："已为您找到以下苹果商品/已为您推荐离您最近的水果店。"

此外，在客户的认知中苹果不仅仅是水果，同时也是电子设备品牌。所以针对多语义的词语，人工智能训练师需要格外注意，要结合企业特性，如生鲜行业，用户所说的"苹果"多指"水果"，基本不会认为是"手机"，但在电商企业，用户在没有任何语境的情况下说"给我推荐一下苹果，我想买苹果。"有可能既指手机又指水果，意图理解偏差就会导致答案和知识的偏差。

8.3.3 知识库管理的五要素

在正式进行知识库梳理之前，人工智能训练师还需要明确知识库管理的 5 个元素。知识构成包括标准问句、知识库目录、知识库存储结构、知识内容话术，以及知识沉淀。

1. 标准问句

标准问句在语料梳理的章节中我们已经详细讲解，它是原始客户问句的标准化。

2. 知识库目录

知识库目录也称知识大纲，是方便人工智能训练师更好地对在线机器人的知识进行管理的辅助工具。我们可以把知识库目录理解为书籍的目录，人工智能训练师可以想象一下，如果我们需要在一本书中查询想了解的知识，最简单的办法就是对知识先进行一个理解，然后去书籍目录中检索，找到这个知识与目录最有可能匹配到的一级章节，再去检索对应的二级章节和三级章节，找到对应的页数，最终找到想要的答案。因此，知识库目录的整理将提升人工智能训练师对知识管理的效率。

3. 知识库存储结构

知识库存储结构即业务知识库、多轮对话知识库、闲聊知识库的内部存储结构。

4. 知识内容话术

知识内容话术即回复给用户的知识答案。专业的知识答案对于用户体验至关重要。

5. 知识沉淀

知识沉淀要素是人工智能训练师团队负责人必须重点关注的要素，行业知识尤其是领域知识和已经上线验证成功使用的知识是在线机器人最为宝贵的财富。人工智能技术已经非常成熟，其参与的门槛也一再被降低(从初期人工智能被认为是只有大企业才能使用的东西，到现在基本已经成为标配)，未来的智能服务竞争，技术的竞争已不再是决定性要素，更多地将取决于知识的竞争，所以人工智能训练师的核心价值就是积累通用领域和细分领域的知识，为企业构建数据和知识的护城河。

8.4 业务文档知识库管理

8.4.1 机器阅读的应用范围

一问一答知识的上一个形态大多是文档类型，文档知识需要结构化整理后再导入业务知识库，但是对于那些无法及时整理为一问一答形式的文档知识，如果我们的机器人支持机器阅读技术，就能很好地解决这个问题，并根据机器阅读技术的要求对业务知识库中的文档知识进行管理。目前，机器阅读多是基于深度学习技术，其可以实现直接让客户针对文档知识内容进行提问，由在线机器人自动在文本内容中寻找答案，将答案推送给客户。

机器阅读技术首先能够大量减少人工智能训练师对文档知识的阅读、拆解、配置问答对的工作量，实现客户问题直接与知识文档匹配检索的功能。图 8-3 为一个产品说明书的文档知识模板。当客户咨询产品的安装步骤时，在线机器人即能根据相关流程在文档中检索相关知识段落，并将检索结果推送给客户。

机器阅读技术需要在线机器人系统支持(如果是外采的在线机器人需要与系统供应商沟通确认是否支持)，它非常适用于在线机器人搭建前期，知识大多为文档知识的企业，且要求在线机器人能够很快投入使用的企业，通过机器阅读可以大大提升在线机器人开箱使用的

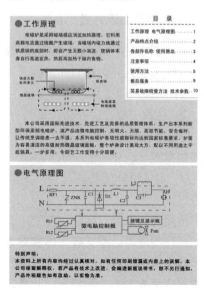

图 8-3 文档知识模板

速度。需要注意的是，机器阅读技术虽然可以应急，但想要实现将企业所有文档知识打包汇总至机器人中，机器人可以直接应答这一理想状况，就目前来说还有一段路要走。

机器阅读技术还适合企业规模体量较大，且有非常多的地市级分公司，不同分公司的活动不一样，同时所有的服务都由总部统一承接的企业。这种类型的企业尤其是在统一大促期间，知识传递效率较为缓慢，因为各个分公司一般不会设立自己的服务部门，只负责设计营销活动，之后要么直接将各个活动知识打包汇总至总部，要么就根本不发送活动知识，等到大量客户咨询后，由总部的知识管理人员逐一收集出现问题的产品知识。这样的知识传递效率下，人工智能训练师基本没有办法提前准备、梳理相关的知识导入到机器人当中，同时在大促期间客户咨询问题二八分布特别明显，即80%的问题比例都会集中于大促相关活动咨询，导致机器人没有知识储备无法应答，客户只能选择转接人工，不仅导致机器人的分流率极大下降，还会产生人工排队严重，客户满意度大大降低的连锁反应，这种情况运用机器阅读技术在某种程度上可以最快速度完成部分知识的上架，提升机器人的分流率，缓解人工服务压力，一定程度上能够提升客户的满意度。

8.4.2 机器阅读的实现方式

在线机器人是在学习人工客服的思维逻辑，机器阅读技术作为在线机器人的组成技术之一，其实现方式也参考了人类阅读文档时的逻辑。

想象一下，上学时期语文考试中的阅读理解题会让我们先阅读一篇文章，然后回答几个问题：文章讲了什么，文章的主旨是什么，文章是抓住了哪几个方面来进行描写，等等。如果类比到客服中心，则可以围绕某产品的特点是什么、产品如何办理、产品的费用是多少等问题来形成文档知识。

1. 人类的阅读方式

人类到底是如何阅读文档并解答的呢？笔者梳理了阅读理解的流程，并将该流程应用于在线机器人的文档阅读，供人工智能训练师们参考。

(1) 阅读一篇文章，理解文章主题和大体内容，明确出题人的意图。

(2) 这篇文章在讲什么，是否有不理解的内容。

(3) 带着问题再次阅读文章并寻找答案，将问题同文章进行关联，并结合主题，理解问题重点。

(4) 定位可能的答案，并再次重点阅读相应文字，找出答案进行筛选，选出最正确的答案。

按照经验来看，问题与答案之间的关系可以分为以下几种：原文中没有答案，需要总结概括型问题；原文有具体的答案，直接抽取答案即可；原文有答案，但是答案需要连续几个段落组成，如问题为"秋天的特点是什么？"在文章中有三个段落，每个段落的主旨就是秋天的一种特点。此外，还有其他类型的问题，如"联系作者生平说明本文想要表达的内容。"这是最难的一种问题类型，需要答题者了解作者生平，并将经历与文章表达意图深度结合进行归纳总结。

2. 在线机器人的阅读方式

下面来看看在线机器人是如何实现文档的阅读理解的。

(1) 在线机器人同样也需要明确客户的问题意图是什么。

(2) 带着这个问题完成一次所有文档知识的检索，确定目标文档(即客户的这个问题需要在哪一篇文档中找到答案)。

(3) 确定成功后，再带着客户的问题阅读目标文档。

(4) 识别该问题大致属于哪个段落，对目标段落重点阅读，运用训练好的模型，如语言特征等，将整个段落各个句子内容与客户问题之间进行相似度计算和排序，根据预设阈值输出相似度概率最高的那句话作为答案。

当然了，机器阅读技术实现原理远远没有描述得这么简单，如机器阅读理解通过结合文本和问题两者的信息，生成一个关于文本段落各个部分的注意力权重，对文本信息进行加权计算等。对于人工智能训练师来说，机器阅读应该是一种手段，一种帮助人工智能训练师在特定背景下更好为客户服务的工具。了解技术的实现手段是为了更好地使用技术，这一点人工智能训练师需要格外注意。

8.5 业务图谱知识库管理

使用场景分类的方式进行知识库的管理是非常简单且有效的管理方法，但是对于产品知识来说，场景划分需要大量的标注工作且效果并不是很好。例如，客户进线咨询："××手机怎么样？""××手机如何？""××手机好吗？"各位人工智能训练师可以看到这类问题都是在咨询产品特点，若是基于场景，需要大量关于这些问题的客户问法作为相似问题，或者标注训练机器人具有识别能力。而且同一意图下的不同产品的相关内容实在太过庞大，知识管理将会非常复杂，所以针对业务知识库中的产品知识一般推荐人工智能训练师们使用业务图谱管理方法。

8.5.1 知识图谱简介

知识图谱于 2012 年由谷歌提出，目的是提供更好和更准确的搜索体验，并在 2013 年开始普及，且在智能问答中发挥重要的作用。

知识图谱本质上是一种语义网络的知识库，其表现形式类似网状图结构，其中图的节点代表实体或者概念，而图的边代表实体或概念之间的各种语义关系，比如两个实体之间的相似关系。知识图谱由实体、语义类、内容、属性、属性值、关系构成。

(1) 实体：指具有可区别性且独立存在的某种事物，如某一个人、某一个城市、某一种植物、某一种商品等。实体是知识图谱中的最基本的元素,不同的实体间存在不同的关系。

(2) 语义类(概念):具有同种特性的实体构成的集合,如国家与民族、书籍与电脑等。概念主要指集合、类别、对象类型、事物的种类,如人、物、地理等。

(3) 内容:通常作为实体和语义类的名字、描述、解释等,可以以文本、图像、音视频等方式表达。

(4) 属性:从一个实体指向它的属性值。不同的属性类型对应不同类型属性的边,如面积、人口、首都是几种不同的属性。

(5) 属性值:主要指对象指定属性的值,如960万平方千米等。

(6) 关系:指各个要素之间的关系构成。在真实世界中,我们习惯用关系去描述两个实体之间的关联。

知识图谱是实体—属性—属性值这个三元组之间关系的转化。例如,"姚×出生于中国上海",可以用三元组表示(姚×,出生地,上海)。这里我们可以简单地把三元组理解为实体,实体关系,实体。如果我们把实体看作节点,把实体关系(属性、类别等)看作一条边,综合以上元素,包含了大量三元组的知识库就成为一个庞大的知识图,如图8-4所示。

人工智能训练师通过梳理图谱模板,可以明确各个实体、实体之间的关系、实体属性包括的属性值。例如,实现"手机价格、处理芯片是什么"的问题应答,是将手机标注为实体,价格、处理芯片则是属性,价格5 499元、芯片A13则是对应属性所包含的属性值。

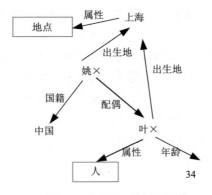

图8-4 关于姚×的知识图谱

8.5.2 知识图谱构建

对于在线机器人的知识图谱构建,可通过如下环节实现。

1. 信息抽取

信息抽取环节主要包含实体抽取、关系抽取和属性抽取。

(1) 实体抽取,也称命名实体识别(named entity recognition,NER),是指从文本数据集中自动识别出命名实体。

(2) 关系抽取,是指文本语料经过实体抽取后,得到的是一系列离散的命名实体,为了得到语义信息,还需要从相关语料中提取出实体之间的关联关系,通过关系将实体联系起来,才能够形成网状的知识结构。

(3) 属性抽取,是从不同信息源中采集特定实体的属性信息,如针对某个公众人物,可以从网络公开信息中得到其昵称、生日、国籍、教育背景等信息。

通过信息抽取,能够得到实体、关系及实体的属性信息。

2. 知识融合

信息抽取后,对客户问题与确定的实体进行匹配,人工智能训练师可以将匹配的过程理解为拼图,但实际的识别却并不简单,因为客户的问题中会有非常多的干扰因素。想要清除碎片信息的干扰就需要对实体进行链接。

(1) 实体链接,一般指对于从文本中抽取得到的实体对象,将其链接、映射到知识库中对应的正确实体对象的操作。映射过程中为了保证更加准确,会采用前文中多次提及的相似度计算方式,将计算出的最大可能概率对象作为映射对象,并将知识进行合并。

实体链接的流程大致为:从文本中通过实体抽取得到实体指称项;进行实体消歧和共指消解,判断知识库中的同名实体与之是否代表不同的含义,以及知识库中是否存在其他命名实体与之表示相同的含义;在确认知识库中对应的正确实体对象之后,将该实体指称项链接到知识库中的对应实体。

(2) 知识合并。在经过信息抽取、知识融合后,还需要经历知识加工(本体构建、知识推理、质量评估)环节,才能构建出一个基本的在线机器人知识图谱网络。

上述的知识图谱构建流程对于人工智能训练师来说些许复杂,所以在日常工作中,一般是直接对已经封装好知识图谱技术的在线机器人进行知识结构管理。这里展示一种简单常见的知识图谱管理表格(见表 8-2),人工智能训练师最简单的做法是将客服中心的知识按照该表格形式进行整理,再导入在线机器人系统,即能够获得相应场景的知识图谱。

表 8-2　简单知识图谱管理表格

实体分类	实体名称	属性名	属性值
分类 1	实体 1	属性 1	回答 1
分类 2	实体 2	属性 2	回答 2
分类 3	实体 3	属性 3	回答 3
分类 4	实体 4	属性 4	回答 4

3. 功能挖掘

在线机器人的知识图谱在当下属于研究热门,还有很多功能值得人工智能训练师深度挖掘,下面为人工智能训练师提供一些思路。

(1) 机器人需要的不仅是简单的产品知识图谱,还应该与用户的兴趣画像相互结合,这样在线机器人进行商品推荐时能够更加准确,如结合用户的身份标签、购买习惯进行推荐。

(2) 知识图谱的优势在于动态的网络结构,而目前的应答更多时候是一个静态的过程,如何最大限度发挥知识图谱的能力,如何结合用户的动态行为数据提供更为精准的知识,这非常值得研究。

(3) 机器人不应该局限于冷冰冰地回答用户的问题或帮助用户完成特定功能。如果能结合客户情绪的动态感知,并对客户不同的情绪场景匹配不同类型的应答,则能很大程度提升客户对机器人服务的满意程度。

8.6 多轮对话知识库管理

8.6.1 多轮对话简介

多轮对话,顾名思义就是在线机器人与客户进行多个轮次交流后才能推送给客户最终答案的交互过程。它一般适用于两个场景:一是基于任务驱动的对话场景,即帮客户推荐产品,帮客户订机票、酒店等;二是收集多个信息进行判断,为用户推送最佳答案。

多轮对话知识库是一种基于理解用户意图的前提下,获取必要信息,以解决客户问题的知识管理结构。需要注意的是,虽然在线机器人是以文字为主要交互方式,但如果企业 App 有成熟的用户体系、信息流转体系,很多信息(用户咨询订单、用户信息、时间等)可以不通过文字交流,而是通过智能硬件(手机的位置信息)、数据埋点等方式直接获取。

所谓必要信息不一定要通过与用户的对话获取,因为即便是人与人之间的交流,对话本身所包含的信息也只占总传递信息量的一小部分,更多信息来源于说话人的身份、当前的时间/地点等一系列场景信息,所有多轮对话一般不将信息收集局限于客户对话,还包括客户的相关信息。

8.6.2 多轮对话知识管理方法

作为参考,下面为人工智能训练师展示多轮对话知识管理方法。

1. 槽位构建

多轮对话中的"槽",是指对话过程中机器人所有需要收集到的信息工具,人工智能训练师通过在多轮对话中创建不同类型的槽位达到收集解决问题必要信息的目的。

槽位分为词槽和接口槽,两者的区别为:词槽是指对话信息中的可变关键词;接口槽是指可以不通过文字,直接通过其他方式(数据埋点、API接口等)获取信息的"槽"。下面以训练在线机器人实现查询不同地区的天气情况的多轮对话系统为例。

客户:"帮我查询一下明天北京的天气。"

在线机器人分别将"明天""北京"填入"查询时间""查询地点"的词槽中,"天气查询"则是填入"天气查询"的接口槽。

因为在线机器人可以不具备天气预报分析的能力,所以人工智能训练师只要将其与最权威的天气预报平台链接即可。

2. 澄清话术创建

澄清话术是指多轮对话中信息收集不够完整,或者信息收集完整后,任务确认执行前的反问话术。

客户:"帮我推荐一个基金。"

机器人:"请问您愿意投入的资本金、能够承受的风险、投资时长分别是多少呢?"

客户:"5万元吧。"

机器人:"请问您的投资风险承受和投资时长分别是多少?"

客户:"6%以下,两年吧。"

机器人:"好的,请您确认投入的资本金5万元、承受风险在6%以下、投资时长两年。"

客户:"确认!"

机器人:"根据您的投资需求,已为您找到以下两种基金产品,非常适合您……"

在上面的对话中,第一次澄清话术的使用是在线机器人解决客户问题信息收集不完整时触发的反问机制,第二次澄清话术的使用是问题信息收集完成,执行任务前的确认澄清话术。

3. 话题继承下的多轮对话

客户:"帮我推荐一款手机。"

机器人:"请问您想要多大内存、什么价位、多少像素的手机?"

客户:"256GB、2000元以内、4000万像素以上吧。"

机器人:"根据您的要求,为您推荐A、B、C三款手机。"

客户:"换一批。"

机器人:"根据您的要求,D、E、F三款手机非常符合您的需求。"

实际上，不同厂家的多轮对话设计系统可能略有不同，人工智能训练师可以在这三点的基础上结合实际情况设计符合企业要求的多轮对话。

8.7 本章小结

在线机器人的知识不是凭空而来的，它由数据进化后得到，同时知识也不会一直存在，它需要遵循知识生命周期发展的客观规律，通过对客观规律的认识，结合在线机器人知识管理的全局要素，认识知识管理的事由。

人工智能训练师团队负责人应该更多地将重心放在知识沉淀机制的建立和思考上，通过积累企业通用领域、特定领域、细分领域的知识，为企业、客服中心、在线机器人构建在未来智能化竞争中的关键数据。

知识库管理的核心在于不同技术下知识结构的设计，实际的设计步骤和流程会因各家系统的不同而有所区分，甚至不同的系统名称叫法上也会存在差别。对于本章讲述的知识库管理内容，建议人工智能训练师们重点学习知识库管理背后的思维和逻辑方式，结合系统的实际情况进行相应调整。

本单元讨论与小结

在第 2 单元中，我们主要聚焦于智能服务实施的训练工作，这项工作是最为繁杂且需要一直持续进行的，当我们完成系统业务场景的划分后，就需要根据各个场景采集原始数据，对相关数据进行清洗、标注处理，并按照机器人的情况对知识进行标准化编写，运用相似问的撰写方式对缺失部分的知识和数据进行补充。补充完成后，根据不同的业务目标采用不同的知识库对知识进行管理，以达到更好的识别效果，而后对所有最终推送的知识进行客户化。根据不同的知识类型、不同的字数、不同的呈现要求、不同的客户需求、不同的业务特点进行个性化的调整，最终机器人上线后也要持续关注知识答案的更新，在一次次的迭代中不断提升解决率和满意度。

第 3 单元
智能服务系统的上线工作

当智能服务系统完成知识管理的相关工作后,即将进入上线工作阶段。在该阶段,人工智能训练师们可以暂时将注意力从知识管理和训练当中脱离出来,专注于上线前中后的工作,主要包括在线机器人模型训练、智能系统上线前的工作和智能服务系统使用推广及品牌塑造。

第 9 章 在线机器人模型训练

只有经过地狱般的磨炼,才能创造出天堂的力量;只有流过血的手指,才能弹出世间的绝唱!

——《泰戈尔诗选》

在完成知识的管理后,人工智能训练师接下来的工作就是配合算法工程师进行在线机器人算法模型训练及调优。一般来说,训练工作主要包括:根据特定模型需求进行数据标注和打标签,并针对训练完成后的模型测试上线,过程中对发现的 badcase 对话例[①]进行优化等。

9.1 模型训练的基础——标注

9.1.1 标注概述

1. 标注的含义

在线机器人模型训练的基础是标注,又称为数据标注,即人工智能训练师使用标注工具,通过打标签、分类、画框、注释等方式对收集来的数据进行标记,以形成可供计算机识别分析的优质数据的过程。初期标注好的数据会被用来训练算法模型,然后应用到语义识别、图像识别、语音识别等不同领域。通常来说,数据标注得越准确、数量越多,模型的效果就越好,产品的效果自然就会更好。

2. 标注的分类

数据标注的对象根据不同的人工智能模型可以分为文本、图片、音频、视频 4 种。

---

① badcase 对话例,是指在线机器人识别、应答对话过程中没有按照预先设定的对话回答问题。

(1) 文本标注，主要包括情感分析、知识库优化、关键词提取、文字翻译、搜索引擎优化等。例如，识别一句话蕴含的情感、翻译等。对一般在线机器人来说，人工智能训练师们的工作主要面向文本内容的标注。

(2) 图片标注，主要包括图像分割、物体检测、图像语义理解、图像生成、图片加注等服务。

(3) 音频标注，主要包括对全球主要语言和语料、方言、特殊情景语音进行识别标注、语音识别等。

(4) 视频标注，主要包括动作行为标注、敏感风险内容标注。

标注的工具一般会由算法工程师提供，常见的标注工具有 Stanford CoreNLP、brat、labelme、doccano、labelImg 等，有些人工智能训练师考虑到数据安全性也会采用 Excel 进行标注。

9.1.2 标注方式的选择

标注工作是训练工作中需要投入人力数量最庞大的工作之一，不同标注方式的选择将会直接影响标注工作的质量和效率，从而影响整个模型训练的质量。下面分享一些常见的标注方式及各种方式的优缺点。

标注方式从承接对象来看，可分为两种：一种是自建标注团队，另一种是将标注外包给其他公司。标注方式，如图 9-1 所示。

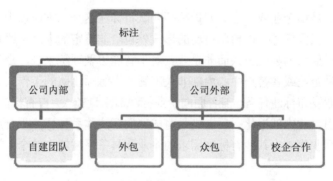

图 9-1 标注方式

1. 自建标注团队

自建标注团队，是指企业自研在线机器人系统，使用企业全职人员专门负责数据标注工作。系统服务范围较广且负责用户数量多样化，经常需要对在线机器人进行训练迭代、优化升级。

优点：自建标注团队能够最大限度保证企业数据安全，同时因为标注团队与人工智能训练师团队处于同一物理空间办公，沟通不会存在障碍，如标注团队对标注数据存有疑问时，可以直接组织标注需求提出方与标注任务执行方的会议，共同探讨。企业可以通过相关的绩效打分来确保全职的标注团队的标注交付质量。

缺点：自建标注团队往往成本较高。首先，标注是整个训练工作中高度依赖密集劳动力的工作；其次，自建标注团队存在边际管理成本，即每增加一定数量的标注人员，相应的管理成本、培训学习成本等显性成本和福利待遇等隐性成本都会有较大的增加；最后，自建标注团队一般还需要搭建企业内部的标注平台，用以提升标注效率和标注质量，便于标注过程管理。

2. 标注外包

标注外包，是将在线机器人标注训练需求外包给市面上的标注服务企业。这种方式适合企业在线机器人刚刚处于起步阶段，标注需求量较小，且人工智能训练师团队标注体系不够成熟的情况。

优点：成本较低，节省管理和培训成本，能以较为便宜的价格实现标注任务。同时，在外包期间通过商业合同规定交付质量和验收标准，可以转嫁、降低标注风险。

缺点：无法保障企业数据安全，会造成一定的数据外泄；存在因遗漏未预知的标注问题，而导致标注质量较低；需要人工智能训练师有很较强的项目管理能力和外包标注商的识别能力。

3. 标注众包

标注众包，是指企业或人工智能训练师团队将标注这个原本应该由人工智能训练师团队自己承担的工作任务，以自由自愿的形式外包给非特定的大众志愿者的做法。众包一般来说承接对象都为独立个人而非企业。对于智能模型训练来说，众包的对象可以分为两种：其一是企业或者客户中心内部非人工智能训练师团队的工作人员；其二是通过标注平台对企业发布标注任务。前者面向企业标注需求量较大，自有标注团队无法承接，采用众包方式由企业内部消化；后者则是有成熟的标注体系和标注平台后，将标注作为单独产品进行商业化，为其他有标注需求的企业和具备标注能力的个人提供一种交易的平台。

优点：前者在解决标注需求的同时，降低标注数据外流的风险；后者能在满足自身标注需求的同时，作为单独商业化平台为企业提供利润。

缺点：前者需要非常详细明确的标注规则，否则众包标注质量较低；后者需要投入相应的人力负责众包标注平台的运营、推广工作。

4. 校企合作标注

校企合作标注，即由企业牵头与相关学校成立标注合作实验室，企业提供标注工具、标注培训等赋能内容，由学校提供标注人力，进行标注实践。这种方式适用标注需求量巨大，且对标注有严格成本控制的企业。

优点：校企合作标注成本较低，且能够通过提前培训、提前考核的方式间接为企业人工智能训练师团队培养后备人才，同时也有助于企业与学校开展其他深度合作。

缺点：校企合作方式产生的标注存在质量不高的问题，需要由专职人力负责校企标注项目事宜。

9.2 在线机器人标注实践

9.2.1 标注流程全景

标注是一种高度依赖人力的岗位，对于标注岗位的管理，建立科学、通畅的标注流程是人工智能训练师团队负责人需要重点聚焦的部分。在建立标注流程时，首先需要明确标注的全景流程，即标注需求的提出与承接、标注任务执行、标注结果检查、标注过程控制等。标注流程，如图9-2所示。

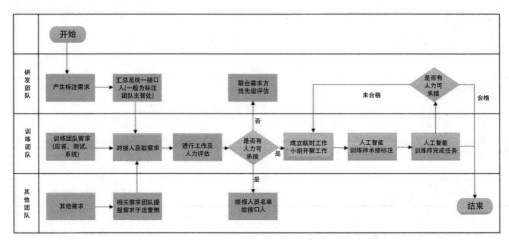

图9-2　标注流程

1. 明确标注对象

确认标注流程中所有关系对象：研发团队(标注需求产生团队)、训练团队(标注执行团队)、其他团队(产品团队等)。

2. 提出标注需求

标注需求方提出标注需求，包括：项目的背景、意义及数据的应用场景，且包含项目的标注工具、任务描述、标注方法、正确示例、常见错误、试标注语料、标注验收要求等内容。需求文档汇总至标注团队的需求承担人，一般标注需求承担人都是由训练团队负责人担任，有些比较大的标注团队也会单独设立专门的标注需求承接岗位，该岗位一般由具备丰富标注经验的人工智能训练师担任。

3. 需求试标注

标注团队负责人根据标注需求，对需求方所提供的试标注数据进行实际标注测试，标注负责人需要评估标注任务的难易度及标注时长，确认标注相关疑点，补充缺少的标注规则，填写标注测试表，用以作为标注承接后标注人力安排的必要条件。人工智能训练师可结合企业训练工作特点设计标注测试表，如表9-1所示。

表9-1 简单标注测试表

项目名称			
测试用时		测试人	
完成数量		测试日期	

遇到的疑惑点：

对规则的建议：

标注小技巧：

测试总结：

4. 标注团队人力承接

确认标注需求后，标注负责人需要结合当前团队标注任务执行情况，标注剩余人力情况，进行标注承接的人力安排。

5. 标注结果验收

标注结果的验收工作一般由标注团队内部的验收小组，根据标注规则进行成果验收，验收合格后提交至需求方进行最终验收。

9.2.2 标注规则

标注和训练过程实际上就是将人类的思维和学习思考方式教给在线机器人，这个过程中教学的一致性是非常重要的。如果训练或者标注出现模棱两可或者同一内容下两种对立的思维，将导致在线机器人出现混乱。例如，在线机器人的情绪识别标注中，"呵呵"一词如果是两个年龄差距较大的人工智能训练师进行标注，年轻的人工智能训练师可能会认为"呵呵"是客户情绪的异常，年龄较大的人工智能训练师则会认为"呵呵"没有太多实意，就是客户在聊天过程中的语气词，这样的结果标注到机器人中，机器人将无法分辨"呵呵"到底属于什么类型的情绪。所以在实际执行标注过程中，标注规则对于最终产出的标注结果与预期结果之间的一致性起到至关重要的作用。

在标注过程中，人工智能训练师需要注意如下规则。

1. 执行标准任务前的规定

(1) 明确标注数据应用场景及目标。明确标注项目所需的标注数据类型、量级、用途及应用场景；帮助加深人工智能训练师对于任务的理解，提高准确率。

(2) 明确数据结构。明确数据的管理结构，便于标注任务分配与回收过程，以及结果的高效管理。

(3) 明确数据命名规则。明确数据与标签文件的命名规则，命名规则应避免数据更新迭代时的重名，便于数据追踪、标注追踪；数据文件名与标签文件名应保持一致，保证数据存储不会错乱。

(4) 明确标注其他细则。明确标注任务的获取方式、标注的工具、标注的类型、标注小组人员分工等其他细则内容。

2. 标注规则

对于具体标注规则的撰写，标注负责人一般需要说明项目的背景、意义及数据的应用场景，且包含项目的标注工具、任务描述、标注方法、正确示例、常见错误等内容。经过负责人试标注后应该及时对标注规则进行补充，如果在标注执行过程中发现原有规则未覆盖内容，也应该及时上报至标注团队负责人处，进行标注规则的补充。规则的补充需要经过需求方的评审和同意，用以确保训练项目最终实现目标的一致性。以下为标注规则具体要素的内容说明。

(1) 项目背景。概述标注项目的背景或数据标注需求产生的场景。

(2) 版本信息。标注该说明的当前版本编号、发布日期、发布人、发布备注(发布原因或迭代原因)，以及历史迭代信息(历代版本编号、发布日期、发布人、发布备注等)。

(3) 任务描述。概括标注项目的主要任务，包括标注项目的关键信息、数据形式、标注平台、主要标注方法、期望交付时间、正确率要求等。

(4) 保密要求。即对于数据的保密级程度，数据需求方须在规则中列明，明确保密责任，标注方应对当前执行的数据标注任务承担保密职责。

(5) 标注方法。给出数据需求方所需数据对象的严谨定义，明确在协定的标注平台上使用何种标注组件、标签及全部操作。例如，情绪标注，使用"无情绪、愤怒情绪、喜悦情绪、无法识别"作为标注标签；转人工标注，使用"不应转人工、应转人工、无法判断"作为标注标签,以及相应的标注平台的操作方法等。

(6) 正确和错误示例,通过图片、图文、视频等形式,示范正确的标注方法或标注成果,标注需求方应明确标注结果的产出,标注样例应覆盖特殊样本的标注示例。例如,情绪标注中"我要投诉你们"是愤怒情绪;"你们的服务不错,点赞"是喜悦情绪;"好的,我知道了"是无情绪,这些都为正确标注。而将"你们怎么能这样做"标注为无情绪;将"把你们领导叫来"标注为转人工;把"这个产品怎么使用"标注为转人工,这些标注是错误的。

除了上述的正确、错误示例及标注工具使用等内容,标注需求方还需要明确所有标注过程中可能会出现的注意事项。标注需求方需要明确标注的质量要求,具体要求一般可以从"定性"和"定量"两个角度进行考虑。定性是指标注正确和错误的定义;定量是指整个标注任务的准确率,如正确率达到80%或其他百分比例。定性和定量设计对于标注质量保障非常重要。

以下为各位人工智能训练师展示一份关于转人工模型训练的标注规则,作为人工智能训练师撰写规则的参考,如表9-2所示。

表9-2 转人工模型训练的简单标注规则

标注任务	规则	判断依据
转人工	重要财务类转人工	我的银行卡被盗刷了
	敏感词转人工	根据现有敏感词库判断
	投诉转人工	投诉类词汇
	直接要求转人工	客户直接提出转人工需求
	答不上转人工(不转)	根据问题和答案进行判定
	闲聊不转	敏感词除外

3. 标注规则的优化

人工智能训练师在优化标注规则时,需要遵循以下原则。

(1) 需求方优先:数据管理团队首先是个实施团队,因此团队本身不负责原始规范制定,而是根据任务需求方或发起方所提供的原始规范和原始数据集,找出特点,结合既往经验进行预标注模拟,再考虑实施团队本身的工作习惯,以最快、最好达成任务为目标,对规范进行梳理和补充。规范的制定一定要优先满足需求方,且以需求方对于规范的要求为最小限制单位,即规范最简单也要包括需求方制定的内容,然后再根据管理者经验,往其中添加能够帮助达成目标的规则管理内容。而在任务实施过程中,时常也会出现一些意外情况导致任务实施与原有规则发生冲突的情况,此时需要对规则内容进行完善,需要反馈到需求方,讨论后方可敲定,不能图省事自行添加规则。

(2) 逐步优化:因为数据量巨大,在所有任务执行完成之前,什么情况都有可能发生,因此在一开始就能将数据管理的规范、规则制定清楚的任务于真实的工作中是不存在的。无论是需求发起方还是经验丰富的实施方,都无法对规则的制定做到一锤定音,因此规范的制定一定是一个循序渐进的过程,先通过经验和数据特点总结出基础版本的规范,再通过预标注中对少量数据进行模拟测试,根据测试结果对初版规范进行补充,使其达到能够指导实施团队依据要求进行工作的程度;最后在实施过程中,对发现的问题进行分类,针对性地调整、补充、完善规范。

(3) 多方一致:因为标注管理任务规范会贯穿整个任务实施周期,如标注任务,标注规范首先影响标注任务的发起方、需求方,其次影响标注训练师实施标注工作,影响质检员对标注结果的质检,最后影响需求方对标注结果数据的验收。因此标注规范、规则在变更、制定、改动时必须要与参与其中的四方角色:需求角色、实施角色(清洗师、采集师、标注师)、质检角色、验收角色及时同步,且保证四方角色对于任务的规范、最终要求的理解达成一致,不能出现分歧,只有这样,规范才是有效的,才能达到规范实施的效果。

9.2.3 标注团队管理

对于标注团队的管理工作,建议人工智能训练师团队负责人聚焦于标注培训管理和标注人力安排。通过培训,提升人工智能训练师们的标注能效和质量;通过对标注人力正确、合理的安排,帮助整个标注团队提升工作效率和质量。

1. 标准培训人员管理

前文中介绍的标注方式包括自建和外包,针对不同的标注方式也需要采用不同的培训方案。标注团队成员一般分为:兼职和全职。外包性质的标注成员可将其归到兼职标注人员的范畴。因此,标注新人的培训主要包括全职新人培训和兼职新人培训。

(1) 针对全职新人,可以先由团队负责人或培训负责人做部门层面的培训,培训内容可以包括但不限于人工智能基础知识培训、标注工作的意义价值、标注团队的规章管理制度等。建议采用老员工带新员工的模式,将标注新人置于真实的标注任务环境中进行"以战代练"的标注训练,并通过将新人第二个月的绩效考核纳入老员工的绩效计算策略,以保障老员工对新人成长的关注和培训。

(2) 针对兼职人员一次性工作的特点(即标注工作结束后,标注团队不再与兼职人员产生联系),其培训过程较为简单,人工智能训练师们可以进行标注项目的总体介绍,如标注规则、试标、试标结果答疑等。组织兼职标注人员进行标注考核,若考核不达标则淘汰该人员,达标则进入标注任务执行环节,任务结束通过验收后结清标注人员的薪酬即可。其中,若是表现较好的兼职标注人员,可以纳入标准团队中的兼职人才库作为备份存储,并适当给予阶段性奖金激励。一般兼职标注人员的薪酬结算建议按照计件模式进行,即

薪酬=标注任务完成百分比×计件薪资×完成量+阶段性奖金

除上述提及的标注培训内容，标注负责人在实践过程中还需要结合实际训练工作进行适应性的动态调整。

2. 标准培训阶段管理

在实际标注任务执行中一般会经历岗前培训、岗中培训、新标注需求培训三个阶段。

(1) 岗前培训阶段。岗前培训阶段即人工智能训练师们标注工作上岗前的培训，可以参考上文中的全职和兼职培训。

(2) 岗中培训阶段。标注工作本身依赖于标注人员的准确、细心，因此在标注人员上岗进行正式标注过程中监督至关重要。岗中标注培训的目的是对执行标注任务过程中发现标注合格率较低的人工智能训练师(尤其是全职)进行二次标注质检及阶段性成长重点关注，如针对标注准确率较低的人员，提升标注结果检查的数量，若该人员长期且多次未达标，可安排其主管进行长期监控，并体现在主管的绩效考核上。除此以外，还有其他岗中培训方案，建议人工智能训练师们结合实际情况进行调整安排。

(3) 新标注需求培训阶段。若标注小组承接新的标注需求(标注内容与标注方式不同于已有标注)，标注负责人试标注后，根据新输出的标注规则、标注难点等规则类文档对标注人员进行标注新需求培训。

3. 标注人力安排

标注人力的科学、合理安排将会影响整个标注团队的运转效率，可参考以下三点进行相应的人力安排。

(1) 标注人力细则。在标注负责人对新标注需求试标评估结束后，接下来的工作就是确认标注成本及对应工期所需要投入的标注人力，并予以恰当安排。当新标注需求的投入人力不足时，负责人需要及时与标注需求提出方进行沟通，评估标注任务的重要紧急程度，若程度较低可以采用延迟交付日期的做法，若重要紧急程度较高，负责人需与需求提出方一同积极构思引入资源，如其他内部员工借调、支援、外包、众包、扩展标注团队等。标注团队的人力安排建议以三人为一标注小组，再配置标注负责人与标注质检角色即可。标注人员的工作产量评估需要标注负责人先进行试标注，结合标注难点，根据实际情况进行动态调整。如某项标注任务难度较高，且过往没有可以借鉴的案例参考，在标注任务实际执行中，发现团队无法按照预算产能进行标注，就需要适当降低产能，延迟标注交付日期，以保障标注结果质量。

(2) 标注人力安排(分组)。建议人工智能训练师参考行业标注人力安排，基于标注人员总数，按照三人左右为一组的形式，将标注人员进行分组。标注岗位负责人需要负责标注小组的标注数据、标注质量、工作统筹等管理工作。

(3) 标注工作量评估。承接标注需求后，标注岗位负责人进行试标注，试标注完成后，须根据实际标注情况对整体标注量进行评估，包括不限于标注工作时间、标注人力投入、标注人员分组、个人标注效率等内容。若是以内部借调形式扩展标注团队，标注负责人还需要考虑标注组员的其他工作量，合理安排标注人员的标注产出。

9.2.4 标注质量控制

1. 标注质量控制细则

为了更好地保障标注结果产出，控制标注质量，一般采用三人成组的形式进行标注任务的承接，并规定具体的质量控制规范方式。一般来说，有如下两种方式可提供给人工智能训练师进行参考。

方式一：小组拟合标注。每组标注同一份语料，标注结束后由质检人员按照总量20%进行质检，必须达到90%以上的准确率才算该次标注通过，若其中有人低于90%，则让该人员重新标注。质检人员负责记录、跟进小组拟合标注中准确率多次低于90%的人员。

方式二：每组由标注组长分配周期标注任务，并抽取其标注总量的20%进行质检，准确率同样需要达到90%以上才算过关。

建议在标注任务执行前期采用第一种方式，当标注人员熟悉标注方法后，且准确率趋于平稳时，可切换为第二种方式，以达到标注效率与标注质量二者间的平衡。两种标注方式的持续时间可以根据实际标注情况动态调整。

2. 标注前的质量控制

(1) 质量侧。标注负责人需根据试标注情况，在标注培训过程中先讲清楚标注的规则和难点，注意容易出现问题的部分，制作标注规则表(见表9-3)，并且在标注过程中不断完善更新内容。

表9-3 标注规则表格模板

标注任务	规则	判断依据

(2) 控制侧。标注质量需要达到90%以上的准确率，由标注组长负责评估准确率，抽检量为该人员标注总量的20%以上。讲明不达标需要重新标注，标注组长必须对质量负责，若规定的质检要求难以达标，需要对应的小组负责人给出具体说明。

3. 标注过程质量控制

(1) 质量侧。要求在开始标注后按照规定时间段(如每天下班前)反馈标注结果汇总数据和标注的原始数据；撰写详细标注规则，便于标注负责人对标注小组进行管控。实际标注过程中表格内容可自行调整，由质检人员查看标注质量情况，如有异常应及时反馈给标注管理人员。

(2) 效率侧。长期的标注任务需要关注标注速度。通常在标注前期，标注的质量和效率都不高，要按时与标注人员进行标注复盘会议，将每个人遇到的标注难点列出进行讨论；对于标注效率特别低下的人员，负责人要及时沟通和协调，想办法提升其标注速度。

(3) 进度管理。标注任务需要在要求的时间内完成，根据项目持续时间的长短，标注负责人可按照每周的时间节点对团队进行提醒，确认完成进度。

4. 标注后的返工修复

无论是何种标注任务都是通过标注训练师依据标注规则进行标注实施，实施过程中就算标注人员再细致、再认真，也难免会有疏忽、遗漏的地方导致标注结果错误，同时标注规则本身就存在一定的不确定性，即标注过程中难免会有跟规则不相符的。因此世界上不存在100%正确的标注结果，作为标注训练师要正确看待标注错误，只要及时修正即可。

首先要识别出错误结果，一般来说由负责质检或验收的岗位提供，对于一些较为明显或简单的标注任务如二分类标注标签非A即B，可直接返回至对应的标注实施人员；对于一些错误不太明显或复杂的标注任务质检人员要在错误内容处批注错误的原因后再返回至对应的标注人员；而对于一些错误类型比较集中且很多标注人员都发生错误的地方，质检人员甚至需要联合标注实施小组的负责人一起在返回错误结果前，对易错类型进行总结，并由小组负责人召集具体实施标注人员进行培训后，再返回错误结果。

其次是确保错误返回与具体标注人员对应，若是使用平台化、产品化的标注工具，可根据操作日志返回；若是使用类似Excel、Word等非平台化工具进行标注，无法将错误结果与产生结果的标注训练师对应，小组负责人则可以考虑根据错误数量组织专门错误修复小组，集中修复错误结果。

最后则是注意修复的方法，因为修复不等同于二次标注，标注训练师们已经经过一轮标注实施但依然产生了错误，说明之前的标注方法细则是不够完善的，同时比起标注实施环节，修复环节时标注训练师已经基本具备整个标注任务的基础知识了，若是再从头执行一遍标注任务会导致时间的浪费。因此，标注小组负责人同样需要总结归纳出一份基于标注任务实施结果的错误修复规则，最大程度加速修复过程，缩短整体标注任务实施周期。

9.3 在线机器人训练结果测试

在训练结果测试阶段，人工智能训练师们的工作重心将由标注转移到训练结果(新模型)的测试。对于人工智能模型的测试，人工智能训练师一般需要提前准备以下三类集合数据。

(1) 训练数据集。它是训练人工智能模型的数据，即通过设置分类器的参数，训练分类模型。训练集相当于老师给学生做的练习题，通过大量练习让在线机器人具备识别和应答的能力。

(2) 验证数据集。通过训练集训练出多个模型后，为了能找出效果最佳的模型，使用各个模型对验证集数据进行预测，并记录模型准确率。选出效果最佳的模型所对应的参数，用来调整整体模型的参数。

(3) 测试数据集。它用于最终评估模型的能力。测试集是人工智能模型中没有见过的未知数据集。确定模型参数后，可以使用测试集进行模型预测，并评估模型的性能。测试数据集类似于学生完成练习题之后的考试题。这部分题目最好不要与练习题重复，只有这样才能更好地检验学习和训练的成果。

在实际测试的过程中，对于以上三种数据集合，人工智能训练师可以参考下述分配比例进行测试：60%训练数据集、20%验证数据集、20%测试数据集。通过合理地分配测试训练集、验证集、测试集的数据，能够在有限的数据条件下最大限度地保障训练效果。

9.4 在线机器人 badcase 处理

9.4.1 badcase 基础知识

badcase 即在线机器人在测试环节或者上线环节中产生的，因为业务场景、客户问题覆盖度、模型识别准确度等因素导致的，在线机器人无法识别客户意图、客户意图识别错误、客户意图识别正确但答案推送错误等服务案例。

badcase 的判断一般有如下两种方式。

第一种是在机器人服务流程中，明确在线机器人可能产生 badcase 的节点，进行数据埋点，通过系统自动化功能实现 badcase 的自动收集。例如，转人工环节，客户使用在线机器人服务且在线机器人给出具体答案后客户仍然选择转人工等；在线机器人答案推送卡片上面的"答案是否有用"标签按钮，客户点击答案无用，表明在线机器人推送的答案对客户无意义等。这些都可以作为转人工 badcase 数据自动化收集的依据。

第二种方式是通过人工智能训练师人工标注，判断机器人答案错误或意图识别错误，如图 9-3 所示。这种方式也常作为人工智能训练师日常工作中的一部分，如由工程师导出特定日期的机器人服务案例，人工抽样进行 badcase 标注，以判断机器人识别准确率指标的达成情况。

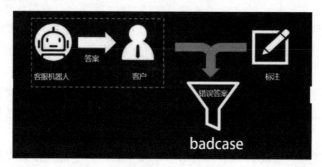

图 9-3　badcase 产生示意图

9.4.2　badcase 常见分类及修改

在线机器人常见的 badcase 类型有如下几种。

1. 分类 badcase

分类 badcase 主要为业务场景分类、粗分类等修复分类错误。例如，客户的问题是"我的订单什么时候到？"而在线机器人推送答案为闲聊类答案或者敏感词库类答案，此为知识库分类错误，即把业务知识库问题分类到闲聊知识库。

应对这种问题，以系统生成或人工标注的方式获取 badcase 后，结合分类错误表进行错误分类的正确示范标注，并将修改结果反馈至算法等相关人员处。

2. 应答 badcase

应答 badcase 主要指机器人应答内容错误，一般包含：分类正确，应答错误；分类错误，应答错误；分类错误，应答正确；分类正确，应答正确，客户对答案不满意等几种类型。

应对这一问题，可以系统生成或人工标注的方式获取 badcase，并结合简单分类 badcase 修改表(见表 9-4)，针对应答内容进行优化。

表 9-4　简单分类 badcase 修改表

客户问题	机器人答案	机器人分类	正确分类	备注

注：badcase 数据获取后，可结合该问题发生的频次进行 badcase 重要紧急程度梳理，

优先梳理客户咨询频率较高的 badcase，优先级较低类问题先进行保留，后期再行修复。

9.5 本章小结

训练环节，即标注工作可以说是在线机器人达到上线标准前最后的考验。在整个训练过程中，人工智能训练师们需要将目光聚焦于标注、训练测试、训练数据集构建、badcase 的调优等环节。人工智能训练师团队负责人则需要重点聚焦于标注团队的管理和建设，在训练过程中进行流程和标注方法的不断优化和创新，最大限度提升训练效率，加快机器人学习进程。只有经过不断训练的在线机器人，才能给予客户最佳的服务体验。

第 10 章

智能系统上线前的工作

如果事先缺乏周密的准备,机遇也会毫无用处。

——托克维尔

本章进入在线机器人上线前的准备工作环节,主要内容包括上线界面的设计、在线机器人入口的选择、上线及系统实施。

10.1 在线机器人入口与界面设计

对于入口和界面,很多人工智能训练师往往会有这样的疑惑:"好像在日常的训练工作中,几乎不会涉及入口和界面,它的设计真的有那么重要吗?"答案是肯定的,之所以会出现这样的疑问,其一是因为很多企业往往都是外采的在线机器人系统,无论是入口还是界面几乎不能被改动;其二是因为界面和入口的设计往往需要基于整个服务体系进行规划,训练的难度较大。以上两点都会导致人工智能训练师在日常训练工作中对其的忽略。但我们需要知道的是,界面和入口的设计能够解决一个非常关键的问题:降低用户的使用成本。

可以试想这样一个场景,客户在 App 某个界面进行信息浏览,当需要寻找客服时,发现必须要回退多个界面才能进入咨询界面,这将大大提升客户搜寻的成本。入口和界面是机器人的视觉语言,能通过视觉给客户传达预设的信息,好的入口和界面设计能够降低客户的使用门槛。本节将结合训练经验,为人工智能训练师分享一些好的入口和界面设计实践。

10.1.1 在线机器人入口设计

1. 企业业务与服务入口设计

客户是通过服务入口与企业、客服中心建立服务联系的。一般来说,常见的服务入口位置有两种:一种是服务入口分散在企业 App 中的各个服务场景,如商品详情页、订单页、一些特定服务场景等；另一种是服务入口集中于企业 App 的帮助中心，如图 10-1 所示。

客户服务中心的服务类型从服务渠道来看，分为在线机器人、在线人工、电话、帮助反馈、自助服务、互助论坛等；从客户中心业务来看，分为查询、咨询、办理业务、投诉及建议等。因此，在线机器人入口设计方式需要人工智能训练师结合各个业务的特点进行综合考虑。

(1) 查询、咨询服务。这类服务的内容大多是常见的政策性问答，可以按照业务板块分类进行入口设置。帮助中心常见问题种类展示的先后顺序建议根据知识库和在线客服咨询记录中的咨询频率设置。

(2) 办理业务类服务。这类服务可以结合用户在业务办理过程中需要寻找客服场景，且该场景需要用户二次操作来设计服务入口。

图 10-1 移动端帮助中心界面

(3) 投诉。这类业务一般发生在咨询过程中，投诉内容大多是客户遇到问题无法解决，此时客户与客服需要进行多次且复杂的交互，所以需要在投诉界面放置人工客服的入口，可以单独设置入口，也可以与人工客服入口合并。

(4) 建议。建议环节通常出现在服务后的阶段，客户对问题解决的敏感度不强，可以将建议入口单独设置为机器式问卷入口，且将建议填写方式进行结构化处理，便于系统输出分析内容，提供给人工智能训练师用于分析。

需要注意的是，入口的设置需要呈动态式变化。例如，在企业 App 上，咨询渠道大致有在线客服、电话客服、在线机器人几类。当业务高峰期来临时，可以将三个入口合并，前置在线机器人的入口，让机器人根据企业的业务需求智能动态分流客户；在业务稳定期间，针对机器人做详细提升，则放开全部入口，精准分析每个入口的业务类型，提升机器人的整体业务能力。

2. 在线机器人入口位置建议

在移动互联网时代，机器人系统是否能承载随时随地高效为客户服务的使命，很大程度上是由其设计决定的。在线机器人的入口设置由它在客服中心的服务定位决定。下面通过案例说明企业如何根据自身业务特点设置在线机器人的服务入口。

某旅游服务平台，其服务定位主要是营销型客服，在企业 App 上，服务入口被放在首页下方位置，方便客户第一时间能够找到客服，完成浏览到促单之间的闭环，如图 10-2 所示。

对于一些高营销目标且知识门槛较高(客户在不经过客服帮助的情况下成功下单的

概率较低)的企业产品，服务入口会经常强制弹出，如客户浏览某一商品详情页超过 1 分钟，系统认为该客户无法独立完成下单，就会强制弹出插件提示客户"您是否需要服务人员的帮助？""为您安排了××产品的高级服务经理为您详细讲解。"等内容，目的是客户与客服能够低成本地建立联系，从而达成订单转化。

在前端预留服务入口时，需要首先考虑企业对客服的定位，根据该定位再考虑用户交互次数、用户服务体验等客户及客服侧的需求。而对于企业来说，服务入口的预留更多是从客户行为数据留存来考虑的，如客户身份标识、客户行为数据、客户服务数据，这些数据的留存分析将会成为后续智能服务系统客户需求收集的首要因素。

服务入口设计需要人工智能训练师在深度了解业务知识与客户习惯的同时，不断训练，不断反思，并能够跳出当前界面对于思维的局限，以全局观的视角去构建企业的服务入口体系。

图 10-2　App 首页服务入口设计

10.1.2　在线机器人界面设计

服务界面设计的核心是为了降低用户使用在线机器人的成本，让客户产生更好的使用体验。在进行界面设计时，一要了解移动端界面和 Web 端界面的区别，二要综合考虑客户的使用习惯、浏览习惯、咨询习惯等。不同的终端、不同的服务类型和服务定位，其服务界面设计也各不相同。

1. 移动端与 Web 端界面设计的区别

移动端在线机器人与 Web 端在线机器人界面设计存在如下区别。

(1) 操作方式不同。移动端的用户直接用手指触控屏幕，除了最通用的点击操作之外，还支持滑动、捏合等各种复杂的手势；而 Web 端仅以鼠标或者触摸板作为媒介。

(2) 界面尺寸不同。移动端界面展示的内容有限，需要明确哪些信息更为重要，有效地"组织"相关联的内容，优先级高的内容突出展示、次要内容适当"隐藏"，碎片化属性强；Web 端因阅读设备多为显示器等，因此相对内容可以更加详细。

(3) 使用环境不同。移动端更多是利用碎片化的时间使用，基于碎片化的特点，用户可能没有足够的时间，所以每次浏览的内容有限，类似"稍候阅读""收藏"等功能就比较实用；Web 端通常是在某个固定的地方使用且使用时间稍长。

(4) 基于位置服务的精细度不同。移动端可以更加详细地获得客户的位置，可以结合位置给客户提供更加个性化的服务；Web 端比较固定，比较适合本地及附近的商家提供服务。

2. 移动端与 Web 端界面设计实践

基于上述 4 个区别，下面提出一些移动端与 Web 端的设计案例，期望能够启发各位人工智能训练师对于界面设计的思考。

(1) 移动端服务界面设计。对于移动端的在线机器人界面设计，基本分为偏向服务和偏向营销两类。在设计移动端服务界面时，需要注意三点：①功能区与交互区高度整合，移动端界面较 Web 端尺寸比例被大大缩小，其在设计的过程中不会像 Web 端一样把各个区域进行明显的区分，而是尽可能地整合；②轻交互，对于移动端的界面来说，客户退回到上一界面的成本较高，所以一定要尽可能减少客户与移动端在线机器人界面交互的次数；③移动端的屏幕空间需要充分利用。移动端界面设计参考，如图 10-3 所示。

(2) Web 端服务界面设计。Web 端在线机器人界面设计建议遵循的设计准则：①功能区与交互区分离；②功能区以自助空间、售前导购、常见问题为主；③可承载大量信息；④设置主动评价体系。

图 10-3　移动端界面设计参考

案例一：偏向服务类的 Web 界面设计

偏向服务类的 Web 界面，一般会由服务交互区和高频服务插件按钮，热门、常见问题列表等要素组成。客户进线后，系统会先进行用户服务预测(预测的本质也是降低客户的使用成本，结合客户的浏览轨迹等数据，分析预测客户将要咨询的问题，并将预测问题列表发送给客户，客户不用额外输入问题描述，直接点选问题列表中的问题实现咨询流程)，然后在交互区以外，可以根据日常服务报表动态调节常见问题和自助服务按钮，最后再结合一些企业特色服务策略进行设计。服务类的 Web 智能服务界面设计示例，如图 10-4 和图 10-5 所示。

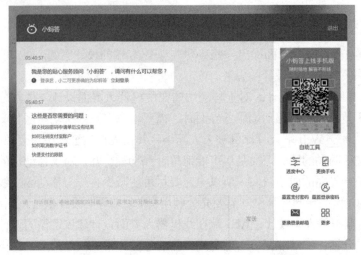

图 10-4　服务类的 Web 智能服务界面设计示例(1)

图 10-5　服务类的 Web 智能服务界面设计示例(2)

案例二：偏向营销类的 Web 界面设计

偏向营销类的 Web 界面，一般由服务交互区和促单必要元素区构成。对于促单必要元素区的设计需要结合企业商品的特色，人工智能训练师们可以重点挖掘客户在浏览和咨询某一商品过程中对于什么样的信息最为敏感(客户购买某一种商品时最看重哪些信息，如价格、优惠券、产品介绍、产品缩略图等)，将敏感信息置于整个界面的左侧，对于特别重要的敏感信息还可以用对比度明显的颜色进行重点标示，如优惠券信息等。最后再加上一些促单相关的服务元素，如常见问题列表、是否支持七天无理由退货等。营销类的 Web 智能服务界面设计示例，如图 10-6 和图 10-7 所示。

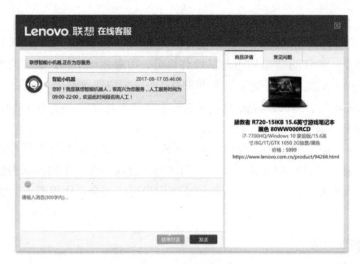

图 10-6　营销类的 Web 智能服务界面设计示例(1)

图 10-7　营销类的 Web 智能服务界面设计示例(2)

10.1.3　界面设计的测试

在线机器人界面设计需求由人工智能训练师提供，执行设计层面一般是由 UI 设计师、前端工程师配合完成。人工智能训练师在界面设计完成后，须进行相应的测试和检查，确保设计结果能够达到预期目标。人工智能训练师的测试工作主要包含如下步骤。

1. 设计测试的流程

(1) 检查界面设计的一致性。根据界面定位检查相应的服务交互区、自助服务、商品特色信息等是否完整统一；界面中各个功能按钮、按钮样式是否正常、是否达到设计预期；界面是否符合使用场景，保证设计的完整性。

(2) 确保设计界面的可用性和操作便利性。确保方案的可用性和屏幕上的操作快捷便利，这里需要注意移动端和 Web 端的操作区分，前者通过手指，后者通过鼠标。就精确度而言，手指不如鼠标，需要保证移动端的点击区域位置足够大，确保点击的精准性。

(3) 确保文本易于阅读。界面中大多数的组成要素是文字，所以文本的排版尤为重要，需要确保文字清晰、客户容易阅读。

(4) 注意不同系统的移动端展现效果。Web 端都是基于浏览器进行设计，但是移动端需要额外注意安卓系统和 iOS 系统之间的区别，确保界面在不同系统上的展示。

以上为常用的测试流程，人工智能训练师们也可以结合自用机器人的实际情况进行动态调整。

2. 界面测试的原则

人工智能训练师可以参考如下三个原则对界面进行检查。

(1) 对齐原则。界面设计的所有内容都需要注意保持对齐。

(2) 对比原则。对比原则可以重点增强核心内容的视觉效果，包括字体大小对比、粗细对比、颜色对比等。此外，界面整体的布局和内容字体大小应相适应。

(3) 亲密性原则。界面中信息与信息之间存在一定的关联关系，通过研究信息与信息之间的关系和亲密性，确认界面信息排版关联的准确性，如退货、价保申请就存在一定的亲密性。

10.2 在线机器人上线前的思维转变

训练在线机器人的最终目标是为客户提供更加优质的服务体验，为企业创造更大的价值。项目上线是在线机器人完成训练的阶段性标志(在线机器人的训练是一个长期持续的工作，机器人项目训练完成不能代表训练工作的结束，而是在线机器人学习成长的开始)。在在线机器人项目的全生命周期中，上线是一个承上启下的核心里程碑，是对人工智能训练师团队与各个相关方工作成果的检验与见证。机器人的成功上线不仅仅是整个训练工作的阶段胜利，更能为人工智能训练师团队成员加油打气，提高团队士气。

由于在线机器人有别于传统软件项目，大多数人工智能训练师甚至人工智能训练师团队负责人可能都是第一次训练机器人。因此，人工智能训练师在服务机器人上线前心态、思维的转变对于保障机器人上线至关重要。

10.2.1 过程控制

人工智能训练师团队负责人要能够把控在线机器人训练中每一个小里程碑节点，保障上线工作的推进及验收。

1. 工作分工明确

人工智能训练师团队负责人需要明确机器人上线中各个关键角色的责任和工作内容。在推进过程中需要明确不同人员在项目中的工作内容，包含客服中心相关领导、项目相关负责人、技术负责人、项目经理、技术人员等职位的工作，避免项目延期，影响全局。

2. 工作进度推进

基于明确的人员分工，对人工智能训练师们进行工作排期，同时需要各个干系对象(如果是外采系统，尤其需要注意与系统厂商之间的沟通)达成共识。明确在本阶段的训练目标中需要在什么时间节点完成哪些工作内容，达成多方共识，避免后续推进过程中出现不必要的摩擦。

3. 上线工作保障

机器人上线的过程中，一方面是人工智能训练师团队内部工作内容的推进与保障，人工智能训练师团队负责人需要实时与干系对象及时沟通，以确保信息对称。另一方面，人工智能训练师团队负责人也需要明确系统供应商、研发团队的工作进度，避免因进度不同步而影响整体项目的进程。

10.2.2 问题解决与分析

在线机器人上线及系统实施过程中，人工智能训练师团队负责人需要注意以下问题。

1. 关注点不同

关注点不同的问题，主要因为在线机器人项目组各团队成员的不同而产生。例如，技术团队更加关注技术本身，人工智能训练师团队更加关注上线效果，领导团队更加关注项目的成本收益等，这些差异都需要在上线过程中进行多方沟通，协调引导，以确保项目组各成员需求的一致性。

2. 领导重视度低

推进项目上线的过程中，如果领导重视程度不够，会导致项目上线滞后，制约项目整体的进度。人工智能训练师团队负责人需要对领导的期望、预估有所了解和判断，同时在项目推进的过程中与领导多汇报、沟通，增加决策层人员对项目的了解，加大客服中心领导对项目的投入，提升领导的重视程度。如果以项目组成员的层面难以协调，可以向公司申请引入资源，从理念上概述项目的意义及信息化价值，通过资源的引入在更高的层面、格局与领导达成共识，保证项目的上线和推进。

3. 对上线工作的迷茫

对于很多企业来说，在线机器人可能是一项新的业务范畴，在训练和实施的过程中，因为对新业务不熟悉导致人工智能训练师对项目产生迷茫情绪。人工智能训练师团队负责人作为主要协调人员，首先从内心上不要被吓退；其次是快速学习、重复推演，结合PDCA(戴明环)原则不断向前推进，保证项目如期上线。

4. 系统厂商不配合

这一问题通常出现在外采在线机器人系统的企业中，上线过程经常需要与系统供应商协作完成，应避免出现因系统供应商不配合或配合度不高而影响机器人训练的进度及上线工作。人工智能训练师团队负责人需要具备进度跟进意识，如果出现不可控因素，需要与供应方及时沟通，保证信息一致，力保在线机器人如期上线。

10.2.3 思维调整

在机器人上线过程中，人工智能训练师团队负责人还要时刻注意心态和思维的调整，并与人工智能训练师团队成员一起梳理工作思路。当面临问题和挑战时，不要害怕，要培养寻找答案的能力，以及一定能够解决问题的决心。

(1) 主动心态。人工智能训练师团队应主动针对薄弱环节不断学习，在训练机器人的过程中坚持思考、总结，将主动学习、主动克服困难等积极的意识变成一种习惯。

(2) 责任心。遇到问题时，要敢于承担责任。

(3) 执行力。一旦认准目标，就要坚持贯彻执行。

(4) 高标准。唯有对自身、对团队提出严格的标准，实现目标的可能性才会更高。

(5) 虚心学习。时刻保持虚心的状态，持续学习，将每一次困难和问题都当成是一次自我成长的机会。

(6) 拥抱变化。不断打破现有状态，不断应对变化，才能立于不败。

10.3 在线机器人上线实践

10.3.1 上线的前置工作

人工智能训练师负责人需要在上线前做好相关工作。例如，提前通知各方(信息部门、业务部门、实施团队、系统供应商)做好上线准备。

1. 全面测试

项目在上线前需要经过全面的测试，保证功能的完备性。在上线之前项目实施团队需要经过严密的测试工作,包括角色设置、真实联测、压力测试等。同时在上线前需要针对上线涉及人员进行培训,包含使用人员及维护人员。对服务器环境进行备份尤其是已上线部分,方便快速回到原有版本中,保证业务的正常运转。

(1) 角色设置。在对接过程中,做环境预测试时需要按照真实角色来初始化,匹配用户的权限。不能完全使用管理员的角色或者创建单一测试账号单独进行测试。在上线前预置实际管控业务角色,根据不同业务场景、不同业务部门、不同管理层面匹配角色信息。同时,在正式上线前的预上线环节进行角色初始化,保证管控角色与正式环境的管控需求匹配,方便实际业务模式测试,保证上线工作推进的可靠性。

(2) 真实联测。在测试环境中需要与供应商配合,按照角色来协调时间,根据人员来模拟真实数据,结合应用场景实施业务流程联测。在测试过程中需要在不同的业务环境进行单条、增量、全量模式的测试,保证测试环境通过后,将部署内容平移到正式环境中,在验证、测试后推进上线,保证项目质量。

(3) 压力测试。为保证服务器的高可用性,需要在功能/功能点/业务板块上线时借助工具对服务器性能进行测试,保证在高并发、大规模使用的平台依旧可以平稳运行,为上线做充分的准备,力保一次上线成功。项目上线前除实施角色完备的业务联测外,还需要有针对性地进行破坏性测试,以保证上线前测试的完备性、全面性。

2. 上线培训

在项目正式上线前,需要组织各方人员进行上线使用培训,包含对业务部门使用人员、信息部门维护人员,以及后续平台交接内容的培训。具体培训的内容如下。

(1) 使用培训。项目上线前需要组织测试人员等相关成员进行使用培训,使他们掌握在线机器人的运行规则及使用方式。培训后,项目实施团队需要针对上线内容交付培训使用手册,保证未理解/未参与的用户能够基于手册了解平台的使用方式。

(2) 维护培训。研发技术团队需要对人工智能训练师们进行基础的维护培训,如培训信息维护知识等。

(3) 交接培训。交接培训由相关研发人员负责,未来这部分资料内容将成为人工智能训练师新人入职培训资料的基础。

3. 服务器备份

(1) 回滚机制。回滚机制保障项目在上线失败的情况下能够快速还原,保证客户使用的有效性、稳定性。此外,该机制不影响原有版本的在线机器人的正常运行。

(2) 环境备份。在上线前需要对项目的环境进行备份处理,尤其对分步上线或者已有上线工作要做好环境备份,便于快速回滚和服务器系统快速还原,避免因为上线工作影响原有系统使用。同时,将项目上线过程中的问题记录、汇总,为下次项目上线积累经验教训。

(3) 脚本更替。以脚本的方式实现平台的更替及功能的更新,便于当上线出现问题后，快速还原。同时采用脚本的方式也便于后续的维护，如服务器一键重启、集群环境部署待建、集群环境自启动等。

(4) 迭代上线。迭代上线是指并非一次性对在线机器人全部功能进行更改优化，而是每次只上线一个小功能，在迭代的过程中逐步优化在线机器人的功能。

4. 部署方式选择与了解

在线机器人本质上是一个软件系统，其软件部署环节是指将软件项目本身，包括配置文件、用户手册、帮助文档等进行收集、打包、安装、配置、发布的过程。软件部署前需要先确认部署方式，这里为人工智能训练师们介绍目前在线机器人常见的三种部署载体。

(1) 本地化部署。本地化部署指运行在用户或组织所在经营场所的计算机中的软件，即自购的在自己公司营业场所运行的系统。在线机器人本地化部署也叫私有化部署，是指将在线机器人系统服务端安装到企业自身的服务器或者私有云上，所有数据存储都在企业自己的本地服务器，与机器人供应厂商服务器之间没有任何通信。本地化部署，能够将机器人所产生的所有数据完全保存在本地服务器，数据安全性较高。如果企业的服务团队较为庞大，智能化产品众多，且有自己对应的研发团队，采用本地化部署不但节约成本、利于维护、系统安全有保障，更加利于机器人系统的迭代。

(2) 基于公有云的 SaaS 软件模式。企业直接购买在线机器人系统开发商的软件，享受在线机器人软件所提供的服务。SaaS 服务大多是通过网页浏览器来接入使用，在 SaaS 模式下，任何一个远程服务器上的应用都可以通过网络来运行。对于企业来说，SaaS 版本的在线机器人系统所产生的数据都会在供应商的服务器上运行一遍，且机器人系统想要定制化升级难度较大，但其系统的性价比较高。

(3) 混合云的 SaaS 模式，即对在线机器人的服务单元进行切割，将 AI 引擎与数据存储做分离，数据存储在企业中，AI 引擎由供应商提供。特别注重数据隐私安全但又不希望成本增加过多的企业可以考虑该模式。

这三种模式各有优劣势。一般来说，如果是外采系统，人工智能训练师负责人需要考虑部署模式；如果是自研系统，大都是本地化部署或者私有云部署，人工智能训练师无须进行考虑。

10.3.2 灰度发布策略

1. 灰度发布策略概述

关于灰度发布的核心思想很像我们传统文化说到的"中庸"，即在黑与白之间能够寻找新的平衡点：灰；产品发布就像是从白色变为黑色一样，我们在颜料盘上不断在白色中加入黑色，但是白色往往是先变成灰色，逐渐加深最终慢慢变成了黑色。灰度发布策略是指机器人训练完成后，先由内部训练师测试、内部使用再到忠诚度较高的种子用户，再到活跃用户，最后到所有用户的发布迭代过程。一般情况下，在线机器人的发布也是一个灰度发布的过程，其主要思想就是把影响集中到一个点，然后再发散到一个面，出现意外情况后很容易就回退。

灰度发布策略的应用可以尽快获取大量客户的使用意见反馈，针对其中重要紧急的问题加紧处理，完善机器人功能，提升用户使用体验。同时，还能够缩小因新版本系统上线产生问题对客户使用影响的范围，规避一定的发布风险。设计完备的灰度策略甚至能够帮助在线机器人加速迭代周期，提升每一次迭代的质量，通过不断优化构建企业智能化产品的核心竞争力。一般来说，灰度发布是一种正式且科学的训练方法，需要遵循特定的流程、使用特定的工具、对于人力的投入也会有一定的要求，所以最好是机器人重大功能训练上线时期触发灰度发布流程，若只是日常运营的 badcase 修改，建议不触发灰度发布流程，避免因为过长的流程而导致训练效率降低。

2. 灰度发布策略流程

对于灰度发布策略，训练好的新版本机器人可先让一部分客户使用，其他客户依然使用老版本的机器人。过程中，人工智能训练师不断对新版本机器人产生的问题进行修改、训练、优化，当新版本机器人能够平稳运行时，再将所有用户都切换到新版本机器人上去。人工智能训练师可遵循如下流程进行发布设计。

(1) 确认灰度目标。灰度目标一般需要根据每个版本机器人训练更新的主要目标来决定。例如，机器人增加转人工模型、机器人入口融合等。

(2) 根据已确定目标制定灰度发布策略。灰度发布策略是为了更好达成灰度目标，而需要完整的一系列必要动作，包括用户规模的选定、功能的覆盖度、回滚策略及其他需要确定的目标。

(3) 筛选合适的灰度用户。这一点对于灰度发布的目标达成非常重要，好的客户能够深入使用且能够发现很多有建设性的问题，但很多企业会受限于 App 中没有成熟的用户体系，只能随机寻找灰度用户。在进行用户筛选时，建议人工智能训练师考虑用户的以下两种特征：静态特征，如年龄、性别、职业、用户画像、是否为会员、咨询时间段(早上、中午、晚上、凌晨)等；动态特征，如用户的动态浏览轨迹、长期使用在线机器人的用户、使用频次较低的用户、进线直接转接人工的用户等。

(4) 灰度执行和监测。人工智能训练师根据已经制订完成的灰度发布计划，联合研发团队发布新版本机器人系统，并实时监测灰度情况。

(5) 灰度优化。人工智能训练师和工程师针对灰度上线期间发现的问题，进行问题总结、问题分析，以及解决方案制定。

(6) 机器人完善及上线。针对灰度版本系统进行缺陷完善，迭代循环测试，明确上线指标，如准确率、满意度等指标达到某一具体固定值，即可扩大灰度范围或上线机器人。

10.3.3 投放渠道选择

根据企业对服务的不同定位，人工智能训练师团队负责人在进行机器人上线的时候，还需要考虑投放平台的选择，比如微博平台、微信平台、其他第三方服务平台等。笔者根据以往的项目经验，给各位人工智能训练师提供一些平台选择的关键知识点作为参考。

(1) 选择正确的投放平台对于在线机器人的运行至关重要。平台如果没有选好，会导致客户在这个平台上跟机器人的互动受到干扰，从而影响顾客的满意度，也会增加人工智能训练师团队对在线机器人运营的负担。

(2) 选择平台应考虑的因素。在进行平台选择的时候，人工智能训练师团队负责人必须结合技术、业务、营销设计等多个方面进行决策，不能仅考虑其中的一个因素。在决策过程中，可以结合前文提到的用户群及用户旅行地图，包括机器人的定位及在线机器人功能设计等要素进行综合考量。

(3) 投放的试运行至关重要。如果不确定一个平台是否能够进行投放，可以先进行试运行，如果发现试运行阶段效果不理想，那么就需要果断取消在该平台的投放，并在该平台上进行服务入口的预留，以能够引导客户去正确的平台进行咨询。最简单的做法是参考人工客服投放渠道，即有人工客服的地方，可以同时投放在线机器人。经过试运行阶段，人工智能训练师团队负责人就能掌握足够的数据用以评估在线机器人在该平台上的运行效率。

10.4 本章小结

在线机器人在上线前，人工智能训练师团队负责人需要进行周密的部署和思考，包括服务入口、界面的设计，项目思维的转变；上线期间需要重点关注机器人所有服务关系对象(尤其是领导管理层、系统供应商或内部研发团队)的诉求，确保沟通渠道顺畅、信息实时同步。除此以外，还要关注人工智能训练团队内部成员的心理活动变化，以自身作为榜样正向激励团队，提升团队发现问题、面对问题、解决问题的能力，并能够将其沉淀为团队文化。针对重大更新版本的机器人应采用灰度发布手段确保系统上线的平稳运行，建立发布过程中的监督、反馈、应急机制，选择适宜的投放渠道，完成在线机器人的上线工作，只有准备得足够充分，人工智能训练师团队负责人才能在机器人上线工作中游刃有余，确保达成目标。

第 11 章

智能系统使用推广及品牌塑造

营销是没有专家的,唯一的专家是消费者,就是你只要能打动消费者就行了。

——史玉柱

在线机器人上线后,如何让用户更加愿意接受在线机器人的服务,以及被在线机器人导入的用户流量能否转化为更具实质的价值,这些都是人工智能训练师需要去解决和思考的问题。本章中,我们将详细展示在线机器人推广营销的几种方式,并结合过往经验与人工智能训练师谈谈在线机器人应该如何转化客户价值。

11.1 移动互联网产品推广与在线机器人推广

在线机器人本质上是一个移动互联网产品(App),要想更好地推广在线机器人,人工智能训练师首先就得了解移动互联网产品推广的几个核心要素,以及在线机器人推广与其之间的不同点。

11.1.1 移动互联网产品推广

1. 移动互联网产品推广的核心指标

移动互联网产品推广,我们可以从一款 App 开发完成后的发展轨迹一探究竟。App 开发成功后,首先要上架应用商店,如苹果应用商店、华为应用商店、小米应用商店,以及豌豆荚这类第三方的应用商店等,这样用户才能够下载 App。目前移动互联网的产品都需要安装在移动设备上使用,所以对于 App 来说第一考虑的指标是装机量,又称下载量,没有下载量的 App 甚至没有接触到用户的机会。

完成上架以后,App 的推广就需要关注产品本身使用的情况,只有好的使用体验才能够提高用户黏性,让用户长期使用,是用户能够把 App 推荐给朋友,增加下载量的前提。在提高用户黏性的过程中,需要考虑以下几个指标。

(1) DAU:日活跃用户数量,统计的是每天打开某款应用的用户数。

(2) MAU:月活跃用户数量。

DAU 和 MAU 是一个 App 受欢迎的基础指标，例如微信的日活跃用户数量就超过 10 亿。不同的产品在定义日活的时候有着不同的考虑。比如说一个产品有注册使用和游客使用通道，那么日活的定义就有两种：其一是游客日活，其二是注册日活；但注册日活一般是无效的，如果一个 App 用户连注册都不愿意注册，那么这个 App 一定无法长久获得用户喜欢，或者说吸引到的只是一些短时间薅羊毛的用户。所以在日活和月活的分析中，我们经常会提及"去重"，需要去除无效的日活、月活数据，留下的才是最为有效的数据。

(3) KPI：关键绩效指标法，是企业绩效考核的方法之一，其特点是考核指标围绕关键成果领域进行选取。

每一种类型的 App 都有自己的相关 KPI，例如社交类 App，其 KPI 要求是：App 的日活及月活需要达到多少规模，以及这些用户在 App 上社交投入的时间范围；那么对于小说类的 App，其核心 KPI 则是考虑用户的阅读时间。

(4) PV：页面浏览量，或点击量。它通常是衡量一个网络新闻频道或网站甚至一条网络新闻的主要指标。

(5) UV：指访问某个站点或点击某条新闻的不同 IP 地址的人数。在同一天内，UV 只记录第一次进入网站的具有独立 IP 的访问者，在同一天内再次访问该网站则不计数。

PV 和 UV 主要用来判断用户对于 App 的某个页面是否感兴趣，通过这个页面，触达的人数是 UV，访问的总次数是 PV。在移动 App 当中，尤其是现在的抖音和微信公众号文章，阅读量这个指标都是使用 UV、PV 结合计算，因为单纯计算 PV 的话会导致出现一个人多次阅读和浏览观看的刷单行为，而将 PV 和 UV 结合计算的话也能够更好地了解用户与其行为轨迹之间的联系。将日活、月活数据与 PV、UV 数据结合分析，能够很全面精准地了解一个 App 的推广效率及其受用户欢迎的程度。

(6) 打开次数与使用频次：用以统计一个 App 在某一个时间段的使用效率。

(7) 使用时长：用以统计 App 某一时间段的使用时间。

统计打开次数、使用频次及使用时长是为了提高移动 App 对于用户的黏性，因为只有用户愿意花大量的时间停留在某一个 App 上，它才能够持续地获得大量的流量，也才能够将 App 的价值最大化。通过以上的 7 个指标，就能够知道一款 App 是否受到用户的欢迎及其受欢迎的程度。

2. 移动互联网产品推广的三个目标

移动互联网产品推广也叫作产品运营，其中最重要的三个目标分别是拉新、留存、转化；其主要作用的对象是 App 的用户。俞军在《俞军产品方法论》中说："企业以产品为媒介，与用户进行价值交换，达成创造商业价值的目的。" 所以要想做好运营或者推广好产品，就要从用户中来、到用户中去，了解用户，将产品的价值传递给用户，并且服务好用户。

(1) 拉新：指将移动 App 推广出去进行移动 App 的曝光，提高 App 的装机量，以及日活、月活用户数量。这里的"新"是指需要不断增加 App 的新用户、不断有新用户进入 App。

（2）留存：用户留存是指新用户在开始使用 App 后，要能够留下来，将一次使用变成长久使用，这也正是 App 需要不断更新的原因，只有 App 越做越好，才能让用户留在 App 当中。

（3）转化：指 App 有了忠实的用户后，我们需要将用户本身具备的流量价值最大程度地转化出来，进行商业变现，为 App 创造除用户数量、流量以外更大的价值。

11.1.2　在线机器人推广与移动互联网产品推广的异同

在线机器人本质上是一个移动互联网产品，那么人工智能训练师进行在线机器人推广运营的时候，是不是可以直接采用移动 App 的方式呢？其实不然，在线机器人虽是移动互联网产品，但在某些方面存在些许不同，这些不同之处正是影响产品推广的核心关键所在。

1. 推广的不同之处

一是推广产品的性质不同，传统的移动 App 需要用户在应用商店或者网上进行下载，但在线机器人其实是很少独立成为一个 App 的，而是作为企业 App 中的一部分被架构在其中，所以在线机器人一般都不讲装机量这个指标；移动 App 的推广，需要将它曝光在互联网上，放在流量聚集最多的地方，或者找到这个 App 受众最多的人群，进行最精准的流量推广。但在线机器人不同，在线机器人的用户必须是企业移动 App 的用户，那么其推广的用户数量其实是受限制于企业移动 App 的用户数量。

二是推广产品的受众不同，一般 App 都有自己的受众群体，要么是面向企业客户的 B 端，要么是面向个人客户的 C 端。而在线机器人受众则是 B、C 端都有，例如：推广至企业的时候受众就是 B 端，企业使用在线机器人的时候，受众又成为了 C 端。

三是推广关注的核心指标不同。相关指标如下。

（1）PV：统计点击在线机器人咨询入口后，进入会话页面的量。

（2）UV：统计点击在线机器人咨询入口后，进入会话页面的客户 ID 数。

（3）有效咨询量：客户发言量大于或等于 1 的会话数量。

（4）免费登录咨询量：未登录客户发言量大于或等于 1 的会话数量。

（5）真实有效咨询量：登录客户发言量大于或等于 1 的会话数量。

（6）KPI：在线机器人运营的核心 KPI；其主要是在线机器人运营好坏的体现，将在后面中的章节进行说明。

上述前 5 个指标更多是在线机器人被客户接受情况的反映。此外，转人工率指标也是体现接受程度的，但需要具体分析客户是一进线就转人工，还是在线机器人无法解决客户问题后推送转人工接口，前者说明在线机器人并没有得到客户的认可，导致客户进线后看到是机器人接待，不相信在线机器人解决问题的能力，从而选择转人工；后者则是客户的问题超出了在线机器人解决问题的范围，进行转人工，是正常的系统设计。

除了以上的指标，在线机器人还会有一些与移动 App 推广指标相似的内容，例如：在线机器人的应答轮次指标(指在线机器人需要几轮交互才能够完成与客户之间的应答)与 App 的使用时间指标有着异曲同工之妙，应答轮次主要反映在线机器人的效率，理论上来说应答轮次越少，说明在线机器人能够越快地解决客户问题。

2. 推广的相同之处

对于在线机器人的推广，同样需要遵循推广运营的三个目标即拉新、留存和转化来进行。

11.2　在线机器人的推广基础

11.2.1　构造在线机器人的用户心智

在线机器人推广的第一基础要素是将机器人当成一个产品而非工具来进行推广，对于在线机器人的定位研究，旨在强化该产品在用户心智上的定位和呈现；如果一个产品没有给用户留下足够深刻的印象，那么最终这个产品就会成为一个工具，给用户的感觉就是用完即走，并且没有特定的产品名称，例如：大家喝牛奶会选择牛奶的品牌如伊利或者蒙牛，却不会选择牛奶的包装袋品牌如利乐，因为包装袋在这里就是一个工具，如果给用户营造了工具心智，这对于产品的推广和运营是非常致命的。在 PC 互联网时代，浏览器是最为重要的一个产品，几乎是所有产品流量的入口，不论是搜索、网银、购物、论坛、资讯等，从生活到工作，再从工作到生活，可以说你能想到的一切与网络相关的活动，都是通过浏览器来实现的。我们能够清楚知道很多的浏览器品牌及每个浏览器的优劣，例如百度浏览器是国内第一大搜索引擎，360 浏览器具有鲜明的安全特点，等等。但到了移动互联网的时期，大家对浏览器的印象逐渐减弱了，现在我们使用手机的时候几乎不会想起要使用某某厂家的浏览器，一般都是使用手机自带的浏览器。浏览器就是从产品变成工具的实例，当产品变成工具的时候，用户便不再会记得这个产品的特点，而只是在有需要的时候才会想起这个产品，甚至连产品的名称都想不起来，只是统称为浏览器。

又如，插座每个人都不陌生，但是要问大家插座什么品牌好，笔者脑海中跳出来的第一个形象是公牛插座。插座是一个典型的工具，绝大多数人的购买频次较低，因为一个插座往往能够使用 5 年以上的时间，并且插座很容易受到价格因素的制约，插座行业因为产品本身的工具定位及竞争的混乱和无序，恶性的价格竞争交织着品质参差不齐的买赠促销，使得其很难构建出独立的产品形象，但公牛插座却成为一个例外。即使人们不经常购买，一旦有需要，脑海中的第一印象就是公牛插座，其核心在于公牛插座给用户建立了一个清晰的用户心智认知，公牛插座的广告语是"选公牛就是选安全"，再配合其公牛代表的安全可靠的商标形象，给了客户购买插座的理由，客户自然就会用购买的实际行动来回报这一心智定位。

11.2.2 借助新 4C 理论寻找推广契机

很多人工智能训练师可能听过传统营销的两个方法论，4P(产品、价格、推广、渠道)或 4C(顾客、成本、便利、沟通)。那么什么是新 4C 呢？"新 4C 理论"出自唐兴通的《引爆社群，移动互联网时代的新 4C 法则》[1]。

新 4C 是指在合适的场景下(context)，针对特定的社群(community)，利用有传播力的内容或者话题(content)，通过社群网络中人与人的连接(connection)的裂变实现快速扩散与传播，从而获得有效的传播和商业价值。即

新 4C=场景(context)+社群(community)+内容(content)+连接(connection)

为什么我们说在线机器人的推广需要借助新 4C 理论来进行呢？Neasa Costin[2]说，如今已不是消费者"考虑"和"购买"的时代了，消费者对产品和品牌的"评价"和"拥护"成为影响购买环节的重要因素。当前的市场已经由原来卖方市场时期单纯的供给关系，转化为买方市场下的用户相互关系。在卖方市场时期，由于生产力低下，产品不愁销量和销路；在买方市场时期，由于销售能力极大提升，价格战成为销售过程中的关键因素。面对这样一个市场及用户心态都已经巨大改变的情况，在线机器人推广的重点就变成了用户本身，必须要围绕用户本身才能够做好推广。那么对于用户来说，最为关键的 4 点即新 4C。①场景：寻找用户聚集的场景，容易产生问题的场景，问题发生高频次数的场景；②内容：不断为用户创造他所需要的内容，不断优化内容使得用户能够拥有最佳的阅读体验；③社群：社群是推广运营的杠杆，只有通过用户撬动这个杠杆，才能达到 1+1>2 的效果；④连接：帮助用户与用户进行连接，体现产品的价值。

接下来笔者将会带领各位人工智能训练师从新 4C 理论出发，引入既往在线机器人推广案例，为人工智能训练师们展示机器人的推广实践。

11.3 在线机器人推广实践——拉新

11.3.1 拉新的基础

拉新即帮助产品获取新的用户，对于在线机器人来说就是要让以前没有用过在线机器人的用户接受在线机器人。首先我们需要明确在线机器人拉新的范围，一层是针对在

---

[1] 唐兴通. 引爆社群，移动互联网时代的新 4C 法则[M]. 北京：机械工业出版社，1995.
[2] Neasa Costin，供职于 Facebook 全球营销解决方案部门。

线机器人嵌入企业 App 的情况，即我们需要将所有使用 App 的用户尽可能拉入在线机器人的使用当中，让原来使用人工客服的用户去使用在线机器人。还有一层是针对在线机器人本身就是独立 App 的情况或者使用其他独立在线机器人的用户，例如：小爱同学等；针对后者主要的方式就是应用商店的推广，例如：ASO(应用商店优化)、浏览器搜索关键词排名、软文营销推广、提高关键词排名和 App 曝光率。针对前者同样也需要做产品的推广，但范围更多集中在企业 App 本身，在 App 自身的流量池中获取。拉新方式的核心需要围绕"新、奇、特"三点进行，因为拉新是针对不了解在线机器人的用户进行的，那么在塑造第一印象的时候，要能够吸引新用户的好奇心，让用户不自觉地对产品感兴趣，这样方能获取新的用户群体。吸引用户使用在线机器人有两种方式，一种是从在线机器人自身的角度出发，另一种是借助其他力量。

11.3.2 从自身的角度出发

从自身角度出发，首先需要给在线机器人设置一个容易被大众记住的名字，设计一个具备自身特色的图像标志，以及一句在线机器人对应的 slogan(产品的口号或者标语)。《超级符号就是超级创意》中说过："超级符号是人们本来就记得、熟悉、喜欢的符号，并且还会听他的指挥；超级符号是蕴藏在人类文化里的'原力'，是隐藏在人类大脑深处的集体潜意识。" 需要为在线机器人起一个让人们快速记住并在使用中逐渐形成情感连接的名字。很多在线机器人被命名为智能助理或者智能在线机器人或者小××，这样的做法是非常难以在用户心中留下深刻烙印的，起一个好名字是在线机器人建立用户心智的第一步，这样在进行在线机器人推广的时候，能将用户的目光及注意力全部吸引到机器人本身上，而不是作为企业产品服务的附加被人们提及，最后沦为像手机中的闹钟一样尴尬的角色。机器人命名的时候可以考虑以下几个要素。

(1) 功能要素：突出在线机器人独一无二的功能性。

以便利店的名称为例：全时便利店让用户一听就能明白："哦！这家便利店是 7×24 小时营业的。" 全时的名字就突出了这家便利店在时间上的功能性，但这里需要注意的是，往往功能并不是单一存在的，功能对应痛点，痛点有很多个，想要发掘出最痛、最高频的痛点，人工智能训练师们就需要结合前面提到的场景，深入在线机器人或者人工服务的场景当中去了解和挖掘。和全时类似的名称还有顺丰，对于快递物流来说，很多用户期望能有又快又好的物流服务，顺丰寓意"顺风"，既突出物流速度快，又在某种程度上体现顺丰物流采用航空飞机托运货物的核心服务。

(2) 企业品牌：结合企业品牌对机器人进行命名。

如果企业给用户塑造出很好的服务体验，那么可以直接将企业的名称移植到机器人上，不仅让用户的感知更加清晰，同时企业品牌在传播过程中，在线机器人也能够得到很好的复传播。如：海底捞，用户对于海底捞的印象就是服务好，有求必应，这样的品牌名称就能够直接作为在线机器人的名称。

其次是在线机器人的视觉图像。我们在之前的章节中曾经说过，图片传播的信息量要远远高于文字传播。视觉图像不仅可以作为在线机器人的头像，同时也可以作为一些文本应答答案中的表情包符号进行传播。在视觉图像的选择上，建议人工智能训练师结合名字进行选择，例如：体现速度快，可以选择尖尾雨燕①；体现能够像人一样思考和对话，可以选择大猩猩；如果在线机器人的名字中带有机器人，那么视觉图像也可以选择机器人的元素。这里需要注意的是，图像虽然能够承载非常多的信息但这些信息也容易误导用户，例如：乌鸦在中国寓意着灾祸，所以图像的选择需要谨慎对待。另外，视觉图像的选择也可以配合企业品牌进行设计，例如："西贝莜面村"中的莜字，很多人包括笔者第一次见到的时候会不自觉地读成"xiāo"。它的 logo 在图像视觉的设计上运用了类比元素，以及日常大家最为熟知的一句英文"I love you"，其中 love 中写上：西贝莜面村，you 用莜字替代，如图 11-1 所示，让用户一眼看去不仅能够记得住，还解释品牌名字的正确读法，可谓是一举两得。

图 11-1　西贝莜面村 logo

最后是设置一句专属于在线机器人的 slogan；slogan 能够传播产品的精神内涵并且加深用户对于产品的理解。好的 slogan 必须要能够发出行动的指令解释清楚产品的核心服务要素，如：红牛的口号"累了、困了、喝红牛"，既体现出红牛维生素功能饮料能够帮助用户提神、抗疲劳，同时也下达了行动指令，让用户在累了、困了的时候不自觉地去喝红牛；相似的还有王老吉的"怕上火、喝王老吉"也是同样的 slogan 设计理念。通过 slogan 发出行动指令，来号召和激发消费行动，slogan 中通常包含一个动词，这类 slogan 中成功的案例如"百度一下，你就知道"，其中"百度一下"便是品牌发出的行动指令，这个行动指令在潜移默化中影响消费者的行动。除此以外 slogan 也是传递产品及品牌理念的最佳载体，品牌、产品理念是为体现企业自身个性特征、促使企业正常运作及长足发展而构建的，并且能够反映整个企业明确的经营意识和价值体系。企业通过 slogan 传递品牌理念，与竞争对手区别开来，体现企业自己的风格，获取用户的信赖。例如，支付宝的"因为信任，所以简单"(品牌理念：信任)；蚂蚁金服的"为世界带来微小而美好的改变"(品牌理念：社会贡献)。对于在线机器人的 slogan 设计也是同理，可以选择命令句式，也可以选择传递产品理念的方式，例如某企业在线机器人的 slogan 为"7×24 小时，无排队，查物流，享服务"。通过这句 slogan 表达出：在线机器人 7×24 小时工作，使用在线机器人不用像人工服务一样排队，查物流(即行动指令，也是用户在服务过程中经常遇到的高频场景)，享服务代表机器人能够提供像人工客服一样优质体验的服务，客户在服务的过程中是一种享受。

人工智能训练师们无论是进行在线机器人命名设计，图像视觉设计，还是 slogan 设计都需要以用户为核心，聚焦于用户所在的场景，不能凭空想象，为了设计而去设计，

---

① 尖尾雨燕平时飞行的速度为 170 千米/小时，最快时可达 352.5 千米/小时，堪称飞得最快的鸟。

即所有的内容创造都要符合场景，遵循"前后呼应、始终如一"的准则，千万不能造成在线机器人的前后矛盾。

11.3.3 借助传播的力量

借助传播的力量是指借助微信、社群、微博、抖音等媒体传播的力量，形成传播撬杠，让在线机器人的推广传播呈现几何倍数增长。心理学上有一个羊群效应，指人们经常受到多数人影响，从而跟从大众的思想或行为，也被称为"从众效应"。人们会追随大众所同意的，将自己的意见默认否定，且不会主观上思考事件的意义。借助传播的力量有以下几种方式。

1. 对标法

产品对标是指将竞争对手的产品与我方产品进行对比，并将我方的相对优势变成 slogan 或者利于传播的内容进行宣传。产品对标符合用户的行为习惯，用户会不由自主地将先入为主的产品与对标产品进行比较，并且通过差异化对比选择自己心仪的产品。例如：用更快的充电速度作为新的对比点，许多品牌正在强调他们的产品比苹果手机充电更快，这不仅能突出自己的产品优势，还能让用户产生"这个品牌的手机原来与苹果手机的质量相当甚至某些方面更强"的感觉。在线机器人推广传播也可以借助这种方式，例如助理型的机器人常常会被用来与苹果手机提供的 Siri 进行对比；对标法不仅利于传播，同时也能够鞭策机器人功能的优化。

2. 品牌借力

品牌借力是指产品借助其他成熟品牌产品进行推广和宣传，例如：在电商购物的页面当中，卖家写上了包邮，用户可能没有太强的感知，但如果卖家写上了顺丰包邮，用户就会不自觉地认为卖家的产品不错，这就是品牌借力。这种现象也常常在餐饮中出现，例如：某某酸菜鱼，在宣传页面写的"好鱼只用好水，所有酸菜鱼只用农夫山泉"。 在线机器人的推广同样可以使用这种方式，在 slogan 当中借助一些已经被大众熟知和认可的对象和品牌体现机器人的优秀。

3. 图片分享

图片分享是指用户在产品使用过程中对触动点或者优秀、新奇点保存为图片分享至社交网络平台中，这种图片化的分享方式非常便于用户的社交分享，同时在图片的右下角位置贴上代表入口的二维码，可以使分享者的朋友圈里感兴趣的用户快速进入到该产品当中。这种分享方式常常出现在运动类 App(如 Keep)、音乐类 App(如网易云)当中，前者用户用来分享自己每天的运动状态，后者用户用来分享某一首自己喜欢的歌，或者某首歌中自己喜欢的评论。对于在线机器人的推广则需要结合着一些创意内容进行分享，例如：在线机器人的"猜你喜欢"功能(通过让用户回答一些固定顺序的问题，在线机器人能够猜出用户心中所想的内容）；"AI 算命"结合星座运势或者塔罗牌玩法给用户提供休闲算命游戏。用户通过生成所想或者算命结果类的图片分享至社交网络当中，以实现在线机器人推广的目标。

4. 邀请好友使用

在产品的好友列表里，抓取用户的通讯录好友名单，用户点击邀请即可一键发送短信、App 应用私信进行邀请好友使用操作。想让一个用户邀请好友使用这个产品一般有两种途径，一种是给用户发红包、减免用户的产品费用、拼团、砍单，另一种则是通过塑造产品的"新、奇、特"让用户自发地与朋友分享，邀请好友进行体验。

5. 配合营销组合策略

在线机器人可以配合企业的营销策略，将营销方案与在线机器人组合，例如通过在线机器人抽奖或者设置在线机器人问题让用户通过答题的方式获取奖励，例如"在线机器人邀请用户回答产品相关知识：产品配料，产品特点，产品参数等"既完成营销动作，又能够促使用户使用在线机器人，同时使用在线机器人问答方式，实现营销策略的创新，能够达到一举多得的效果。

6. 制造话题

制造话题是指通过在线机器人与之相关的内容制造易分享的话题，在社交网络上形成自发的多次传播。例如微博上的"周小帅——私房菜"就是一个成功在微博上制造话题的服务案例。周小帅在淘宝经营一家小龙虾店，他通过不断分享自己与客户之间的买卖聊天记录，吸引了大批想一探究竟的粉丝们的光顾，并且在粉丝之间形成了多次传播，从而成为名副其实的网络红人。

以上的 6 点是借助传播力量进行在线机器人推广中的一些实践案例，实际的训练过程中当然还有其他传播的方式，但传播的本质是新 4C 理论中提到的"内容"，只有制造出好的内容才能让传播得以进行。想要做好传播，人工智能训练师要更多在内容上下功夫。

11.4　在线机器人推广实践——留存

当新用户进入到在线机器人当中后，人工智能训练师们的注意力就应该更多地放在如何让这些用户长此以往地继续使用。这个过程就是目标留存，在线机器人的留存实践可以考虑从下面的三个角度进行。

11.4.1　持续优化

持续优化是指对在线机器人的服务能力本身进行持续的优化，在上文中我们说到要把在线机器人当成一个产品去推广而不是工具。但在留存环节中，却恰恰相反，我们需要将在线机器人持续优化成为一个工具。想要了解这之中产生反差的原因，我们可以从张小龙的一次微信公开课演讲中找到答案。

"我想跟大家分享微信的一个基本价值观，我们认为一个好的产品是一个用完即走的，就是用完了我就走了，可能大家不是第一次听到这个词。一个好的产品不是黏住用户，而是尽量让这个用户离开你的产品，大家同意吗？说同意的都是没有认真思考的，因为我相信每个人做的工作都是围绕一点，怎么样黏住用户，怎么样让用户尽可能待在我的产品里头，不要离开产品。我们认为任何产品都只是一个工具，对工具来说，好的工具就是应该最高效率地实现用户的目的，然后尽快地离开。如果一个用户要沉浸在里面，离不开，就像你买一辆汽车，你开完了，你到了目的地，你说汽车里面的空调特别好，所以要待在里面，那不是它该做的事情。所以业界很羡慕微信是用户的时间杀手，但是我们要考虑的则是怎么样更高效率帮助用户完成任务，而不是让用户在微信里面永远都有处理不完的事情，所以大家会看到微信的朋友圈限制很严，各种营销在朋友圈里面我们都会很严格地对待。"

这段话当中我们可以看出一个好的互联网产品，并不是让用户过久地待在这个产品当中，而是能够高效快速地解决问题，因为每一个产品都有它自己独特的定位，当初用户选择了你，正是因为这个产品的定位能够解决用户的这个痛点，但是在用户使用你的过程中，你却因为想要过多地把用户留在产品当中使用了一些其他的方法和手段取得的效果反倒是降低了产品的价值。所以在线机器人持续优化的重中之重就是将其优化成为快速解决客户服务问题的工具。虽说从工具的角度去优化，会在短时间内降低用户的黏性，但长久来看，在线机器人的服务能力得到了提高，其实是提升了用户的黏性。因为在线服务机器人的服务价值变得更高了，它能够简单、快速、高效地为用户解决服务问题。提升在线机器人解决问题的能力并且给用户带去良好的服务体验，是整个在线机器人训练的灵魂所在。

除了对在线机器人服务能力提升，个性化也是持续优化方面的一个重点。个性是社交的基础，每一个用户都希望自己是独一无二的。个性化也是各个产品都希望与用户达成的共识。很多产品都在网络上征集各个用户的昵称和喜欢的句子，并将其印在包装上面，用户在购买的过程中通过选择自己所喜欢的内容来达到个性化的目标。例如可口可乐在中国推出可口可乐昵称瓶，昵称瓶在每瓶可口可乐瓶子上都写着"分享这瓶可口可乐，与你的……。"这些昵称有白富美，天然呆，高富帅，邻家女孩，大咖，纯爷们，有为青年，文艺青年，小萝莉等。这种昵称瓶迎合了中国的网络文化，使广大网民喜闻乐见，于是几乎所有喜欢可口可乐的人都开始去寻找专属于自己的可乐。在线机器人的个性化可以从开头昵称、问候语、用户对话过程中的头像实现简单个性化展示，例如在线机器人的开头昵称中可以结合用户的资料名称"某某先生、某某女士，或者完全个性化昵称：宝贝、小主等"，体现在线机器人为用户服务的独一性。也可以结合不同的节假日甚至早晚时间差异：早晨问候"早上好"，晚上问候"已经这么晚了，小主您还没有睡觉，您工作或学习(这里可以结合用户的职业)一定很辛苦吧""您的问题已经解决,小主早睡早起才能有个好身体哦!"等等话术。甚至还可以结合机器人服务能力的特色,例如:语音助理类机器人的小爱同学还能通过采集客户音色,为用户定制专属音色的语音助理机器人,这些方式无疑都是个性化的体现。

11.4.2 扩大使用范围

第二种让用户留存的方法是不断地扩大机器人及产品的使用范围,让用户越来越离不开在线机器人,甚至夸张地说,让用户所有在企业 App 中甚至企业 App 以外具有强关联的场景中需要解决的问题,都由在线机器人来帮他完成,例如订票类的 App,机器人不仅仅能够解决订票业务,还能够提醒用户乘机、帮用户自动开具发票,开具行程报销单,在线机器人就相当于是用户的一个私人 I 管家。这里提及的扩大使用范围实际上也有两层含义:第一层是面向已存在业务及问题,但在线机器人无法解决,我们在前面的章节中说过在线机器人是有服务范围的,但是这个服务范围并不是一成不变的,它可以随着机器人能力的提升而变得越来越大,最终成为人工客服一般的存在。针对第一层面,人工智能训练师们就需要不断给在线机器人增加新的知识,不断提高在线机器人的业务覆盖率,在线机器人覆盖的场景越多,对于单个客户而言能够解决的问题就越多,对于客户群体而言,就能让越多的客户喜欢使用在线机器人。第二层是在线机器人可以成为企业不同产品,甚至不同企业不同产品之间的连接站,在这方面实践最为成熟的就是各家的智能家居和在线机器人、语音机器人之间的结合。例如:小米的小爱同学、华为的小艺、百度的小度都是从当初的闲聊机器人扩展至智能家居机器人管家,用户可以在家或者远程通过对机器人下达指令,机器人会自动连接上智能家居,并执行指令。上述提到的这两种情况都能作为在线机器人扩大使用范围的较成功的实践案例,人工智能训练师们也可以结合企业自身的情况及特点,寻找最适合企业在线机器人的扩大使用范围的场景。

11.4.3 让用户参与其中

让用户参与其中,实质上是增加用户的"参与感"。践行"参与感"最为成功的企业当属小米。小米诞生于移动互联网发展之初,智能手机已经进入红海时代,小米别树一帜一改原有产品设计生产流程,不是等产品做好了才让用户体验,而是在制造产品的过程中就把用户当朋友,邀用户一起设计产品,让用户在产品迭代优化的设计流程当中付出必要的时间,构思创意后能够享受到这项服务。小米更是围绕"参与感"设计出了"三大战术"——开放参与节点、设计互动方式、扩散口碑事件。开放参与节点是把做产品、做服务、做品牌的过程开放给用户,而且这些节点必须能让企业和用户双方获益。设计互动方式是通过设计一定的用户使用场景,增强用户与产品的黏度。扩散口碑事件是在开放用户参与后,基于互动产生的内容,做成可传播的事件,让产品的口碑发生裂变,让用户的"参与感"逐步扩大。

我们从心理学层面来探究一下"参与感"的重要性。

心理学家做过这样一个实验：让被试者通过掷骰子来获取相应的奖励，骰子点数越大奖励价值越高。

掷骰子的方案有两种：一是付出 2 美元的成本，可以自己掷骰子；二是不用支付任何成本，别人帮忙掷骰子。

心理学家在不同的群体中都做了类似的实验，结果却惊人地相似：几乎有 80%以上的人选择了 A 方案，愿意支付 2 美元自己掷骰子，即使两种方案的概率完全一样。

无数类似的实验结果证明：给予用户相应的控制感，会在一定程度上增加他们的满意度。而提供"参与感"，赋予用户改变的权利，让用户从单纯的享受者变成生产者，从本质上相当于提升了用户的控制感。

另外，"参与感"的本质是上文 4C 理论中的最后一个元素，也就是"连接"。"参与感"能够让用户与产品之间建立更多的情感连接，在产品使用以外为用户提供更多的心理价值，这能够让用户更多地包容产品，愿意花更多的时间去陪伴产品成长。

例如：曾火爆一时的匹克态极 1.0 跑鞋在进行升级新品发布会的时候便是借助"参与感"，狠狠收获了粉丝们的心。匹克在新品鞋态极 1.0PLUS"物竞"的鞋盒包装上，印有由用户差评组成的 DNA 形状图案，还有"你，改造了我的 DNA"字样。鞋盒中，放入了一个印有态极 1.0 用户"差评集锦"及 PLUS 版改进升级点的 DNA 相框，并把粉丝们给出的反馈意见在画面中突出呈现。用户对态极 1.0 曾提出过抗扭转性不够强、鞋底不够耐磨等问题，这些差评也一一印在"差评"鞋盒上。而在相框中也体现了匹克针对消费者对态极 1.0 所提出的问题分别做出的改进。又如：态极 1.0 PLUS"物竞"引入立体加强筋，强化抗扭转性，并以立体结构打造，增大后跟包裹面积；在鞋底处底花纹路借鉴轮胎花纹排列方式，强化抗磨损表现等。虽然乍一看这是将自己产品的缺点直接暴露出来，直面差评，但实质上却是匹克让用户参与到产品推广中的一种手段，不仅能够引起热议话题，吸引没有购买过匹克态极鞋的用户购买，还能吸引已经购买态极 1.0 的用户再次购买，而那些已经购买态极 1.0 并且吐槽过这双鞋子的用户更是成了匹克态极鞋子的忠实口碑粉丝，由此可见参与感的重要性和必要性。

应该如何设计具有"参与感"的推广计划呢，这里提供一个实践案例给各位人工智能训练师进行参考。结合在线机器人的形象(包括名字)，定制萌宠养成计划。例如：在线机器人是一个鸟的形象，那么每一个用户都可以领取到一个鸟蛋，每天细心照料，孵化鸟蛋，让小鸟茁壮成长，这就是萌宠养成计划。人工智能训练师们可以借鉴上文中小米参与感的三大战术定制计划。

1) 开放参与节点

我们可以将小鸟成长环节中所有的必要节点(如喂食、洗澡、飞翔训练等)与在线机器人训练的方式进行结合，例如：喂食就是给在线机器人添加知识，洗澡就是纠正在线机器人应答错误的方式，飞翔训练就是在线机器人应答能力的训练，在这个环节中一定要做到一一对应,以小鸟成长映射在线机器人的成长,提升用户的真实参与感,让用户感受到"新、奇、特"的同时,还能体验到在线机器人训练环节的不易,从而对在线机器人的服务能够有更多的包容,也更加愿意去帮助在线机器人成长。

2) 设计互动方式

设计互动方式主要是设计萌宠计划中的互动方式,在线机器人萌宠与用户之间的互动在上文 1)中其实已经包含了,这里的互动是指萌宠主人之间、与人工智能训练师之间的互动。人工智能训练师可以在这个板块中加入社交的元素,让用户与用户之间以在线机器人萌宠的成长为契机进行社交联系,同时人工智能训练师团队也应该多多组织活动联系用户,一方面能够让用户感受到被企业重视,另一方面也能够为在线机器人培育忠实的粉丝,这些粉丝将会成为日后在线机器人优化更新的中坚力量,同时这些粉丝也是在线机器人新功能体验的最佳群体,具体的社交方式和活动可以参考移动互联网产品社交活动方式和类型,在这里不一一列举了。

3) 扩散口碑事件

当在线机器人的萌宠计划得以正确推行时,人工智能训练师们可以制造新的话题,引发用户在社交媒体上转发,对在线机器人的推广形成正向传播。

11.5 在线机器人推广实践——价值转化

当在线机器人已经获得用户认可后,人工智能训练师需要考虑如何将其价值转化为利润。尽管在线机器人的核心目的是解决客户问题,但商业的本质是盈利。如果一个产品已经具备成熟的价值,那么意味着它的盈利也一定不是问题。在线机器人通常有以下 4 种盈利方式。

(1) 第一种方式是开放在线机器人能力,授权 B 端用户购买在线机器人服务获取利润。当在线机器人的能力足够成熟且人工智能训练师团队已经具备成熟的在线机器人训练交付能力时,可以将在线机器人打包成标准化的 SaaS 产品,面向企业用户提供付费服务。这种情景通常在电商领域中出现,如果企业是 B 端电商模式,电商平台上面许多中小型的商户会强烈渴望在线机器人的能力,因为在线机器人不仅能够帮助他们节省大量的人力,还能提高企业的整体服务效率。人工智能训练师团队也可以独立承接跨行业企业的在线机器人付费服务,将在线机器人训练打包成独立的项目,为不同行业和类型的企业提供机器人选型、技术交付、训练交付、效果保障等一揽子的付费项目。前一种实施难度相对较小,但需要企业从事的行业和附属商户数量较高,并且提供标准化软件服务,可能导致单个软件费用较低,但能获得与企业相关政策绑定的大量用户数量;后者的实施难度相对较大,需要跨领域和行业,不同行业和领域的用户特点和场景是完全不同的,但它能帮助人工智能训练师团队积累不同领域的在线机器人训练经验,并获得单个项目的较高利润。

(2) 第二种方式是通过广告变现,在线机器人每天都需要服务大量的用户且有很多用户是精准的营销场景,在这个场景中既可以批量投放广告,也能够进行精准的广告投放,例如:针对牛奶类的广告,可以将在线机器人的头像进行优化设计出一个喝着牛奶的在线机器人形象,在每一次服务对话过程中进行牛奶品牌的露出,以及牛奶广告的批量露出。对于精准的广告投放,则需要结合在线机器人的营销能力,在用户与在线机器人进行营销对话的时候,进行精准投放和推荐,例如,用户说:"3 000~4 000 元给我推荐一个拍照好的手机";在线机器人:"您好,3 000~4 000 元已经为您找到拍照不错的手机×××,×××手机具有 6000 万像素主摄像头、光学防抖,帮您拍出好照片,用过的都说好"等。人工智能训练师们需要注意广告投放的数量和频次,太多会引起用户的反感,同时还需要注意结合在线机器人和场景特点,设计出令用户感觉"新、奇、特"的广告方式。

(3) 第三种方式是搭配电商中的各个营销场景及营销活动,组合营销策略。可以结合营销游戏,积分兑换、幸运转轮、产品知识大闯关等多种形式,并与电商深度结合,在线机器人与用户交互的过程中,将电商元素移植其中。

(4) 第四种方式是配合企业的增值服务项目实现价值转化。因为不是所有用户都希望受到一样的待遇,所以很多企业会开发出各式各样的会员项目,在线机器人就可以与会员项目进行组合,当有用户进线,机器人可以直接将用户引导至高级人工客服座席,为客户提供更加优质贴心的服务。

11.6 本章小结

在本章中我们以移动互联网产品营销推广的知识为基础,从推广、营销最为关键的用户出发,为各位人工智能训练师们展示了在线机器人在营销推广中的拉新、留存、转化三大目标的实践。营销与推广是让用户更愿意接受在线机器人的手段,但是打铁还需自身硬,所以人工智能训练师需要将更多的注意力放在训练本身来做推广,只有结合在线机器人的特点不断进行实践和创新才能得到最适合自己机器人的推广方式。

本单元讨论与小结

在第 3 单元中,我们开始完成智能系统上线前中后的工作,这部分的工作是为了从系统训练更好地过渡到系统上线后的使用,本单元所讲的内容虽然不像第 2 单元所讲的内容一样需要长期持续,但也需要阶段性重复,如每次上线都要考虑上线的入口、部署渠道、上线过程的控制,每次新功能上线后也同样需要考虑客户端的使用推广问题。

第 4 单元
人工智能训练师的进阶与提升

当智能系统完成上线并能持续高效运行时,人工智能训练师需要聚焦在更高层面的人员、系统、运营、管理能力提升,因此本单元内容主要面向人工智能训练师团队管理、智能系统项目管理、智能系统产品管理、运营规范和指标体系管理的工作。

第 12 章

人工智能训练师团队管理

天时不如地利，地利不如人和。

——孟轲

团队的管理对于人工智能训练师负责人来说是一门必修课程，优秀的人工智能训练师团队管理者能够给下属足够的成长环境，根据人工智能训练师本身的特点，不断给予其新的挑战和正确引导。要敢于放权，让人工智能训练师自我成长，也要在适当时机节点关注执行进度，结合科学绩效考核，同时建立完善的团队运转流程和团队规章制度。

本章围绕"选、育、考、优"4 个环节详细介绍人工智能训练师团队管理相关工作。

12.1 人工智能训练师团队人员选拔

选人是团队负责人首先要面临的问题，对于规模比较大的企业来说，如何选人、选择什么样的人都有一套符合企业实际的评选标准和机制，如简历投递、HR 面试、业务面试、管理面试等；针对被选人也都会有非常详细的职位描述作为衡量其能力匹配度的标准。但是，人工智能训练师作为一个新兴职业，评选标准却比较模糊。这里为人工智能训练师负责人介绍两种模式，作为人工智能训练师团队人员选择的参考：以岗定人、以人定岗。

以岗定人，该方法的流程为先设计团队的组织架构，然后拆分部门，细化岗位工作职责、工作内容，并对工作内容负载进行量化，超过负载度则触发招聘流程。

以人定岗，因为人工智能训练师职业的特点，很多企业之前是没有这个岗位的，所以招人的核心就要从"岗—人"的思维转化为"人—岗"，先招聘优秀的具有高潜力的人才，进入团队后深度轮岗了解业务，接手人工智能训练师工作后，以一专多能的形态在部门中运转，时刻关注挖掘能力中的最长板，给予一定权力，加速人员成长。

12.1.1 组织架构概述

所谓组织架构,就是通过界定组织的资源和信息流动的程序,明确组织内部成员之间关系的性质,即每个成员在这个组织中具有什么地位、拥有什么权力、承担什么责任、发挥什么作用。

1. 组织架构的重要性

没有组织架构的企业将是一盘散沙,组织架构不合理会严重阻碍企业的正常运作,甚至导致企业经营的彻底失败。相反,适宜、高效的组织架构能够最大限度地释放企业的能量,使组织更好地发挥协同效应,达到"1+1>2"的合理运营状态。对人工智能训练师团队来说,好的组织架构的设计能够发挥人工智能训练师之间的能效,帮助团队更好地完成任务、达成目标。

2. 组织架构的模式

企业组织架构没有固定的模式,人工智能训练师团队组织架构的设计可以结合企业、客服中心已有的组织架构设计原则,涉及如下4个方面。

(1) 岗位结构,在线机器人的成功训练需要多个人工智能训练师岗位共同发挥作用,因此在团队组织架构设计时首先应该确定在线机器人训练师到底需要哪些岗位,然后确定各岗位的人员比例与相互之间的关系。

(2) 层次结构,即各管理层次的构成,也就是团队在纵向上需要设置几个管理层级。

(3) 部门结构,即各管理部门的构成,也就是组织在横向上需要设置多少部门。只有当人工智能训练师团队人数足够庞大时才需要考虑部门的设立,如果人数规模较小,可以考虑扁平化和去中心化的管理方式(尽可能减少部门,由最高管理者或者中间管理者直接面向多个人工智能训练师,采取一对多的方式进行部门管理方案设定)。

(4) 职权结构,即各层次、各部门在权力和责任方面的分工及相互关系。

人工智能训练师团队组织结构的设计可使用架构图呈现。架构图可以直观地表现组织单元之间的相互关系,并展示组织单元的详细信息,还可以查看相关人员、职位的信息。人工智能训练师团队组织架构可参考图12-1。

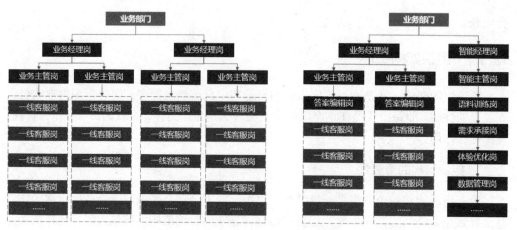

图 12-1 人工智能训练师团队组织架构

12.1.2 常见的人工智能训练师团队组织架构

因在线机器人对技术的特殊要求,其开发和生产过程往往是一个从独特到常规,再到普遍的过程。在线机器人的组建通常以一个独立项目的启动作为开始,由人工智能训练师团队负责人担任项目负责人,在有限的项目时间内招募适合的人工智能训练师,以项目目标为导向协同技术团队或者采购部门进行产品采购或者设计开发,此时整个智能服务小组往往采用项目组结构。当第一阶段完成后,产品进入上线动态运营和训练阶段,项目小组往往会转变为一个独立的部门,持续地按照部门设立的岗位进行服务产品的训练,成为一个职能型组织。在线机器人团队的组建有如下三种形态。

1. 项目型团队

项目型团队是将客服中心的能兵强将集结在一起,形成一个正式的临时性部门,由人工智能训练师负责人领导。人工智能训练师团队负责人权力大、资源充足,但就企业而言,团队对企业或客服中心的资源造成一定的浪费;对于项目组成员来说,脱离了原有的岗位,待项目结束后,成员的归属将成为一个很大的问题。

项目型团队的优点:结构简单、权责分明、利于统一指挥;目标明确单一;沟通简洁、方便;决策速度快。

项目型团队的缺点:管理成本过高;项目环境封闭,不利于技术共享等;员工缺乏事业上的连续性和保障等。

2. 职能型团队

职能型团队的所有项目人员仍然在所属部门供职,仅花费小部分时间处理项目的事宜。对于人工智能训练师负责人来说,拥有的权力和资源都远低于项目型团队,同时还被相应的职能经理管理;从客服中心的角度来说,成立这种形式的团队比较节省资源;

从个人角度来看，项目人员仍然拥有原岗位的工作。

职能型团队的优点：得到强大的技术支持；拥有清晰的职业生涯晋升路线；直线沟通、交流简单、责任和权限清晰。

职能型团队的缺点：智能利益优先于项目利益，具有狭隘性；组织横向之间的联系薄弱、部门间协调难度大；人工智能训练师负责人权利较小；项目管理发展方向不明，缺少项目基准等。

3. 矩阵型团队

矩阵型团队是把按职能划分的部门和按产品(或项目、服务等)划分的部门结合起来组成一个矩阵，使同一个员工既同原职能部门保持组织与业务的联系，又参加产品或项目小组的工作，即在职能型团队的基础上，再增加一种横向的领导关系。矩阵式团队组织结构，如图12-2所示。为了保证完成一定的管理目标，每个项目小组都设置负责人，在组织最高主管的直接领导下工作。

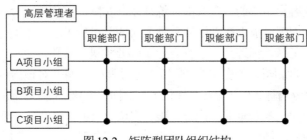

图12-2　矩阵型团队组织结构

矩阵型组织分为弱矩阵、平衡矩阵、强矩阵。其强弱平衡关系由人工智能训练师负责人与职能部门经理权力的强弱关系决定。

矩阵型团队的优点：由人工智能训练师负责人负责整个团队的工作，团队有明确的项目目标；响应及时；获得职能组织更多的支持；最大限度地利用公司的稀缺资源；改善了跨职能部门的协调合作，使质量、成本、时间等制约因素得到更好的平衡；团队成员有归属感、士气高、问题少；出现的冲突较少。

矩阵型团队的缺点：管理成本增加；多头领导；监测和控制的难度大；资源分配与项目优先的问题容易产生冲突；权利难以保持平衡。

综上，无论是哪一种团队组织结构都有利有弊，人工智能训练师团队负责人需要根据企业当下的主要目标与主要矛盾综合选择最适合的组织结构，动态运营与调整。

12.1.3　人工智能训练师团队岗位设置

在线机器人是客户中心智能化发展过程中的新产物，在这个发展过程中服务思维、服务方式、服务渠道已发生改变，原有的服务运营岗位已经不再适用，需要结合新的运营体系及服务需求设立新的人工智能训练师岗位。

1. 人工智能训练师岗位工作任务

(1) 标注和加工图片、文字、语音等业务的原始数据。
(2) 分析提炼专业领域特征,训练和评测人工智能产品相关算法、功能和性能。
(3) 设计人工智能产品的交互流程和应用解决方案。
(4) 监控、分析、管理人工智能产品应用数据。
(5) 调整、优化人工智能产品参数和配置,测试人工智能算法。

2. 人工智能训练师岗位管理模板

岗位是企业根据生产的实际需要而设置的工作位置,企业根据劳动岗位的特点对上岗人员提出综合要求,形成岗位规范。

人工智能训练师作为一类职业包含了诸如标注、产品经理、运营、市场等工种,每一工种又需要根据客户中心的人工智能训练师团队实际的工作情况设立不同的岗位,明确岗位要求有利于人工智能训练师团队负责人对团队进行管理。下面介绍三种岗位管理模板,在实践中人工智能训练师可结合企业实际要求进行优化。

(1) 人工智能训练师岗位说明书。负责人通过岗位说明书对该岗位人员进行管理,包括所属部门、岗位名称、直属上级、岗位编制、岗位职级、岗位层级(执行层、支持层、管理层)、岗位使命、岗位职责、岗位权限、岗位负责的 KPI 指标名称、可量化的指标达成要求、每个指标的绩效考核占比、任职资格、工作时间、工作地点等信息。人工智能训练师岗位说明书模板,如表 12-1 所示。

表 12-1 人工智能训练师岗位说明书模板

一级部门		二级部门		三级部门		
岗位名称			直属上级			
岗位编制		岗位职级		岗位层级		
岗位使命						
岗位职责						
岗位权限						
KPI 指标	指标名称		指标达成要求		权重	
任职资格	参照《岗位任职要求》					
工作时间	□弹性工作制		□固定排班制		□法定工作日	
工作地点	□固定地点		□异地派遣		□长期出差	□短期出差

(2) 人工智能训练师岗位任职资格说明书。通过岗位任职资格标准可以撰写出该人工智能训练师岗位的详细职位描述，包括个人特征、教育背景、工作经验、证书要求、核心价值观、岗位胜任力等。人工智能训练师岗位任职资格说明书模板，如表 12-2 所示。

表 12-2　人工智能训练师岗位任职资格说明书模板

基本要求	个人特征	色彩性格：		职业性向：			
	教育背景						
	工作经验						
	证书要求						
胜任力	核心价值观	诚信：□1　□2　□3　　奋斗：□1　□2　□3 团队：□1　□2　□3					
	核心能力	能力因子		1级	2级	3级	4级
		领导效能	创新能力				
		个人效能	学习能力				
			成就动机				
		人际效能	—				
		业务效能	客户第一				
	专业能力						

(3) 人工智能训练师岗位工作负荷分析说明书。对岗位人员人均负荷及工作分配详细说明，量化换算得出该岗位所需要的具体人数，岗位工作负荷分析说明书包括具体的工作内容、每项工作内容的频次(日、周、月)、工作所需时长等内容，其模板如表 12-3 所示。

表 12-3　人工智能训练师岗位工作负荷分析说明书模板

	工作内容(以重要性为序，重要项标黄色)	频次	工作所需时长	交涉部门	呈核部门
1					
2					
3					
4					
该岗位人均负荷及工作分配说明					

负责人：　　　　　　　　结论：
岗位人数建议：

3. 人工智能训练师岗位工作要求

下面从在线机器人训练的专业性及工作流程的完整性出发设计人工智能训练师岗位的工作要求,以供参考。

(1) 体验优化岗。对于客户来说,不论是在线机器人还是人工客服,其目的是服务客户,解决客户的问题。客户的需求会随着时代、环境不断发生改变,在线机器人在运营的过程中需要不断跟上客户需求的脚步,做出相应的调整。体验优化是专门同客户打交道的岗位,当客户的服务需求发生改变时,这一岗位的员工应第一时间知晓。体验优化岗岗位工作描述,如表12-4所示。

表12-4 体验优化岗岗位工作描述

岗位名称	体验优化岗	隶属部门	人工智能训练师	建议人数	
		职务类别	运营线		
职责描述	职责概要: (1) 负责跟进不同时段、不同环境下客户的服务诉求,将客户服务诉求文档化记录,输出结构化需求报告,协助需求承接岗位、智能产品经理岗位,智能为产品迭代优化提供客户需求端指导; (2) 负责从客户的角度对应答语料进行审核。 工作内容: (1) 负责跟进客户需求,不断探索客户新需求,优化老需求; (2) 根据不同的系统需求采用深度访谈、调研问卷等形式进行用户需求调研; (3) 根据用户需求及体验反馈形成产品使用报告等文档指导系统; (4) 从用户角度对在线机器人的应答语料及应答方式进行审核; (5) 其他工作内容请根据实际运营中的变化,由在线机器人运营团队添加 负责指标:				
工作关系	直接上级:在线机器人团队负责人		直接下级:暂无		
	内部沟通:接受上级的口头及书面指导,与公司各部门之间保持沟通和联系				
	外部沟通:与公司相关机构、服务商、客户进行沟通和联系				
招聘方式	建议人工智能训练师团队内部培养				

体验优化岗位至关重要,在客户侧主要通过深度访谈、调研问卷等形式在不同时段、不同业务背景下跟踪探索客户需求的变化,并能够将客户需求结构文档化,作为智能产品、功能点优化的指导方向及建议。在运营侧上,在线机器人的应答方式及内容需要遵循客户建议,对在线机器人应答语料进行全检、审核。

(2) 需求承接岗。承接、分析运营侧需求并与研发对接，推进运营需求的实现。任何没有技术的运营都是空中楼阁，但是过分强调技术的唯一性也是不行的，运营和技术是相互依存、相互提升的。在线机器人训练师最懂客户的心思，而研发团队是能把客户需求变为落地产品的，因此在运营团队和研发团队中间需要设置需求承接岗。需求承接岗岗位工作描述，如表 12-5 所示。

表 12-5 需求承接岗岗位工作描述

岗位名称	需求承接岗	隶属部门	人工智能训练师	建议人数	
		职务类别			
职责描述	职责概要： (1) 负责在不同时段、不同环境下，承接、分析运营侧各岗位系统需求并能与研发对接； (2) 推进运营需求实现。 工作内容： (1) 协同体验优化岗，将客户服务诉求转换为系统需求； (2) 协调客户、运营侧需求，以及企业产品规划需求、研发需求的关系； (3) 从在线机器人运营侧角度推进需求实现； (4) 跟进运营侧从诞生到研发、上线运营的需求； (5) 其他工作内容请根据实际运营中的变化，由在线机器人运营团队添加。 负责指标：				
工作关系	直接上级：在线机器人团队负责人		直接下级：暂无		
	内部沟通：需求承接岗面向人工智能训练师团队内部，与产品经理、系统运营、项目经理等多个智能系统需求相关的岗位进行沟通				
	外部沟通：面向外部沟通包括智能系统的直接使用者(客户)和系统生产者(智能系统生产厂家)，前者决定系统需求的内容，后者决定是否能够落地				
招聘方式					

(3) 答案编辑岗。根据业务规则，编辑合理答案。答案编辑需要从客户角度出发，在线机器人诞生的初衷就是节约客户在高峰期咨询客服的排队时间。在线机器人的发展趋势是想尽一切办法帮助客户节约时间。因此，答案的优劣与客户满意度有很强的相关性。答案编辑岗岗位工作描述，如表 12-6 所示。

表 12-6　答案编辑岗岗位工作描述

岗位名称	答案编辑岗	隶属部门	人工智能训练师	建议人数	
		职务类别			
职责描述	职责概要： (1) 从用户角度出发，根据业务规则，编辑合理答案； (2) 维护答案的准确性，根据实际情况更新答案 工作内容： (1) 从用户角度，根据业务规则对在线机器人的应答答案进行整理； (2) 在不同时间、环境下定期对应答答案进行维护； (3) 从用户角度出发，实时优化应答方式； (4) 其他工作内容请根据实际运营中的变化，由在线机器人运营团队添加 负责指标：				
工作关系	直接上级：在线机器人团队负责人			直接下级：　暂无	
	内部沟通：答案编辑岗面向人工智能训练师团队内部，与产品经理、系统运营、项目经理等多个智能系统答案编辑相关的岗位进行沟通				
	外部沟通：面向外部沟通包括智能系统的直接使用者(客户)和系统生产者(智能系统生产厂家)进行沟通				
招聘方式					

(4) 语料训练岗。当语料的数量足够庞大，且训练的数量足够多时，在线机器人的数据模型就更加准确，场景覆盖更广。语料训练岗岗位工作描述，如表 12-7 所示。

表 12-7　语料训练岗岗位工作描述

岗位名称	语料训练岗	隶属部门	人工智能训练师	建议人数	
		职务类别			
职责描述	职责概要： 根据人工智能训练师需求或者内部产品优化需求，依照一定的标注规则对在线机器人、网络客服服务数据进行整理、编辑、纠错和批注等工作 工作内容： (1) 根据标注规则对语料进行标注、整理； (2) 根据修改标准对差错语料进行编辑，保证标注及编辑工作的准确率； (3) 根据需求对标注结果进行分析，为产品优化提供指导意见；其他工作内容请根据实际运营中的变化，由在线机器人运营团队添加 负责指标：				

(续表)

岗位名称	语料训练岗	隶属部门	人工智能训练师	建议人数	
		职务类别			
工作关系	直接上级：在线机器人团队负责人		直接下级：暂无		
	内部沟通：语料训练岗面向人工智能训练师团队内部，与产品经理、系统运营、项目经理等多个智能系统语料训练相关的岗位进行沟通				
	外部沟通：面向外部沟通包括智能系统的直接使用者(客户)和系统生产者(智能系统生产厂家)进行沟通				
招聘方式	标注负责人运营团队内部培养，基础标注人员可采用外包或者从一线部门转岗等形式				

(5) 模型分析岗。在线机器人业务场景模型并非一成不变，需要在实际上线运营过程中根据客户服务诉求的变化，内部运营侧、系统侧需求变化，不断进行业务场景模型、应答方式及智能知识库优化的增删融合。模型分析岗岗位工作描述，如表12-8所示。

表12-8 模型分析岗岗位工作描述

岗位名称	模型分析岗	隶属部门	人工智能训练师	建议人数	
		职务类别			
职责描述	职责概要： (1) 跟进、分析不同环境下、不同时间段的系统模型功能的优化； (2) 承接智能产品经理岗位在各阶段下运营侧、系统侧的需求优化； (3) 结合实际上线情况负责业务场景模型、应答对话场景模型的增删融合、应答方式优化，以及智能知识库目录和内容优化				
职责描述	工作内容： (1) 跟进不同时段的模型功能优化； (2) 根据运营侧、系统侧的需求对业务场景模型增删融合； (3) 结合客户体验诉求优化应答场景； (4) 负责在线机器人知识库目录及应答内容优化； (5) 其他工作内容请根据实际运营中的变化，由在线机器人运营团队添加 负责指标：				
工作关系	直接上级：在线机器人团队负责人		直接下级：暂无		
	内部沟通：模型分析岗面向人工智能训练师团队内部，与产品经理、系统运营、项目经理等多个智能系统模型分析相关的岗位进行沟通				
	外部沟通：面向外部沟通包括智能系统的直接使用者(客户)和系统生产者(智能系统生产厂家)进行沟通				
招聘方式					

(6) 数据管理岗。在庞杂的数据背后，分析越全面，输出的指导报告就越精准，在线机器人就愈加完善。数据管理岗岗位工作描述，如表 12-9 所示。

表 12-9　数据管理岗岗位工作描述

岗位名称	数据管理岗	隶属部门	人工智能训练师	建议人数	
		职务类别			
职责描述	职责概要： (1) 负责对在线机器人运营过程中所产生的所有运营数据及系统数据进行整理、分析； (2) 将分析结果结构化输出，作为产品优化的指导意见 工作内容： (1) 对在线机器人日常运营过程中产生的运营数据和系统数据进行维护； (2) 对在线机器人日常绩效指标负责，包括指标设计及执行、优化等； (3) 从数据角度提出在线机器人优化建议； (4) 其他工作内容请根据实际运营中的变化，由在线机器人运营团队添加 负责指标：				
工作关系	直接上级：在线机器人团队负责人		直接下级：暂无		
	内部沟通：数据管理岗面向人工智能训练师团队内部，与产品经理、系统运营、项目经理等多个智能系统数据管理相关的岗位进行沟通				
	外部沟通：面向外部沟通包括智能系统的直接使用者(客户)和系统生产者(智能系统生产厂家)进行沟通				
招聘方式					

(7) 智能产品经理岗。通过需求分析、流程设计和相关数据分析，协调企业、研发、运营、用户多个层级的关系，负责在线机器人诞生后的所有工作，实际的能力要求介于在线机器人运营、AI 产品经理之间，既要懂技术，又要懂产品，还要懂客户和运营。智能产品经理岗岗位工作描述，如表 12-10 所示。

表 12-10　智能产品经理岗岗位工作描述

岗位名称	智能产品经理岗	隶属部门	人工智能训练师	建议人数	
		职务类别			
职责描述	职责概要： 负责在线机器人从诞生到完结整个过程中的所有事宜 工作内容： (1) 协同在线机器人运营各个岗位，保证在线机器人日常运营；				

(续表)

岗位名称	智能产品经理岗	隶属部门	人工智能训练师	建议人数	
		职务类别			
职责描述	(2) 通过分析产品需求和相关数据，协同标注负责人进行数据标注规则的制定，提高数据标注工作的质量和效率； (3) 协同数据管理岗同事，参与研发模型搭建和数据验收，并负责核心指标和数据的日常跟踪维护； (4) 协同模型分析岗同事，跟进研发模型搭建及优化、验收及日常模型跟踪维护； (5) 协同体验优化岗同事，跟进产品体验优化、产品功能点规划及研发跟进； (6) 其他工作内容请根据实际运营中的变化，由在线机器人运营团队添加 负责指标：				
工作关系	直接上级：在线机器人团队负责人　　　直接下级：暂无				
	内部沟通：指智能产品经理岗面向人工智能训练师团队内部，与产品经理、系统运营、项目经理等多个智能系统相关的岗位进行沟通				
	外部沟通：面向外部沟通包括智能系统的直接使用者(客户)和系统生产者(智能系统生产厂家)进行沟通				
招聘方式					

组织架构设计和岗位说明都是为了高效招聘到适岗度高的人工智能训练师人员，以确保满足智能运营的人力需求，同时建议设置对应岗位最低需求，并对人员进行定期考核、培训、多维度岗位技能测试，以保证运营人员能与对应岗位有较高的契合度。

12.2　人工智能训练师团队人员培养

完成人员选拔工作后，人工智能训练师团队负责人需要在团队管理上下功夫，包括新员工上岗前的岗位认证考核，定期对员工进行技能和知识点的培训，以员工实际工作中的工作绩效衡量员工培训成果，不断优化培养流程，促进在线机器人的高效训练等。下面介绍人工智能训练师团队人员培养的几个重点环节。

12.2.1　培养原则

1. "术""道"并重原则

对于人工智能训练师的培养，既要注重短期内"术"的专业技能提升，还要关注人工智能训练师持续提升的"道"思维的训练。专业技能的培训，能够短时间提升人工智能训练师的工作效率，高质量交付训练结果，但是绝不能忽略对人工智能训练师长期思维的训练，人工智能训练师的价值观、思考问题方式短期来看不会出现大问题，但如果没有正确地进行引导，有可能导致未来出现大的纰漏。

2. 理论联系实际的原则

针对人工智能训练师的培养，不能过于注重理论，最为重要的是将理论结合实践，即培、练、反思、理论理解循环迭代，要始终明确培训的目标是解决实际工作中的问题，不能流于表面，让培训成为一种形式和过场。

3. 开放学习的原则

培训除了要专注于当前需要解决的问题，还需要将目光放得更长远，积极引进外部的培训资源，让人工智能训练师低头走路的同时，还要抬头看路，学习其他先进的知识，唯有考虑团队未来的发展和需求的培训，才能真正让团队在当前具备竞争优势，在未来把握住机会。

4. 培训与工作相兼顾的原则

团队在建立培训机制的同时，也不能耽误日常的工作，培训和生产并重，如在时间上错开工作高峰期等，灵活安排培训。

12.2.2 团队培养计划

人工智能训练师团队负责人需要在每一个自然年初，根据团队年度工作目标的要求，结合部门训练师的能力水平及员工职业生涯设计的需要，制订部门员工全年培训计划。在制订培训计划时负责人需要注意如下几点。

1. 年度人工智能训练师培训计划的内容

(1) 培训目标，指希望达到的结果。在制定出总体目标后，还应将总目标分解成若干个分目标，并根据各个分目标的要求，制定若干个相应的培训项目，使人工智能训练师培训的总目标分段化、具体化。

(2) 培训形式，要根据培训的项目和对象来决定。例如，哪些内容是要团队全员培训的，哪些内容只培训特定岗位的人工智能训练师；哪些人工智能训练师是在职培训，哪些人工智能训练师是脱产培训，等等。

(3) 培训具体安排，包括各培训项目的时间、地点，培训的教材，以及培训的方法和方案。

(4) 经费预算。考虑培训的种类、内容、形式、方法等，计算相应的费用，并按不同的项目列出预算表。

2. 培训计划的调研工作内容

要做好团队中人工智能训练师素质方面的普查，切实了解当前部门中人工智能训练师在技巧、思维、管理等各个层面上的水平。

团队负责人要注意对团队短、中期内的训练和业务发展情况进行了解或进行预测；对团队在短、中期内各种岗位训练师的需求数量进行预测；了解各人工智能训练师尤其是重点培养的人工智能训练师个人对培训与发展的要求；了解企业在培训方面的条件和能力，包括师资、培训资料和教材、培训设备及经费等。负责人可使用年度人工智能训练师培训计划表(见表12-11)，列示培训计划的工作内容。

表 12-11　年度人工智能训练师培训计划表

年度：

实施时间	培训内容	受训对象	培训方式	费用预算	备 注

制表：　　　　　　　　　审核：　　　　　　　　　批准：

12.2.3　培训的类别和内容

人工智能训练师培训分为新人岗位培训、在职培训、转岗培训三类。

1. 新人岗位培训

对于新人尤其是应届毕业生，首先要培养他们的工作习惯，其次是工作技能，然后针对岗位技能进行重点打磨，提升专项能力。新人一般需要进行本部门的工作机制、企业品牌、智能服务产品、人工智能技术等通用知识和本岗位工作专业知识的培训，统一工作思路和认知，掌握人工智能训练师应具备的能力，做到沟通顺畅，工作流畅。

(1) 培训内容包括：
- 公司概况、发展历史及公司发展愿景；
- 公司的管理模式、组织结构、高层领导人员及情况介绍；
- 企业文化、公司章程、团队精神、理念，各种规章制度、工作程序、纪律要求；
- 在线机器人产品及技术的相关知识等。

(2) 培训方式包括：
- 培训师授课；
- 播放有关音像视听资料；
- 提供有关制度文本、文件资料，由个人自行阅读；
- 组织到公司办公、生产、生活等区域参观；
- 组织有关活动训练，纪律、制度等方面的知识考核。

需要根据培训的对象来决定培训的内容、重点和方法。例如，应届毕业生及没有工作经历的人员，培训重点应放在基础知识方面；对于有一定的经历和工作经验者，培训重点应放在本公司的企业文化、工作程序等方面，消除其在以往工作经历中消极经验的影响；如果是进入公司将担任重要岗位的人才，培训重点应放在工作方法上，而且培训工作应尽量由公司高层管理者来进行。

2. 在职培训

在职培训的内容包括岗位技能培训和专业知识提升培训。

(1) 岗位技能培训的内容要因人而异，首先可通过绩效评价分析，找出人工智能训练师个人工作绩效不佳的技术性因素，包括知识、技能不足，对工作程序、方法、指令的误解等，进而确定培训的具体内容。岗位技能培训的方式，可根据企业的条件采取多种方式，如专题讲座、实例研讨、学术交流、示范学习等。根据团队短、中、长期工作目标，也可以让各个小组针对人工智能训练师日常工作中发现的问题，实时进行培训。

(2) 专业知识提升培训。人工智能训练师需要重点关注专业知识提升的培训，了解人工智能服务领域各种前沿技术的快速发展。专业知识提升培训的目的是使团队中的各个岗位的人工智能训练师的专业能力和知识水平跟上行业的发展水平，能够更好地迎接未来的挑战。

专业知识提升培训的内容要有针对性、实用性，一方面教学内容应根据特定岗位的需要和人工智能训练师的知识结构缺陷来确定，另一方面培训内容还需能反映出人工智能相关学科、专业或技术领域的最新成果和发展趋势，为人工智能训练师提供必要的知识储备。根据人工智能训练师的情况不同，培训内容、范围、深度、目标、方式等也应有所不同。培训的类型可分为知识补充型、知识扩展型、知识创新型等。

3. 转岗培训

转岗培训是针对人工智能训练师因工作需要从原岗位转换到新岗位时所进行的培训活动，其目的是让人工智能训练师尽快地掌握新的工作技能，以适应新的工作环境。

转岗培训有主动式转岗培训与被动式转岗培训。主动式转岗培训是公司根据对岗位设置变化的预测，提前对需要转岗的人员进行转岗培训，这种转岗培训由于在时间上有提前期，可采取脱产、半脱产或不脱产用业余时间进行培训几种方式。被动式转岗培训是在人工智能训练师已经从原岗位转到了新岗位之后，被动地对这些人员进行转岗培训，这种转岗培训由于时间有限，只能将培训强度加大，一般采用全脱产方式进行。

12.2.4 培训考核管理工具

人工智能训练师负责人在建立培训机制的同时要注意培训考核机制的建立，详细记录员工每次的培训情况，给每位人工智能训练师发送培训授课内容效果调查表，要求人工智能训练师撰写培训总结报告书，从而最大限度地提升培训效果。表 12-12～表 12-14

为培训考核管理工具样表(包括员工培训记录卡、培训授课内容效果调查表、员工个人培训总结报告书),为人工智能训练师提供参考。

表 12-12　员工培训记录卡

姓名		部门		职务	
年龄		学历		专业	
培训记录情况					
培训时间	时数	培训内容	成绩(收效)	备注	

表 12-13　培训授课内容效果调查表

培训师情况	
课程内容	
时间地点	

请按以下内容说出你的看法

课程是否有讲授必要:□非常重要　□尚可　□不必要
课程内容是否满意:□很满意　□一般　□不满意
是否听懂了课程内容:□清楚　□似懂非懂　□不懂
授课方式如何:□很好　□可以　□不好
听后感觉效果如何:□很充实　□一般　□空洞

你很感兴趣的地方是:
(1)
(2)
(3)

应当重点讲授的地方是:
(1)
(2)
(3)

你认为需要改进的工作有哪些:
(1)
(2)
(3)
……

填表人:　　　　　　　　　　　　　　　　　　　　年　　月　　日

表 12-14　员工个人培训总结报告书

报告人员		所属部门	
培训日期		培训方式	
培训内容			

学习过程与心得：

准备如何应用所学：

对实际工作的帮助：

其他建议事项：

12.2.5　培训积分获取

1. 积分类别

人工智能训练师团队负责人可以采取培训积分获取方式对员工培训方案进行管理。培训积分分为两类：A 类积分为接受培训积分；B 类积分是进行授课积分。

针对同职位的人工智能训练师，全年学习培训积分要求有所不同，职级越高，学习培训积分的要求越高。例如，经理级以上的人工智能训练师在达到 A 类积分要求的同时还应达到 B 类积分要求。积分未达标的人工智能训练师将在年底绩效考核时予以扣分，人工智能训练师团队全年各级别学习培训积分目标方案可参考表 12-15。

表 12-15　培训积分目标方案

岗位级别	A 类积分达标值(分/年)	B 类积分达标值(分/年)
部门负责人	20	20
经理级人工智能训练师	25	15
主管级人工智能训练师	30	10
组长级人工智能训练师	35	5
普通人工智能训练师	40	0

2. 积分获得办法

(1) 人工智能训练师作为学员参加培训。
- 公司内部培训。参加公司及集团总部举办的各类讲座、专题培训、研讨会等形式的课程均可申请培训积分。
- 外部培训。人工智能训练师参加完成公司、团队委派的外部培训课程,持《员工培训总结表》及结业证、考试成绩或其他证明材料到公司备案后可申请培训积分。
- 个人业余进修。参加公司认可的业余进修,取得进修合格证明材料后可申报培训积分。
- 业务交流、考察。参加业务交流或考察,持《员工培训总结表》或其他证明材料到公司备案后可申报培训积分。
- 读书分享。行政与人力资源部将根据企业发展及营运需要,有计划地推荐下发员工自学书目,持《员工培训总结表》或其他证明材料到公司备案后可申报培训积分,按照 2 积分/本计算。

(2) 人工智能训练师作为内部讲师进行授课。
- 内部讲师按时完成行政与人力资源部安排的课程,可申报培训积分。
- 内部讲师在部门内部自行组织的培训,备案后可申报培训积分。

3. 积分计算方法

(1) 积分的计算公式为

$$1 \text{ 小时} = 1 \text{ 积分}$$

$$培训积分 = 培训课程积分系数 \times 该培训的净课时数$$

培训课程净课时数除有特别规定,一般一整天按 8 小时计算,如某培训积分系数为 2.0,培训 2 天,净课时数为 16 小时,则员工全程上完该课程可得培训积分 $2.0 \times 16 = 32$ 分。

(2) 培训积分系数确定方法
- 凡时长小于等于 4 小时的内、外部培训均列入短期讲座类培训,短期讲座类的培训积分系数统一计为 1.0。
- 凡时长大于 4 小时的内、外部培训均列入研修类培训,研修类的培训积分系数统一计为 2.0。
- 交流、考察、个人业余进修,培训积分系数统一计为 1.0。
- 对于由多门课程组成并连续进行的系列培训项目(如新进人工智能训练师培训、领导力培训等),积分登记时按每门课程分别登记,培训积分系数为 1.0。
- 经理级及以上人工智能训练师担任内部讲师并获得培训满意度 85%以上,培训积分系数为 2.0,纳入 B 类积分;经理级以下人员担任内部讲师并获得培训满意度 85%以上,培训积分系数为 3.0,纳入 A 类积分。

- 超过规定积分后的积分为原有基础的双倍。
- 其他类别培训按上述标准由部门负责人核定后确定培训积分系数。

4. 不予积分的情况

(1) 人工智能训练师参加培训出勤率少于 70%。
(2) 参加外部培训，应取得结业证书而未能获得结业证书的。
(3) 有培训测试的培训，测试成绩低于 70 分(百分制)的。
(4) 有培训追踪的培训，未能及时填写并上交《培训效果评估表》或评价结果为不满意的。
(5) 内部讲师授课满意度低于 85%的，不可为该讲师积分。

5. 积分考核方法

积分占全年绩效考核的 5%，对没有完成培训积分的人工智能训练师，该绩效分扣除。

12.3　人工智能训练师团队人员考核

在线机器人有着多种类型，不同的类型适合不同的企业、不同的业务、不同的场景，且它的好与坏也将直接影响客户对于整个客服中心甚至整个企业的评价与判断。客服中心的服务指标是企业内部为顾客提供全部服务行为的标准。仅有服务意识并不能保证有满意的服务，企业还要建立一套完整的服务指标作为服务工作的指导和依据。如果说服务意识是服务的软件保证，那么服务指标就是服务的硬件保证。一套客观、可量化、公正的在线机器人服务指标体系不仅是在线机器人提供优质服务的依据，也是在线机器人优化的目标，当体系化的指标建立完成后，人工智能训练师团队、客服中心就可以依据指标全面考核在线机器人服务的情况，更能将指标作为人工智能训练师们的考核、奖惩的依据。

本节将从既往在线机器人衡量指标的实践出发，和各位人工智能训练师们共同探讨如何制定在线机器人的关键指标。

12.3.1　常见在线机器人评价指标

1. 问题预判准确率

用户进线咨询后，在线机器人会对客户可能咨询的问题进行预判。问题预判准确率是机器人预判正确答案在总提问量中的占比。问题预判需要基于用户画像体系，通过长期数据积累，以模型给每个用户添加各种标签，从而提供更个性化、人性化的服务。例如，在线机器人了解用户的性别、情绪类型、近期咨询历史……当用户开始和系统交流时，就会猜到客户要询问的可能是一笔订单的详情，这就是问题预判。如果预判准确的话，客户只需在几次甚至一次的交互中即可获得在线机器人提供的正确解答，从而缩短客户咨询时长。

2. 答案满意度

答案满意度是评价在线机器人的重要指标。在线机器人的问题预判能力、问题识别关联答案能力再强，没有一个令人满意的答案知识库也是徒劳的。只有客户对答案满意，才算是客户问题得到解决。对答案满意度的评价方式是系统在每一次交互后都推送一个评价邀请，获得客户对本次服务的满意度评价。

3. 24小时未转人工率

客户咨询了智能机器人后的24个小时内是否进行人工咨询。目前，整个客服行业采取的策略都是机器人在前端解决大部分简单、重复的问题，在机器人后面则提供人工客服的咨询入口，当客户不满意机器人的答案或者存在机器人解决不了的问题时，可以直接进行人工咨询。

在线机器人的主要职责是为客户提供专业的解决问题的服务，聚焦于业务范围内的解决问题能力。无论是问题预判准确率、问题识别率，还是答案满意度，最终都是帮助在线机器人在尽量少的交互中，直接解决客户问题。因此，在线机器人与客户的交互次数(根据客服机器人的业务范围，机器人解决一个问题与客户交互的平均次数)对于评价机器人的应答能力至关重要。

12.3.2　在线机器人的指标分类

在线机器人的指标分类可以围绕在线机器人训练过程中的客户、运营、技术三个层面展开。在线机器人评价指标体系，如图12-3所示。

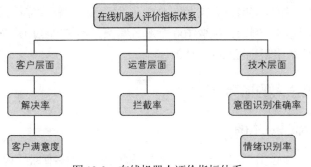

图12-3　在线机器人评价指标体系

1. 客户层面

不论是在线机器人还是人工客服，最核心的评价指标都是客户问题的解决率和客户服务的整体满意度。客户问题的解决率可用智能解决客户问题数量除以在线机器人总提问量得出；客户服务的整体满意度指标可借用人工客服的评价标准，在机器人服务完成后弹出邀评窗口邀请客户评价，通过调研客户对在线机器人的整通会话服务是否满意来进行评价。

2. 运营层面

企业使用在线机器人的重要原因就是其可以省去大量人力成本。由在线机器人完成解答的问题越多，在线机器人的拦截率也就越高，对运营层面来说效果也就越好。因此，机器人对用户咨询的拦截率也是需要重点考察的指标。

拦截率又称分流率，是在线机器人接待客户数量占比客服中心服务总量或在线人工客服服务总量的比值。分流率的指标定义需要结合在线机器人服务范围，若在线机器人初期服务范围定义为简单版在线人工客服，则可以将总量定义为在线人工客服服务总量。

3. 技术层面

意图识别准确率是评测在线机器人的最关键指标。为了准确解答用户问题，在线机器人需要有意图识别的能力。意图识别准确率是在线机器人正确识别客户的问题数量在所有问题数中的占比。当用户咨询时，在线机器人需要根据用户的问句及上下文信息，准确识别出用户的咨询意图，并返回相应的答案。除此以外，为了保证用户体验，还需要借助机器人的情绪识别能力。情绪识别率是指在线机器人正确识别出客户在问答交互过程中的情绪数量在所有识别情绪中的占比。拥有高情绪识别能力的机器人可以判断用户的情绪是正面还是负面、用户负面情绪的程度等，这不仅能够提高客户满意度，还能帮助运营人员对业务进行分析，如判断其刚上线或刚更新的业务的用户反馈情况。

意图识别准确率与情绪识别准确率的统计方式大多是由人工标注得出的。具体操作为随机抽样一定数量服务案例，人工对客户意图进行标注，标注完成后，计算人工标注量与系统判断量的比例。例如，抽取 100 个服务案例，系统判断用户意图的正确数量为 80 个，则该系统的情绪识别准确率为 80%。

12.3.3 在线机器人的指标一览

1. 在线机器人的核心指标

在线机器人的核心指标可以作为整个在线机器人考核指标的内容，具体可参考表 12-16。

表 12-16 在线机器人的核心指标

类型	KPI	说明
量	点击量(PV)	通过在线机器人各入口点击进入的总量
	服务量	客户提问量大于或等于1的会话数量
	提问量	在在线机器人各入口渠道提问的问题总量
	答起量	在线机器人检索到知识的数量
	语义识别量	在线机器人正确理解用户问题的数量
服务	答起率	答起量在提问量中的占比
	语义识别率	语义识别量在提问量中的占比
效率	自助服务占比	在在线机器人已上线的平台中,自助服务占比即服务量减去转人工数所得的值(自助服务用户数)在服务量中的占比

2. 在线机器人的观察指标

当在线机器人逐渐训练成熟之后,可考虑增加在线机器人的核心指标,增加来源可参考在线机器人的观察指标,如表 12-17 所示。

表 12-17 在线机器人的观察指标

类型	KPI	说明
量	点击量(PV)	通过在线机器人各入口点击进入的总量
	服务量	通过在线机器人各入口发言量大于或等于1的客户量
	未使用在线机器人人数	点击量减去服务量得到的即为未使用在线机器人的人数
	转人工量	通过在线机器人各个入口转到人工咨询的数量
	提问量	在线机器人各入口渠道提问的问题总量
	答起量	在线机器人检索到知识的数量
	语义识别准确量	在线机器人正确理解用户问题的数量
	问题解决量	在线机器人正确识别用户意图,且没有推送转人工相关问题的数量
	客户满意量	客户评价在线机器人服务满意的数量
满意	答案有帮助量	在在线机器人每一次回答后,用户点击答案满意的数量
	答案满意度	在在线机器人每一次回答后,用户点击答案有帮助量在用户点击答案有帮助量与答案无帮助量之和中的占比
	客户满意度	客户满意量在客户满意量与客户不满意量之和中的占比
服务	语义识别准确率	语义识别准确量在提问量中的占比
	问题解决率	问题解决量在提问量中的占比
效率	自助服务占比(未转人工率)	在在线机器人已上线的平台中,自助服务用户数(即服务量减去转人工数)在服务量中的占比
	分流占比	服务量在服务量与在线客服咨询量或客服中心整体人工请求量之和中的占比

12.3.4 在线机器人指标管理

人工智能训练师团队根据在线机器人的应答特点，制定对应绩效考核指标，在固定时间、以固定人员对数据指标进行分析，且根据指标完成度对人工智能训练师团队进行考核，以保证在线机器人的高质量服务。在该过程中，所有观察指标建议使用上述表格中的服务指标；基于高绩效目标为每个服务指标制定目标，且有证据证明目标的合理性。

1. 解决率

提高解决率可以从以下两方面入手。

(1) 提高意图识别准确率。解决率和意图识别准确率是相辅相成的，如果意图识别不准确，就谈不上解决问题了。要想提高意图识别准确率，需要进行人工训练及不断调优机器人模型。

(2) 提高知识库的质量。这需要运营人员根据质检情况去优化知识点，包括新增未覆盖到的知识点，合并冗余知识点，将包含多意图的知识点进行拆分，以及对答案进行合理编辑，等等。

2. 拦截率

拦截率的提高可以从以下两方面入手。

(1) 要求机器人能够理解和回答尽量多的用户提问，即提高在线机器人的解决率。

(2) 设置良好的人机协同方式，仅在必要时将用户咨询交由人工处理。

3. 客户满意度

提高客户满意度可以从以下 4 个方面入手。

(1) 提高问题解决率，也就是要提高意图识别准确率。

(2) 提高识别用户情绪的能力。

(3) 直接回答率的提高可在一定程度上提高用户满意度。

(4) 简便的操作可让用户更加满意。

12.4 人工智能训练师团队优化

优化的含义是指让团队训练师能够不断成长和学习，在训练管理工作中不断迭代优化，持续提升。本节为人工智能训练师介绍一些团队优化的方法、策略和建议。

12.4.1 建立人工智能训练师团队知识共享及沉淀管理机制

未来，企业的智能化竞争将会聚焦到知识的竞争。知识包含两个维度：一是针对人；

二是针对机器人。

1. 针对人的知识竞争

针对人的知识竞争,核心在于确保团队成员的高速成长。成长是知识迭代和积累的结果表现,所以人工智能训练师负责人要重视内部人员知识的积累,可以通过公共知识库的方式将各个岗位训练师的技能知识、业务知识沉淀并开放共享,让人工智能训练师能够自发地、简便地获取知识,从而实现个人的成长。

2. 针对机器人的知识竞争

针对机器人的知识竞争,需要关注训练过程中所产生的数据、知识的积累,构建在线机器人、智能化产品的知识护城河。

无论是针对人还是机器人的知识,都要注意安全和保密原则,确保知识的安全性。

12.4.2 人工智能训练师负责人管理建议

1. 身份角色的转化

很多刚刚起步的在线机器人应用团队,人工智能训练师往往只有 1 至 2 人(系统外采),随着效果价值被企业认可,人工智能训练师团队很快就会扩展壮大,此时原有的人工智能训练师大多会作为团队的管理者,但因为人手的问题,即使成为管理者后也依然需要在一定时间内负责一部分实际的训练工作,对于人工智能训练师负责人来说,这个时期一定要注意身份角色的转化。

建议人工智能训练师负责人掌握工作分配的方法:分配工作和任务的时候可以告诉人工智能训练师做这个事情的目的和意义,唤醒人工智能训练师内心做成这件事情的渴望,以启发式的思维帮助新员工梳理训练的框架,最后说明训练交付的结果、结果验收的标准,以及结果交付的时间,剩下的可让员工自由发挥,但在执行过程中一定要在各个节点适当跟进,跟进的时间点需考虑提前量,了解在执行过程中遇到的难点,帮助员工协调资源。在任务结束后的汇总环节,应适当让员工参与,增加他们的参与感和成就感。

2. 学会时间管理

人工智能训练师要学会梳理工作任务之间的重要、紧急关系,具体内容如下。
- 重要且紧急的工作:抓紧做,如果分配给员工,则要重点关注,这部分工作不立刻做就会出现大问题。
- 重要但不紧急的工作:推动着做,但是一定设立好时间节点,否则久拖不做同样会出现问题。
- 不重要但紧急的工作:尽量分配给员工,这部分工作可以不用立刻做。

- 不重要且不紧急的工作：根据具体情况分配给员工做。

3. 转变心态

人工智能训练师负责人要转变自己的心态，不要因为团队中的人工智能训练师在某些专业工作领域超过自己而出现情绪低落的情况，只有摆正心态，才能带领团队走得更远。

4. 长期培养自己的教练式领导

好的管理者就像是一个好的教练，制订训练计划、监督计划执行、严格要求学员、促使学员成长，这需要负责人日积月累地学习和自我培养。

5. 学会专注

人工智能训练师负责人要培养自己的专注力，让自己完全投入其中，享受自我成长、享受每一次把自己逼到绝境的挑战。

12.5 本章小结

本章围绕选拔、培养、考核、优化这 4 个环节介绍人工智能训练师团队管理相关工作。

(1) 选拔：意味着需要选择合适的人工智能训练师人员，人员选择的前提必须要结合团队的组织架构与岗位说明书，前者是企业及业务发展对于人力的要求，后者则是人工是否能够与岗位完美匹配的最初标准。

(2) 培养：注重培育人才，好的人才不如好的培育制度，只有长期有效的培养方案被正确地执行，才能够不断让员工成长，也才能够留住员工。

(3) 考核：员工工作能力的好坏必须要有可以被量化的标准，好的标准设计不仅仅能够正确体现员工的工作价值，还能够持续有效地激励员工，让人工智能训练师能够创造出更高的价值。同时，考核还包括对在线机器人的考核，通过设计科学、客观、量化的考核标准，更好地评价在线机器人的服务水平。

(4) 优化：建立培养体系管理方案，不断对人工智能训练师进行培养和提升，以帮助人工智能训练师团队更好地完成业务目标。

第 13 章

智能服务项目管理

管理者，就必须卓有成效。

——彼得·德鲁克

项目管理是现代组织管理学的一个分支学科，其中包括了成本管理、干系人管理、采购管理、进度管理、质量管理等核心要素。以前，人工智能训练师更多承担了人工智能服务项目管理者的角色，虽然今天人工智能训练师的工作职责被划分得越来越清晰，智能服务的产品线扩充范围更加广泛，但是项目管理的学习同样重要，甚至是人工智能训练师团队负责人的必修课。人工智能训练师在学习相关管理的过程中，应将系统的管理理论与实际应用相结合，在系统掌握项目管理理论的同时，联系日常工作中遇到的问题，反思、迭代，以学促用。

本章将会为人工智能训练师介绍一些智能服务项目管理中比较重要的内容，包括智能服务产品立项、智能服务项目过程沟通、干系人管理、系统采购管理等。

13.1 智能项目立项

对于企业、客服中心来说，无论是自研的还是从外部供应商采购的智能服务产品，人工智能训练师负责人首先要系统地、科学地、全面地对整个智能产品以项目思维进行评估，评估结束后遵循企业中的项目立项流程，提出智能服务产品整体的框架建设计划，再由企业管理层决策同意后，人工智能训练师负责人才能组织团队、获取相应建设资源，开展智能服务产品的训练工作。智能服务产品的立项大致包括立项建议、立项评审、项目筹备三个阶段，如图 13-1 所示。

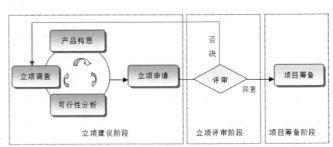

图 13-1　智能服务产品立项的三个阶段

13.1.1 立项建议阶段

立项建议是指人工智能训练师负责人通过撰写《智能服务产品立项建议书》，说明智能服务产品的总体建设构思，通过可行性分析对智能服务产品项目启动的必要性进行论证，分析整个智能服务项目的投资回报及大致建设计划。需要注意的是，负责人对于《智能服务产品立项建立书》的撰写一定不能草率和主观臆断，若立项分析时工作不到位，随着项目不断开展，会出现各种问题，修改项目的成本会非常高。

一般来说，立项建议书需要包括但不限于项目必要性、项目的前景预测、项目建设的必要条件、产品论证、投资回报分析等所有影响项目启动的因素。从实践出发，建议人工智能训练师重点从项目维度论证智能服务产品立项的可行性，从智能服务产品维度论证智能服务产品建设的方法。

1. 项目可行性分析

1) 可行性分析内容

针对智能服务项目维度的可行性分析一般包括：投资回报、技术可行性(内部技术可行性和外采技术可行性)、经济可行性、社会效益、附加效益等的分析。

(1) 投资回报分析。智能服务项目的投资回报分析是立项阶段经济可行性分析中的重要内容，往往也是企业、客服中心领导最关心的内容，因为智能的核心价值就是"降本增效"，如果投资回报不清晰，项目的建设工作就会受到非常大的阻碍。

投资回报分析的主要内容为投资回报率。投资回报率，是指通过投资应返回的价值。智能服务项目的投资回报率越大说明项目越好，越容易得到领导的支持，人工智能训练师获取的资源也就越多。投资回报率的计算公式为

$$投资回报率=(总收益-总成本)/总成本$$

智能服务项目建设属于软件项目建设的一种，其成本是完成软件所需付出的代价，是项目从启动、计划、实施、控制到项目交付收尾整个过程中所有的费用支出。智能服务项目是资产和技术密集型项目，系统硬件、人工、维护等技术含量较高的部分所占成本较多，特别是人的劳动消耗(尤其对于自研智能服务系统的团队)。智能服务项目的成本包括：设备、软硬件购置成本，人工成本，软件开发、系统集成费用，培训相关费用，业务费、差旅费、管理及服务费等显性成本；建设过程中占用企业的管理、财务、办公、运营支持、福利待遇等隐性成本。

人工智能训练师在核算成本时，可以直接从企业财务人员的视角出发，将项目成本划分为：直接成本，即直接归属于项目建设过程中所产生的成本，如培训费用、系统采购费用、运营人员支出、差旅费用等；间接成本，即不直接归属于项目建设过程中所产生的成本，这部分成本往往是在项目建设执行过程中产生的，包括维修成本、管理成本等。

下面介绍一种在线机器人收益计算方式,作为人工智能训练师研究分析项目投资回报的参考。

一般来说,客服中心可以按照从智能服务系统花费的总成本(需区别自研系统和外采系统)、运行智能服务系统需要投入的人力、智能服务系统上线运行稳定后能够解决的最小人力三者之间的关系来计算项目成本和预计收益(在线机器人节约的人力成本)。详细计算可以参考在线机器人收益计算表(见表13-1)。

在线机器人端通过收集信息,预测在线机器人转人工数量、在线机器人解决比例、人工客服平均服务数量、在线机器人可替代人工客服数量、在线机器人上线后增加人数、在线机器人综合节约人数、人工客服人均成本、在线机器人年均节约人力成本、在线机器人系统成本,最终得出在线机器人的投资回报值。

在线机器人节约人力成本的计算过程为:根据机器人接入上线后的日均工作量、原来该业务场景下人工客服的工作量,剔除时间因素的干扰(在线机器人的工作时间为7×24小时,而单一人工客服的工作时间为5×8小时),得出机器人所能够节省的人力,然后去除机器人所投入的运营人力成本,最终计算出在线机器人节约人力成本。

表13-1 在线机器人收益计算表

收益测算项目	最小值	最大值
在线机器人转人工数量/次		
在线机器人解决比例/%		
在线机器人可替代人工客服数量/人		
人工客服平均服务数量/次		
在线机器人上线后维护人员数/人		
在线机器人综合节约人数/人		
人工客服年均直接成本/元		
在线机器人年均节约人力成本/元		
在线机器人系统成本/元		
合计/元		

注:为保证计算结果的准确性,可以综合业务高峰和业务平稳期间的数据,并且将每一个核算值都取最大值和最小值中的均值,从而保证结果数据的客观性。

(2) 技术可行性分析。在线机器人的研发分为自研系统和外采系统两种。针对自研情况,需要明确企业的技术团队能否在给定的时间和限制的范围内设计出预期的智能系统并实现必需的功能和性能。另外,还需要从企业自身考虑能否建立上述产品开发所必需的技术团队,是否存在人力资源不足、技术能力欠缺的问题,是否可以通过外包、招聘、培训等方式获取对应的技术人员,技术能力、相关技术的发展趋势是否支持该项目的开发,市场上是否存在支持该技术的开发环境、平台和工具。针对外采系统则相对简单,聚焦于下文中产品维度的可行性分析即可。

(3) 经济可行性分析。经济可行性分析主要是支出分析,这一点对于一些规模较小的企业至关重要。自研团队建设就是一种典型的支出,需要核算出理想情况下建设系统的最长周期,这意味着建设研发团队的工资、福利等支出必须维持到建设完成,若没有考虑到这些,未提前核算相关的现金储备和资金压力,往往会导致研发团队中途解散,极端情况下整个系统建设项目都会直接归零,这对于企业和客服中心来说都是非常严重的损失。除此以外,还要结合支出的敏感变化要素,即当建设过程中一些关键因素发生变化时,这些要素会对支出产生非常大的影响。

(4) 其他可行性分析。除上述经济方面的分析外,人工智能训练师还可以从项目的社会效益和附加效益方面考虑。社会效益是指通过智能化手段提升服务能力后,企业的服务承载将得到较大提升,因为国内不同行业的企业往往会承载不同的社会责任,如关乎民生且属于半垄断性质的企业(企业提供的产品和服务占该领域绝大多数的份额),服务效率的提升不仅有益于企业自身规模的发展,还能够抛开原来服务成本的限制提供更多利于民生的服务。附加效益则是根据智能服务产品性质不同而产生的,如偏向营销性质的智能服务项目,在降低成本的同时还能够提升企业的销售额,这就属于该项目的一种附加效益。

2) 项目可行性分析阶段

可行性分析的工作不是一次到位,需要人工智能训练师投入大量的精力。项目可行性分析一般分为:初步可行性分析、详细可行性分析、可行性分析报告撰写三个基本阶段。

(1) 初步可行性分析,包括:①初步估计和确定项目,分析项目的收益;②确定产品中的关键技术及核心问题是否需要解决,并初步分析是否必须进行辅助研究,以解决产品的核心问题,同时判断是否具备必要的技术实现条件、人力条件,以及市面上是否有可以复用到企业客服中心的成功案例;③形成初步可行性分析报告。

(2) 详细可行性分析。完成初步分析后,人工智能训练师需要对项目在技术、经济、社会运行环境、法律等方面进行深入的调查研究分析,这是一项费时费力且重要程度非常高的工作,特别是大型或比较复杂的项目更是如此。详细可行性研究要注意以下几点:①需求与分析之间匹配,每个企业、客服中心都有不同的发展目标,同时每个领导也都会有自己不同的考量,详细调研分析前需要明确需求,做到需求与分析之间的匹配;②现有资源情况分析,包括硬件设备、软件系统等的种类与数量,以及这些资源的使用和更新情况。

(3) 最后汇总所有可行性分析结果,根据企业的报告文档要求撰写可行性分析报告。具体规范包括:①撰写格式上,要先写概述,包括智能服务项目建设的背景资料和经济意义、项目建设的大致范围、项目交付具体成果、种类和数量;②设计初步技术方案,确定项目的总体和详细目标范围、总体的结构和组成、核心技术和关键问题,产品的功能与性能;③做出项目实施进度计划建议和投资估算资金筹措计划。

2. 产品可行性分析

产品维度的可行性分析一般包括：产品选型和产品建设。智能服务产品有很多类型，即使是在线机器人，也会因为偏向不同，做出不同的选择。针对产品维度，人工智能训练师首先要分析产品选型，具体选型可以结合前面章节的知识点；其次是选型确认后，进行系统建设分析。无论是供应商外采还是自主研发，都建议人工智能训练师采用沙盘模拟的方式，将建设项目和产品整体模拟演算一次，详细考虑两种类型对智能服务产品建设的适用性，从先进性、适用性、合理性、营利性、可能性、风险性等方面进行全面科学的综合分析，为项目决策提供客观依据。

13.1.2 立项评审阶段

当完成所有项目的立项准备，并获得客服中心关键领导认可和同意后，人工智能训练师就可以请客服中心的相关领导、项目管理部门组成评审委员会对项目的立项进行评审。一般来说，评审委员会会根据人工智能训练师所编写的《立项建议书》《立项调查报告》《立项可行性分析报告》等立项必要材料及立项建议小组的答辩，结合机构的实际情况(发展战略、资金、人力资源等)，对《立项建议书》提出相应的改进意见，确认无误后，进行立项的投票表决。

13.1.3 项目筹备阶段

当立项确认后，人工智能训练师负责人(或者项目中其他关键人物，如研发团队负责人)一般会被企业任命为项目经理，全权负责该项目的建设推进工作。任命完成后，人工智能训练师负责人应该马上进行项目筹备，思考和获取智能服务项目建设所有必需的资源(所需资源一般在立项过程中就会体现，包括人、财、物三个方面)。需要注意的是，若项目所需资源缺失，人工智能训练师负责人应该积极行动，争取资源早日到位，并尽快投入建设。

13.2 智能服务项目沟通模型

在智能服务项目建设的全生命周期管理中，沟通、协调是占比最多的工作，一般来说会占据人工智能训练师负责人70%的时间。好的沟通能够确保信息被及时且恰当地规划、收集、生成、发布、存储、检索、管理、控制、监督和处置，助力项目成功。项目建设中的协调和沟通，既体现在负责人对人工智能训练师团队内部的沟通，还体现在从团队角度与所有外部干系人之间架起一座桥梁，把不同文化背景和组织背景、不同技能水平、不同观点和利益的各类干系人联系起来。沟通是决策和计划的基础，是组织和管理控制过程的手段，是建立和改善人际关系必不可少的条件。

13.2.1 沟通管理

人工智能训练师负责人可以从三个方面进行沟通管理，即规划、管理、控制。规划沟通，即确定项目干系人的智能需求，选择合适的沟通方式，制订沟通计划的过程，具体工作内容包含收集信息、加工信息，确定项目沟通需求，确定沟通的方法，编制项目沟通规划等。管理沟通，即根据沟通管理计划，生成、收集、分发、储存、检索及最终处置项目信息的过程。控制沟通，是对沟通进行监督和控制的过程，确保满足智能服务干系人对信息的需求。

13.2.2 沟通模型

想要进行沟通管理，需要先对沟通模型有所了解。沟通模型包含沟通原则、沟通过程、沟通渠道、沟通技巧等。

1. 沟通原则

对于人工智能这种具备一定知识门槛项目的沟通，经常会出现沟通双方存在认知偏差的情况，因此最好的沟通方式就是当面沟通，有问题可以通过现场白板、PPT 演示等当即解决。这也是很多负责人会把一些特定岗位的人工智能训练师搬到研发团队的办公场地办公的原因，核心目的是避免沟通中的信息失真而导致项目受阻的情况出现。

2. 沟通过程

沟通发起人，将需要沟通的信息进行编码(文字短信、语音信息、视频演示都是编码构成的)，通过特定的信道(微信、邮件、电话等)传递给接收者，在传递过程中尽量避免噪声(所有影响信息传递的要素都能定义为噪声)，接收者进行解码、理解，最后做出反馈。沟通过程如图 13-2 所示。

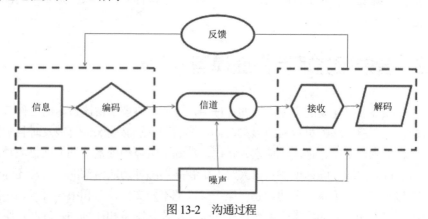

图 13-2 沟通过程

3. 沟通渠道

沟通渠道分为正式沟通渠道和非正式沟通渠道，具体形式如表 13-2 所示。

表 13-2　信息沟通渠道

沟通形式		正式的	非正式的
语言沟通	口头方式	演讲、报告、汇报、谈判、会议	谈话、电话、打招呼
	书面方式	合同、报告、会议纪要、报表、备忘录	笔记、便条
非语言沟通		手语、信号灯、音乐	表情、声调、拥抱、握手
工具沟通		电话、传真、E-mail、手机、面对面、快递、微信	

（1）正式沟通渠道，是指在组织系统内，依据一定的组织原则所进行的信息传递与交流。正式沟通的优点是沟通效果好，比较严肃，约束力强，易于保密，可使信息沟通保持权威性，重要的信息传达一般都采用这种方式；其缺点是由于依靠组织系统的层层传递，所以沟通速度较慢。企业中常见的正式沟通渠道包括文件、邮件等。

（2）非正式沟通渠道，指的是正式沟通渠道以外的信息交流和传递渠道。非正式沟通的优点是沟通不拘形式，直接明了，速度快；其缺点是信息传达不够正式，不具备强约束性，可能导致团队出现小集团、小圈子，影响人心稳定和团体凝聚力等。另外，非正式沟通能够发挥作用的基础是团队中良好的人际关系，常见的非正式沟通渠道有微信、各类非职场社交 App 等。

4. 沟通技巧

人工智能训练师在沟通管理过程中，还需要学习一些常见的沟通技巧：

（1）观察，判断对方的情绪、眼神、手势动作、肢体语言、腔调等；

（2）倾听，关键内容的正面反馈（复杂问题记笔记）；

（3）表达，多肯定、少否定，多赞扬、少批评；

（4）反馈，描述情绪，表达感受，提出意见，征询意见；

（5）共鸣，表现真诚，鼓励对方，产生信赖。

13.2.3　应避免的沟通方式

沟通失败有很多原因，负责人应注意这些行为，了解其中的原因，并且努力避免沟通失败的发生。在一些人工智能训练师团队中，很容易出现因为负责人本身沟通的坏习惯而导致项目最终失败的情形。下面列出一些常见的沟通坏习惯并给出建议。

1. 缺乏澄清

失败的沟通往往是想当然地认为对方应该会很容易理解自己的意思。良好的沟通习惯是首先注意到这个认知的差异，注意在沟通中把自己的意思分段地、慢慢地、浅显地表达给对方，或者利用示意图进行阐述，理解了第一段再进入第二段，直到对方粗略理解了你要表达的大概意思为止。你自己已经理解的东西并不能代表对方就能马上理解，或完全透彻地理解，认知需要建立在实践基础上，并且需要一个过程。例如，你已经研究了客户转人工的几种情形，然后和人工智能训练师沟通转人工处理方案，而人工智能训练师可能会在没有先划分转人工情形的情况下就直接认为转人工是因为机器人的服务能力不行。

2. 没有倾听

很多比较强势的人工智能训练师负责人往往喜欢自己讲，不给其他人工智能训练师发言的机会，但实际上负责一线工作的人工智能训练师，他们每天都在处理各种事件，也会总结很多新的执行方案。因此，负责人应多与人工智能训练师沟通，倾听他们的建议和想法，以便总结出更新、更实用的项目处理方案。

3. 对人不对事

人工智能训练师负责人一定要注意对事不对人的原则，即只沟通事情的处理方案和结果，而不是纠结个人的习惯，以及其与产生的问题之间的关系。

4. 不爱沟通

人工智能训练师负责人喜欢埋头干活，遇到状况了才沟通，而不是主动沟通，往往会给人工智能训练师团队成员树立很不好的沟通榜样。负责人应该在沟通方面起到表率作用，一定要有积极的沟通欲望，从而带动团队的沟通协调。

13.3 干系人管理

干系人管理是为了识别能影响项目或受项目影响的全部人员、群体组织，分析干系人对项目的期望和影响，制定合适的管理策略，有效调动干系人参与项目决策和执行。人工智能训练师团队负责人应做好干系人管理，得到更多有影响力的干系人的支持，为团队赢得更多的资源。

13.3.1 制作干系人登记册

为方便记忆，人工智能训练师团队负责人可以使用干系人登记册，记录项目中所有相关干系人，并详细记录每一位干系人与本项目的利益关系、参与度、影响力，以及对项目成功的潜在影响等要素。干系人登记册模板，如表 13-3 所示。

表 13-3　干系人登记册

项目名称：　　　　　　　　　　　　　　　　　　　准备日期：

姓名	职位	角色	联系信息	需求	期望	影响	分类	估算作用	策略

其中，分类是指干系人与项目的关系，可包含不知晓、抵制、中立、支持、领导等类型(见表 13-4)，也可根据实际情况填写。

表 13-4　干系人参与程度分类

分类	参与程度
领导	知晓项目和潜在影响，积极致力于保证项目成功
支持	知晓项目和潜在影响，支持变更
中立	知晓项目，既不支持也不反对
抵制	知晓项目和潜在影响，抵制变更
不知晓	对项目和潜在影响不知晓

13.3.2　干系人分析

人工智能训练师负责人要对干系人进行详细分析，包括对基本信息、评估信息、干系人的分析。由于整个项目生命周期中干系人可能发生变化，所以在项目推进过程中要定期查看、更新干系人登记册。基于干系人及其需求、利益及对项目成功潜在影响进行分析，制定合适的管理策略，确保干系人能够参与智能项目建设的关键节点。为有效调动干系人参与而制定的管理策略通常包括：

(1) 关键干系人的所需参与程度和当前参与程度；
(2) 干系人变更的范围和影响；
(3) 干系人之间的相互关系和潜在关系；
(4) 项目现阶段的干系人沟通需求；
(5) 需要分发给干系人的信息；
(6) 分发相关信息的理由，以及可能产生的影响；
(7) 向干系人发送信息的频率和时限；
(8) 随着项目的进展，更新和优化干系人管理计划。

13.3.3 干系人分类

对干系人的管理，人工智能训练师可借助干系人权力利益方格，如图 13-3 所示。根据干系人的职权大小和对项目结果的关注(利益)程度进行分类，并针对不同类型干系人进行分别管理。

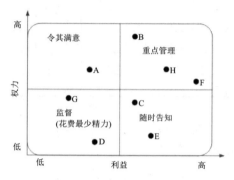

图 13-3 干系人权力利益方格

我们以权利方格中的纵坐标表示干系人的权力大小，横坐标表示干系人的利益高低，能够得出 4 种分类。

(1) 低权利/低利益方格：此类干系人对智能服务项目的影响最低。对于此类干系人，人工智能训练师只用花费最小精力进行监督式管理即可。

(2) 低权利/高利益方格：此类干系人对智能服务项目的影响最高，一般会为智能服务项目的关键指标负责。对于这一类型的干系人，人工智能训练师应该采用随时告知智能服务项目的进展方式进行管理。

(3) 高权利/低利益方格：此类干系人对智能服务项目的权力最大，他很有可能是智能服务项目团队成员的直属领导，这种情况一般出现于客服中心没有专业的人工智能训练师团队，从业务部门中抽调精英以职能型方式构建的智能服务项目团队中。对于此类干系人，人工智能训练师要尽力令其满意，如此才能保证干系人的权利对智能服务项目形成正向影响。

(4) 高权利/高利益方格：智能服务项目与此类干系人的联系最为紧密，无论是干系人的权利还是利益，都与项目有最直接的关联。人工智能训练师需要将管理重心放在这一群体。

13.3.4 确保干系人参与项目

在项目执行期间一定要保障特定的干系人能够参与到项目的建设中：
(1) 调动干系人适时参与项目，以获得或确认他们对项目成功的持续承诺；
(2) 通过协商和沟通管理干系人的期望，确保项目目标实现；
(3) 处理尚未成为问题的干系人的关注点，预测干系人未来可能提出的问题；

(4) 识别和讨论这些关注点,以便评估相关的项目风险;

(5) 澄清和解决已经识别出的问题。

13.4 系统外包与采购管理

智能服务产品研发大概分为三种:自主研发、采购、外包开发。无论采用何种方式,人工智能训练师负责人在实际过程中都需要遵循科学、全面的管理方案,确保项目顺利实施。本节详细讲解智能系统的外包管理和采购管理,目的是帮助人工智能训练师选择合适的智能服务系统承包商和供应商,并依据合同进行有效的管理。

智能服务产品研发是一个高速变化、新技术层出不穷的行业,又是人力资源成本相对较高的行业。企业客户中心既可以自己组建成熟稳定的研发团队,也可以采用外包和采购形式来获取待开发产品的部件,最大限度地从社会分工合作、资源共享中获益。一般在立项阶段,人工智能训练师负责人应当进行"自研—外采的决策",确定智能服务项目的各部分应当采购、外包开发,还是自主研发。决策模型执行流程,如图 13-4 所示。

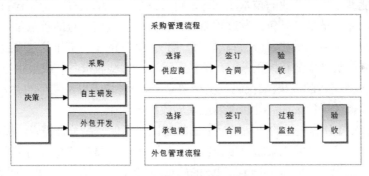

图 13-4 决策模型执行流程

13.4.1 外包管理

外包管理是从多个候选承包商中选择最合适的承包商,与其签订外包开发合同,并依据合同监控外包开发过程和验收成果,具体步骤如下。

(1) 人工智能训练师团队负责人可以邀请一些项目成员、研发专家、咨询专家、财务人员、市场人员等组成临时的外包管理小组,人工智能训练师负责人为该小组的负责人。

(2) 在立项阶段,领导层需要进行研发或采购决策,确定需要外包的产品部件(通称外包项目)。

(3) 由外包管理小组起草《外包开发竞标邀请书》,主要内容包括:外包项目基本信息、外包产品部件的详细说明、要求和约束;制定承包商评估标准,包括开发方案是否令人满意、开发周期是否可以接受、性能价格比如何、能否提供较好的服务(维护)、是否具有开发相似产品的经验、承包商以前开发的产品是否有良好的质量、承包商的开发能力与管理能力如何、承包商的资源(人力、财力、物资等)是否充足并且稳定、承包商的信誉如何、承包商是否已经取得业界认可的证书、承包商的地理位置是否合适。

(4) 考虑承包商的属性情况。例如，大型供应商有成熟案例，技术成熟，但其有特定的流程，在配合的灵活度方面可能有一定的影响；小型供应商配合灵活程度更高，但其技术积累和后续服务的延续性需要重点考虑。

(5) 采用邀请竞标或定向邀请方式，外包管理小组按照承包商评估标准对候选承包商进行粗筛选，剔除明显不合格的承包商。在此评估过程中，外包管理小组可能要和候选承包商进行交流(面谈、电话交谈、产品演示、产品试用等)。将评估结论记录在《承包商评估报告》之中，逐一评估候选承包商的综合竞争力，给出排名。

(6) 通过群体决策确定最合适的承包商。双方确认承包金额和付款方式、产品交付方式和交付日期、违约处理、开发计划、监控计划、验收计划、维护计划，签订智能服务产品的开发合同。

(7) 在实际外包开发的过程中，人工智能训练师负责人应该自己或者指派有技术背景的人工智能训练师与企业的技术团队一道进行外包开发的监控，定期检查承包商的开发进展情况，并记录到《外包开发过程监控报告》中。进展检查的重点是：实际进度是否与计划相符；承包商的投入(人力、物力、财力)是否充分；在开发完成后进行开发产品的外包部分的质量检测和纠正偏差，确认无误后进行验收准备、成果审查，验收人员审查承包商应当交付的成果(如代码、文档等)，确保这些成果是完整的并且是正确的。验收人员将审查结果记录在《外包开发成果验收报告》中。

(8) 验收人员对待交付的产品进行全面的测试，确保产品符合需求。验收人员将测试结果记录在《外包开发成果验收报告》中。如果验收人员在审查与测试时发现工作成果存在缺陷，则外包管理小组应当视问题的严重性与承包商协商，给出合适的处理办法。如果工作成果存在严重缺陷，则退回给承包商，承包商应当给出纠正缺陷的措施，双方协商第二次验收的时间。如果给验收方带来损失，应当依据合同对承包商做出相应的处罚。如果工作成果存在一些轻微的缺陷，则承包商应当给出纠正缺陷的措施，双方协商是否需要第二次验收。

(9) 当所有的工作成果都通过验收后，承包商将其交付给外包管理小组，双方的责任人签字认可。人工智能训练师负责人通知本机构的财务人员，将合同余款支付给承包商。

13.4.2 采购管理

采购主要面向市面上已经有的、成熟且企业需要的智能服务产品。采购智能服务产品，需要人工智能训练师团队负责人从多个候选供应商中选择最合适的供应商，与其签订采购合同，并依据合同验收产品部件。在采购前，人工智能训练师团队负责人需要执行供应商评估标准，具体标准可以参考外包管理中的评估标准，剩余内容与执行流程基本与外包管理一致。

在采购中需要注意的是，虽然很多企业有特定的采购流程和采购部门，但由于智能服务系统的专业性较高，所以一般需要组建采购小组，由研发团队负责人、人工智能训练师团队负责人共同参与采购过程。

13.5 本章小结

对于智能服务项目的管理者来说，项目管理的核心就是在有限的成本、时间内，通过管理技巧、控制项目执行的方式确保最终交付的智能服务产品质量最好，以求让所有关系人尤其是重点干系人满意。

第 14 章

智能服务产品管理

> 无法评估，就无法管理。
>
> ——琼·玛格丽塔

智能服务产品管理是智能服务项目能够成功上线的关键因素之一，尤其对于采用自主研发建设方案的企业来说更加重要。智能系统建设一般由研发团队负责，但如果由人工智能训练师负责人担任项目经理的角色，那么了解产品开发管理流程和关键节点是非常必要的。本章将从人工智能训练师的角度出发为大家介绍一些产品开发管理的重点内容。

14.1 产品生命周期

产品生命周期是产品管理中的重要概念和基础认知。智能服务系统的生命周期囊括系统规划、系统开发、系统上线、系统训练、系统下线5个阶段。

14.1.1 系统规划阶段

智能服务产品规划阶段的任务是对企业发展环境、目标及现有系统的状况进行初步调查，根据企业客服中心目标和发展战略，确定智能产品的发展战略，对建设新产品的需求做出分析和预测，同时考虑建设新产品所受的各种约束，研究建设新产品的必要性和可能性，输出智能服务系统的建设方案，并对建设方案进行可行性研究，写出建设方案的研究报告，报告审议通过后，将新系统建设方案及实施计划编写成系统设计任务书。

14.1.2 系统开发阶段

智能服务系统的开发分为系统分析和系统设计两个阶段。

1. 系统分析阶段

系统分析阶段的任务是根据系统设计任务书所确定的范围，确定智能系统的基本目标和逻辑功能要求，即提出系统的逻辑模型。系统分析阶段又称逻辑设计阶段，这个阶段是整个系统建设的关键阶段，工作成果体现在系统说明书中。人工智能训练师可以通过系统说明书了解未来建设完成的智能服务系统功能，当系统上线后也可根据系统说明书验收智能服务系统。

2. 系统设计阶段

系统分析阶段的任务是回答系统"做什么"的问题，而系统设计阶段则是要回答"怎么做"的问题。该阶段的任务是根据系统说明书中规定的功能要求，结合实际条件，设计实现逻辑模型的技术方案。

14.1.3 系统上线阶段

系统上线是将设计的系统付诸实施的阶段。这一阶段的任务是由一组具有逻辑关系的活动集组成，包括智能服务产品开发、服务器硬件购置、系统部署、人员培训等。每一个活动通常以一个或多个交付成果的完成为结束。这些活动之间有如下三种基本关系。

(1) 并发关系：在并发关系中，可以同时启动多个活动。这种关系的优势在于项目整体进度提升，但有时候因为受限制于项目资源，无法做到多个环节同时启动，这时人工智能训练师负责人要注意精心安排不同资源的使用时间、合理组织活动之间的关系。

(2) 顺序关系：在顺序关系中，一个活动只能在前一活动完成后开始，产品开发的多个活动完全按照顺序排列。这种关系能够降低不确定性，但所有的活动顺序都被规定好了，不具备太多的灵活性。

(3) 交替关系：在交替关系中，一个活动在前一个活动完成前就开始。交替活动比较灵活，但每一个流程的顺序不确定，存在一定的失败可能性。

系统上线是按实施计划分阶段完成的，每个阶段应写出实施进展报告，便于管理控制。系统完成后，还需要进行相关的测试，并提交系统测试分析报告。

14.1.4 系统训练阶段

智能服务产品上线运行后，人工智能训练师团队工作的重心要转移到系统使用过程中的评价环节(分流率、满意度等)，收集问题数据，配合相关研发人员实施阶段训练工作，不断提升系统能力。

智能服务系统在其生命周期中不断迭代维护，同时因为服务系统所具备的服务属性，很多人工智能训练师较难接触到系统下线阶段，这里就不多做介绍了。

14.2 智能服务产品开发概述

14.2.1 智能服务项目开发周期

智能服务项目的起点是采购或自研,首次使用该类产品的企业或者客服中心一般采用外采方式,在产生了相应的经济价值且外采智能产品功能无法满足需求的时候,企业往往会进入自研阶段,这时人工智能训练师负责人的精力更多要放在开发管理中。人工智能训练师尤其要关注产品开发过程中的风险关系变化。随着系统开发工作的推进,项目的风险与不确定性逐渐降低,而项目变更的代价逐渐升高,如图14-1所示。

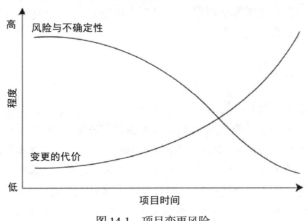

图 14-1　项目变更风险

14.2.2 智能服务产品开发模型

产品开发模型是指产品开发全部过程、活动和任务的结构框架。智能服务产品开发模型基本上继承于软件开发模型,软件开发包括需求、设计、编码和测试等阶段,有时也包括维护阶段。软件开发模型能清晰、直观地表达开发全过程,明确规定了要完成的主要活动和任务,用来作为软件项目工作的基础。对于不同的智能服务产品,可以采用不同的开发方法、使用不同的程序设计语言、各种不同技能的人员参与工作、运用不同的管理方法和手段等,以及采用不同的工具和软件工程环境。

软件开发模型是对软件过程的建模,即用一定的流程将各个环节连接起来,并可用规范的方式操作全过程,好比工厂的生产线。以下是一些常见的智能服务开发模型。

1. 边做边改模型

在边做边改模型(build-and-fix model)中,既没有规格说明,也没有经过设计,产品随着需要一次又一次地不断被修改。一般来说,这样的开发和研究方式适合一些智能训练的小工具。例如,分类、聚类、数据简单清洗的工具。在这个模型中,技术团队拿到项目立即根据需求编写程序,调试通过后生成软件的第一个版本。在提供给人工智能训练师使用后,如果程序出现错误,或者人工智能训练师提出新的要求,开发人员要重新修改代码,直到用户满意为止。

这是一种类似作坊的开发方式,对编写几百行的小程序来说还不错,但对于需要投入一定规模的产品开发来说,存在诸多问题:缺少规划和设计环节,产品的结构随着不断的修改越来越糟,导致无法继续修改,最终使产品下线;忽略需求环节,开发环节中存在很大的风险;没有考虑测试和程序的可维护性,也没有任何文档,若是原有设计人员离职,产品的维护将十分困难。

2. 瀑布模型

瀑布模型(waterfall model)将软件生命周期划分为制订计划、需求分析、软件设计、程序编写、软件测试和运行维护6个基本活动,并且规定了它们自上而下、相互衔接的固定次序,如同瀑布流水,逐级下落,如图14-2所示。

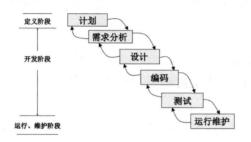

图 14-2 瀑布模型示例

在瀑布模型中,软件开发的各项活动严格按照线性方式进行,当前活动接受上一项活动的工作结果,完成所需的工作内容。当前活动的工作结果需要进行验证,如果验证通过,则该结果作为下一项活动的输入,继续进行下一项活动,否则返回修改。

瀑布模型比较强调文档,并要求每个阶段都要仔细验证,所以开发过程中会存在缺乏灵活性的问题。由于开发模型是线性的,人工智能训练师只有等到整个过程的末期才能见到开发成果,导致早期的错误可能要等到开发后期的测试阶段才能被发现,从而增加了开发的风险。

3. 快速原型模型

快速原型模型(rapid prototype model)的第一步是建造一个快速原型,实现人工智能训练师或未来用户与系统的交互,人工智能训练师对原型进行评价,进一步细化智能服务产品的需求。通过逐步调整原型,使其满足人工智能训练师的要求,开发人员可以确定干系人、人工智能训练师、客户的真正需求,在此基础上能够保证最终所开发的产品是干系人满意的产品。

4. 增量模型

增量模型(incremental model)又称演化模型，在该模型中软件被作为一系列的增量构件来设计、实现、集成和测试，每一个构件都是由多种相互作用的模块所形成的、提供特定功能的代码片段构成的。增量模型在各个阶段并不是交付一个可运行的完整产品，而是交付满足客户需求的一个子集的可运行产品。整个产品被分解成若干个构件，开发人员逐个构件地交付产品，这样做的好处是软件开发可以较好地适应变化，干系人、人工智能训练师可以不断地看到所开发的软件，从而降低开发风险。但是，该模型也存在整体难以控制等缺陷。

在使用增量模型时，第一个增量往往是实现基本需求的核心产品。核心产品交付用户使用后，经过评价形成下一个增量的开发计划，它包括对核心产品的修改和一些新功能的发布。这个过程在每个增量发布后不断重复，直到产生最终的产品。例如，使用增量模型在线机器人，可以考虑第一个增量发布基本的关键词识别回复功能，第二个增量发布增加客户问题识别的扩展能力，第三个增量实现客户问题识别准确度等。

5. 螺旋模型

螺旋模型(spiral model)是将瀑布模型和快速原型模型结合起来，强调了其他模型所忽视的风险分析，特别适合大型复杂的系统。螺旋模型，如图14-3所示。

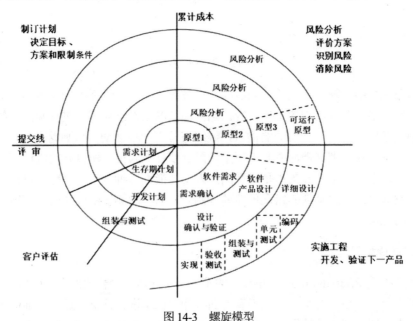

图14-3 螺旋模型

螺旋模型沿着螺线进行若干次迭代，图中的4个象限代表了以下活动：
(1) 制订计划，确定软件目标，选定实施方案，弄清项目开发的限制条件；

(2) 风险分析，分析评估所选方案，考虑如何识别和消除风险；
(3) 实施工程，实施软件开发和验证；
(4) 客户评估，评价开发工作，提出修正建议，制订下一步计划。

螺旋模型加入了风险评估与分析，在开发过程中强调开发方案和约束条件，即风险因子之间的关系，从而最大限度地支持智能系统软件开发。有助于将软件质量作为特殊目标融入产品开发之中。但是，螺旋模型也有一定的限制，它强调风险分析，并要求人工智能训练师、干系人接受和相信这种分析，并做出相关反应。因此，这种模型往往适用于内部的大规模软件开发。

6. 喷泉模型

喷泉模型(fountain model)也称面向对象的生存期模型。该模型比传统的结构化生存期具有更多的增量和迭代性质，生存期的各个阶段可以相互重叠和多次反复，而且在项目的整个生存期中还可以嵌入子生存期。

7. 混合模型

混合模型(hybrid model)又称过程开发模型或元模型，是把几种不同模型组合成一种混合模型。该模型允许一个项目能沿着最有效的路径发展。

实际上，大多数智能服务系统都是使用几种不同的开发方法组成的混合模型。

14.3 智能服务产品风险管理

智能服务产品本质上是由机器程序为客户提供服务，从事服务行业尤其是金融领域与客户钱财物打交道的服务，在保证专业的同时还需要注意安全与风险的管理。安全与风险管理分为两个部分：一是覆盖产品开发过程；二是覆盖业务规划的各个领域，包括上线后服务场景、知识流程的风险管理。智能服务系统开发过程中需要注意的风险管理内容如下。

风险管理在项目的生命周期内体现在循环执行风险识别、风险分析、风险减缓和风险跟踪，直到项目的所有风险都被识别与解决为止，所有可能产生影响系统的因素都称为风险。风险存在可能发生也可能不发生的特性。应对风险，人工智能训练师往往有两种方式：一是被动应对，当风险发生后进行补救；二是主动应对，即当风险还未发生前，积极防护。

1. 量化风险等级

风险管理前，人工智能训练师需要量化风险等级，明确每一种风险的危害，采取不同的应对处理措施，否则面对风险很容易手足无措，进而影响正常工作的开展。人工智能训练师可以通过梳理风险严重性分析表(见表 14-1)、风险可能性分析表(见表 14-2)、风险系数参数表(见表 14-3)，作为进行风险划分工作的参考。

表 14-1 风险严重性分析表

风险事件	风险严重性等级	严重程度描述
A	很高(5 分)	例如，导致开发进度延误大于 30%
B	比较高(4 分)	例如，导致开发进度延误 20%~30%
C	中等(3 分)	例如，导致开发进度延误低于 20%
D	比较低(2 分)	例如，导致开发进度延误低于 10%
E	很低(1 分)	例如，导致开发进度延误低于 5%

表 14-2 风险可能性分析表

风险事件	风险可能性等级	可能概率描述
A	很高(5 分)	风险发生的概率为 1.0~0.8
B	比较高(4 分)	风险发生的概率为 0.8~0.6
C	中等(3 分)	风险发生的概率为 0.6~0.4
D	比较低(2 分)	风险发生的概率为 0.4~0.2
E	很低(1 分)	风险发生的概率为 0.2~0

表 14-3 风险系数参数表

风险事件	风险严重性	风险可能性				
		很高(5 分)	比较高(4 分)	中等(3 分)	比较低(2 分)	很低(1 分)
A	很高(5 分)	25	20	15	10	5
B	比较高(4 分)	20	16	12	8	4
C	中等(3 分)	15	12	9	6	3
D	比较低(2 分)	10	8	6	4	2
E	很低(1 分)	5	4	3	2	1

人工智能训练师通过对风险事件的严重程度、发生可能概率进行分析后，计算出每一个风险事件的风险系数，并定义不同风险系数的处理态度，如风险事件 A 的风险系数为 25，应该要马上处理，这样能够更加科学地管理产品开发过程的风险事件。

2. 风险管理活动

风险管理活动包括如下 4 项内容。

(1) 风险识别：根据风险检查表，识别出本项目的风险。

(2) 风险分析：评估风险严重性、风险可能性和风险系数。
(3) 风险减缓：对于风险系数超过"容许值"的每一个风险，都应当采取减缓措施。
(4) 风险跟踪：跟踪风险减缓过程，记录风险的状态。

根据风险跟踪情况填写风险跟踪数据表(见表14-4)，并形成风险管理报告(见表14-5)，编写风险管理登记册(见表14-6)。

表 14-4 风险跟踪数据表

项目名称： 报告日期：

风险编号	风险说明书	责任方	可能性	影响				严重性	优先级	响应	修订后的概率	修订后的影响				修订后的等级
				范围	质量	进度	成本					范围	质量	进度	成本	

次风险：

残余风险：

应急计划：	应急资金：
	应急时间：

应变计划：

其他：

表 14-5 风险管理报告

项目名称： 报告日期：

风险名称		风险识别人	
风险编号		风险识别日期	
风险描述			

(续表)

风险严重性		风险系数	
风险可能性		风险处理人	
风险减缓措施			
跟踪记录	(1) 记录何人在何时做了什么事情		
	(2) 记录当前风险状态(正在处理，已经解决，不做处理)		

表 14-6 风险管理登记册

项目名称： 　　　　　　　　　　　　　　　　　　　　报告日期：

风险编号	风险说明书	责任方	可能性	影响				严重性	优先级	响应	修订后的概率	修订后的影响				修订后的等级
				范围	质量	进度	成本					范围	质量	进度	成本	

14.4 智能服务产品测试

智能服务产品开发完成后，为了确保系统满足产品需求并且遵循产品设计，需要对于智能服务产品进行全面而系统的测试。所有智能服务产品系统化的测试可以遵循 SPP 模型[①]中的测试规范，包含目标、角色与职责、启动准则、输入、主要步骤、输出、完成准则和度量等内容。系统测试流程，如图 14-4 所示。

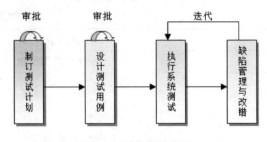

图 14-4 系统测试流程

---

① SPP 模型，即精简并行过程(simplified parallel process)模型，是基于 CMMI 及软件工程和项目管理知识而创作的一种"软件过程改进方法和规范"，它由众多的过程规范和文档模板组成。SPP 主要用于指导国内 IT 企业持续改进其软件功能。

由于智能服务产品测试的目的是验证最终产品是否满足产品需求及是否遵循系统设计，所以当产品需求和系统设计文档完成之后，人工智能训练师系统测试小组就可以提前开始制订测试计划和设计测试用例。切记系统测试并非完全由技术团队中的测试工程师进行，而是应该由人工智能训练师协助测试工程师一起进行测试用例的撰写，这样能够保证测试的全面性，也可以提高系统测试的效率。系统测试过程中发现的所有缺陷必须用统一的缺陷管理工具来管理，由人工智能训练师根据测试用例记录结果反馈至开发人员，以保证及时消除缺陷(改错)。

14.4.1 测试基础

1. 测试人员

在测试阶段，人工智能训练师负责人可以组建测试小组，并指定一名成员任测试组长，小组的成员一般来源于：提出智能产品需求的人工智能训练师团队；人工智能训练师团队中独立的测试小组(如果存在的话)；开发团队中的测试人员；其他必要的干系人。测试小组各成员共同制订测试计划，设计测试用例，执行测试，并撰写相应的文档。由测试组长管理上述事务。

2. 测试内容

人工智能训练师测试小组应当根据智能服务产品的特征确定测试内容。一般来说，智能服务系统测试的主要内容如下。

(1) 功能测试，即测试产品系统的功能是否正确，涵盖得是否全面，其依据是需求文档，如《产品需求规格说明书》。

(2) 服务能力测试，即智能服务系统的服务能力测试，包括机器人的应答、识别客户问题准确度等。

(3) 健壮性测试，即测试智能服务系统在异常情况下能否正常运行的能力，也是俗称的压力测试。这对于智能服务产品来说是至关重要的一环。智能服务产品最大的特点就是高并发的大量服务，该测试模拟大量客户同时咨询智能服务机器人场景，这个环节一般由人工智能训练师构建测试场景，测试工程师运用工具进行模拟实验。

(4) 性能测试，即测试智能服务系统处理问题的速度、解决问题的能力等。该测试一是为了检验性能是否符合需求；二是为了得到某些性能数据供相关人员参考。

(5) 用户界面测试，指测试智能服务系统的易用性和视觉效果等。

(6) 安全性测试，指测试智能服务系统的数据安全。智能服务机器人是服务设备，对于客户中心来说，一定要做好安全和风险的预防，这样在使用产品时才能放心。

14.4.2 测试流程

1. 制订测试计划

测试小组成员协商制订测试计划。测试组长按照指定的模板起草《系统测试计划》。该计划主要包括如下内容。

(1) 测试范围,即测试的内容,每一个智能服务产品开发的范围都不相同。
(2) 测试方法。
(3) 测试环境与辅助工具。
(4) 测试完成准则。
(5) 人员与任务表。
(6) 设计系统测试用例。

2. 测试的实施

(1) 系统测试小组各成员依据《系统测试计划》和指定的模板,设计《系统测试用例》。
(2) 测试组长邀请开发人员和人工智能训练师专家,对《系统测试用例》进行技术评审。
(3) 该测试用例通过技术评审后,小组成员依据《系统测试计划》和《系统测试用例》执行系统测试,将测试结果记录在《系统测试报告》中。
(4) 使用"缺陷管理工具"来管理所发现的问题,并及时通报给开发人员。技术团队人员消除缺陷后,人工智能训练师应当马上进行回归测试,以确保不会引入新的缺陷。
(5) 在测试结束后,负责测试工作的人工智能训练师应该输出《系统测试用例》《系统测试报告》《缺陷管理报告》。将包含度量测试人员和开发人员统计测试和改错的工作量、文档的规模,以及缺陷的个数与类型的数据提交至负责人处。

14.4.3 测试标准及绩效管理

1. 测试标准

人工智能训练师负责人可参考下列数据作为测试通过标准:
(1) 功能性测试用例通过率达到100%;
(2) 非功能性测试用例通过率达到80%。

2. 测试绩效管理

智能服务产品测试的好坏可以直接影响最终产品的效果,人工智能训练师负责人可采用一定的绩效手段对测试人员进行管理。

(1) 对系统测试人员进行必要的培训,提高他们的测试效率。

(2) 项目经理和测试小组根据项目的资源、时间等限制因素,设法合理地减少测试的工作量。例如,减少"冗余或无效"的测试。

(3) 系统测试小组根据产品的特征,可以适当地修改本规范的各种文档模板。

(4) 对系统测试过程中产生的所有代码和有价值的文档进行配置管理。

为了调动测试者的积极性,建议设立奖励机制。例如,根据缺陷的危害程度把奖金分成不同等级,每个新缺陷对应一份奖金,把奖金发给第一个发现该缺陷的人。

14.4.4 测试用例的撰写方法

智能服务产品测试过程的深度及广度与测试用例撰写的好坏息息相关。撰写智能服务产品的测试用例包含的格式和内容有:①用例编号;②测试项;③测试标题;④用例属性;⑤重要级别(高、中、低);⑥预置条件;⑦测试输入;⑧操作步骤;⑨预期结果;⑩实际结果。测试用例模板,如表 14-7 所示。

表 14-7 测试用例模板

用例编号			测试标题			
待测功能			测试项			
测试类型	□静态分析 □性能测试 □人机界面	□接口测试 □结构覆盖 □强度测试	□余量测试 □内存缺陷 □安全性	□功能测试 □边界测试 □可恢复性		
测试用例设计	用例属性					
	用例级别					
	需求追溯					
	预置条件					
	测试输入					
	操作步骤					
	预期结果					
	实际结果					
	用例设计人员			用例设计时间		
用例执行情况	测试时间		测试地点		测试人员	
	测试结果 □通过 □未通过 □可重现 □不可重现 故障现象描述:					

14.5 智能服务产品验收

当智能服务产品通过测试后,人工智能训练师负责人需要组织智能服务产品相关的干系人进行最终的产品验收及收尾工作,完成智能服务产品开发上线前的最后一步任务。

注:无论是外采还是自研智能服务产品,都必须经过这个步骤和环节。

1. 验收方式

人工智能训练师团队对产品的验收主要有两种方式:成果审查与验收测试。

(1) 成果审查。验收人员审查开发方应当交付的成果,如代码(外采并且一次性买断产品的情形下)、文档等,确保这些成果是完整且正确的。

(2) 验收测试。验收人员依据计划和测试用例,对交付的产品进行测试,确保产品符合需求。

2. 验收流程与步骤

(1) 智能服务产品的所有相关干系人共同制订验收计划。验收流程,如图 14-5 所示。

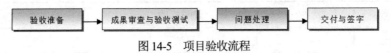

图 14-5 项目验收流程

(2) 对所有交付的产品成果的完整性进行审查,如产品系统、使用手册等,确保交付内容完整。

(3) 验收测试。验收人员对交付的产品进行全面的测试,并填写项目验收单(见表 14-8),确保智能服务产品符合需求。

表 14-8 项目验收单模板

项目名称			合同编号	
	项目可交付物目录		验收日期	
交付软件	名称	客户验收意见	项目经理意见并签字	
交付设备	名称	客户验收意见	项目经理意见并签字	
交付文档	名称	客户验收意见	项目经理意见并签字	
客户代表签字				

(4) 问题处理。如果是外采或者外包研发的智能服务系统，经过验收后发现严重缺陷的，人工智能训练师应该根据外包或采购合同条款进行处理办法沟通，沟通内容包括具体解决措施、确认再次验收的时间，等等。

14.6 本章小结

对于人工智能训练师负责人来说，掌握产品开发过程中的关键知识是加分项，不论产品是自研建设、供应商采购还是外包研发，产品开发的质量都将直接影响智能服务系统上线后的效果，这一点人工智能训练师必须要注意。

本单元讨论与小结

低头走路的同时，我们也要抬头看路。在许多情况下，选择往往比努力更重要，智能服务产品领域更是如此。企业在使用智能服务产品的过程中，本质上是与智能服务产品及客户之间进行价值交换。客户选择智能服务能够节省时间，从而获取时间价值；企业选择智能服务能够降低服务成本，获取成本价值。

为了有效地使用智能服务，智能服务应用的顶层设计至关重要。一个优秀的顶层设计能够明确智能产品的方向，提供一个全面的视角来评估和规划产品，并有助于提前识别和应对可能的风险，这构成了训练智能服务产品的基石。在设计顶层规划时，首先要明确智能服务产品的训练目标，包括确定其适用的服务周期节点、目标客户群体，并满足这些客户的服务需求。所有后续的训练工作都必须始终围绕这个目标进行。其次，需要为整个训练流程做好充足的准备，包括确定机器人知识的来源、输出渠道和方式。还需明确智能服务与人工服务之间的关系和协作方式，尽可能识别并避免两个服务渠道（智能服务与人工服务）之间可能存在的断点，以防止服务割裂的出现。此外，服务边界的设计是识别和管理智能服务中潜在风险的关键。综合考虑上述因素后，我们能够绘制出智能服务训练的全景图。对于每个被规划应用的智能服务产品，都需要有一张专属于它的智能服务全景建设图。

附录

人工智能运营管理规范与指标体系

人工智能运营单位是基于人工智能技术并通过多种接触媒介(电话、传真、互联网访问、E-mail、视频、短信、WAP等)为客户提供交互式自助服务和人工服务的系统。从技术层面来看,它是集深度学习、知识图谱、机器学习、大数据技术、电信语音技术、语义处理技术、计算机网络技术、数据库技术等于一体的跨信息技术和电信技术的系统。

以下所提议的人工智能运营管理规范与指标体系是将管理的普适性理论与方法应用于客户中心产业这个特定领域,借鉴全球标准的理论与方法,立足于中国人工智能在客户中心产业实践的特点,规划与设计的一套全新体系;是为客户中心相关机构进行自我评估、标准认证、标杆测评、国际业务、产业交流等而制定的国际性标准规范与指导建议。

附录A 人工智能运营管理规范

1.0 规划与定位

1.1 战略

1.1.1 战略与经营目标定位

(1) 运营单位要建立明确的人工智能战略方向与经营目标定位,其中包含对客户需求、业界环境的分析。

(2) 战略方向与经营目标定位要有明晰的针对人工智能领域定性及定量描述,并由指定部门或专人负责审核,减少因为随意变动带来的风险。

(3) 运营单位及其部门要依据整体人工智能战略规划制订年度计划,年度计划要明确相关任务责任人、不同阶段的里程碑及具体的行动方案,要包含量化的人工智能指标,并记录归档。

1.1.2 文化环境管理

(1) 运营单位要建立明确的符合人工智能时代背景的文化环境，注重工作效率效果的同时，要考虑营造开放式、自由及人性化的工作氛围。

(2) 文化环境的设计与装饰要得到员工的认可与接受，并设立相应的反馈与优化机制。

(3) 文化环境管理工作要明确相关任务责任人或部门。

1.2 客户管理体系

1.2.1 客户定义

(1) 运营单位要根据人工智能应用场景，明确定义客户主体、客户结构及客户相关的基础人口统计信息。

(2) 客户的定义要记录在对应的信息系统中，并以清晰的数据结构或字段描述。

1.2.2 客户分类

(1) 运营单位要对客户进行明确的分类以表述各种类别客户的特点，描述其核心构成与形态，并记录归档；针对客户所处的状态与所适用产品的交叉点，判断要采取怎样的服务方式，并明确责任人。

(2) 客户中心要根据人工智能应用场景建立客户画像或类似的分析工具，并与相关信息系统关联。

(3) 要识别高价值客户。对于这类客户采用定期关怀、VIP 服务方式、跟踪话务量变化等方法提升他们的忠诚度。

(4) 客户分类要定期跟踪，并持续优化。

1.2.3 客户策略

(1) 运营单位要设立明晰的客户策略以推进服务的人工智能业务。

(2) 客户策略要与客户中心文化、战略与业务定位一致。

(3) 客户策略中要包含不同客户的主动或被动应对方式，设置相应的触点条件及内容，并记录归档。

1.2.4 客户界面

(1) 运营单位要根据人工智能的技术特点，在不同的渠道、业务线或过程管理中考虑相应的客户界面，以及多个客户界面之间相互协同。

(2) 客户界面的设计要与人工智能运营管理的具体活动一致，并具备可操作性。

(3) 客户界面要得到客户的普遍认可，同时要符合客户中心的企业在人工智能场景中的定位、信息美学、文化性特征。

1.3 业务定位与过程体系

1.3.1 业务定位

(1) 运营单位要建立明确的应用人工智能业务的定位，至少包括业务目标、业务种类、业务方式，并设立专门的部门或岗位负责。

(2) 业务的定位要与客户中心文化一致，战略要与经营目标定位一致。

(3) 业务的设计和管理要综合考虑运营管理中的过程管理，尤其是项目管理的内容。

1.3.2 过程体系

(1) 运营单位要制定一套完整的、层级化的应用人工智能过程体系及其目标；体系中的各个过程相互连贯，作为一个有机的整体指导日常的运营管理工作。

(2) 运营单位的过程体系包括业务过程与管理过程。

(3) 过程及过程文档要有明确的部门或专人负责维护与管理，至少每年对过程体系进行一次审核与更新，审核结果及行动方案要记录归档。

(4) 过程体系与过程文档要提供统一的逻辑链接入口，员工要清楚与其相关过程文档的存放位置。

1.3.3 过程分类

(1) 业务过程分类要涵盖所有的人工智能服务渠道，考虑包含基本业务流程与投诉建议类过程；管理过程要考虑涵盖质量管理、人力配备与排班、绩效管理、知识管理。

(2) 要根据客户的要求制定人工智能业务及其管理过程。如果客户没有要求，过程制定要以实现上游单位、下游客户及运营单位目标为目的。

(3) 与下游客户相关的关键过程要有明确的程序，能够帮助实现上游单位及本单位的要求与目标。

1.4 复合渠道体系

1.4.1 渠道定位与定义

(1) 运营单位要建立明确的人工智能渠道定位，并定义所有的渠道管理边界，至少包括渠道名称、渠道属性、渠道承载的业务内容、渠道相关过程。

(2) 人工智能应用的渠道考虑包含：热线人工、智能 IVR、App、短信、微信、微博、QQ、在线论坛等。

(3) 每个渠道要有专门的负责部门和负责人，明确定义其工作职能和绩效考核。

1.4.2 渠道分类、覆盖与统合

(1) 运营单位对渠道的管理进行体系性的架构，包括渠道分类、覆盖与统合，并记录归档。

(2) 渠道之间在人工智能应用与管理上既要保持相对独立，也要产生协同效应，厘清各个渠道的管理边界和控制过程。

(3) 渠道分类、覆盖与统合要考虑后期信息系统建设，以及日常运营管理的条件和特点。

1.4.3 语体与语境

(1) 根据渠道及业务的特点，设计并规划对应的人工智能语体和语境，平衡企业专业性和互联网时代人性化的特点。

(2) 在人工智能应用的各个渠道上，要考虑多个语体与语境，以适应不同的客户群体。

(3) 语体与语境要重点考虑客户的接受度和时代背景，严禁违反国家规定或人文道德水准的语句，要考虑建立黑名单列表。

1.4.4 合作伙伴渠道管控

(1) 运营单位要对合作伙伴的人工智能渠道进行有效管控，要考虑信息的准确性，服务内容及手段的一致性，风险的可控性。

(2) 中心要与合作伙伴签订书面的合作协议，其中至少要包括：工作说明书、绩效指标。

(3) 至少每年进行一次合作伙伴渠道的审核。发现问题时，在规定时间内制订行动计划来纠正，并记录归档。

1.5 技术系统与应用工具体系

1.5.1 大数据设计与应用

(1) 在实际运营人工智能项目之前，运营单位应该有一个明确的大数据设计工作计划，并结合企业的战略目标和实际业务状况，通过大数据系统和应用工具整合内部资源，帮助座席代表获取相关产品和服务信息，提高工作效率，减轻劳动强度。

(2) 大数据应该至少包括数据结构定义、数据分析平台、分析工具和组件。

(3) 客户中心的大数据管理应该基于以下四个方面，即获取、存储、管理、分析，其规模超出传统数据库软件工具能力范围的数据集合，具有海量的数据规模、快速的数据流转、多样的数据类型和价值密度低四大特征。

(4) 大数据的设计与应用至少要包括数据采集、数据分析和数据展示三个环节。

(5) 客户中心要建立专门的部门或人员从事大数据管理方面的工作，要有对应的岗

位说明书和工作职责说明。

(6) 每年至少做一次大数据设计与应用的审查；根据分析结果制订改善计划，明确相应责任人、计划完成时间与预期效果，并记录归档。

1.5.2 机器学习和智能服务机器人

(1) 运营单位要有明确的机器学习和智能服务机器人的工作计划，至少要包括智能服务的定义、应用方式和系统工具。

(2) 机器学习和智能服务机器人的设定要与客户中心的文化与战略相匹配，并符合业务定位，同时兼顾系统的承载能力和预算。

(3) 在与合作厂商架构机器学习和智能服务机器人的时候要明确后期维护和相关知识积累的过程。

(4) 每年至少做一次机器学习和智能服务机器人的审查；根据分析结果制订改善计划，明确相应责任人、计划完成时间与预期效果，并记录归档。

1.5.3 云计算部署和应用

(1) 运营单位要有明确的云计算战略计划，至少要包括计算、网络和存储方面的落实规划。

(2) 云计算平台要考虑性能、安全性、可拓展性和预算方面的内容；并在公有云、私有云和混合云之间做出正确的选择。

(3) 在与合作厂商架构云计算的时候要明确管理维护的职责和风险管理过程。

(4) 云计算的应用要通过创新行动提高系统与应用工具的稳定性能、运行速度，以及日常运营的辅助功能。

(5) 每年至少做一次云计算部署和应用的审查；根据分析结果制订改善计划，明确相应责任人、计划完成时间与预期效果，并记录归档。

2.0 运营与管理

2.1 过程管理

2.1.1 服务策略

(1) 运营单位要制定一套完整的、层级化的人工智能服务策略体系；服务策略体系与过程内容的制定要与运营单位的文化与战略相匹配，并记录归档。

(2) 智能化服务策略的制定要维护客户的利益，争取客户的重复使用或购买。

(3) 为赢得客户忠诚，争取重复购买，客户中心应不断推出各类型多维度的服务策略；不仅要对客户提供利益保证而且要进行利益追加，取悦客户，诱导客户持续使用产品。

(4) 智能化服务策略要考虑时间上的迅速性、内容中的标准性、过程上的亲和性和设计上的创新性。

2.1.2 场景运营

(1) 运营单位要运营不同的人工智能场景为客户提供服务，场景的运营管理和结果要记录归档。

(2) 与下游客户直接相关的智能化场景运营要有明确的过程，能够帮助实现上游单位及运营单位的要求与目标。

(3) 智能化场景的核心内容是关于人及其活动的故事，而基于场景的运营是一种以场景为核心的客户中心管理方法，使用场景作为核心的描述并贯穿整个管理周期。

(4) 场景运营要将人工智能开发者、运营管理人员和客户作为一个完整的体系考虑，将客户包含在场景管理的所有路径上。

(5) 为了运营不同类别的智能化场景，要寻找不同类别客户基于不同消费动机与不同业务需求之间的对应关系；可以采用如关联规则挖掘等方法来发现不同层次的用户与不同业务需求之间相连接的用户场景，在此过程中可以发现日常运营管理中针对高级用户或高频次业务需求等决定的关键用户场景。

2.1.3 会话管理

(1) 运营单位的会话管理要涵盖所有的人工智能服务渠道和场景。

(2) 会话管理要根据客户的要求制定智能化过程；如果客户没有要求，过程制定要以实现上游单位、下游客户及运营单位的目标为目的。

(3) 会话是落实运营管理的终端，要综合考虑所有与之相关的内容，包含：人工智能技术系统、语体与语境、智能化服务策略、渠道、场景。

(4) 会话的控制权和转移权要由机器人或员工共同担任。

(5) 单一员工同时参与的人工智能会话的个数原则上不应超过 6 个，所有会话要被实时监控，并在后期被质量管理的职能覆盖。

2.1.4 流程控制与优化

(1) 员工的日常工作内容与行为要与人工智能流程体系保持一致，并根据流程要求完成日常工作。

(2) 员工在上岗前要接受相关的智能化流程培训，并通过相应的考试。

(3) 对员工至少每年进行一次人工智能流程认知度的再审核。

(4) 在业务情况或客户需求发生变化时，业务负责人要提出流程更新请求，并在明确的部门与相关负责人讨论通过后，由指定的部门更新相关文档。

(5) 日常运营过程中要控制人工智能流程的正常运行并不断优化，更新流程以便更有效地完成日常工作，满足上游单位与下游客户的要求。

(6) 对更新的人工智能流程，要通过一定的方法让相关人员了解与掌握。

2.1.5 业务预测与排班

(1) 人力配备与排班流程要涵盖所有人工智能关键业务线。

(2) 要根据历史数据与业务发展等预测未来的业务量所可能到达的模式与数量，如果实际人工智能业务量与预测存在显著差距，要进行分析并防止在以后的预测中发生类似的问题。

(3) 要根据预测的数量制订排班计划，排班计划要考虑业务需求、员工感知与管理可控三大维度，排班方法要记录归档。

(4) 对于缺勤人员要记录归档，并至少每季度分析一次。

(5) 每月要根据预测的数量来测算人力配备需求，测算周期的跨度至少不低于培训与招聘周期的总和。

2.1.6 知识管理

(1) 运营单位要有完整的人工智能知识管理过程来支撑日常的业务运作。

(2) 智能化知识管理的内容必须覆盖所有影响知识管理活动的关键因素，至少要包括知识共享、知识产权保密，以及具体文档的采编、整理、录入、审计。

(3) 每年至少组织一次相关人员对人工智能知识内容的完整性、适用性进行评审，评审结果要记录归档。

2.1.7 质量管理

(1) 运营单位要制定过程来管理人工智能业务的质量；至少要定义以下内容：智能化监控内容、抽样方式、监控频率与监控方式。

(2) 人工智能质量管理包括质量保障和质量检查，目的是找出流程层面的问题与个人层面的问题，并加以更正。

(3) 要对从事智能化质量管理的人员与被管理人员提供培训，让他们了解质量管理的方法与评分标准。每月至少一次对评分一致性进行校验。

(4) 智能化质量检查的结果要告知被监控的人员，并且对未达到要求的人员进行辅导。

2.1.8 安全与应急管理

(1) 运营单位要至少具备以下方面的智能化安全策略：人员安全管理、物理安全管理与信息安全管理，明确责任人并文档化。

(2) 具备常态化沟通渠道，确保智能化信息安全问题与薄弱点能够通过渠道传达到相关部门或个人，以便及时采取纠正措施。

(3) 对于能够接触到单位保密信息的人员，要签订保密协议且至少每年一次对保密协议的适宜性、有效性进行审核。

(4) 运营单位在正式上岗前必须接受安全管理方面的培训，并通过相应考试。具备针对安全违规人员的纪律处理流程并文档化。

(5) 单位对第三方要有明确的安全管理流程。

(6) 要使用安全边界，保护包含信息与信息处理设施的区域，确保只有授权人员才允许访问，授权人员出入必须佩戴工作权限标识。

(7) 要监视主要人工智能系统资源的使用情况，对异常现象采取措施。

(8) 办公区域内的所有公共资产由响应部门监管，任何个人未经授权不得移动资产位置。

(9) 要具备书面的人工智能数据安全策略，维护客户及运营单位自身的数据安全。内容至少包括移动介质的管理、软件安全机制、网络安全机制、备份策略。

(10) 运营单位要对与客户相关的完整操作过程进行记录归档。

(11) 至少每年进行一次智能化安全策略审核。发现问题时，在规定时间内制定行动措施来纠正，并记录归档。

(12) 单位要识别并评估可能引起人工智能业务过程中断或对业务产生负面影响的各种风险。

(13) 风险评估应根据时间、损坏程度与恢复周期确定其发生的概率与影响。

(14) 运营单位要根据人工智能风险识别与评估的结果，制定相应的应急规划，并记录归档。

(15) 运营单位的应急规划要包含六大环节：预防措施、预测预警、信息报告、信息发布、应急响应、处置与恢复重建。

(16) 要定期测试应急规划，并根据业务要求更新相关内容，以确保其及时性与有效性；测试及更新的结果要记录归档。

2.1.9 项目管理

(1) 项目管理是运营单位过程管理的一种方式；在运营多个人工智能服务项目时，要运用各种相关技能、方法与工具，以满足或超越项目有关各方对项目的要求与期望。

(2) 项目的确立要根据企业文化和战略、智能化业务定位，以及现有的资源使用情况。

(3) 项目范围的制定要与单位人工智能战略目标相匹配，同时要以资源、执行能力等为制定基础。

(4) 要对新的人工智能项目的实施设定里程碑，并严格审核、跟踪其执行状况以确保新的服务与方案符合预先设计。

(5) 项目管理要根据智能化服务内容、渠道，及其他相关要素区分实施和管理方式；同时要考虑范围、时间、成本、质量、人力资源、沟通和风险。

(6) 项目实施要根据不同的人工智能发展阶段考虑计划、组织、领导、控制方面的具体活动。

(7) 在执行新项目前，要明确客户的智能化目标值，并设计相应的人工智能关键绩效指标、考核方法与奖惩方法确保目标值被实现。

2.1.10 持续改善机制

(1) 运营单位要建立一套持续改善机制，从整体上提升运营管理水平；持续改善机制的制定要与运营单位的文化与战略相匹配，并将其记录归档。

(2) 持续改善的具体措施要有明确的部门或个人负责。

(3) 运营单位的持续改善活动要全员参与，其日常行为要与之相匹配。

2.2 人员管理

2.2.1 入职与离职

(1) 运营单位要制定一套完整的人工智能人员招聘、入职与离职管理的制度与流程，并记录归档。

(2) 所有岗位要有职位说明，职位说明要明确定义每个岗位的人工智能最低技能要求与工作职责。

(3) 要根据业务需求制定人工智能领域招聘说明，招聘说明要至少包含职位说明中所要求的但无法通过岗前培训取得的能力、学历与专业知识要求及岗位工作介绍。

(4) 在招聘过程中，运营单位要向应聘者介绍企业概况与岗位要求，同时了解应聘者自身技能、综合素质与发展方向是否与招聘需求相匹配。

(5) 对于应聘者的简历，在使用后要统一保存或销毁。

(6) 新员工在正式处理智能化业务前要通过明确的方式证明其具备该岗位所要求的最低人工智能技能要求。

(7) 管理人员要在新员工入职后的前两个月及转正前与新员工进行一次正式的沟通，告知其工作中的不足，并提出相应的改善与提高建议；同时安排合格的导师对新员工给予指导和关怀直到新员工能够独立完成业务。

(8) 对于被解职的员工，要告诉其被解职的原因；而对于主动要求离职的员工，要通过一定方式了解员工离职的真正原因，以上原因都要记录归档。

(9) 员工在完成离职手续前，要确认相关资产已经归还给运营机构，员工的账号与所有系统访问权限要及时删除。

(10) 每年至少做一次员工的离职原因分析；根据分析结果制订改善计划，明确相应责任人、计划完成时间与预期效果，并记录归档。

2.2.2 培训与援助

(1) 运营单位要具备一套明确的方法对员工进行人工智能方面的培训与考试。培训内容要涵盖所有职位，且明确定义培训内容、考核方式，以及通过考试的成绩，并记录归档。

(2) 明确定义有权提供人工智能培训的人员。

(3) 员工在处理业务之前，要通过相应职位的最低技能培训与考试。每年至少考核一次员工是否达到最低技能要求。

(4) 如果一个人工智能职位所需的技能与知识要求发生变化，该职位上的所有员工要通过再培训与考试。

(5) 要规划员工的人工智能职业发展路径，并提供相应的培训规划。职业发展路径要与运营单位的文化与战略相匹配。

(6) 要推行员工保健制度，以防止员工职业病的发生。

(7) 要制定员工情绪管理与心理健康的保健制度，以缓解员工压力与职业倦怠感。

2.2.3 沟通与协调

(1) 要建立沟通管理机制来协调运营单位的日常人工智能管理活动，确保信息的有效传递，建立良好的氛围与提高员工的满意度。

(2) 沟通管理要至少定义沟通活动、沟通频率、负责人、参与者与沟通活动记录要求。

(3) 要定义明确的沟通渠道来收集员工的意见与其他反馈，对于发现的问题要制订计划加以解决、及时反馈并记录归档。

(4) 要定义明确的沟通渠道，让员工了解运营单位的文化与战略及发展动态，并对于员工关注的问题进行及时的沟通与反馈。

(5) 要定义明确的沟通渠道，促进各部门、员工之间的了解与协作。

2.2.4 考核与激励

(1) 要针对不同的岗位设定考核目标与考核方法，考核目标与方法要与运营单位的文化与战略、客户的目标相一致，并记录归档。

(2) 定期对员工进行考核，考核结果要反馈给员工。对于考核结果不达标的员工，要制订行动计划加以改善，并记录归档。

(3) 要制定有效的奖惩制度以激励、约束员工，并根据实际情况对奖惩制度进行更新。

(4) 要结合员工需求与业务需求制定奖励措施，奖励制度要与运营单位文化与战略、客户满意目标及绩效目标一致；对于绩效持续不达标或不符合工作要求的员工，要制定并实施惩罚措施。

(5) 要根据考核结果落实人工智能领域奖惩制度。

2.2.5 员工满意度

(1) 运营单位至少每年进行一次从事人工智能工作的员工满意度调查。问题至少涵盖以下驱动因素：工作环境、绩效体系、员工发展、对管理层的反馈意见。

(2) 要对员工满意度调查的结果进行分析，对存在的问题要制订相应的行动计划加以改善,并记录归档。

(3) 要将员工满意度的结果与相应的行动方案告知员工。

2.3 技术与系统运维

2.3.1 大数据设计与应用

(1) 运营单位要有明确的大数据设计与应用的工作计划,要结合企业的战略目标与实际业务状况;要通过大数据系统与应用工具整合内部资源,使其有助于座席代表获取相关产品与服务信息,提高工作效率,减轻劳动强度。

(2) 大数据中至少要包括数据结构定义、数据分析平台、分析工具和组件。

(3) 运营单位的大数据管理要基于数据获取、数据存储、数据管理、数据分析等,其数据集合超出传统数据库软件工具能力范围的数据集合,具有海量的数据规模、快速的数据流转、多样的数据类型和价值密度低四大特征。

(4) 大数据的设计与应用至少要包括数据采集、数据分析和数据展示三个环节。

(5) 运营单位要建立专门的部门或人员从事大数据管理方面的工作,要有对应的岗位说明书和工作职责说明。

(6) 每年至少做一次大数据设计与应用的审查;根据分析结果制订改善计划,明确相应责任人、计划完成时间与预期效果,并记录归档。

2.3.2 机器学习和智能服务机器人

(1) 运营单位要有明确的机器学习和智能服务机器人的工作计划,至少要包括智能服务的定义、应用方式和系统工具。

(2) 机器学习和智能服务机器人的设定要与运营单位的文化与战略相匹配,并符合业务定位,同时兼顾系统的承载能力和预算。

(3) 在与合作厂商架构机器学习和智能服务机器人的时候,要明确后期维护和相关知识积累的过程。

(4) 每年至少做一次机器学习和智能服务机器人的审查;根据分析结果制订改善计划,明确相应责任人、计划完成时间与预期效果,并记录归档。

2.3.3 云计算部署和应用

(1) 运营单位要有明确的云计算战略计划,至少要包括计算、网络和存储方面的落实规划。

(2) 云计算平台要考虑性能、安全性、可拓展性和预算方面的内容;并在公有云、私有云和混合云之间做出正确的选择。

(3) 在与合作厂商架构云计算的时候要明确管理维护的职责和风险管理过程。

(4) 云计算的应用要通过创新行动提高系统与应用工具的稳定性能、运行速度与日常运营的辅助功能。

(5) 每年至少做一次云计算部署和应用的审查；根据分析结果制订改善计划，明确相应责任人、计划完成时间与预期效果，并记录归档。

2.3.4 知识库架构与应用

(1) 运营单位要有明确的知识库架构与应用计划，其中至少包括知识库的结构、知识点的连接形态和访问过程。

(2) 知识库平台要考虑后期一线人员和管理层在日常运营管理中的工作效率和效果。

(3) 在与合作厂商架构知识库的时候要明确后期维护和相关知识点积累的过程。

(4) 每年至少做一次知识库架构应用的审查；根据分析结果制订改善计划，明确相应责任人、计划完成时间与预期效果，并记录归档。

(5) 技术系统必须基于运营单位自身业务的需求，并与运营管理的目标与要求保持一致，帮助其提高业务处理与运营管理的准确度与效率。

(6) 技术系统要至少包含接续模块、业务模块与监控模块。

(7) 业务模块需记录在整个业务过程中与客户发生的各种活动，自动跟踪各类活动的状态并在关键时间点提醒座席人员执行相应动作，能建立各类数据的统计模型用于后期的分析与决策支持。

(8) 监控模块至少包含实时监控系统与支持滚动数据的报表系统，能对监控中的异常数据进行自动警示。

(9) 要具备措施监控并保证核心服务系统的在线率。

(10) 技术系统要能够存储及采集客户类指标、运营支撑指标与财务性指标，针对手动添加修改数据的特殊情况制定审核流程。

(11) 系统中的指标数据能以时间序列导出其原始计算数据用于分析，时间单位至少能精确至半小时。

(12) 自动化生成话务报表、业务报表与管理报表，并能根据业务分析需求进行报表的定制。

3.0 人工智能绩效与数据

3.1 数据体系建立

3.1.1 数据结构与数据类型选择

运营单位要定义明确的数据类型，选择数据类型要考虑以下几方面特征。
- 容量(volume)，即数据的大小决定数据的价值和潜在的信息。
- 种类(variety)，即数据类型的多样性。
- 速度(velocity)，即获得数据的速度。

- 真实性(veracity)，即数据的质量。
- 价值(value)，即合理运用大数据，以低成本创造高价值。

3.1.2 数据分析策略

(1) 运营单位要制定明确的基于智能化数据分析策略，至少包括以下内容之一：基于精准营销为大量客户提供智能化产品或服务营销，为业务线提供服务或营销转型，或由传统服务转向互联网客户管理。

(2) 数据分析策略要结合云计算、机器学习与智能机器人，以及知识库的运营。

(3) 数据分析策略要结合人工智能的科学理论与实际商业应用，采用合适的算法、模型框架和数据结构。

(4) 数据分析策略要保证数据本身的安全性，防止任何潜在的数据泄露泛滥。

(5) 数据分析策略要文档化，并由专门的部门或个人负责事前的规划、事中的监督与事后的评估。

(6) 每年至少做一次数据策略应用的审查；根据分析结果制订改善计划，明确相应责任人、计划完成时间与预期效果，并记录归档。

3.1.3 绩效体系

(1) 运营单位要建立一套完整的绩效管理体系，此体系的制定要与运营单位的人工智能文化与战略相匹配。

(2) 数据与绩效的管理要包括明确的数据采集、数据统计与数据分析过程。

(3) 单位要具备一套面向部门与个人的人工智能绩效管理体系。目的是客观衡量部门与个人的表现。

(4) 管理人员至少每年审核一次数据与绩效管理体系的适用性与准确性，并将审核结果与后续的行动方案做记录归档。

3.2 数据与绩效 CRUCIAL 原则

3.2.1 可采集性(collectable)

根据数据与绩效管理体系包含的指标，设计数据的采集流程并文档化。根据已经定义的流程进行数据的采集及处理，负责数据采集的人员要了解自己所采集数据的定义。

3.2.2 可报告性(reportable)

数据与绩效要以通用、简单、可读的格式来汇总，以驱动管理行动。运营单位的数据与绩效的汇总与分析要做记录。

3.2.3 实用性(usable)

数据与绩效要被应用于管理,其作用是帮助相关业务负责人明确绩效现状与目标的差距。

3.2.4 频率性(cyclical)

数据的采集与分析的周期(如小时、周、月)要与业务流程时间相匹配;要每月统计与分析客户类指标、运营支撑指标与财务性指标;数据分析要针对所有没有达标的指标,分析周期至少以月为单位。

3.2.5 改进性(improvable)

绩效的提升要反映出业务能力的提升;数据的持续改善对象应包含员工个人与部门。

3.2.6 精确性(accurate)

数据与绩效要准确客观地反映业务团队整体状况;为保证数据的真实性,不允许人为地对数据进行修改;单位至少每年审核一次数据与绩效采集与定义的准确性。

3.2.7 逻辑性(logical)

数据与业务流程输出要具有逻辑相关性;要能证明数据分析结果的逻辑性与有效性。

3.3 可视化和监控策略

(1) 运营单位要借助于图形化手段,清晰有效地传达与沟通信息。

(2) 可视化的工作要将数据库中每一个数据项作为单个基本图形元素表示,大量的数据集构成数据图像,同时将数据的各个属性值以多维数据的形式表示,从不同的维度观察运营管理的数据,从而对数据进行更深入的观察和分析。

(3) 运营单位要结合业务运营与人员绩效进行数据监控,要结合被监督业务和岗位工作的实际工作重点,而非绩效中所有指标;除关注绩效中签订的事项外,要结合短期目标进行重点监督。

3.4 数据与绩效分析、绩效成果运用

3.4.1 数据与绩效分析

(1) 运营单位要建立面向整体的人工智能绩效指标分析策略;要包含客户类指标、运营支撑指标与财务性指标;且每个指标要有明确的定义、目标值与支持数据。

(2) 客户类指标要涵盖质量、效率、可达性与满意度 4 个方面。

(3) 要为客户类指标设定目标值，且目标值要与运营单位文化与战略、客户及市场要求相匹配。

(4) 至少每两年对客户类指标目标值进行更新。参考对象是业界的高绩效指标或根据客户的具体需求。

(5) 运营支持指标要涵盖质量、效率、可达性与发展 4 个方面。

(6) 要为运营支持指标设定目标，并且能支持客户类指标的达成。

(7) 财务性指标要能反映运营单位收入与成本支出的实际情况，通过财务性指标，可以证明运营管理的有效性。

(8) 财务性指标要包含总量型指标与运营效益型指标。

(9) 要为财务性指标设定目标，并且目标值与运营单位文化与战略相匹配。

3.4.2 数据与绩效成果运用

(1) 运营单位要基于人工智能绩效体系要求持续收集数据。

(2) 运营单位要每月将收集到的数据与预先设定的目标值进行对比，对于没有达标的指标通过分析找到原因，制订并执行改善计划，监控改善结果，并采取循环的步骤直到问题彻底解决。

(3) 绩效体系中衡量的指标在过去一段时间跨度内至少有 50%达到目标。

(4) 绩效体系中衡量的指标在过去一段时间跨度内至少有 75%的指标达标或持续改善。

附录 B 人工智能运营管理指标体系

1. 系统类指标及相关数据

系统类指标用于评估智能服务系统、产品自身的技术能力，相关情况如表 B-1 所示。

表 B-1　系统类指标相关情况

产品	指标	说明	全行业参考值	指标获取渠道和来源	指标优化建议
文本机器人	语义识别准确率	智能客服正确识别客户问题数量在客户向智能客服提问总量中的占比	65%	抽样标注法；	优化语义识别模型；加强标注
	情绪识别准确率	智能客服正确识别客户在问答交互过程中的情绪数量在所有识别情绪中的占比	75%	抽样标注法；报表法；	情绪识别模型优化；加强标注
	模型分类准确率	智能客服机器人对客户问题按照漏斗式分类到具体场景模型中的准确率	80%	报表法	优化模型

(续表)

产品	指标	说明	全行业参考值	指标获取渠道和来源	指标优化建议
智能IVR	语音识别准确率	语音识别正确的字数在总字数中的占比	80%~90%	抽样标注法	建立语音训练标准流程，构建模型；语音数据补充
	意图识别准确率	意图识别正确数在对话总量中的占比	90%	抽样标注法；报表法	优化语音转文字模型；加强标注，解决 badcase
	情绪识别准确率	智能客服正确识别客户在问答交互过程中的情绪数量在所有识别情绪中的占比	75%	抽样标注法；报表法	情绪识别模型优化；加强标注
	语音+语义识别准确率	语音识别正确且意图识别正确数在对话总量中的占比	85%	抽样标注法；报表法	建立训练模型、测试集与训练集；大样本数据深度训练
智能外呼	语音识别准确率	语音识别正确的字数在总字数中的占比	80%	抽样标注法	建立语音训练标准流程，构建模型；语音数据补充
	意图识别准确率	意图识别正确数在对话总量中的占比	90%	抽样标注法；报表法	优化语音转文字模型；加强标注，解决 badcase
	情绪识别准确率	智能客服正确识别客户在问答交互过程中的情绪数量在所有识别情绪中的占比	75%%	抽样标注法；报表法	情绪识别模型优化；加强标注
	语音+语义识别准确率	语音识别正确且意图识别正确数在对话总量中的占比	85%	抽样标注法；报表法	建立训练模型、测试集与训练集；大样本数据深度训练

2. 运营类指标及相关数据

运营类指标基于经营和财务的角度，评估智能服务的价值能力，相关情况如表 B-2 所示。

表 B-2 运营类指标相关情况

产品	指标	说明	全行业参考值	指标获取渠道和来源	指标优化建议
文本机器人	访客数	通过智能机器人各入口点击进入总量	具体视用户规模决定	报表法、系统报表导出	优化机器人入口；加强机器人入口的推广
	互动访客数	通过智能机器人各入口发言量大于或等于1的客户量	具体视用户规模决定	报表法、系统报表导出	机器人话术优化，引导用户发言
	互动率	互动访客数在总访客数中的占比	60%~80%	报表法、系统报表导出	
	提问量	智能机器人各入口渠道提问的问题总量	具体视用户规模决定	报表法、系统报表导出	基于用户轨迹进行问题预测；机器人话术优化，引导用户发言
	拦截量	互动访客数减去 X(2、12、24、72)小时内进入人工的客户数；互动访客数减去通话中转入人工的访客数	具体视用户规模决定	报表法、系统报表导出	优化入口；提高解决率；仅在必要时将用户咨询交由人工处理
	拦截率	拦截量在互动访客数中的占比	50%~80%	报表法、系统报表导出	

(续表)

产品	指标	说明	全行业参考值	指标获取渠道和来源	指标优化建议
智能IVR	完结量	完结通话量	具体视用户规模决定	报表法、系统报表导出	加强机器人识别训练；优化VUI流程
	完结率	完结通话量在通话总量中的占比	60%~80%	报表法、系统报表导出	
	弃话率	进入智能IVR，发起转人工的客户等待过程中放弃数在进入智能IVR的总客户数中的占比	根据公司人工客服与智能IVR运营情况决定	报表法、系统报表导出	加强机器人识别训练；优化VUI流程；优化智能IVR与人工客服的衔接
	转人工占比	转人工通话量在通话总量中的占比	40%~50%	报表法、系统报表导出	
智能外呼	外呼总量	总通话量	具体视用户规模决定	报表法、系统报表导出	提高智能外呼能力
	未接通量	未接通量	具体视用户规模决定	报表法、系统报表导出	提高号码管理能力；提高外呼节奏管理能力
	未接通率	未接通量在外呼总量中的占比	具体视用户规模决定	报表法、系统报表导出	
	接通量	接通量	具体视用户规模决定	报表法、系统报表导出	
	接通率	接通量在外呼总量中的占比	具体视用户场景决定，50%~90%	报表法、系统报表导出	
	首轮挂断量	首轮挂断通话量	具体视用户规模决定	报表法、系统报表导出	优化外呼机器人开场白；借助其他引流渠道说明后续语音电话沟通；语音外呼号码管理
	首轮挂断率	首轮挂断通话量在通话总量中的占比	具体视用户场景决定，10%~50%	报表法、系统报表导出	优化外呼机器人首轮话术（重点：身份确认、构建信任、利益说明）
	用户意图识别正确率	意图识别正确数在对话总轮次中的占比	70%~85%	抽样标注法	提供外呼机器人识别管理；关键词；通过大样本数据训练

3. 业务类指标及相关数据

业务类指标基于运营和训练的角度，评估智能服务运营和训练的能力，相关情况如表B-3所示。

表 B-3 业务类指标相关情况

产品	指标	说明	全行业参考值	指标获取渠道和来源	指标优化建议
文本机器人	场景覆盖量	智能机器人服务的场景	重点在覆盖率	抽样标注法	提高场景梳理能力；提高业务梳理能力
	场景覆盖率	智能机器人服务的场景在所有场景中的占比	60%~90%	抽样标注法	
	问题解决量	客户在智能机器人每一次回答后，点击已解决的数量	参见解决率	系统报表法	提高识别准确率；提高知识库质量
	问题解决率	客户在智能机器人每一次回答后，点击已解决的数量在点击总量中的占比	90%~95%	系统报表法	
	服务满意量	客户在服务结束后点击满意的数量	参见服务满意度	系统报表法	提高解决率；引导客户到解决问题的入口
	主动服务满意度	客户主动点击机器人服务的满意度，其计算用主动服务的客户满意量除以客户满意量与客户不满量之和	85%~95%	系统报表法	
	被动服务满意度	以客户被动方式，包括App调研、短信问卷发放、邮箱调研问卷发放测算机器人服务的满意度，其计算用被动服务的客户满意量除以客户满意量与客户不满量之和	65%~80%	手动问卷数据统计	提高解决率；引导客户到解决问题的入口
	×小时未转人工量	一定小时内，客户未转人工量	参见转人工率	系统报表法	提高解决率；提高用户自主服务使用占比
	×小时未转人工率	一定小时内，客户未转人工量在客户服务总量中的占比	50%~80%	系统报表法	
	答起量	智能机器人检索到知识的数量	参见答起率	系统报表法；抽样标注法	提高知识库质量；提高标注管理和能力
	答起率	答起量在提问量中的占比	75%~95%		
智能IVR	首轮挂断量	首轮挂断通话量	参见挂断率	系统报表法	提高话术质量；提高TTS能力
	首轮挂断率	首轮挂断通话量在通话总量中的占比	50%	系统报表法	
	答复量	机器人拒识量以外的对话数	参见答复率	系统报表法；抽样标注法	提高识别准确率；优化VUI流程
	答复率	除机器人拒识量以外的对话数在对话总量中的占比	90%	系统报表法；抽样标注法	
	评价满意度	满意通话量在接通通话量中的占比	80%~95%	系统报表法	提高解决率；引导客户到解决问题的入口
	调研满意度	使用调研问卷，了解用户对机器人整体服务的满意度	70%~85%	手动问卷数据统计	
	平均对话轮次	总对话轮次在总通话量中的占比	3.8 轮次	系统报表法	提高话术质量；提高TTS能力
	平均对话时长	对话总时长在总通话量时长中的占比	4.5 分钟	系统报表法	
智能外呼	业务成功量	业务成功数量	参见业务成功率	系统报表法；抽样标注法	提高号码管理能力；提高外呼节奏管理能力；提高话术质量；提高TTS能力
	业务成功率	业务成功量在接通量中的占比	30%~50%		
	业务失败量	业务失败数量	50%~70%		
	业务失败率	业务失败量在接通量中的占比	50%~70%		
	转人工占比	转人工通话量在通话总量中的占比	50%~70%		优化VUI流程